핸디캡 마케팅
소상공인의 마케팅 핸디캡 메치기

강시철, 김대규, 김승현, 이용규

소상공인의 마케팅 핸디캡 메치기

핸디캡 마케팅

| 강시철, 김대규, 김승현, 이용규 지음 |

추천사

기업 생존의 요소인 자본, 시간, 인력에 여유가 많지 않은 일반적인 소기업 경영자가 애로사항을 호소하는 대부분이 판로 개척, 곧 마케팅이다. 서울시의 중소기업지원기관으로서 항상 안타까움을 느끼고 있는 부분이기도 하다.

이 책은 활용 자원에 있어서 핸디캡을 가지고 있는 99%의 소기업들이 각자의 부족한 부분을 활용하여 실질적으로 마케팅에 적용할 수 있는 전략들을 전달력 있게 소개하고 있다.

과거의 고전적인 마케팅은 자본이 두둑이 있어야 하고, MBA를 이수한 전문가가 있어야 하며, 치밀한 전략과 전술이 있어야 했다. 그러나 이제는 아침저녁으로 바뀌는 트렌드에 귀를 기울이면서도 소비자의 마음을 사로잡을 수 있는 과다하지 않은 적정한 마케팅에 관심을 기울일 때다. 핸디캡 기업들은 소비자와의 최 접점에 있기 때문에 유연하게 몸의 색깔을 바꿀 수 있다는 이점이 있다.

특별히 이 책은 서울산업진흥원이 전국 최초로 시행한 유서 깊은 체계적 창업교육프로그램인 서울시 창업스쿨의 경영컨설팅창업과정 23

기 교육생 3명과 공저로 발간되어 더욱 기쁘게 생각한다. 소수의 멘토와 여러 멘티들이 함께하며 상호 시너지 효과를 구현하는 이러한 협업 방식이야말로 이 책에 등장하는 핸디캡 마케팅 전략인 '끈 전략'이 직접 구현되는 것이라 할 수 있겠다. 우리가 추후에도 양성하고 지원할 소기업들과 이들에게 도움을 주고자 하는 전문인력들이 이 책의 내용을 마음에 새겼으면 한다.

서울산업진흥원 대표이사 **이 전 영**

서문

벤처 광풍이 일던 2000년도 초, 저는 미국에서 재미난 연구가 진행되고 있는 것을 알게 되었습니다. 당시 MBA프로그램의 1, 2위를 다투던, 와튼Wharton스쿨과 슬로안Sloan스쿨에서 앙뜨레쁘레너 마케팅entrepreneurial marketing 또는, 벤처 마케팅venture marketing이란 이름으로 강의를 하고 있었던 것입니다. 두 강의 모두 마케팅을 하기에 자본과 인적 자원이 부족한 기업들의 마케팅 방법론에 관한 것이었습니다.

이때부터 소기업마케팅에 깊은 관심을 가지게 되었습니다. 지난 12년간, 제 연구는 크게 두 가지 방법으로 진행되었습니다. 하나는 마케팅 이론 중에서 소기업에 적용될 수 있는 방법론을 찾는 것이었고 다른 하나는 핸디캡을 극복하고 마케팅에 성공하여 소기업에서 큰 기업으로 성장한 회사들의 성공사례들을 연구하는 것이었습니다. 그러면서 자본, 전문가, 지식의 부족이라는 핸디캡을 극복할 수 있는 방법론을 찾게 되었고, 이를 '핸디캡 마케팅'이라 부르게 되었습니다.

이와 같이 연구를 진행하던 중 저는 여러 차례 소기업 창업기업들을 대상으로 핸디캡 마케팅 교육을 할 기회를 가졌습니다. 반응은 너무 뜨거웠습니다. 교육에 참가하셨던 거의 모든 분으로부터 새로운 가능성을 찾게 해 주었다는 말씀을 들었습니다. 이 반응에 힘입어 집필을 결심했습니다. 그리고 집필을 더욱 의미 있게 하기 위해 교육에 참여했던 분들 중에서 저와 뜻을 같이하는 분들과 공동 집필을 하게 되었습니다.

한 가지 분야에 30년 넘게 관심을 가지면 많은 것이 보입니다. 그리고 또, 많은 일에 대한 아쉬움도 가지고 있습니다. 저는 30년 넘게 마케팅 전문 서비스를 제공하고 지식을 전달하는 일을 해 왔습니다. 그런데 이제 와서 보니 제가 외면해 버린 수많은 사람들이 있다는 것을 깨달았습니다. 바로 소기업들입니다. 사실, 소기업들은 저와 같은 마케팅 비즈니스를 하는 사람들에게는 별로 돈이 안 되는 고객들입니다. 별로 돈이 안 된다는 이유로 그들을 외면했지만 그들이 바로 제 이웃이고 친구이고, 지금 와서 보니 저 자신이기도 했습니다.

아직 우리나라에는 소기업들을 위한 마케팅 이론을 체계화한 연구가 없었습니다. 아마, 그들을 위한 마케팅의 필요성을 느끼지 못했을 수 있습니다. 그러나 소기업에 초점을 둔 마케팅 만을 10년 이상 연구해 온 필자의 입장은 다릅니다. 일반 마케팅 이론은 소기업들에게 맞지 않습니다. 아니, 잘못 인식될 때는 오히려 해만 됩니다.

소기업마케팅 교육하면, 판촉물에 광고하고, 소셜미디어나 블로그를 통해 홍보하는 방법을 전달하는 것이 주를 이루고 있습니다. 이와 같은 홍보방법을 아는 것은 매우 중요합니다. 그러나 더욱 중요한 것은 전략입니다. 소기업은 핸디캡을 극복하고 극심한 경쟁에서 살아남고, 지속적인 성장을 할 수 있는 전략을 가지고 있어야 합니다.

'핸디캡 마케팅'은 소기업 마케팅 전략에 대한 우리나라 최초의 연구입니다. 이 책에는 지금까지 우리가 궁금해했던 여러 가지 소기업 마케팅 성공 노하우가 소개되었습니다. 우리가 알고 있는 벤처신화는 다 핸디캡을 안고도 성공한 기업들에 대한 이야기입니다. 그들의 공통점은 리마커블한 제품을 만들고, 더욱 높은 가치 전달을 통해 고객들과 관계를 유지해 나가고 있습니다. 그들의 마케팅 메시지는 대개 고객들이 스스로 나서서 다른 고객들과 공유했습니다. '핸디캡 마케팅'은 이와 같은 그들의 성공 스토리를 체계적으로 정리한 전략 지침서입니다.

제가 이 책을 쓴 목적은 단 한 가지입니다. 보다 많은 창업과 벤처 소기업들이 성공하실 수 있도록 도와 드리는 것입니다. '핸디캡 마케팅' 출간을 계기로 저의 30년 마케팅 경력과 지식을 소기업들을 위해 사용하고자 합니다. 이 책의 출간을 계기로 보다 많은 학자, 전문가들이 소기업을 위한 별도의 마케팅 방법론에 대해 관심을 가져줬으면 합니다. 또한 소상공인, 벤처기업을 지원하고 있는 여러 기관에서도 소기업 마케팅 방법론의 필요성에 대해 새롭게 인식을 하셨으면 합니다.

이 책이 나오기까지 함께 해준 공저자들, 김대규, 김승현, 이용규님께 감사드립니다. 저술에 참여하지는 못했지만 항상 많은 관심을 보여주신 많은 교육생 여러분들께 고마운 마음을 표하고 싶습니다. 그리고 좋은 글을 쓰도록 항상 응원해준 아내와 오늘도 열심히 살고 있는 두 아들 동석, 정석에게 늘 사랑한다는 말을 해 주고 싶습니다.

강시철 경영학박사, 재능나눔컨설턴트협회 회장

프롤로그

■ 당신은 지금 핸디캡을 안고 싸우는가?

"매출이 인격이다"라는 말이 있다. 요즘, 벤처기업에 투자하는 사람들이 자주 사용하는 표현이다. 기술이 아무리 좋아도 매출을 내지 못하는 기업에는 투자하기가 꺼려진다는 표현이다. 이제, 벤처기업도 기술보다 마케팅이 더 중요한 시대가 온 것이다. ICT의 발달로 기술의 평준화가 급격히 이루어지고 있다. 이제는 새로운 기술의 개발이 전부가 아니다. 그보다는 어떻게 하면 새로운 기술을 마케팅과 결합하여 성공적인 사업을 만들어 내는가에 관심이 집중되고 있다. 이런 트렌드에도 불구하고 창업기업들과 벤처기업들의 마케팅 성공과 실패 요인에 대한 연구는 우리나라에서는 거의 이루어 진 적이 없다. 필자들이 벤처기업들의 마케팅에 대해 관심을 갖게 된 것은 2000년대 초반이다.

"모험기업가 마케팅Entrepreneurial Marketing/2001"이라는 벤처기업 마케팅 책이 있다. MBA의 명가인 와튼의 교수 로디쉬Lodish와 동료들이 "와튼의 선도적 MBA과정에서 얻은 교훈"이라는 부제를 붙여 저술한

책이다. 여기선 미국의 성공한 모험 기업들에 대한 현장 조사를 바탕으로 벤처기업의 성공적인 마케팅 전략을 연구했다. 이 연구를 토대로 벤처기업가들이 그들의 신기술을 접목할 수 있는 마케팅 이론을 습득하고 실전에서 사용할 수 있도록 만들었다. 그런데 이 책에서는 초기 벤처기업을 포함한 모험기업가들에 대해 재미난 정의를 하고 있다.

"앙뜨레쁘레너" 즉, 모험기업가는 "재무자원이 부족하고, 제품관련 분석이나 조사를 도와줄 사람이 부족하며, 마케팅이 기대하는 결과를 낳기까지 필요한 시간이 부족한" 기업들이다. 한마디로 "모험기업들은 당장 내일을 걱정"해야 한다. 이들은 "단기적인 자금흐름이 부족한 상태이며, 장기적인 자금 흐름은 생각할 여유조차 없는 것"이다.

시간부족

이는 바빠서 시간이 없다는 의미가 아니고 수익의 발생을 기다릴 시간이 없다는 의미로서 바로 수익이 실현되어야만 사업을 영위할 수 있는 형편이란 뜻이다. 적은 자본에 대출까지 동원하여 창업을 하는 경우가 대부분이며 지속적인 자금회전 없이는 계속 기업으로 존재하기가 힘들다. 내일을 기약할 시간이 없는 것이다.

자금부족

일반적인 마케팅을 실시하고 그 결실을 맺는 기간이 3개월 6개월 심지어는 몇 년이 걸리는 경우도 있다. 대규모 광고를 실시하여 브랜드가치를 높이고 기다리면 자연히 매출이 발생하는 대기업의 마케팅전략을 따라 할 자금이 부족하다. 즉시 효과를 볼 수 있는 광고나 판촉을 할 자금조차도 힘겨운 창업기업, 자영업자, 소기업들은 판촉, 홍보에 한 번만 실패해도, 그달의 직원들 급료, 사무실이나 점포의 임대료를 낼 자금이 부족하다는 것이다.

인력부족

마케팅은 매우 전문분야라 할 수 있다. 특히, 소상공인이 전문가들을 영입해서 마케팅을 수행한다는 것이 현실적으로 어려운 형편이다.

이와 같이, 와튼스쿨의 연구는 "돈"과 "사람", "시간," 이 세 가지가 부족한 기업들이 마케팅에서 성공할 수 있는 방법을 찾아내는, 매우 흥미로운 연구였다. 그런데 이 세 가지가 부족한 기업들은 모험기업가들 뿐만이 아니다. 자영업자, 창업기업, 벤처기업 등, 소위 소상공인이라고 부르는 기업들 모두가 위의 세 가지가 부족한 상황에서 마케팅으로 성공을 해야 하는 운명에 처해 있다.

재무자원이 부족한 기업들을 위한 마케팅 연구는 우리나라에서도 시도되고 있다. 김철환은 그의 블로그2012에서 '적정마케팅'이란 새로운 용어를 소개했다. 김철환은 자영업자나 소상공인들이 마케팅에 대해 갖는 높은 진입장벽을 지적했다. 마케팅이란 "높은 수준의 이해도, 적지 않은 시간과 비용, 경우에 따라서는 전문 인력이 필요한 것이 현실이다." 이와 같은 소상공인들에 대한 그의 견해는 그 결과 마케팅은 돈 있는 일부 기업들의 전유물이 되고, 자영업자와 소상공인은 대기업의 하도급업체로 전락하거나 오로지 '헐값'이라는 가격 차별화에 의지해야만 생존할 수 있는 상황이 벌어졌다"고 주장했다. "이른바 '동네 빵집의 몰락'은 이러한 마케팅 불평등의 결과다"라고 했다.

그래서 자영업자나 소상공인들에게는 그들의 눈높이나 능력에 맞는 적정마케팅이 필요하다고 했다. 이 적정마케팅이란 용어는 적정기술에서 나온 단어인데, 그는 적정마케팅을 다음과 같이 설명하고 있다.

"적정마케팅은 자영업자와 소상공인에게 적정한 수준의 노력과 비용만을 요구하는 마케팅이다. 적정기술이 값싼 생산도구를 개발하고 보급함으로써 생산량을 늘려 소득을 증대시키는 것을 목적으로 한다면, 적정마케팅은 값싸고 쉬운 마케팅 기술을 보급함으로써 판매를 촉진시켜 소득을 증대시키는 것을 목적으로 한다." 즉, 적정마케팅이란 "마케팅 주체인 소상공인들의 능력에 맞춘 마케팅으로, 소상공인들의 사업을 보다 지속 가능하게 하고, 소비자들의 삶의 질을 궁극적으로 향상시키게 하는 마케팅"이란 것이다.

와튼스쿨의 앙뜨레쁘레너 마케팅이 IT벤처 창업기업에 집중했다면, 적정마케팅은 업종에 관계없이 약소기업을 경영하는 모두가 사용할 수 있는 마케팅이다. 와튼스쿨은 벤처기업을 위한 전통마케팅 이론과 그때까지 유행처럼 소개된 수많은 마케팅 이론들 중에서 선별해 내고 체계화하고자 했다. 김철환은 적정마케팅 기술을 소셜네트워크나 POP 등과 같이 소상공인들이 가장 많이 이용하면서도 재정적 부담이 적은 마케팅 도구들에서 찾아 소개했다.

그러나 와튼스쿨의 연구는 2000년대 초반의 벤처 붐을 배경으로 한 연구여서 지금 사용하기에는 현실성이 매우 떨어진다. 김철환의 연구는 마케팅 도구의 사용을 중심으로 한, 연구여서 전략수립을 위한 이론적 토대를 제시하는 하기에는 한계가 있다. 요즘, 창업열풍으로 자영업자와 소상공인, 벤처기업의 숫자는 기하급수적으로 증가하고 있고,

이들의 사업성공은 이제, 개인의 일이 아니라 국가경제를 좌지우지할 수 있는 중차대한 사안이 되고 있는데, 이들의 성패를 좌우하는 마케팅에 제대로 된 이론이 없다는 것은 정말 큰 문제가 아닐 수 없다.

미국의 월스트리트 저널은 "치킨리스크"라는 말로 한국의 잠재적 경제 위험을 묘사했다(김유진, 2013). "한국 치킨 업계에 낀 '버블'이 한국 금융권 부실로 번질 수 있다"는 우려를 제기한 것이다. "대중적 인기 때문에 치킨전문점을 과도하게 창업했고, 이 때문에 치킨 창업자들의 수익성 악화가 곧 한국 금융권 부실로 직결될 수 있다는 우려"이다. "치킨 업체 점주들이 창업할 때 실제로 주택담보대출모기지 등과 같은 대출에 가장 많이 의존하고 있다는 점"을 우려의 근거로 제시하고 있다. 또한, 치킨전문점이 아니라도 우리나라에는 창업열풍, 아니 광풍이 불고 있다고 해도 과언이 아니다. 대학생부터 주부, 직장인, 퇴직자, 장년세대 할 것 없이 많은 사람들이 창업에 나서고 있다. 그런데 이와 같은 열풍과는 달리 그들의 성공확률은 매우 낮은 것으로 조사되고 있다. 이제, 우리는 99%가 넘는 기업들이 소상공인들로 채워진 사회에게 살게 된 것이다. 이렇듯 소상공인들의 사업은 국가경제를 좌우하는 중차대한 이슈가 되었다. 그야말로 와튼스쿨에서 적시한 세 가지 부족한 기업들을 위한 마케팅을 본격적으로 연구해야 할 시점이 온 것이다.

본 연구의 저자들은 와튼 스쿨에서 주장하는 세 가지가 부족한 기업들을 위한 마케팅이 필요하다는 주장에 공감한다. 따라서 본 연구는 이 세 가지의 부족을 '세 가지 핸디캡'이라 부른다. 아울러 이 세 가지 핸디캡을 지니고 있는 기업들을 '핸디캡 기업'이라 정의한다. 우리가 흔히 거론하는 대부분의 자영업자, 소상공인, 초기 벤처기업, 약소 창업기업들 거의 모두가 바로 이 핸디캡 기업에 속한다. 그리고 본 연구에서는 이와 같은 핸디캡 기업들의 핸디캡을 해소할 수 있는 방안을 제시하는 마케팅을 '핸디캡 마케팅'으로 규정했다.

핸디캡 마케팅은 태생적으로 매우 재미난 도전에 직면한다. 과연 돈, 사람, 시간이 부족한 기업이 성공적으로 마케팅을 수행할 수 있을까? 마케팅 전문가들의 상식에선 "없다"가 정답이다. 위의 세 가지 핸디캡을 가지고 성공적인 마케팅을 수행한다는 것은 불가능하다는 것이 통설이다.

김철환이 지적한 것처럼 "마케팅은 매우 어려운 전문적 지식이고 방법론"이다. "마케팅 전문가가 필요하고, 마케팅을 실행 후, 매출을 올리고 수익을 창출하는 등 결과를 도출하기까지는 많은 시간이 필요하다. 또한, 마케팅을 제대로 실행하려면 일정규모의 자금이 필요하다. 따라서 마케팅은 위의 돈과 시간과 전문가가 충분히 갖춰진 소위 "잘 나가는" 기업이 아니면 힘들다"는 이야기이다. 그런데 핸디캡 기업들은 마케팅을 제대로 전개할 '돈'이 충분치 않다. 마케팅을 전문으로 할 '사람'들을 둔다는 것은 꿈도 못 꾸는 경우가 많다. 그리고 오늘 수입이 없으면 내일부터는 빚에 허덕이거나 회사 문을 닫아야 할지도 모르기 때문에 마케팅 결과를 기다릴 '시간'조차도 없는 경우가 허다하다.

그럼에도 불구하고 핸디캡 기업들 가운데에서도 많은 성공 스토리들이 나오고 있다. 지금 잘 나가는 1% 미만의 기업들도 처음에는 위의 세 가지 핸디캡 기업들이었던 경우가 많다. 예를 들어 보도록 하겠다. 하유미팩으로 수천억 원의 매출을 낸 제닉은 상처치료용 패치를 상품으로 냈다가 실패를 한, 돈도 시간도 전문가도 없었던 핸디캡 기업이었다. 영철버거로 이름을 날리며 한 해에 수천만 원의 장학금을 기부하고 있는 고대 앞 햄버거집은 자본금이 5만 원도 안 되는 노점상에서 출발했다. 속초에 있는 시장의 한구석에서 출발한 만석닭강정은 이제 강원도를 여행하면 반드시 가봐야 하는 필수 코스가 되었다. 매출은 웬만한 중견기업 못지 않다. 이 밖에도 많은 기업들이 세 가지 핸디캡을 가지고도 성공을 했다.

이 기업들은 어떻게 세 가지 핸디캡을 극복하고 성공적인 마케팅을 할 수 있었을까? 하유미팩은 마스크팩이라는 카테고리를 일탈하여 다른 카테고리로 포장하는 카테고리 일탈 전략이 적중했다. 영철버거는 고정관념을 재부팅하여 천 원으로 훌륭한 한끼 식사를 할 수 있는 고기버거와 무한리필 음료라는 리마커블한 상품개발을 했고, 내적 비범성이 있는 스토리를 창출해서 자동으로 마케팅 메시지가 퍼져나가게 했다. 만석닭강정은 닭강정이란 리마커블한 먹거리를 완성했고, 적대적 유통전략과 컨테이저스한 스토리 공유 전략으로 핸디캡 마케팅의 성공 스토리를 남겼다.

위에서, 나는 일탈 전략, 재부팅, 내적 비범성, 자동마케팅, 리마커블 전략, 컨테이저스라는 많은 용어들을 소개했다. 이 용어들은 모두 앞으로 당신께 소개할 핸디캡 마케팅 용어들이다. 본 연구는 핸디캡 기업들이 어려움을 극복하고 마케팅에 성공스토리를 쓸 수 있는 새로운 문법을 찾고자 했다. 핸디캡 마케팅의 방법론의 단서들을 찾기 위해 나는 핸디캡 기업들의 마케팅을 연구한 로디쉬 교수의 "모험기업가 마케팅"과 김철환의 "적정마케팅" 내용을 검토했다. 이를 통해 우리는 핸디캡 마케팅 연구의 토대가 되는 많은 아이디어를 얻을 수 있었다.

다음으로 우리는 지금까지 소개된 수많은 마케팅이론들 중에 세 가지 핸디캡을 지닌 기업들에게 적용될 수 있는 마케팅 이론들을 조사했다. 필자들은 조사를 통해 선정된 이론들을 체계화하고, 그 이론들이 적용되어 성공한 케이스들을 발굴했다. 이와 같은 과정을 통해 우리는 핸디캡 마케팅이라 부르는 마케팅 방법론들을 찾을 수 있었다.

■ 와튼스쿨이 먼저 발설한 마케팅의 비밀

벤처기업 마케팅의 원제목은 앞에서 소개한 대로 모험기업가 마케팅 entrepreneurial marketing이다. 이를 벤처기업 마케팅으로 소개하는 이유는 앙뜨레쁘레너라는 개념이 우리에게 익숙하지 않고, 이 연구의 내용이 초기벤처기업에 집중되었기 때문에 우리에게 익숙한 벤처기업 마케팅으로 부른 것이다. 벤처기업 마케팅은 미국 펜실베니아대학교 와튼스쿨의 레오나드 로디쉬 교수의 벤처마케팅과정의 수업을 진행하면서 얻어진 연구결과이다. 이 연구는 마케팅이 어떻게 하면 벤처기업을 도울 수 있을까 하는 물음에서 출발했다. 이 질문의 답을 얻기 위해 강의에 참여한 MBA학생들은 로디쉬 교수의 지도로 성공한 벤처기업들을 조사했다. 이 연구는 인크Inc.라는 미국의 대표적인 경영잡지에서 선정한 500대 초고속 성장기업에 대한 조사를 근간으로 이루어졌다.

벤처기업 마케팅 연구는 벤처기업에 있어 마케팅의 중요도 조사로부터 시작되었다. 연구자들이 200여 개 벤처기업에 투자한 14명의 벤처투자가들에게 벤처기업의 성공요인으로 마케팅, 생산, IT, 제품혁신, 재무, 인사, 회계 등 각 부문의 중요도를 질문한 결과, "마케팅의 중요도가 다른 요소보다 압도적으로 가장 높게7.0 척도에 6.7 나왔다"고 한다. 또한 "철저한 마케팅을 실행하면 벤처의 실패확률이 60%나 감소할 수 있다"는 조사결과를 얻었다고 한다. 마케팅이 제품 개발, 생산, 판매를 주도하는 전통적인 역할도 중요하지만 특히 벤처기업에 있어선

"우수한 인력을 확보하고 벤처캐피털이나 엔젤 투자가들에게 보다 좋은 조건에 투자를 받을 수 있는 계기를 마련할 수 있다"는 점에서 마케팅은 벤처기업들에 있어 가장 중요한 요소로 답변되었다.

2001년도에 책으로 발표된 이 연구는 당시 인터넷 시대의 도래를 언급하면서 정보화사회에 있어서 마케팅의 중요성에 대해 강조를 했다. 인터넷을 통해 유통과 프로모션, 가치창출의 방법이 달라질 것으로 예상했고, 브랜딩의 방법도 획기적인 변화를 겪을 것으로 예견했다. 따라서 이 연구에서는 벤처기업들이 인터넷 시대에는 "창조적이고 획기적인 마케팅 노력"이 필요하다고 강조하고 있다.

향후 10년간 일어날 커다란 변화에 벤처기업이 어떻게 대응을 해야 하는가를 제시한 대목은 이 연구의 백미라 할 수 있다. 지금 시점은 이들이 제시한 10년도 더 넘은 시기가 되었지만, 그때 그들의 혜안은 마케팅의 미래를 관통하고 있었다. 저자들은 앞으로 벤처기업 마케팅에는 몇 가지 큰 변화를 전제해야 한다고 주장했다.

인터넷으로 "글로벌 유통 혁명"이 일어날 것을 예견했다. 인터넷으로 인해 "국경 없는 시장이 형성" 될 것이라는 것이다. 이렇게 되면 글로벌 마케팅은 더 이상 '대기업의 전유물'이 아니다. 벤처기업은 "태생적으로 글로벌 시장에 대응할 수 있는 마케팅 플랜을 가지고 있어야 한다는 것"이다. 또한 지속적인 인수, 합병과 전략적인 제휴로 인터넷 사회에서는 승자가 독식하는 세상이 올 것이라 예견했다. 따라서 벤처기업은 끊임없이 인수, 합병, 제휴를 염두에 두고 자신의 분야에서 어떻게 하면 승자가 될 수 있을지를 연구하면서 마케팅에 임해야 한다고 논술했다.
또 다른 하나의 큰 변화는 베이비부머의 노령화에 따른 소비시장의 큰 변화다. 소비의 주축이 노령화함에 따라 벤처기업들은 빠르게 대처해야 함을 강조한 것이다. 마지막으로 연구자들은 신흥소비시장의 부상을 예견했다. 중국과 인도와 같은 당시의 저개발 국가들이 향후 10년 뒤에는 소비의 중심축으로 부상할 수 있으니 이에 대비한 마케팅 전략이 필요하다는 것이다.

이들의 예견은 이제는 모두 현실이 되었다. 당시 이들의 혜안을 따라 준비를 철저히 한 벤처마케터들은 큰 성공을 거두었을 것이라 본다. 기회가 된다면 당시 이들의 연구에 따라 마케팅을 실행한 벤처기업들의 현주소를 알아보고 이 연구가 그들에게 성공을 가져다주었는지를 검증해 보는 것도 의미가 있으리라 본다.

벤처기업 마케팅은 전통 마케팅이론을 근간으로 벤처기업의 마케팅 전략을 제시했다. 이 연구는 마케팅 전략의 양대 축인 목표시장과 포지셔닝에 대해 벤처기업은 어떤 전략을 가지고 있어야 할 것인가에 대해 논술했다. 마케팅의 일반적인 전략은 목표시장을 먼저 정하고 그 시장에 자사의 제품을 어떻게 포지셔닝을 할지를 정하는 것이다. 그러나 이 연구에서는 포지셔닝을 할 방법을 먼저 정하고 시장 세분화를 할 것을 주장한다. 벤처기업은 대개 "단일 제품으로 사업을 시작하거나 그와 핵심 제품과 관련된 소수의 제품"으로 마케팅을 시작하기 때문에 제품의 포지셔닝이 선행되어야 한다는 것이다. 여기서 눈여겨봐야 할 대목은 성공적인 포지셔닝을 위해 차별화 역량과 지속적인 경쟁 우위라는 두 가지 핵심적인 경영전략에 근거하여 포지셔닝에 대한 의사결정을 해야 한다는 것이다.

이 연구에선, 지속적 경쟁우위가 벤처기업에게 주어진 숙명이라 설명하고 있다. 지속적으로 경쟁에서 우위를 점할 수 있는 요소를 개발할 수 있어야만 지속적으로 가치를 창출할 수 있고, 이 가치가 포지셔닝을 통해 마케팅에 반영되어야만 기업이 지속적으로 생존할 가능성을 확보하게 된다. 차별화 역량이란 기업이 지속적 우위를 점할 수 있게 해주는 원천이다. 이 원천은 "기술, 디자인 능력, 품질, 고객서비스, 지명도, 고객관계 등"에서 찾을 수 있다고 논술했다. 이러한 요소들은 "고객들이 '왜 당신 회사 제품을 선택해야 되는지,' '왜 경쟁 회사 제품을 선택해야 하는지'와 직결이 되는 것들"이기 때문에 "포지셔닝을 위한 의사결정에 반영되어야 한다"고 주장했다.

목표시장에 대해서는 일반적인 마케팅 이론에 근거한 세분화 전략과 표적시장 전략으로 벤처기업에만 적용되는 내용은 아니었다. 이때만 하더라도 벤처기업의 표적시장전략도 전통적인 마케팅 전략의 범주에서 사고할 수밖에 없었을 것이라 추정한다. 그러나 오늘날에는 인터넷은 물론, 스마트폰을 매개로 한 모바일 시장이 대세로 떠오르면서 표적시장의 선정도 큰 변화를 맞이하고 있다. 본 연구에서는 요즘 새롭게 대두되고 있는 마이크로 타게팅micro targeting 전략이나 초니치ultra niche 전략과 같은 개념들을 핸디캡 마케팅 전략 차원에서 분석했다.

저자들이 인크지 선정 500대 초고속 성장기업들을 조사한 결과, 그들의 "33%가 개발과 생산, 출시하기 전에 컨셉트 테스트를 통해 시장에서 잠재고객들과 유통업체들의 반응을 조사하고, 38%가 지속적으로 신제품 테스트를 한다"는 답변을 얻었다. 또한 그들은 벤처기업들이 활동하는데 우호적인 시장과 비우호적인 시장에 대해 연구한 자료를 소개하는데, 이 대목은 매우 흥미로운 시사점을 제공한다. 창업 후, 5년이 지난 3만여 개의 기업을 연구한 논문의 내용에 의하면, "높은 서비스가 요구되고 반복구매가 낮은 비 우호 세분시장에서 창업하는 벤처기업의 생존률이 더 높은 것으로 나타났다고 한다. 비 우호 시장에서는 기존기업들의 비즈니스 유연성과 고객니즈에 대한 관심도가 낮기 때문에 이들이 모두 상대적으로 높은 창업벤처기업의 성공확률이 높았다고 한다.

또한, 벤처기업이 피해야 할 제품 및 시장특성에 대해선 네 가지를 거론한다. 종업원의 높은 숙련도를 요구하고 주문 위주의 생산을 하는 시장에서는 벤처기업이 성공하기 힘들다고 주장한다. 두 가지 모두가 벤처기업가에게는 갖추기 힘든 요구이기 때문이라고 설명한다. 시장 세분화의 정도가 높은 시장과 최종고객의 유통망 의존도가 높은 경우에도 벤처기업의 성공이 힘들다고 논술했다. 고객 세분화가 심화되어 있을 경우 고객 획득비용이 과다하기 때문에 성공이 힘들다는 말인데, 요즘은 마이크로타겟을 공략해서 고객획득비용을 최소화한다는 주장이 더 타당한 이론으로 대두되고 있는 것을 볼 때, 마케팅 이론이 사회환경과 기술의 변화에 따라 매우 역동적으로 변화한다는 시사점을 준다 하겠다.

이 연구에서 또 하나 강조하는 것은 역동적 가격결정이다. 인크 500 대기업의 조사에서 수익을 극대화할 수 있는 가격도 중요하지만, 최초 가격 결정이 매우 중요함을 알 수 있었다고 했다. 벤처기업이 부과할 가격이 마케팅 믹스와 어떻게 다양하게 연관되어 고객의 제품가치 인지에 작용을 하는지를 실증했다. 오늘날 벤처기업의 가격모델은 이 연구내용에선 상상을 할 수 없을 정도로 다양해졌다. 네트워크 시장, 플랫폼 시장과 같은 양면 시장이 고도로 발달하고 있는 오늘날에는 가격결정보다는 수익모델 분석이 선행되어야 한다.

로디쉬교수와 그의 MBA학생들은 마케팅 커뮤니케이션에 대해서는 벤처기업들에게 크게 도움이 될 만한 시사점을 제시하지 못했다. 그렇지만, PR을 통해 리쿠르팅과 자금조달에 도움을 받을 수 있음을 강조했고 바이럴마케팅과 이벤트 프로모션의 중요성에 대해 언급한 것은 후속 연구를 위한 좋은 이정표를 제시한 것으로 보인다. 광고에 대해선 크리에이티브 전략에 대한 사전 테스트와 그에 연계된 미디어전략의 중요성에 대해 강조했다. 이 주장들은 오늘날 고도화된 마케팅 커뮤니케이션 시대에 와서는 모두 고전적인 이야기로 들릴 수 있다.

　ICT와 사이버미디어, 커뮤니티의 발달로 마케팅 커뮤니케이션 분야는 최신성과 혁신성이 생명이 되었다. 새로운 강자가 등장할 때마다 프로모션 방법의 새로운 패드fad가 등장한다. 구글의 검색광고가 프로모션의 한 획을 그었고, 페이스북의 소셜미디어 광고가 또 다른 획을 그었다. 소셜 커머스가 오픈마켓의 대항마로 떠오르면서 유통시장의 새로운 질서를 예고하고 있다. 우리나라에서도 네이버와 카카오톡, 티켓몬스터 등이 그 맥을 같이해 광고시장의 지형을 바꾸고 있다.

　그러나 현실적으로 보면 핸디캡 기업들이 직면하는 가장 큰 고민이 마케팅 커뮤니케이션 비용이다. 소상공인들에게는 저비용으로 고객을 획득하고 브랜드를 강화할 수 있는 방안이 절실하다. 요즘, 소셜미디어나 블로그 같은 개인 미디어의 발달로 비용을 들이지 않고도 마케팅을 할 수 있는 기회가 오긴 했지만, 이들을 마케팅 매체로 이용할 수 있는 능력을 갖춘 사람들은 그리 많지 않다. 본 연구에선 큰 기술이 없어도 저 비용 마케팅 매체들을 이용할 수 있게 해주는 요인들을 조사했다.
　유통경로 결정에 대해선 인크 500대기업들 중 창의적이고 생산적인 유통을 선택한 기업들이 그러지 못한 기업들보다 더욱 높은 수익을 내는 것으로 조사되었다. 벤처기업의 유통에 대한 의사결정을 돕기 위해 직접, 선택, 독점, 집중적 유통전략 등 전통 마케팅 이론에서 거론되는 유통전략에 대해 소개하면서 이들을 창의적으로 이용하는 방안에 대해 논술했다. 여기에 인터넷 유통에 대한 중요성을 언급하고 있다. 이 내용 역시 온라인과 모바일 유통이 오프라인 유통을 넘어서고 사물인터넷을 기반으로 한 새로운 유통방법이 대두되고 있는 요즘에 적용하기에는 한계가 있다.

이 연구에서는 벤처기업의 성공 시금석은 "강력한 제품출시 과정"이라는 주장을 한다. 제품출시를 창의적으로 수행하면 자사의 제품을 고객에게 수용시키는 시간을 극적으로 단축할 수 있다고 한다. 이를 위한 방안으로 가치참조$_{\text{value reference}}$ 선택과 베타서비스를 통한 피드백을 주장한다. 이 두 전략은 핸디캡 마케팅에 있어서도 매우 중요한 전략으로 앞으로도 보다 다양한 각도에서 연구가 필요하다.

벤처기업의 판매관리에 대한 연구는 실무에 유용한 시사점을 제시했다. 판매를 위해 에이전트를 고용할 것인지, 판매원을 직접 고용할 것인지, 대리점을 구축할 것인지, 인터넷을 통한 무인판매를 할 것인지에 대한 다양한 고려를 벤처기업가의 입장에서 판단했다. 당연히 오늘날에는 더 다양한 전략을 필요로 한다. 특히, 무인판매 부문에 있어서는 그 당시보다 더욱 다양하고 고도화된 툴이 개발되었고, 판매 대리인도 온라인이나 모바일이 가세, 더 고도화된 형태의 서비스가 제공하고 있기 때문이다. 오늘날 핸디캡 마케팅에서는 판매처나 판매원의 고용이라는 시각보다는 파트너십이라는 개념이 더 주목을 받는다. 또한, 판매처 확보보다는 판매 네트워크 구축이라는 개념이 더 중요해졌다.

마지막으로 벤처기업 마케팅 연구에서는 채용과 자금 조달이라는 중요한 두 가지 이슈에 대한 방법론 제시가 있었다. 우수한 인재를 채용하는 것이 벤처기업 경쟁력의 원천이니만큼, 잠재 우수인력에 대해서는 마케팅 방법론이 동원되어야 한다는 것이다. 또한 벤처기업은 주식이라는 중요한 상품을 가지고 있다는 것을 상기시키면서 제품 마케팅 못지 않게 주식 마케팅을 잘할 수 있어야 한다고 주장했다.

2001년에 와튼스쿨의 연구를 처음 접했을 때, 가장 눈길이 갔던 대목은 마케팅에 임하는 벤처기업의 정의였다. 그것은 "돈 없고, 시간 없고, 사람 없는," 세 가지 핸디캡이었다. 이 연구는 핸디캡을 극복한 기업들의 연구를 통해서 해결방안을 제시했다. 그러나 위에서 논술한 것처럼 이 연구가 오늘의 시점에서 핸디캡 기업들의 마케팅 문제를 해결해 주기에는 많은 보완이 필요하다. 와튼스쿨의 벤처기업 마케팅 연구에서 보이는 가장 큰 한계점은 그들의 연구가 이미 성공의 반열에 오른 기업들을 조사하다 보니 핸디캡을 극복한 시점의 내용이 많이 반영한 것이다. 그런데 핸디캡 기업들이 절실히 필요한 것은 곧바로 적용 가능한 마케팅 방법론이다.

■ 마케터들에게도 당신의 따뜻한 손길이 필요합니다

나는 웹 검색을 하다가 적정마케팅이란 명쾌한 단어를 발견했다. 마케팅을 마케팅이라 부르지 못하는 수많은 약소기업들의 마케팅 상황을 단적으로 묘사하는 용어가 나온 것이다. 더욱 반가운 것은 적정마케팅에서 추구하고자 하는 마케팅 방법론들이 핸디캡 마케팅 연구에 많은 단서를 제공했다. 김철환2012은 "자영업자와 소상공인들의 능력에 적절하도록 쉽고 저렴한 마케팅 도구를 개발하고 널리 보급하는 것이 적정마케팅"이라 주장했다. 이를 위해 그는 다음의 여덟 가지 조건에 부합하는 마케팅 툴과 방법론이 필요하다고 한다.

"1. 현장성을 담아야 한다: 대부분의 마케팅 이론, 방법론, 도구들은 1%의 소수 기업을 위해 마련된 것들이다. 이것을 그대로 99%의 영세기업에 적용해서는 안 되며, 서로 맞지도 않다. 적정마케팅은 99% 영세기업이 처한 현실 위에서 새롭게 수립되어야 하며, 충분한 현장 검증 또한 거쳐야 한다.

2. 단순하고 쉬워야 한다: 복잡한 이론과 도구는 금물이다. 적정마케팅은 구멍가게 사장님이라도 바로 이해하고 활용할 수 있을 정도로 쉬워야 한다. 마케팅에 많은 시간이 필요해서도 안 된다.

3. 싸야 하지만, 반드시 공짜일 필요는 없다: 공짜는 비지떡인 경우가 많다. 따라서 유료라도 자영업자와 소상공인에게 충분한 매력만 있으면 된다. 다만 비용 수준은 기존 마케팅에 비해 파격적으로 낮출 필요는 있다. 그래도 적정마케팅 기술과 도구는 99%의 절대다수 기업들을 수요로 하기 때문에 박리다매로 충분한 수익을 낼 수 있다.

4. 보편타당하게 적용할 수 있어야 한다: 적정마케팅 기술과 도구는 다양한 업종, 다양한 마케팅 플랫폼에서 공통적으로 적용할 수 있는 것이어야 한다. 그래야만 규모 경제의 이점을 살릴 수 있다. 또한 끊임없이 변화하는 마케팅 도구와 기술의 유행을 좇는 것보다는 변치 않는 본질에 집중해야 한다.

5. 효과를 측정할 수 있어야 한다: 적정마케팅 기술과 도구는 분명한 목표와 목표 달성을 측정할 수 있는 기준을 가지고 있어야 한다. 적정마케팅의 목표는 더 적은 비용과 노력 그리고 더 나은 성과다.

6. 쉽게 확장할 수 있어야 한다: 적정마케팅의 결과 수익이 증대되면, 더 많은 마케팅 투자를 할 수 있다. 그리고 언제든 새로운 상품이 출시될 수도 있다. 이때 새로운 기능과 목적을 추가하는 것이 어렵지 않도록 적정마케팅 기술과 도구는 유연성을 갖추고 있어야 한다.

7. 소비자들에게도 적정해야 한다: 적정마케팅은 현혹의 기술이 아니다. 적정마케팅은 진정성을 기본으로 한다.

8. 보급이 쉬워야 한다: 적정마케팅 기술과 도구는 복제가 쉽고 매뉴얼화돼 있어, 원 기획•개발자 외의 다른 마케팅 사업자들도 쉽게 보급할 수 있어야 한다."

출처: 2012년 10월 16일 김철환의 블로그에 남긴 글,
"99%를 위한 적정마케팅, "http://www.bloter.net/archives/130669

위와 같은 내용을 제시하면서 그는 마케팅 전문가들의 관심을 이끌어 낼 수 있으면 "글을 쓰는 사람으로서 제 역할을 다할 것"이라고 언급했다. 그는 성공했다. 적어도 필자들과 같이 마케팅을 연구하는 사람들의 관심을 충분히 이끌어 냈다.

적정마케팅이란 용어는 적정기술이란 용어에서 이끌어 낸 것이다. 적정마케팅이란 말을 이해하기 위해서 우선 적정기술이란 말을 알아보자.

스마트폰이나 컴퓨터, 첨단 가전제품들에 사용되는 하이테크놀러지는 자본주의 발달의 견인차 역할을 해 왔다. 눈부신 기술의 발달은 일상생활의 편의를 놀라울 정도로 향상시켜 주었으며 기술의 끝이 어딘지 모를 정도로 발전을 거듭하고 있다. 그러나 이러한 기술의 발달에 소외된 사람들이 있다. 대개의 기술이 소수 부자들의 편익을 위한 기술 개발에 편중되어 왔다. 그 이유는 가난한 사람들이 소비자적 가치가 떨어진다는 것이다. 그래서 노트북이나 스마트폰은 거의 매일 신제품이 쏟아져 나오지만, 생계형 제품 개발은 거의 없다시피 한 게 현실이다. 가난한 사람들의 생계 기술이나 가난한 사람들에게 필요한 생존 기술은 언제나 외면받아왔다. 신기술을 사용하는 인류는 10%에 미치

지 못할 것이며 가난한 사람들에게는 필요 없는, 사용할 수 없는 기술들이다.

알려진 바에 따르면, "적정기술 개념은 1960년대 경제학자 슈마허E. F. Schumacher/ 1911~1977가 만들어낸 '중간기술intermediate technology'이라는 용어에서 시작되었다. 당시 슈마허는 선진국과 제3세계의 빈부 양극화 문제에 대해 고민하던 중 간디의 자립 경제 운동과 불교 철학에서 영감을 받아, 올바른 개발이 달성되기 위해서는 중간 규모의 기술이 필요하다고 주장하였다"(출처: 네이버 캐스트, 장하원).

적정기술이란 "그 기술이 사용되는 사회 공동체의 정치적, 문화적, 환경적 조건을 고려해 해당 지역에서 지속적인 생산과 소비가 가능하도록 만들어진 기술로, 인간의 삶의 질을 궁극적으로 향상시킬 수 있는 기술"을 말한다출처: 네이버 백과사전. 많은 적정기술 관련 검색에서 확인할 수 있는 바와 같이 아프리카, 몽고, 필리핀 난민촌 등 빈민층이나 저개발국가 주민에게 이러한 적정기술을 보급, 많은 비용을 들이지 않고도 삶의 질을 개선시켜 주는 효과를 보고 있으며, 계속해서 그들을 위한 적정기술의 개발이 활발히 이루어지고 있다.

적정기술 지원의 대표적인 사례를 알아보자. 아프리카의 식수가 귀한 지역에 우리가 쓰는 정수기를 공급한다 해도 전기를 사용할 수 없으므로 무용지물일 수밖에 없다. 우물을 발견하여 물을 주거지까지 운반하기도 어려울 뿐 아니라, 정수 안 된 물을 식수로 활용하기가 매우 난감한 상태이다. 이곳에 프라스틱 원통형 정수기를 제작 공급했다. 그곳의 주민이 물을 길어 집에까지 길려가는 동안 통 안의 물은 정수가 되는 것이다. 그리고 통은 굴려서 이동을 가능하기 때문에 아이들도 이용할 수 있다. 이 정수기는 실제로 아프리카 여러 지역에서 식수난을 해결해 주었고 그곳의 주민들이 최소한이나마 인간으로서의 존엄성을 가지고 살 수 있도록 도와주었다.

이런 적정기술의 이론을 마케팅이론에 접목하고자 했던 것이 적정마케팅이다. 적정마케팅에서는 "99%의 기업이 1% 미만의 기업들이 사용하고 있는 일반적인 마케팅 방법론을 사용하지 못하고 있다"고 한다. 바꾸어 말하면, 우리가 배우고, 알고 있는 마케팅이론이라는 것은 여유가 있고 잘 나가는 1% 미만의 기업들의 전유물이지 자영업자나 소상공인들과 같이 자금의 여유가 없고 전문인력이 없는 약소기업들에게는 '그림의 떡'이라는 설명이다. 따라서 약소기업들을 위한 마케팅 방법론이 별도로 연구되고 보급되어야 마케팅 불평등이 해소되고 사회 양극화가 완화 될 수 있다는 주장이다.

적정마케팅은 와튼스쿨의 벤처기업 마케팅보다 구체적인 접근방법이 개발되어야 한다고 주장한다. 김철환은 적정마케팅 방법론 개발이 '현장 중심적임'을 강조하면서, 자영업자들에겐 "마케팅 서적에서 익힌 내용이나 광고회사에서 제공하는 광고 기법 같은 일반적인 마케팅 방법론은 전혀 쓸모가 없고 정작 절실하게 필요한 것은 골목 전단지 제작 기술이나 유리창 POP 광고물의 카피라이팅 기술일 것"이라고 주장한다. 따라서 "적정마케팅은 우리가 일상에서 이미 흔하게 접해 왔지만 마케팅이라 생각하지 않았던 것들을 다시 생각해 보는 것에서 출발한다"라고 했다. 결국, 핸디캡 기업들의 마케팅 불평등을 해소해주는 해결방안은 "상상이나 문헌조사가 아닌 현장"이라는 점을 강조했다. 그는 다음과 같이 말했다.
"현장에서 문제를 발견하고, 해결책 또한 현장에서 만들어 나간다.

해결책은 철저히 수요자의 입장에서 정리되어야 하며, 최종 결과물은 반드시 현장 검증을 통해 수정 보완해야만 한다."

김철환은 적정마케팅 연구를 위해 인왕시장의 노점상들, 페이스북 친구의 메뉴에 적은 원산지 표기, 여의나루역 인근의 엄니 식당 등 현장을 취재했다. 김철환은 그의 블로그에 "소상공인과 자영업자를 위한 마케팅 지침서를 찾아왔는데, 그런 책을 찾지는 못한 것 같다"고 했다. 아직 실재하지 않기 때문이다. 대신에 그는 현장에서의 마케팅 핸디캡을 해결해 나갈 수 있는 방안을 지속적으로 연구하고 있다. 앞으로 그의 연구가 지속되면서 그의 적정마케팅 이론이 체계를 잡아 나가고, 핸디캡 기업들에게 큰 도움을 주길 바란다.

■ 기회의 땅으로 오라!

광고 난민들

"나는 이중생활을 한다. 낮에는 열심히 마케팅과 광고에 대해 열심히 연구, 강의, 컨설팅을 하고 다닌다. 그런데 집에 오면 돌변한다. 광고를 피하기 위해 모든 노력을 한다. TV를 시청하다가도 광고가 나오면 가차 없이 채널을 돌리고, 웹 브라우저에는 각종 애드블럭Ad Block프로그램을 설치하여 광고가 밀고 나오는 것을 철저히 봉쇄하고 있다."

이는 어떤 마케팅 전문가가 한 말이다. 공감하는가? 그의 행동은 일반인들의 행동과 조금도 다를 바 없다. 이유가 뭘까? 여러 가지 이유가 있겠지만 분명한 사실은 광고가 너무 무례하다. 광고가 시도 때도 없이 우리의 개인 영역을 침투하기 때문이다. 예를 들어 보겠다.

아들과 함께 즐겁게 TV를 시청하고 있다. 그런데 갑자기 옷을 조금밖에 입지 않은 내가 봐도 섹시한 여성이 통닭을 시키라고 유혹한다. 사춘기의 아들은 갈등한다. 나도 민망하다. 또, 어느 날, 오랜만에 온 가족이 둘러앉아 저녁식사를 맛있게 먹고 있다. 각자 바쁘다 보니 저녁식사 시간에 모두 모이는 것은 정말 오랜만이다. 그런데 TV에서 설사약 광고가 나온다. 비위 약한 딸은 숟가락을 놓고 제방으로 간다.

지금까지 전통광고는 우리의 의사와는 상관없이 창피한 줄 모르고 아무데서나 노출을 감행해 왔다. 그래서 우리는 위의 마케팅 전문가처럼 그들을 피해 피난을 다니기로 결심한 것이다. 이제, 우리는 전쟁의 포화로부터 피난다니는 것처럼, 광고의 포화로부터 피해 다니는 광고피난민이 되었다.

피난민은 피난만 다니지 않는다. 격렬한 항쟁도 벌인다. 그래서 우리의 리모콘 버튼 누르는 속도는 점점 더 빨라져 가고 있다. 이제, 침투적 미디어의 수괴인 TV광고가 점차 힘을 잃어 가고 있다. 예전에는 존재조차 없었던 매체들이 권력을 잡으면서 미디어 권력의 지형이 변화하고 있다.

트위터에서는 첩첩산중에 사는 소설가가 대통령이 되었고, 블로그에선 동네 아줌마가 요리왕이 되었다. 얼마 전엔 엽기, 비호감의 상징이던 아저씨 가수가 유튜브를 무대로 세계정복의 대업을 완성했다. 아시아에서 아프리카까지 유럽에서 아메리카 양대륙까지 수십억 명의 지구인을 말처럼 뛰게 했다. 신들도 놀랄 일이다. 이런 변화가 마케팅에도 일고 있다.

■ **마케팅 무정부시대**

옛날에 마케팅공화국에는 STP라는 대통령이 있고 4P라는 국무총리가 있었다. STP대통령은 시장세분화Segmentation, 표적화Targeting, 그리고 포지셔닝Positioning으로 공화국의 기틀을 잡았으며, 4P 총리는 좋은 물건Product, 가격 선도력Price, 효율적인 유통망 확보와 영업전략Place, 성공적인 판촉전략Promotion으로 마케터들을 통치했다. 정말로 그 나라는 60년 이상 평온했다. 그 시대를 이끌었던 STP와 4P에게만 복종하면 잘 살 수 있는 시대였다.

그러나 시대가 변하면서 여기저기에서 저항세력이 나타났다. 인터넷이라는 초고속 도로가 깔리고, 모바일이라는 하늘길도 열렸다. 인간은 더 많은 것을 보게 되고 알게 되었다. 공화국의 국민들이 더 똑똑해진 것이다. 마케팅 공화국은 공격을 받기 시작했다. 인터넷에 조그만 입력창 하나만 걸길래 우습게 봤던 구글이란 모험가가 세계정복에 나섰고, 친구놀이를 하던 페이스북이 지구인들의 여가시간을 점령했다. 각자의 손에 들려져 있는 전화기란 조그만 물건에는 이제 지상 최대의 시장판이 벌어졌다.

이뿐만이 아니다. 피난 다니던 사람들이 이젠 각자 블로그와 SNS라는 개인 미디어로 무장하고 공화국에 대들기 시작했다. 그들도 공화국에 맞설 힘을 가졌다고 생각하기 때문이다. "을"을 얕보고 착취하던 대기업이 개인의 블로그에 올린 글 때문에 몰락했다. 이제 소비자들은 손바닥 위에서 기업들을 심사한다. 가장 싸게 나에게 상품을 제공하는 기업이 내 편이다. "어디 감히 나를 STP라는 60년도 더 된 틀 안에 넣으려 하는가?"라고 소비자들은 정색하고 있다. 지금은 소비자가 상품을 그리고 기업에 대해 거꾸로 STP전략을 세우는 세상이 되었다. 그래서 STP와 4P로는 도저히 설명되지 않는 상품들과 기업들이 성공의 반열에 오르기 시작했다. 지금, 마케팅 공화국은 무정부 상태에 빠진 것이다.

마케팅 무정부 사회에선 어떤 마케팅 문법도 정답이 아니다. 그렇다고 오답도 아니다. 마케팅이 유연해진 것이다. 우리가 하는 모든 행동이 마케팅이고, 또 모든 마케팅이 우리의 삶을 비추는 거울이 되었다. 마케팅은 이제 '핸디캡이 있고, 없고'는 문제가 아니다. 코닥, 브리테니커, 블랙베리, 소니 같은 마케팅 공화국의 맹주들이 비운의 아이콘으로 전락하고 있다. 구글, 페이스북, 핀터레스트 같은 새로운 강자들은 모두 핸디캡 기업으로 시작했다. 이제는 마케팅에 정답이란 존재하지 않는다. 변화를 관통하는 창조적인 전략이란 새로운 마케팅 방정식을 풀어야 한다. 약소기업들의 핸디캡이 쉽게 희석될 수 있는 새로운 지평이 열리고 있는 것이다.

■ **당신은 놀 줄 아는가?**

필자의 어린 시절, "원종"이란 동네 친구가 있었다. 그 친구와 함께 있으면 하루가 어떻게 가는지 몰랐다. 그는 "다방구"를 하자고 한다. "다방구"가 지루해질 즈음에는 "망까기"를 위한 금을 땅 위에 그린다. 깨금발로 몸을 비트는 놀이가 고조되면, 그는 정글탐험대를 모은다. 동네 뒷산으로 개구리 사냥에 나서는 것이다. 엄마가 저녁 먹으라고 부를 때쯤, 나는 "영수"를 올라타고, 술래의 수장인 "원종"이랑 가위바위보를 하고 있다. "놀줄 아는" 아이, "원종"이는 우리들의 영웅이었다.

요즘, 소위 대박난 마케팅들을 보면, 그 시절이 생각난다. 고객을 상대로 몰카를 찍고, 특정 장소에 많이 가면 그 장소의 대장을 시켜 준다. 직원들을 코스프레 시키기도 하고, 고급 레스토랑을 귀신의 집으로 바꾸기도 한다. 상품을 구매하는데 시험까지 보게 하는 발칙한 마케터도 히트를 쳤다. 전화기 파는 곳에 다방을 차린 괴짜 마케터도 성공사례를 남겼다. 단지 돈이 없다는 이유로 가녀린 여자아이들에게 오토바이 헬멧을 씌워 산업의 역군처럼 춤을 추게 한 악덕樂德기획사 사장도 성공신화에 등장한다. 이제, 마케팅은 유쾌한 놀이판이 된 것이다.

과거의 마케팅은 돈이 두둑이 있어야 하고, MBA를 이수한 전문가가 있어야 했으며, 치밀한 전략, 전술이 있어야 했다. 전쟁영웅 란체스터를 숭배하며 시장을 전장터로 치환했다. 그곳에서 되도록이면 남을 가장 많이 죽이고 살아남은 자를 영웅으로 칭송했다. 세계 유명학자들은 그 영웅들을 연구해서 나온 스토리를 이론으로 정립하고 성공사례라 부르며 비싼 가격에 팔았다. "돈도, 시간도, 사람도 없는" 99%의 핸디캡 마케터는 총알받이 정도로 여겼다. 총알받이는 연구할 가치조차 없었다. 핸디캡 기업들은 잘 돼봤자 기득권 기업의 가치사슬 속에 들어가 그들의 "을" 역할을 하는 것에 감사해야 했다. 그나마, "을" 조차도 되지 못한 핸디캡 기업들은 저가전략만을 유일한 무기로 살을 깎고 출혈하며 시장에서 버텨나갔고 죽어 나갔다. 강자만이 살아남고, 여유 있는 기업만이 승리하는 전쟁, 그것이 마케팅의 진리였고, 마케팅은 강자를 위해 존재하는 그들의 호위무사였던 것이다.

이제는 1% 미만의 '있는 기업'이 소유했던 마케팅공화국의 헤게모니가 대중에게 넘어갔다. 우리는 나를 즐겁게 해주는 메시지가 아니면 모두 적으로 여긴다. 이제는 재미있어야 한다. 우리의 소비자들은 시장에서 피 흘리며 싸우는 모습보다는 다른 기업들과 손잡고 재미나게 노는 모습을 더 보기 좋아한다. 그래서 패션기업이 연예기획사와 입는 음반을 낸다. 이동통신사와 카페가 손을 잡고 카페형 핸드폰 매장을 낸다. 학벌은 정말 많이 떨어지지만 매주 토요일마다 정말 재미나게 노는 무한도전 멤버들을 몇 년째 시청률 1위 자리를 거머쥐고 있다. 즐겁고 유쾌한 상상은 대기업의 전유물이 아니다. 아니, 대기업의 거대 조직은 오히려 이런 즐거운 놀이를 펼치기에 너무 무겁다. 이제, 핸디캡 기업들에게도 기회가 왔다. 그들은 몸이 가벼우니 놀기도 쉽지 않은가?

자, 핸디캡 마케터여 – 그대는 한때 놀아 봤는가? 그렇다면 이제부턴 더 신명 나게 놀아라. 마케팅의 신은 가장 잘 노는 순서대로 부와 명예라는 큰 상을 내릴 것이다.

■ 변검술을 배우겠는가?

"신 성장동력을 찾아라!" 요즘 대기업에서 가장 많이 하는 말이다.

"너희들 정말 고생이 많다." 내가 대기업들에게 해주고 싶은 말이다.

요즘, 변화의 속도는 정말 아찔하다. 페이스북이 시장을 지배한지 얼마 되지도 않아 페이스북은 쇠락의 조짐을 보이고 있다. 페이스북의 메카 미국에서 10대들이 페이스북을 점점 떠나고 있다. 2013년 미국 서던 캘리포니아대학Southern California의 아넨버그Anenburg 연구소의 조사에 의하면 미국 부모의 70%가 자녀들의 페이스북 계정을 주시(혹은 감시)하는 것으로 나타났다. 게다가 46%의 부모는 자녀들의 페이스북 비밀번호까지 알고 있다고 답했다. 그래서 아이들은 스냅챗Snapchat으로 이동한다고 한다. 스냅챗의 인기엔 부모의 감시에서 벗어나려는 청소년들의 특성이 반영됐다는 것이 전문가들의 분석이다. 가장 빠르게 변화하는 기업 페이스북이 이 정도 위기를 맞고 있으니 다른 대기업들은 어떨 것인가?

20세기 산업화 사회에선 시장도 보이고, 고객들의 행동도 이해됐다. 네 개 분야밖에 없는 매체에 광고를 적당히 뿌리면, 매출도 덩달아 증가했다. 그래서 대기업들은 매년 성장률을 스스로 점쳐 가면서 고속 성장을 했다. 이제는 이런 전략이 통하지 않는다. 세상이 변하고 있다. 소비자들은 더 이상, 마케팅공화국의 우민禹民이 아니다. 옛날에는 리더가 한마디만 하면 백성들은 일사불란하게 움직였다. 코카콜라가 "오직 그것뿐!"이라 하면 코카콜라를 마셔야 했고, "우리의 날개"라고 대한항공이 최면을 걸면, 우리는 대한항공을 우선 선택해야 했다. 그러나 이제, 소비자들은 그런 집단 최면에서 깨어나고 있다. 정보, 지식사회가 그들을 그렇게 만들었고, 스마트폰이 개인마다 국가권력에 버금가는 힘을 갖게 했다. 이제, 소비자는 신화나 전설 속에 등장했던 신들보다 더 신비한 힘을 갖게 되었다. 전철 속에 앉아서 지구 끝에 있는 친구를 보고, 3D프린터로 공간이동을 하며, 아마존의 대쉬Dash라는 요술램프를 사용하며, 이불 속에서 미국에 LA에서 파는 '트루릴리전True Religion' 청바지를 직구한다.

오늘의 소비자는 더 이상 마케팅 메시지의 수용자가 아니다. 이제, 마케팅 메시지는 그들이 통제한다. TV광고보다, 소비자가 SNS에 퍼트린 입소문이 더 많은 매출을 가져다준다. 이제, 마케터들이 살아남는 방법은 단 한가지 겸손함을 배워야 한다. 소비자들에게 빨리 용서를 구하고 그들이 가치를 느낄만한 방식으로 마케팅을 전환하는 것이다. 그들에게 해법을 제시하고, 그들의 관계를 완성시켜주며, 그들과 그들의 가족, 그리고 그들의 세상을 발전시킬 수 있도록 도와주어야 한다.

정보화 사회, 지식 사회라는 용어도 이제는 낡은 용어가 되었다. 인텔리전스 사회, 위즈덤의 사회가 오고 있다. 그런데 우리나라 대기업들을 보면 아직 정보화 차원에 머무르고 있다. 그들의 마케팅엔 엑셀 파일의 정보가 으뜸이고 각종 프레젠테이션에선 정보의 나열만이 안전한 길이다. 낭중지추囊中之錐는 곧 왕따가 된다. 그러나 핸디캡 기업들은 다르다. 그들은 유연하다. 소비자들이 어떤 요구를 하든 그들은 소비자들을 잘 섬길 수 있다. 왜냐하면 핸디캡 기업들은 소비자들과의 접점에 있기 때문이다.

핸디캡 마케터들이여, 세상이 아무리 빨리 변해도 당황할 필요가 없다. 당신은 이미 세상과 함께 변화하고 있다. 그대들에게 필요한 것은 빠르게 얼굴을 바꾸는 변검술이다. 인텔리전스 사회로 소비자가 간다면 지식에 로직을 더하고 위즈덤 사회로 간다면 철학을 더하는 변검술 말이다. 그대들처럼 몸이 가볍지 않으면 이런 변검술은 배울려야 배울 수도 없다.

■ 핸디를 요구하라!

얼마 전, 한 골프모임에 참석했다. 모임을 주최한 사람이 물어본다. 핸디가 얼마예요? 어떤 시합에서든 "실력"이 비슷한 사람들끼리 대결해야 재미있다. 그래서 골프모임에선 핸디캡을 인정해준다. 바둑을 둘 때도 고수는 하수에게 몇 집을 접어주고 시작한다.

그러나 마케팅은 틀리다. 당신이 아무리 핸디캡이 많아도 경쟁자들은 절대 핸디를 잡아주지 않는다. 그래도 당신은 핸디를 요구해야 한다. 누구에게? 바로 당신 자신에게 요구해야 한다. 이 말은 당신은 당신보다 우월한 위치에 있는 기업들을 능가하는 유리한 환경을 스스로 만들어야 한다는 것이다. 본 연구는 어떻게 하면 그런 환경을 만들 수 있는지 연구했다.

이 세상에는 분명 핸디캡을 안고도 크게 성공한 기업들이 많이 있다. 우리가 알고 있는 벤처신화가 모두 그런 기업들에 대한 이야기이다. 그리고 신화 정도는 아니더라도 우리 주변에는 창업에 성공한 기업들이 많다. 우리는 그들을 성공으로 이끈 마케팅 방법론에 대해 연구했다. 성경의 구절처럼 그들의 시작은 미약했다. 그러나 그들은 이내 리마커블한 제품을 만들고, 고객들에게 가치를 전달하는 전략을 수립하여 고객들을 파트너로 만들었다. 그들의 마케팅 메시지는 저절로 고객들에 의해 순식간에 퍼져나갔다. 이와 같은 마케팅 과정에 있어, 세 가지 핸디캡은 더 이상 핸디캡이 아니다. 오히려 그들은 핸디캡을 넘고 일어섰기 때문에 그들의 성공은 더욱 찬란한 빛을 발한다. 그럼 이 연구의 전체적인 내용을 살펴보도록 하겠다.

우리가 성공한 핸디캡 기업들을 조사하면서 가장 먼저 발견한 그들의 성공 DNA는 "리마커블"이라는 단어다. 우리 말로 해석하면, "대~박"이라는 표현이 딱 들어맞는다. 이 "리마커블" 전략은 여섯 가지 유형으로 조사되었다. 성공한 기업들은 이 여섯 가지 중 한 개 이상의 DNA를 가지고 있었다. 기대해도 좋다. 이 여섯 가지를 다 알고 나면 당신은 아마도 이 중 몇 가지는 당장 실행해 보고 싶은 충동을 느낄 것이다. 왜냐하면 이 전략들이 그다지 실천하기 어려운 것들이 아니기 때문이다. 당신은 아마도 단숨에 읽어 나갈 수 있으리라 생각한다. "리마커블" 마케팅의 성공사례들은 너무나도 유쾌하기 때문이다. 당신이 노는 데는 자신이 있는가? 그렇다면 당신도 반드시 성공할 수 있다.

정보기술의 발달은 우리 사회 전반에 대융합을 가져다주었다. 우리가 알던 핸드폰은 더 이상 전화기가 아니다. 이제는 TV를 어떤 상품이라고 정의해야 할지도 모르겠다. 커피전문점을 하는 기업은 자신들의 비즈니스가 "People Business"라고 주장한다. 이런 시장을 어떻게 세분화할 것인가? 세분화를 더 잘게 나누면, 초세분화라 했던가? 이제 소비자들은 초세분시장을 지나 개인화가 되고 있다.

종교에서 개인의 마음마다 우주가 있다고 하듯이, 이제 우리가 알던 시장은 개인의 마음마다 다르게 자리하게 되었다. 여기서 누굴 타게팅 하겠는가? 성공한 핸디캡 기업들은 STP가 아니라 '가치'에 집중했다. 그들은 이미 시장의 주도권이 소비자들에게 넘어갔음을 인정하고 그들에게 칼자루를 쥐어주었다. 그들은 다만 어떻게 하면 경쟁 기업들보다 더 높은 가치를 고객들에게 전달할 것인가를 고민했다. 이렇게 해서 그들은 소비자들이 원해서 맺는 관계, 소비자가 먼저 찾는 상품을 만들어냈다. 성공한 핸디캡 기업들이 어떻게 "가치" 전략을 수립했는지, 그리고 고객들을 어떻게 파트너로 만들었는지 "끈 전략"에서 알아보기로 한다.

마케팅공화국 시대에는 돈이 없으면 광고, 홍보는 꿈에도 생각할 수 없었다. 그러나 그 공화국은 이미 개인 미디어들에 의해 서서히 무너져 내리고 있다. 누구나 미디어를 소유할 수 있는 세상이 오자 사람들은 미치도록 이야깃거리를 찾아 헤멘다. 자신의 블로그나 페이스북에 뭔가를 올리지 않으면 찝찝하다. 그래서 그들은 저녁 먹으러 가서도 음식에 핸드폰을 열심히 들이민다.

허무맹랑한 전설이 난무하고, 웬만한 여자 연예인들은 모두 '여신'이 되었다. 제우스는 좋겠다. 홍보? 이제는 아주 쉬워졌다. 맥만 알면 된다. 이야깃거리에 미친 사람들의 블로그에 페이스북에 카카오스토리에 퍼나를 재미나거나 비범하거나 때로는 유용한 '꺼리'만 제공하면 된다. '볼거리', '말할 꺼리' 말이다. 'POST 전략'은 돈 한 푼 들이지 않아도 홍보에 대박날 수 있는 방법을 연구했다. '꺼리'를 찾아 헤매는 신인류 '호모포스티쿠스homoposticus'들이 덥석 물 수 있는 '거리(꺼리)'를 만드는 방법 말이다.

경험이 없는 마케터들이 항상 고민하는 것은 가격전략이다. 마케팅에서 가격은 가장 민감한 부분이기 때문이어서 사업의 성패를 좌우하기도 한다. 또한 가격전략은 수익모델의 근간이 된다. 핸디캡 마케터가 사용할 수 있는 가격전략은 매우 다양하다. 이들을 조합하면 매우 크리에이티브한 가격전략으로 고객의 마음을 단박에 사로잡을 수 있다. 사물인터넷시대의 가격은 더욱 역동적으로 바뀔 전망이다. 지금 유행하고 있는 가격전략은 어떤 것들이 있는지, 앞으로 새롭게 부상할 가격전략과 수익모델은 어떤 것들이 있는지 살펴보는 것이 필요하다.

참고문헌

김유진 (2013년 9월 15일), "韓 '치킨버블' 금융권 부실로 번질까," 파이낸셜뉴스, p.22

김철환 (2012), "99%를 위한 적정마케팅 시장에 주목하라," http://www.bloter.net/archives/134653

이상재 (2013), "정부지원 기다리다 기업가 정신 퇴색될라," 중앙일보, p. A5
Lodish, Leonard, Howard Lee Morgan, and Amy Kallianpur (2001), "Entrepreneurial Marketing:
Lessons from Wharton's Pioneering MBA Course, "Wiely and Sons, pp.9~10

Ries, Al and Trout, Jack (1995), "Bottom-up Marketing," McGraw Hill Interamericana, p. 12

목차

추천사 • 4
서문 • 6
프롤로그_당신은 지금 핸디캡을 안고 싸우는가? • 9

Chapter 1. 끈 전략
강시철·김대규
거래가 먼저인가, 관계가 먼저인가 45

끈 전략의 의의 48 • 이 세상의 관계는 두 가지뿐 53 • Why 끈 전략? 55 • 초 연결사회와 끈 58 • 끈 만들기 63 • 핸디캡 기업과 고객간 관계 발전 모델 69 • 끈 전략 프로세스 71 • 초우량고객은 누구인가 92

Chapter 2. 가치 마케팅 전략

강시철·김대규

고객이 스스로 알아서 찾아오게 하라 101

진화하는 소비자 102 ● 대중마케팅의 위기 106 ● 가치 마케팅의 출현 111 ● 가치 마케팅의 기준 116 ● 가치 마케팅의 기대효과 119

Chapter 3. 리마커블 전략

강시철·김대규

비범함으로 핸디캡을 메쳐라 157

역발상 전략 Reverse Thinking Strategy 158 ● 효율적 카테고리 일탈 전략 Effective Category Break Away Strategy 179 ● 마이크로니즈 전략 MicroNeeds Strategy 193 ● 리프팅 전략 Rebooting Strategy 209 ● 패치워크 전략 Keep Patchwork Strategy 237

Handicap Marketing

Chapter 4. POST의 법칙

강시철·김승현

입소문 마케팅에 마침표를 찍어라   **273**

핸디캡 마케팅 커뮤니케이션 개론 274 ● 실용적 가치의 법칙 Practical Value 285 ● 인정투쟁의 법칙 Out of Recognition Struggle 332 ● 사회적 증거의 법칙 Social Evidence 387 ● 감동적 경험의 법칙 Touching Experience 431

Chapter 5. 가격혁신전략

강시철·이용규

가격정책에 대한 고정관념을 날려버려라   **457**

핸디캡 기업들을 위한 가격혁신 전략 458 ● 섭스크립션가격제 462 ● 가변 가격제 472 ● 역동적 가변 가격제 478 ● 역 가격제 486 ● 종속 가격제 497 ● 구성 가격제 503 ● 투쟁가격제 515

에필로그_핸디캡 마케팅의 씨를 뿌리다 ● 543
찾아보기 ● 550

소상공인의 마케팅
핸디캡 메치기
핸디캡
마케팅

Chapter_ **1**

끈 전략

거래가 먼저인가, 관계가 먼저인가

기업의 생존요소인 자본, 사람, 시간의 3요소가 절대적으로 부족한 상태에서 생존전략을 수립하고 실행해야 하는 기업을 '핸디캡 기업'으로 정의한 바 있다. 핸디캡 기업은 주류기업들의 관심이 없거나, 미처 생각지 못했거나, 그것도 아니면 소수의 지루한 제품들만 있어서 거들떠보지도 않는 시장이나 또는 시장이 너무 작아서 아예 무시해버리기 쉬운 지극히 작은 시장을 겨냥해야 생존 가능성이 높아진다. 동의하는가? 선뜻 동의하기 쉽지 않을 수도 있다. 누구나 사업을 시작할 때는 초대박을 터뜨려야 한다는 생각에 사로잡히기 쉬우니 말이다.

그러나 대중들은 핸디캡 기업이 어디에 있는지 모르고도 잘 살아왔고 앞으로도 그럴 것이다. 돈 많고, 똑똑한 사람들로 몸집을 불려온 대기업들은 대중들을 놓치면 생존이 위태롭기 때문에 그들은 끊임없이 대중들을 유혹하는 제품을 생산하고 서비스를 강화할 것이다. 이제 당신이 대중들을 무시해야 하는 이유가 좀 더 분명해졌다.

이미 초틈새시장을 목표로 사업을 시작했거나 또는 초니치기술 또는 초틈새시장을 타깃으로 사업을 하기로 했다면, 일단 당신은 덜 위험하다. 그렇다고 위험에서 완전히 해방된 것은 아니다. 이제 당신은 어떻게 성공적으로 사업을 시작하고, 업력이 일천한 창업기업이라면 어떻게 '캐즘chasm(Geoffrey Moore, 1991)과' '딥dip(Seth Godin, 2007)을 넘어 성공의 언덕을 오를 수 있을까 고민해야 한다.

"궁하면 통한다"고 사람이 죽으란 법은 없다. 핸디캡 기업이라고 해서 핸디캡만 있는 것이 아니란 말이다. 양치기 소년 다윗이 골리앗을 무너뜨렸듯이, 2002년 월드컵에서 우리의 '국가대표 선수'가 설마했던 우승후보 이태리의 '아주리Azzuri'군단을 침몰시켰듯이 당신에게도 '한방'이

될 수 있는 장점이 있다.

 그것은 바로 핸디캡 기업은 전선에 가까이 있다는 것이다. 이제 당신은 당신의 제품이나 서비스에 열광할 고객들을 발굴하여 그들을 당신 비즈니스의 파트너로 만들어야 하는 중차대한 미션을 수행해야만 한다. 이번 장에서는 이 미션을 성공적으로 수행할 수 있도록 도와주는 '끈 전략'에 대해 이야기하고자 한다.

••• 끈 전략의 의의

　당신은 아쉽게도 보지 못했겠지만 분명한 것은 태어날 때 '끈'을 하나 달고 나왔다. 바로, 생명의 줄인 '탯줄'이다. 그러나 탯줄을 달고 이 세상을 살 수는 없지 않은가? 그래서 세상에 나온 당신이 희열에 벅차있는 당신이 아픔도 느낄 수 없는 사이에 탯줄은 '싹~뚝' 잘리고 대신, 혈연과 지연이라는, 보이지는 않지만, 더 단단한 3가지 끈을 얻게 된다. 관계, 즉 "끈"의 시작이다.

　고대 그리스 철학자 아리스토텔레스Aristotle, 기원전 384~기원전 322가 몽매한 인간들을 향해 외친 그 '사회적 동물'로 태어난 것이다. 이후, 학연을 쌓으면서 한국사회에서 바꿀 수 없다고 하는 세 개의 끈이 완성되고, 이후에도 회사, 동아리, 사회 관계망 등을 통해 새로운 끈을 만들어나가는 동시에 필요성을 못 느끼면 슬쩍 놓아 버리거나 또는 짜증이 나고 화가 나면 연결되어 있는 줄을 잘라버리기도 한다. 이렇게 관계의 끈은 생명의 끈이 끝나는 순간까지 형성되고 또 사라진다.

　굳이 아리스토텔레스와 매슬로우A.H. Maslow, 1908-1970가 아니더라도 우리는 이미 본능적으로 혼자 있으면 불안해하고 같이 있으면 괜히 힘이 생길 것 같은, 내가 관여할 수 있고 인정받는 곳에 속하고 싶은 욕구를 가지고 있다. 이와 같은 사실은 아직 생존의 위협을 느끼는 핸디캡 기업을 운영하는 당신에게 얼마나 다행스러운가, 충분한 돈과 투자한 자본의 회수 시간을 마냥 기다릴 수만은 없고, 출중한 기술이나 마케팅 능력 있는 사람을 쓰는 것도 버거운 약소기업이라 하더라도 최소한 3가지 끈은 가지고 있지 않은가?

사람이 살면서 가지고 있던 끈을 모두 놓게 되면 삶을 마감하는 것과 마찬가지로 기업 또한 고객과의 끈을 만들면서 기업을 시작하고, 고객이 모두 떠나면 문을 닫을 수밖에 없다. 그래서 당신은 이 끈에 주목할 필요가 있다. 당신이 아주 작은 시장에서 시작할 예정이라면, 이 '끈'에 더욱 매달려야 한다.

자! 이제 당신의 인간관계로 엮은 끈들을 살펴보라. 그 끈고리에는 색도 틀리고, 길이도 틀리고, 굵기도 틀린 많은 끈들이 매여있다. 내가 자주 만나고 관심과 애정을 쏟는 끈은 시간이 갈수록 굵어지고 있음을 발견할 것이다. 반면 나의 관심사에서 멀어지고 소통이 뜸한 끈은 굵기가 계속 가늘어지다가 종국에는 끊어져 소멸되는 것을 경험했을 것이다. 이런 특성을 갖는 끈을 중심으로 한 핸디캡 기업의 생존전략이 바로 '끈 전략'이다.

일본전산이란 기업은 "밥 빨리 먹는 놈, 목소리 큰 놈 뽑아라"로 소개된, 어떻게 보면 장난스럽기까지한 독특한 신입사원 채용방식을 가지고 있다. 지금은 세계 마이크로 모터시장을 좌지우지하고 있지만 일본전산은 1973년 7월 교토Kyoto의 허름한 창고에서 네 명이 창업한 전형적인 핸디캡 기업이었다. 아이템은 초소형 모터를 선택했다. 이와 같이, 초라하게 시작했던 이 회사는 2013년 창업 40주년이 되어 2012년 결산 매출실적 7조 원을 보고하며 세계 제1의 모터 기업의 면모를 세계에 과시했다.

세인들은 소위 3류 인재들로 성공한 일본전산의 비결을 '하드워크'와 '스피드'로 지목하지만 겉으로 관찰할 수 없는 또 하나의 비결이 숨어있었다. 그것이 바로 '끈' 전략이다. "모든 하드디스크 관계자와 깊은 관계를 맺어라. 그리고 그들로부터 오는 어떤 주문도 거절하지 말라." 나가모리Nagamori Shigenobu 사장의 지상 명령이었다. 덧붙여 "거래선을 빼앗기는 경우 어떠한 수단을 써서라도 다시 탈환해 오라." 고객과의 끈을 결코 놓치지 않으려는 그의 비장함과 단호함을 느낄 수 있다.

'한번 고객은 영원한 고객Once customer, Always customer' 전략, 여러분은 어떤가? 이러한 나가모리 사장의 '끈' 전략은 '잃어버린 20년'의 혹독한 경기침체 기간에 그 빛을 발했다. 깊고 끈끈한 관계를 맺었던 고객사의 엔지니어들이 다른 곳으로 떠나게 되지만 일본전산은 그들이 옮겨간 회사들과 다시 파트너가 됨으로써 생존과 확장을 거듭할 수 있었던 것이다.

■ 소기업의 생존전략, 끈

후발기업이 앞선 기업들을 따라잡기 위한 가장 손쉬운 방법 중의 하나가 벤치마킹이다. 관계마케팅은 이미 오래전부터 대기업 마케팅의 핵심축으로 자리잡았다. 그래서 세 가지 핸디캡을 가진 약소기업들도 대기업의 고객관계 관리처럼 시스템을 이용한 관계마케팅을 많이 갈망했을 것이다. "수집된 자료를 분석해서 고객의 패턴에 맞는 상품을 추천해주다니," 이 얼마나 막강한 마케팅 방법인가?

그러나 강대기업의 강점을 안다면 이것만큼 약소기업에게 위험한 것은 없다. 강대기업에게는 이것을 가능케 하는 높은 인지도와 오랜 기간 동안 쌓아온 신뢰도, 이미지 그리고 시행착오를 겪으며 탄탄히 다져온 흔들리지 않는 품질과 명성이 있다.

심지어 골목상권까지 장악하는 무자비함이 있고, 온갖 상품과 낮은 가격으로 재래시장의 존재를 잊게 만드는 무서운 전략이 있다.

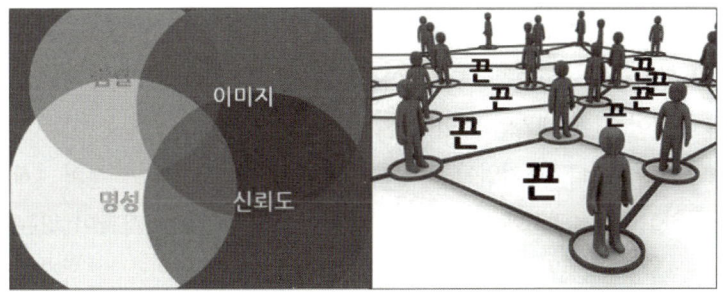

그림 1. 대기업과 핸디캡 기업의 고객전략자원

핸디캡 기업은 태생적으로 전선에 밀착되어있기 때문에 고객들의 얼굴 표정을 보고, 숨소리를 들으면서 민첩하게 그들과 관계의 끈을 만들고 더욱 단단하게 고정시킬 수 있다. 고객과 당신을 이어주는 '끈'이야말로 핸디캡 기업들이 가장 쉽게 얻을 수 있고 쉽게 빼앗기지 않을 생존수단인 것이다.

말콤글래드웰Malcolm Gladwell의 최근 저서 '다윗과 골리앗David and Goliath'(2014)은 '강자의 불리함'과 '약자의 유리함'을 논한다. 놋쇠 투구를 쓰고 전신 갑옷 '찌나'를 둘렀으며 창과 칼로 무장한, 2미터 이상의 백전노장 골리앗은 양치기 목동 다윗에게 다가오라고 한다. 그러나 다윗은 그의 의도에 말리지 않으며 멀리서 돌을 감싼 물매를 빠른 속도로 돌리다 골리앗의 머리를 향해 '돌직구'를 날린다. 다윗은 민첩했으며, 상대에게 접근하지 않고도 사용할 수 있는 치명적인 무기를 가지고 있었다. 돌팔매는 충분한 실력을 갖춘다면 칼을 가진 상대를 총으로 제압하는 효과를 낼 수 있다. 다윗이 골리앗을 이긴 이유는 모든 사람이 받아들이고 있던 근접 싸움이라는 싸움의 규칙을 바꾸었기 때문이었다. 대기업의 공략 대상인 대중시장은 핸디캡 기업들이 맞붙어 싸워서 이길 수 없는 그들에게 익숙한 전장이다.

골리앗은 대기업의 또 다른 이름이며 당신은 돌팔매가 무기의 전부인 다윗이 되어 대기업의 약점을 찾고 그 약점을 공격할 줄 아는 지혜를 찾아야 한다. 대기업이 막대한 자본으로 광고를 쏟아 부어 수익을 창출하고 다시 광고에 쏟아 붓는 사이에 고객과 훨씬 가까이 있는 당신은 고객과의 '끈'을 더욱 굵고 질기게 하여 다른 곳으로 갈 생각을 아예 못하게 하는 생존의 전략을 목숨을 걸고 펼쳐 나가야 하는 것이다.

앞에서 소개했던 김철환의 '적정마케팅'에서 그는 핸디캡 기업들의 마케팅 방법론 개발이 '현장 중심적'임을 강조하면서, "우리가 일상에서 이미 흔하게 접해 왔지만 마케팅이라 생각하지 않았던 것들을 다시 생각해 보는 것"의 중요성을 제기했다. "현장에서 가장 흔히 접하는 것," 그것이 바로 '고객'이고 그들과의 '끈'이 어떻게 보면 "이미 흔하게 접해 왔지만, 마케팅이라 생각하지 않았던 것"일 수 있다. 이렇게 보면, '끈 전략'이야말로 핸디캡 기업을 위한 마케팅 전략의 중심이라 할 수 있겠다.

이 세상의 관계는 두 가지뿐 •••

가끔은, 세상을 둘로 나누어 보는 것이 명쾌하게 이해될 때가 있다. 마치 안경점 안경사가 렌즈를 틀에 번갈아 끼우면 흐릿하던 물체가 갑자기 또렷해지는 경계점이 있듯이 기업의 생존과 흥망을 결정하는 당신과 고객과의 관계 또한 엄격하게 얘기하면 두 가지, 그 이상 그 이하도 아니다. '교환적 관계transactional relationship'와 '전환적 관계 transformational relationship'가 바로 그 두 가지다.

24시 편의점에 가보았을 것이다. 사려는 물건을 찾아 계산대에 올려 놓으며 점원은 무표정한 얼굴로 바코드에 리더기를 기계적으로 갖다 대고 계산을 마친다. "사인해주세요." 손가락 끝으로 "툭" 스크린을 터치하면 그 점원은 반투명한 봉지에 생수를 싸서 건네준다. 그것으로 끝이다.

나가든 말든 그들에게는 관심의 대상이 되지 못한다. 아무런 감정의 교환이 이루어지지 않는 전형적인 교환적 관계인 것이다. "자주 오시네요?"라거나, "집이 이 근처시나 봐요?"라고 해주면 얼마나 좋은가.

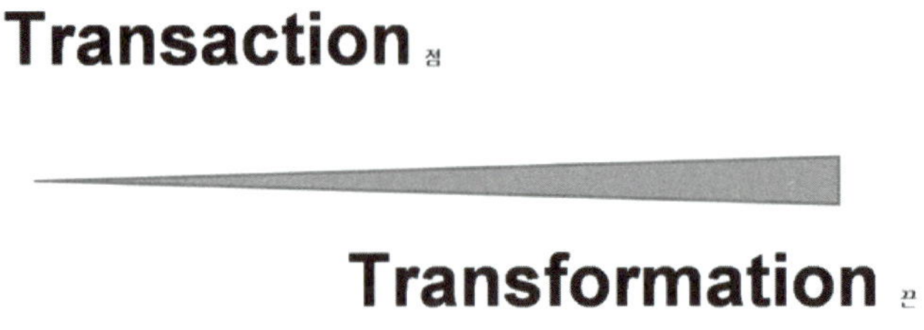

Transaction 점

Transformation 끈

그림 2. 교환적 관계와 전환적 관계

내가 자주 찾는 미용실은 그리 훌륭한 시설을 갖추고 있지 않다. 그러나 10년 넘게 그곳만 이용하고 있다. 진심인지는 모르지만 나에게 관심을 표하고, 지난 일을 기억하고 있다. "지난번보다 많이 건강해지셨어요. 이번에 따님이 수능 본다고 했는데, 좋은데 갔으면 좋겠네요. 어! 기억하시네요." 끈의 관계는 이렇다. 10년이란 세월이 그 미용사와 나와의 끈을 만들었고 그 끈을 점점 굵게 만들었다.

이렇게 끈이 굵어지면 그곳의 사정이 있어서 며칠 문을 닫아도 기다린다. 단순한 교환적 관계라면 이럴 수 있겠는가? 자주 주인이 바뀌어서 더 깔끔해 보이는 미용실이 지척에 한 둘이 아닌데 말이다.

Why 끈 전략? •••

나는 그렇게 고지식한 사람은 아니다. 그런데도 순댓국밥집은 20년 넘게 한집만 고집한다. 오랜 세월 동안 그 밥집과는 많은 추억이 쌓였다. 친구의 소개로 그 집에 처음 갔을 때가 아직도 기억에 생생하다.

대학가 허름한 뒷골목에 있는 그 집은 청결이란 단어와 별로 어울려 보이지 않았다. 그런데 소주 한잔을 입안에 털어 넣고, 국물을 흡입하는 순간 무지개가 보였다. 머리고기를 씹는 순간 폭죽 소리가 들리는 듯했다. 그리고는 20년이 흘렀다. 그 집과는 많은 추억 만들기를 했다. 집사람과도 같이 가고, 회사 동료들도 소개했다. 모임의 뒷풀이 장소로도 소개해 모인 분들의 감사인사를 받은 적도 몇 번 있다. 초등학교도 들어가기 전에 데려갔던 아들 녀석이 벌써 대학을 졸업했다. 외국 출장을 갔다 오면 가장 먼저 찾는 식당이 바로 그 순댓국밥집이다. 필자에게 국밥집 주인장은 더 이상 식당 주인이 아니다. 가족과 같은 존재이다. 왜 이런 감정이 생긴 것인가?

그 원인은 '끈'이다. 순댓국밥집과 필자의 사이에는 보이지 않는 끈이 있는 것이다. 그 '끈'이 20년 세월 동안 자라나, 이제는 동아줄같이 단단한 '끈'이 된 것이다. 사실, '끈'이란 말은 그다지 생소한 말이 아니다.

우리는 평소에도 '끈'이란 표현을 많이 한다. "걔는 회사에 '끈'이 있대," '끈' 이 없으면 실력이라도 있어야지," "저 사람 끄나풀 아니야?"

'끈'은 바로 '관계'를 의미한다. 끈 마케팅은 바로 관계마케팅을 의미한다. 그런데 굳이 관계 마케팅이란 용어 대신에 끈 마케팅이라고 하는 이유는 무엇일까? '끈'은 '관계'란 용어보다 더 가시적이기 때문이다. 핸디캡 마케터는 항상 고객들과의 접점에서 사업을 한다. 그래서 큰 기업보다는 고객과의 관계를 더 피부로 잘 느낄 수 있다. 그래서 관계가 발전에 함에 따라 그 끈이 자라나는 것을 느낄 수 있는 것이다. 그래서 핸디캡 기업들에게는 관계전략보다는 끈 전략이라 부르고 설명을 하면 모든 것이 더욱 쉽게 이해가 된다.

이제 당신이 알고 있는 고객 명단을 펼쳐놓고 아래의 그들의 특징을 참고삼아 교환적 관계인 고객과 전환적 관계인 고객을 나누어 보라.

* **교환적 관계의 특징**
  - 고객에 대해 모른다.
  - 고객은 당신의 사업에 대해 관심이 없다.
  - 경쟁사의 새로운 제품이나 서비스에 쉽게 옮긴다.
  - 가격에 민감하다
  - 사소한 실수에도 불만족의 강도가 세다.
  - 훌륭한 제품이나 서비스에 대해서도 전파하지 않는다.

* **전환적 관계의 특징**
  - 당신은 고객에 대해 고객은 당신에 대해 잘 안다.
  - 당신의 사업에 대해 관심이 있고 참여하고 싶어한다.
  - 경쟁사의 프로모션에 대해서도 초연하다.
  - 가격에 둔감하다.

- 사소한 실수에 너그럽다.
- 당신 회사에 대한 옹호자가 된다

고객전략을 고민하는 당신의 목표는 교환적 관계로 시작된 고객도 꼭 전환적 관계로 결속될 수 있도록 노력하여야 한다.

••• 초연결 사회와 끈

　필자의 사무실 근처엔 파스타집이 하나 있다. 어쩌다 한 번씩 가는 집인데, 이번에는 한 달 만에 갔다. 어, 그런데 그 날은 파스타 레스토랑의 서비스가 좀 다르다. 웨이터가 지난번에 내가 먹었던 메뉴를 기억하고 있는 것이었다. 웨이터는 "손님, 오랜만에 오셨습니다. 지난번에는 '알리올리고'와 칠레산 하우스와인을 한잔하셨지요. 오늘은 어떤 걸로 하시겠습니까? 같은 걸로 올려드릴까요?"라고 하는 것이었다. 깜짝 놀랐다. "이 집을 방문한 지는 한 달도 더 된 것 같은데, 어떻게 그날 먹은 메뉴를 기억하지? 고객등록을 한 것도 아닌데."라고 속으로 중얼거렸지만 기분은 좋았다. 단골도 아닌 나와 내 취향을 기억해 준 것이다. 그런데 웨이터는 어떻게 오래전에 방문한 필자를 기억하고 그날 먹었던 메뉴까지 기억하고 있을까? 그 웨이터는 기억력이 비상한 슈퍼웨이터일까? 아니면 손님이 너무 없어 가끔 오는 손님도 기억하는 것일까? 두 번째 추측은 틀렸다. 이집은 그날도 100여평도 더 되어 보이는 매장에 손님이 꽉 찼다. 비밀이뭘까?

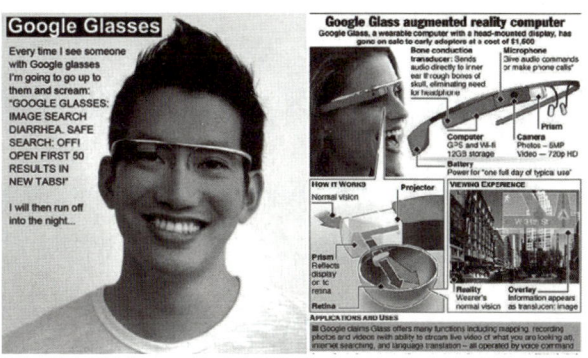

그림 3. 구글 글래스와 작동원리

이 스토리는 곧 일어날 가까운 미래를 상상한 것이다. 비밀은 바로 사물인터넷이다. 식당 입구와 홀 곳곳에 설치된 카메라가 필자의 얼굴을 인식해 과거 필자의 방문기록을 찾아내고 그 당시 내가 먹었던 메뉴까지 알려준 것이다. 이 정보는 웨이터의 스마트 안경에 바로 전송되었고, 웨이터는 안경에 디스플레이 된 정보를 그냥 읽었을 따름이다. 여기서, 내가 가까운 미래라 하는 것은 여기 묘사된 모든 기기와 기술들이 이미 상용화 단계에 와있기 때문이다. 안면 인식기술은 이미 스마트폰에 보편화 되어가고 있고, 보안솔루션에 탑재되기 시작했다. 스마트 안경은 구글 글래스Google Glasses를 비롯 LG, 삼성, 소니, 엡손Epson도 개발에 박차를 가하고 있다. 이미 나와 있는 상품을 이용하므로 추가 부담도 별로 크지 않다.

이렇게 앞으로는 사람과 사람이 아닌 사람과 사물이 연결되는 초연결사회가 마케팅에도 전개될 것이다. 초연결사회hyper-connected society는 사람, 프로세스, 데이터, 사물을 포함한 모든 것이 네트워크로 연결된 사회를 뜻하며, 만물인터넷Internet of Everything과 빅데이터가 초연결사회 구현의 핵심 기술이다. 인간과 사물도 끈으로 연결이 되는 것이다.

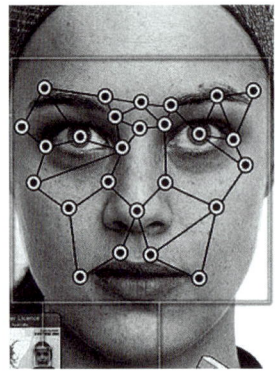

이렇게 되면 핸디캡 기업의 힘은 더 막강해질 수 있다. 지금까지 작은시장에서고객과의 관계를 이어 나갔지만, 모든 고객을 기억하고 그들의 구매 이력이나 취향, 선호도까지 기억하는 것은 거의 불가능했다. 그런데 초 연결 기술이 보급되면, 초니치시장 고객에 대한 보다 상세한 데이터를 통해 거의 친가족 수준의 서비스 제공이 가능하기 때문이다.

그림 4. 안면인식 기술

여기에 한 가지 시나리오를 더 보태보자.

나는 식당 테이블위에 휴대폰을 올려놓는다. 그 순간 비콘beacon 앱은 식당과 커뮤니케이션을 시작한다. 필자에게 할인쿠폰을 전송해 주고 식당의 이벤트 정보도 보내 준다. 휴대폰을 통해 나는 그날 주문한 메뉴를 10% 저렴하게 먹을 수 있었고, 다가오는 어버이날에 카네이션을 가슴에 달고 오면 모든 메뉴를 50%에 먹을 수 있다는 값진 정보도 얻었다. 이 이벤트 정보는 물론 아들녀석에게 보낼 것이다. 정말 기분 좋다. 이는 필자의 휴대폰과 식당의 테이블, 사실은 식당의 노트북이 서로 연결하여 가져다준 가치정보이다. 그동안에 필자의 자동차에선 또 다른 은밀한 작업이 진행되고 있었다. 필자의 휴대폰이 차량에 탑재된 컴퓨터에 식당에 관한 정보를 보내고, 차량은 네비게이션에 식당의 위치를 자주 가는 맛집으로 등록하고 있었던 것이다. 사물과 사물도 끈으로 연결되고 서로 마케팅을 하고 있는 것이다.

그 뒤로 나는 그 식당의 단골이 되었고, 그 식당을 블로그에도 올리고 페이스북에도 올렸다. 물론 그 식당을 SNS에서 팔로우도 했다. 그러자 더 놀라운 일들이 벌어지기 시작한다. 어느 날 저녁에 와인을 한 잔하러 갔더니, 필자에게 조그만 선물을 하나 준다. 꾸러미를 풀어 보니 거기에는 '지평막걸리'가 들어있다. 내가 정말 좋아하는 막걸리인데 유통이 원활하지 않아 사기가 힘든 브랜드다. 완전히 감동이다. 2,000원짜리 선물에 이렇게 감동을 받기는 처음이다. 월 10,000원의 정액 요금으로 그 식당이 받고 있는 빅데이터 분석 서비스는 필자의 SNS와 블로그를 통해 내가 가장 좋아할 선물과 가격을 최적화해서 그 식당에 정보를 제공한 것이었다. 나는 얼마 전, 지평막걸리를 마신 소감을 SNS에 포스팅한 적이 있었고, 그 막걸리를 구하기가 쉽지 않다는 말을 쓴적이 있었던것이다.

그림 5. 일렉트로 크로믹 디스플레이 냉장고

며칠 후, 집에서 요리할 생각으로 위의 이미지와 같은 스마트 냉장고에 추천 요리를 물어보니, 냉장고의 '일렉트로크로믹 디스플레이electrochromic display'에선 얼마 전에 그 식당에서 먹었던 알리올리고를 추천하고 냉장고 안에 있는 재료들만 이용해서 만들 수 있는 방법을 가르쳐 준다. 일렉트로크로믹 디스플레이는 평소에는 모니터처럼 보이다가 버튼을 누르면 투명창으로 변하는 디스플레이다. 그리고 밑에는 파스타 면을 30% 할인된 가격에 살 수 있다는 할인 버튼이 보인다.

오늘 요리를 하고 나면 파스타 면이 다 떨어지니 그 버튼을 눌렀다. 언제고 그 파스타 식당에 가면 내게 파스타 면을 30% 할인된 가격에 줄 것이다. 쿠폰? 필요 없다. 냉장고가 내 얼굴을 이미 인식해서 할인 정보와 함께 그 식당의 컴퓨터에 보냈다. 내가 그 식당에 가면 자동으로 나를 알아보고 할인된 가격에 파스타면을 줄 것이다. 이번엔 내 냉장고와 단골식당이 연결된 것이다.

이 시나리오 역시, 지금 출시된 기술로 모두 가능한 것들이다. 이와 같이 초연결사회에서는 부지런한 기업이 더 큰 성공을 거둘 수 있다. 핸디캡을 극복하고 고객을 다양한 끈으로 붙드는 마케팅이 오늘부터도 가능해진 것이다. 앞으로 당신의 고객들은 자신의 스마트폰, 스마트 TV, Pad, 노트북, 네비게이션, 냉장고, 자동차, 안경, 손목시계, 홈보안기기 등 모든 기기와 그들이 이용하는 외부의 모든 기기와 연결되는 사회를 맞이하고 있다. 이제 인간과 모든 환경이 끈으로 묶이는 초 연결사회가 되는 것이다. 마케팅. 이제는 어떻게 그 끈에 당신의 끈을 연결하는가의 싸움이다. 고객의 끈 네트워크에 당신의 끈이 연결되는 순간, 당신은 그 고객과 한몸이 되는 것이다. 차원이 다른 전환적 관계의 서곡이 시작된 것이다. 핸디캡 마케터들이여, 조금만 더 부지런해지자. 그러면 미래는 당신들에게 함박웃음을 보낼 것이다.

끈 만들기

끈을 만들고 고객을 동반자로 만드는 과정에는 많은 정성이 필요하나 과정 그 자체만 보면 매우 간단하다. 당신이 연애경험이 있다면, 만남에서부터 애인이 되거나 골인하기까지의 과정을 회상해보면 끈 만들기를 쉽게 이해할 수 있다.

■ 만남

'끈 만들기'를 좀 더 쉽고 재미나게 이해하기 위해 우리는 이제 재미난 가정을 하나 한다.

당신은 돈이 많지 않고, 연애경험도 별로 없는 남자이다. 그런데 부모님 때문에 빨리 배우자를 만나 결혼에 골인해야 한다. 그럼, 어떻게 해야 평생 배필을 만날 수 있을까? 당신의 기업이 핸디캡 기업이라면, 이와 같은 가정과 크게 틀리지 않을 것이다. 당신은 고객을 유치해야 하는데, 자금이 충분치 않고, 당신의 회사엔 마케팅 전문가도 없다. 그런데 고객이 빨리 유치되지 않으면 당신의 회사는 문을 닫아야 할지도 모른다. 자 그럼 만남을 성사시키기 위해서 어떤 전략이 필요할까?

가장 처음 할 일은 만날 대상을 정하는 일이다. 당신이 만나고 싶은 고객은 많지만 누구나 다 고객이 되진 못한다. 당신의 어려운 처지에도 불구하고 당신의 고객이 될 사람은 분명 많지 않을 것이다. 하지만 그들을 당신의 고객으로 만든다면, 당신은 분명 생존의 단서를 찾을 수 있을 것이다. 이를 마케팅에서는 타게팅 전략이라 부른다.

그런데 핸디캡 기업의 타게팅은 좀 달라야 한다. 여유있는 기업의 타게팅보다 더 정밀한 타게팅을 해야 한다. 이를 위해 '초니치ultra niche' 전략 또는 '마이크로 타게팅micro targeting'이라 부르는 '정밀타게팅precision targeting'이 필요하다. 김난도 교수(2014)가 2014년 트렌드코리아에서 논술한 초니치전략은 '시장 점유율보다는 고객 점유율을 우선'하는 전략이다. "기존의 니치가 소수를 이용해 시장을 찾는 과정이었다면, 초니치는 소수를 존중하면서 시장형성보다는 관계형성에 더 주력하는 과정"이라고 김 교수는 소개했다. 이 책에서는 초니치 전략으로 "목소리전문병원, 군인화장품, VIP애견샵, 푸드셰르파, 싱글몰트바, 슈케어서비스" 등을 소개했다. 모두 핸디캡 기업이 운영할 수 있는 업종이다.

누구를 만날지 정하고 난 다음에는 만남을 성사시키기 위한 전략을 구상해야 한다. 만남을 성사시키기 위해선 당신의 기업은 뭔가 달라야 한다. 그래서 본 연구에선 리마커블한 상품개발과 커뮤니케이션 방법을 제시하고 있다. 그런데 만남만으로는 끈이 만들어지지 않는다. 다음 단계로 넘어가지 않으면 이 만남은 그저 '스쳐 지나간' 만남으로 끝날 수 있다.

■ 호감

그림 6 고객발전 모델

당신의 깨끗한 매장이 그리고 당신의 살인미소는 고객을 무장해제 시킬 수는 있을지 모른다. 그러나 고객의 진짜 니즈를 해결할 수 없다면 아쉬운 만남으로 끝나버릴 가능성이 크다.

당신의 사업이 2차 산업의 제조업이든 3차 산업의 서비스산업이든 상관없이 처음 만난 고객으로부터 호감을 이끌어 내어 끈의 관계로 이어나가야 한다. 호감이 생겨야만 비로소 '끈'이라는 것이 생겨난다. 이를 위해 가장 먼저 생각해야 하는 것이 품질과 가격이다.

품질이라는 추상적 개념의 사전적 의미는 '공장에서 생산된 제품이나 서비스 산업이 제공하는 서비스가 가지는 특성'이다. 그러나 우리는 "물건 좋다", "서비스 끝내준다"라는 말로 품질의 우수함을 정의한다. 이와 같은 정의를 충족하려면, 고객들이 품질에 대한 단서들을 어떻게 갖고 있는지 먼저 살펴봐야 한다. 이와 같은 단서들은 고객들의 평가를 통해 쉽게 파악할 수 있다.

품질이 좋다는 의미는 포괄적으로 가격 경쟁력이 있다는 의미를 내포하고 있다. 가격경쟁력을 갖기 위해선 '원가우위cost leadership'를 확보하는 것이 기본이지만 핸디캡 기업인 당신 회사에게는 쉽지 않은 요구일 수 있다.

그래서 본서에서는 카테고리 일탈 전략이나 패치워크전략, 역발상 전략 등 크리에이티브 한 방법으로 가격경쟁력을 확보할 수 있는 방법들을 소개하고 있다. 예를 들어, Balalaika란 러시안 레스토랑은 보드카 바를 체험형 놀이 공간으로 카테고리를 일탈시켜 가격경쟁력을 확보했다. Sleep Box는 고시텔 사이즈의 방에 특급호텔 시설과 서비스를 가미한 역발상으로 가격을 선도해 나가고 있다. 패스트 패션 유니클로 Uniclo는 명품브랜드 질 샌더와 패치워크 해서 초고속 완판의 신화를 만들었다. 당시, 고객들은 이 가격에 이런 제품을 만난다는 것이 불가능하다고까지 느꼈다.

고객의 입에서 위의 '물건 좋다.'라는 말에 '가격 좋다.'라는 말까지 나오기 시작하면 당신은 생존뿐만 아니라 제프리 무어가 발견한 캐즘 계곡을 지나 새로운 트렌드를 만들 가능성이 다분해진다.

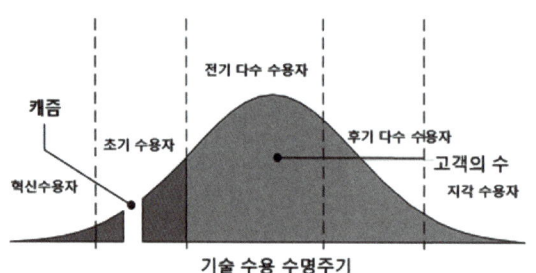

그림 7. 제프리 무어의 혁신기술 수용 수명주기

특히, 당신의 제품이 고객들이 미처 생각해 내지 못한 기발한 제품이고 새로운 시장을 만들고자 한다면 높은 가격을 불러도 호기심 많은 혁신 수용자들은 당신의 제품을 테스트해 볼 것이다. 그러나 이미 유사한 제품이 있고 기능, 디자인, 포장, 서비스 등 차별점이 있다면 고객이 공감할 수 있는 가격을 설정하는 것이 좋으며 이를 위해서는 여러분의 단골고객들에게 의견을 물어보는 것도 좋다.

■ **교류**

남녀관계에서 이런 말을 한다. "눈에서 멀어지면 마음도 멀어진다." 그렇다, 스치듯이 시작된 만남이 동반자 같은 관계로 전환되려면, 교류가 중요하다. 자주 만날수록 서로를 더 잘 알아나갈 수 있게되고 좋은 감정이 생기는 것이다. 앞에서 말한 것처럼 당신은 큰 기업들보다 고객의 체온을 더 가까이에서 느낄 수 있는 위치에 있다. 그리고 당신은 그렇게 많은 고객을 관리할 필요도 없다. 당신은 피터페이더Peter Fader 교수가 주장하는 '생애주기 가치가 높은 올바른고객right customer(2013)'을 찾아내고 그들 개개인에 맞춘 특별한 서비스를 제공할 수 있다. 이를 통해 고객은 당신이 제공하는 상품에 대해 더 많은 호감을 가지게 되고, 호감은 더 빈번한 만남으로 이어진다.

이와 같이 '올바른 고객'들에게 차별화된 서비스를 제공하려면 고객 정보 수집이 중요하다. 핸디캡 기업은 정보수집을 위해 대기업처럼 CRM솔루션을 가동할 필요가 없다. 연필을 사용해서 공책에 적는Pencil and Paper CRM부터 시작하자. 소수의 올바른 고객들에게 보다 차원 높은 서비스를 제공하는데 필요한 정보들을 열거하고 이들을 수집한다. 고객의 구매이력이나 문의, 요청 사항들을 꼼꼼히 정리하는 것으로 출발하면 좋다. 처음부터 고객의 개인정보 확보에 집착할 필요는 없지만 휴대전화 번호는 확보하는 것이 좋다. 요즘의 휴대전화는 고객과 만나는 가장 중요한 인터페이스가 되었기 때문이다.

이와 같은 잦은 교류를 통해 끈은 점점 더 굵어진다. 처음에 실 같은 끈으로 시작된 관계가 노끈으로 밧줄로 쇠사슬로 변해가는 것이다.

■ 동반

교류가 활발해 지면 고객과의 호칭도 훨씬 살가워진다. '형님', '누님', '이모', '아버님', '어머님', '오빠', 등, 거의 혈연관계에 못지않은 관계로 발전하게 되는 것이다. 이러한 단계가 되면 고객은 슬슬 당신의 사업에 참견을 하기 시작할 수도 있다. 그야말로 고객이 동반자가 되는 관계로 발전한 것이다. 고객을 알기 위해 얻은 정보는 다시 고객을 위해 사용되고, 자신만을 위한 특별한 서비스에 만족과 감동을 경험한 고객은 "이렇게 하면 더 좋을 텐데…" 하면서 당신 사업의 파트너가 되는 것이다.

그림 8. 고객 관계발전에 따른 정보의 흐름 (김영걸, 2010)

고객이 파트너가 되면 매우 굵고 단단한 끈이 생긴 것이다. 이 끈은 웬만해서는 끊어지지 않는다. 또한 고객은 이 끈을 바탕으로 많은 새로운 끈들을 소개하기도 한다. 이런 끈들이 만들어지면 당신의 사업은 비상할 준비가 되어있는 것이다.

핸디캡 기업과 고객간 관계발전 모델

 핸디캡 마케터의 끈 마케팅 목표는 자원이 부족한 가운데서도 고객들에게 탁월한 가치를 제공하고 만족을 통해 수익성 있는 관계를 장기간 유지하여 이윤을 극대화하는 것이다. 당신이 제공하는 제품과 서비스에 만족한 고객은 충성고객이 되어 오랫동안 많은 구매를 할 가능성이 높아지고, 새로운 제품과 서비스 가격에 대한 민감도도 낮아지기 때문에 수익성도 향상된다.

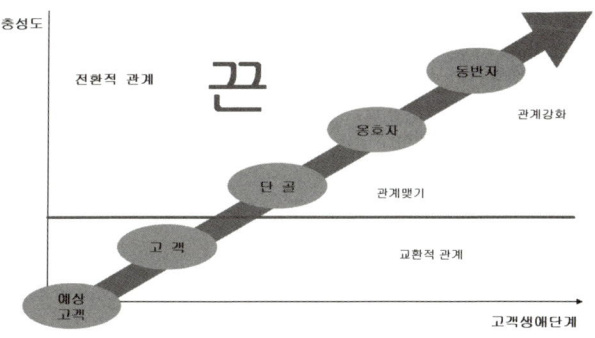

그림 9. 핸디캡 기업과 고객간 관계발전 모델

 그러나 오늘날과 같이 기술이 고도로 발달된 사회에선 거의 모든 상품들의 품질과 가격이 평준화되어 있다. 따라서 고객만족의 개념은 단순히 고객의 기대치와 제공되는 가치가 일치하는 정도를 훨씬 뛰어넘는 개념으로 사용되어야 한다. 즉, 고객의 입에서 "와! 대~박"이라는 탄성이 나오는 제품과 서비스를 제공할 수 있어야 한다는 말이다.

앞장의 그림 9와 같이 핸디캡 기업의 고객관계 발전과정은 일반 고객관계 발전과정과 동일하다. 그러나 핸디캡 기업은 고객현장에 밀착되어 있다는 특성을 지니고 있기 때문에 고객과의 관계를 교환적 관계와 전환적 관계로 크게 구분해서 보다 효율적인 고객관계 전략수립을 할 수 있다. 바꾸어 말하면 끈이 있을 때와 끈이 만들어지고 난 다음의 전략으로 양분해서 고객을 관리하면 더욱 효율적인 고객관리가 가능하다는 것이다.

끈 전략 프로세스

핸디캡 기업 입장에서 끈 마케팅 전략에서 가장 중요한 목표는 교환적 관계의 고객을 전환적 관계의 고객으로 만드는 것이다. 다른 말로 하면, '그냥 스쳐 지나가던 사이'에서 '서로 알아보는 사이'로 전환되는 것을 의미한다. 이 정도가 되려면 적어도 우리가 '단골'이라고 부르는 고객이 되어야 한다. '끈 전략'의 핵심은 "어떻게 단골을 만드느냐"에 있다.

■ 가망고객

현재 당신의 고객은 아니지만 가까운 시일 내에 당신의 고객이 될 수 있는 잠재 고객을 의미한다. 이들은 당신의 상품을 권했을 때 효용성을 느끼고 구매를 할 능력이 있는 사람들이다. 일반 마케팅에서는 이들을 알아보기 위하여 시장세분화와 타게팅 전략을 구사한다. 그러나 초니치마켓을 공략하는 핸디캡 마케팅의 경우, 가망고객은 이미 한정되어 있고, 그들의 모습을 선명하게 볼 수 있는 경우가 많다. 예를 들어, 신종 직업인 슈샤이너 shoe shiner의 경우, 가망고객은 고급 수제화구매자들이고, 아름다운 목소리 병원의 가망고객은 목소리를 이용한 직업을 가지고 있는 가수, 성우가 가장 중요한 가망고객이다.

이와 같은 가망고객의 유형에는 다음과 같이 세 가지 유형이 있다.

1. 새로운 가망고객
2. 과거의 고객
3. 현재의 고객

새로운 가망고객을 발굴하는 일은 대개 많은 시간과 비용이 소요된다. 그렇지만, 새로운 가망고객은 비즈니스를 지속 가능케 해주는 원동력이다. 핸디캡 마케터는 항상 새로운 고객을 발굴하는 광부가 되어야 한다. 새로운 고객의 발굴이 멈춰지는 순간 사업도 끝날 수 있기 때문이다. 특히, 당신을 먼저 찾아오는 새로운 고객은 가장 중요한 고객이다. 그들은 이미 당신과 관계를 맺을 마음의 준비를 하고 오기 때문이다.

과거의 고객은 과거에 교환적 관계로 거래가 끝난 고객들과 거래가 성사되지 못했던 고객들을 의미한다. 일회성 거래로 끝난 고객들은 두 가지 부류로 나뉜다. 하나는 당신의 상품을 구매해 보고 만족을 하지 못한 고객이다. 다른 한 부류는 상품구매 후 만족은 했으나 또다시 구매 충동을 느끼지 않는 고객들이다. 거래가 성사되지 못했던 고객 역시 두 부류로 나뉘는데, 한쪽은 당신의 판매제안을 거절한 고객들이고, 다른 한쪽은 고객의 요구를 당신이 맞춰주지 못한 경우이다. 어떤 경우이든 그들은 이미 당신의 상품을 잘 알고 있기 때문에 당신이 오랜만에 인사를 하거나, 그들과 접촉한 당시 하지 못했던 새로운 제안을 하면 다시 당신과 거래를 할 가능성이 높은 고객들이다. 따라서 이들을 확보하는 것은 신규고객들을 확보하는 것보다 시간과 비용이 훨씬 적게 든다. 이를 위해서 핸디캡 기업은 고객을 접촉할 때는 항상 그들에게 연락할 수 있는 정보를 확보해야 한다.

현재의 고객을 가망고객이라고 보는 것은 매우 중요하다. 현재의 고객이 처음 구매한 고객이라면 그들은 앞으로 전환적 관계를 쌓아나가야 할 중요한 가망고객이다. 현재의 고객이 이미 전환적 관계를 맺고 있는 친근한 고객이라도 그들을 가망고객으로 보는 시각은 매우 중요하다. 그들은 다른 가망고객들에게 당신의 상품을 추천하여 새로운 고객들을 만들어 줄 수 있기 때문이다. 현재의 고객들은 위의 세 가지 유형 중에 고객 유치 비용이 가장 낮은 가망고객이므로 항상 최선을 다해서 그들과의 관계를 유지해야 한다.

가망고객을 찾는 가장 일반적인 방법은 광고이다. 그러나 핸디캡 기업에게 광고비는 큰 리스크가 될 수 있다. 핸디캡 기업이 광고보다 더 효율적으로 가망고객을 유치할 수 있는 방법은 다음과 같다.

1. 인맥활용
2. 세미나, 이벤트참가
3. 기존 고객의 연대감, 소속감 활용
4. 고객이 스스로 찾아오게 만드는 스토리텔링

페이스북, 트위터나 카카오톡, 카카오 스토리, 밴드, 블로그와 같은 정보통신을 매개로 한 소셜네트워크서비스social network service, SNS가 고도로 발달되면서 인맥활용은 핸디캡 마케터가 가망고객을 유치하는 데 가장 중요한 수단이 되었다. 우리는 혈연, 지연, 학연을 통해 매우 단단한 끈을 만들지만, 사이버 공간을 통해 가늘지만 무수히 많은 끈을 만들 수도 있다. 이 끈들이 당신의 상품과 사업에 관심을 가지게 되면 모두 당신의 가망고객이 되는 것이다. 실제로도 소셜네트워크를 통해 성공적으로 고객을 유치한 사례는 무수히 많이 소개되고 있다.

성공적으로 SNS인맥을 통해 사업에 성공한 핸디캡 마케터들의 특징은 두 가지로 요약된다. 하나는 가망고객을 유치하는데 상업적 메시지를 배제했다는 것이다. SNS를 즐기는 사람들은 모두 알겠지만, SNS는 지극히 '프라이빗private'한 공간이다. 이런 개인 공간에 누군가가 들어와서 장사를 한다든지 스팸을 뿌린다면 우리는 바로 분노한다. 성공적인 SNS마케팅을 한 핸디캡 마케터들은 달랐다. 그들의 소소한 일상을 인맥들과 나누지만 그 일상에는 그들의 비즈니스일상이 감성적으로 들어가 있었다. 그리고 열심히 살아가는 기업가로서의 일상이 사이버지인들로 하여금 그들의 상품을 구매하고자 하는 욕구를 불러일으킨 것이다.

예를 들면, 김철환의 블로그2012에 소개된 농사와 농산물 직거래 판매를 하는 벤처농부는 노을을 주제로 한 매일매일의 소회를 페이스북에 올려 그가 재배한 농산물을 항상 완판하고 있다. 페이스북에서 생선을 파는 기업가는 그가 부두에서 생선을 구매하고, 정성스레 포장하고 배송하는 모든 과정을 재미있게 소개한다. 그러자 그의 사이버인맥들은 그의 생선에 대해 보다 높은 가치를 두고 앞다퉈 구매를 한다. 그 역시 항상 완판이다. 이들은 이들의 상품에 감성이라는 부가 가치를 제공했기 때문이다.

SNS인맥을 통해 가망고객 유치에 성공할 수 있는 또 다른 요인은 '재미요소'이다. 우리는 엄청난 양의 정보에 노출되어 살고 있다. 우리가 특정목적이나 생계수단을 위해 접하는 정보가 아닌 경우, 재미가 없으면 그 정보에 관심을 가져야 할 이유가 없는 것이다. SNS에서 성공한 핸디캡 마케터들을 보면, 모두 이런 재미요소를 적절하게 찾아냈다. 위에서 예로든 노을농부는 계절에 따라 기후에 따라, 시시각각 변화하는 노을에 대한 재미난 이야기를 전개했다. 도시에 사는 사람들은 느낄 수 없는 스토리들이다. 페이스북 생선장수는 국제비즈니스를 하던 사람이다. 그가 도시 사람의 시각에서 생선경매에 참가를 하고, 자기 눈높이에서 포장을 하고, 이들을 전달하는 과정은 매우 흥미진진한 컨텐츠였다.

세미나 이벤트는 항상 특정한 주제를 가지고 개최된다. 핸디캡 마케터는 자신의 사업과 관련 있는 세미나 이벤트를 통해 가망고객들과 쉽게 만날 수 있다. 특히, 기업들이 가망고객들인 경우 세미나, 전시회, 포럼, 또는 업계 모임을 통해 가망고객들에게 쉽게 접근할 수 있다. 초니치마켓을 공략하는 핸디캡 기업 역시 전시회나 모임을 통해 가망고객들을 많이 만날 수 있다. 이와 같이, 행사를 통해 만나게 되는 가망고객들은 고객들 가운데에도 정보탐색 욕구가 높고, 구매의견을 선도하는 오피니언 리더일 확률이 높다. 또한, 이런 행사에는 당신 말고도 비슷한 목적을 가진 경쟁 기업들이 많이 참여를 한다. 이와 같은 행사에서 가망고객을 접촉할 때는 항상 철저한 준비가 필요하며, 무엇보다도 당신 상품에 대한 확실한 포지셔닝전략을 가지고 있어야 실패를 줄일 수 있다.

고객과 전환적인 관계를 맺고, 관계 기간이 오래, 반복적으로 지속되면 고객이 비즈니스 파트너처럼 되는 경우가 많다. 우리가, 일반 관계 마케팅에서 이야기하는 우량 고객이 되는 것인데, 핸디캡 마케팅에서는 이들을 파트너 고객이라 부른다. 왜냐하면, 규모가 큰 기업들과는 달리 핸디캡 기업 대표는 이들을 직접 상대할 기회가 많고, 이들 역시 당신의 비즈니스를 자기 비즈니스처럼 애정을 갖고 도와주는 경우가 많다. 핸디캡 마케터는 이런 파트너 고객들의 연대감이나 그들이 느끼는 소속감을 이용해 새로운 가망고객을 수월하게 발굴할 수 있다. 그들은 당신처럼 인맥을 갖고 있고, 여러 행사에 참석할 가능성도 높기 때문이다.

앞에서 말한 것처럼 페이더는 이런 고객을 일컬어 '진정한 고객right customer'이라 칭했으며, 이들은 전체 고객들 중에 1% 미만이라 논술했다. 올바른 고객은 종종 네트워크가 집결되는 네트워크 허브의 역할을 하는 경우가 많다. 이런 경우, 파트너 고객을 통해 대량의 잠재 고객이 유입되기도 한다. 예를 들면, 판교의 한 수제 피자집은 이 집의 피자 맛에 매료된 한 파워 블로거가 파트너 고객이 되면서 줄 서는 맛집이 되었다. 이와 유사한 스토리는 당신도 많이 들어 보았을 것이다. 핸디캡 마케터는 때로는 한두 사람의 파트너 고객을 만들기 위해 최선을 다해야 할 필요가 있는 것이다.

■ 신규고객

가망고객이 당신 기업에 경제적 이득을 가져다주기 시작하는 시점은 신규고객이 되면서부터다. 핸디캡 기업에 있어 신규고객 확보는 두 가지 전략으로 접근해야 한다. 첫째, 핸디캡 기업은 재무적 여력이 충분치 않아 매달 생존해 나갈 수 있는 매출을 확보하는 것이 중요하다. 따라서 창업기에 있는 핸디캡 기업의 경우에는 신규고객 획득을 극대화할 수 있는 전략에 집중해서 기업이 생존해 갈 수 있는 바탕을 마련해야 한다.

두 번째 전략은 신규고객의 단골고객 전환율 극대화 전략이다. 새로운 고객이 당신의 상품을 구매한다는 것은 단순한 상품구매의 의미를 넘어선다. 당신은 그 고객의 생애주기가치, 바꿔 말하면, 그 고객이 '평생 동안 가져다줄 가치의 합계'를 획득할 기회를 가진 것이다. 이 얼마나 대단한 일인가. 그런데 신규고객이 단골고객으로 전환되지 못하면 그 고객의 가치는 교환적 가치, 즉 일회성 가치로 끝나 버리게 된다. 그 순간 당신은 엄청난 손해를 보는 것이며, 당신의 기업이 지속 가능하게 성장할 확률이 줄어드는 것이라 생각하면 정확하다. 따라서 신규고객에게 좀 더 많은 정성과 시간을 들여서 서비스를 하는 것은 매우 중요하다.

신규 고객에게 좀 더 많은 정성을 쏟아야 하는 또 다른 이유는 신규고객들의 '정보부족'에 있다. 단골고객들은 이미 당신의 상품을 여러 번 사용해 본 경험이 있기 때문에 당신의 상품에 대한 올바른 이해를 하고있다. 반면에 신규고객은 그들보다 당신의 제품에 대한 경험과 정보가 부족한 상태에서 당신의 제품을 구매하고 사용해야 한다. 이른바 정보 핸디캡을 갖고 당신의 상품을 선택하고, 소비하고, 그 경험을 평가하게 되는 것이다. 따라서 신규 고객들에게 보다 풍부한 상품교육을 하는 것은 정보 불균형을 해소하여 보다 높은 구매만족을 제공한다. 그리고 상품 교육과정에서 당신은 고객과 보다 많은 소통을 하게되고, 이를 통해 고객의 마음을 움직여 전환적 관계를 시작할 기회를 가질 수도 있다.

핸디캡 마케터의 신규고객에 대한 또 하나의 중요한 "끈 전략"은 "두 번째 진실의 순간" 전략이다. "끈 전략"에서의 마케팅이란 '단순히 당신의 상품을 프로모션하고 판매를 하는 것' 이상을 의미한다[Gillbreath, 2010]. 신규 고객입장에서는 당신의 상품이 약속한 모든 기능과 효익들을 실제로 제공받는 것은 당신의 상품을 구매하는 것만큼 중요하기 때문이다. 또한 이런 효익들이 온전히 제공되었을 때만이 재구매나 추천으로 이어질 수 있기 때문이다. P&G에서는 이를 '두 번째 진실의 순간 The Second Moment of Truth'라고 불렀다. '첫 번째 진실의 순간'은 상품 구매를 결정하기로한 순간을 의미한다. 당신이 DIY 탁자를 구매했는데, 나사가 몇 개 모자란다든지, 건강 보조식품을 구매했는데 전혀 효과가 없다든지 했을 때 당신은 얼마나 화가 났었는지를 기억해 보면 이 '두 번째 진실의 순간'이 얼마나 중요한지 알 수 있을 것이다.

신규고객은 관계 유지를 통해 단골로 전환된다. 이를 위해 핸디캡 마케터들은 구매 후 마케팅follow-upmarketing과 구매 후 지속적 지원follow-throughsupports를 끈 전략에 포함시켜야 한다. 신규고객이 구매를 하고 돌아간 후에 상품에 대한 만족도를 물어본다든지, 구매 후 사용상에 문제가 없는지를 점검해 준다든지, 상품사용에 있어 주의할 점을 다시 한 번 고지하거나 사용법에 대해 추가로 정보를 제공하는 것은 매우 중요하다. 고객의 불만제기에 대해 적절한 대응을 하는것도 관계유지에 중요하다. 사실, 불만을 제기하는 고객들은 그 불만에대해 적절한 해소방안을 제공해 주면 단골로 전환될 확률이 높은 고객들이다. 당신 상품에 애정이 없거나 아예 관심이 없는 고객들은 불만조차 표시하지 않는 경우가 많다.

그리고 고객이 항상 옳은 것은 아니다. 신규 고객들 중에는 관계 유지보다는 관계 단절을 해야 할 고객들도 있다. 이들은 수익보다는 손해만 가져다줄 고객들이다. 이런 고객들은 두 부류로 나눌 수 있다. 하나는 장래성이 없는 고객들이다. 장래성이 없는 고객들이란 당신의 상품과 적합성이 낮은 고객들이다. 그들은 충동적으로 또는 판단미스로 당신의 상품을 구매했으나 당신을 도와주기는커녕 비방하기가 쉽다. 물론 재구매는 기대하기 힘든 고객들이다.

당신의 상품이 제공하는 가치와 그 상품의 구매를 통해 추구하는 가치가 다른 고객도 그다지 미래가 밝은 고객이 아니다. 예를 들어, 당신은 순수한 오락 목적으로 게임을 출시했는데, 이 게임을 통해 사행성 거래를 하려고 하는 고객은 빨리 단절해야 하는 고객이다. 고객이 요구하는 기술수준이나 규모를 당신이 보유하고 있지 못한 경우에도 그 고객은 장래성이 없는 고객이다. 물론, 부족한 기술과 자원에도 불구하고 당신의 상품을 구매해 준 것은 고맙지만, 당신 기업에서 제공할 수 있는 능력을 훨씬 벗어난 요구를 하는 고객을 계속 응대하다간 당신의 사업이 위기를 맞을 수도 있다.

불량고객은 바로 이런 사람이라고 잘라 말하기는 어렵지만, 그래도 공통적으로 불량 고객이라고하는 사람들은 다음과 같다. 물건을 훔치는 고객, 법률이나 규칙을 어겨서 당신이나 다른 고객들에게 피해를 주는 고객, 사소한 일을 가지고 종업원들에게 거칠게 항의하는 고객, 다른 고객들과 쉽게 다투는 고객, 당신이 제공하는 시설이나 설비를 파괴하는 고객, 물건값을 지불하지 않는 고객들은 불량 고객으로 분류하여 빠르게 관계 단절을 해야 한다.

■ **진성고객**

신규고객이 당신과 전환적인 관계를 시작하고 당신의 단골이되면, 그 때부터 그 고객은 당신의 진성고객true customer이 된다. 그래서 CRM에서는 단골을 애고愛顧, 즉, '사랑하는 고객'이라고 표현하기도 한다. 진성고객들에게는 끈 전략에서 말하는 '끈'이 생기고, 당신의 기업과의 관계에 드디어 변화가 시작된다. 남녀 관계로 따지면 사귀기 시작하는 것이다. 핸디캡 마케터는 진성고객들과 관계를 유지하고 강화하면서 이 끈을 더욱 굵고 강하게 만들 수 있다.

여기서, 한가지 유념해야 할 사항은 '고객과 당신과의 관계는 상생하는 관계라는 점'이다. 당신의 상품이 아무리 우수해도 고객이 그 상품으로부터 지속적으로 효익을 느끼지 않는 한, 그 고객과의 관계는 지속될 수 없는 것이고, 아무리 대단한 고객이라도 과도한 할인이나 비정상적인 클레임으로 지속적인 손해를 주는 경우, 당신도 그 고객과의 관계를 지속하기가 힘들다. 프레데릭라이이헬드Reichheld, 2001는 진성고객 판별 기준을 3가지 제시하였는데, 기업은 이 중에 한 개 이상에 해당되는 고객을 진성고객으로 유치해야 한다고 했다.

라이이헬드가 말한 첫 번째 진성고객은 선천적으로 충성도가 높은 고객이다. 이런 고객들은 누구와 거래하든지 충성도가 높고 그들의 반응이 예측 가능한, 소위, 천사표 고객들이다. 그들은 항상 안정되고 장기적인 거래를 선호한다. 그러나 이런 천사표 고객들이라도 모든 제품에 대해 선천적 충성심을 내보이지는 않는다. 필자의 경우, 음식에 대해서는 선천적 충성심을 가지고 있다. 한번 마음에 드는 식당은 그 식당이 폐업하지 않은 한 꾸준히 이용하는 편이다. 내가 단골로 다니는 식당 중에는 30년 단골집도 있다. 그러나 패션 브랜드에 대해선 충성도가 매우 낮다. 한가지 브랜드보다는 여러 브랜드를 꾸준히 바꿔가며 구매를 하는 편이다.

두 번째 판별기준은 수익성이다. 당신의 매출 데이터를 분석해 보면, 어떤 고객은 다른 고객들보다 수익성이 높다. 그들은 다른 고객들보다 구매빈도도 높고 구매액수도 크다. 그들은 구매대금을 빨리 지불하며, 요구사항도 많지 않다. 또한, 그들은 좋은 매너를 갖고 있어 그들을 대하는 당신 회사의 직원들도 그들을 응대하기 좋아한다.

세 번째는 적합성이다. 어떤 고객은 당신이 제공하는 상품이 경쟁사들보다 더 가치가 있다고 생각한다. 이 세상에 모든 고객들로부터 선호 받는 기업은 없다. 당신 기업의 차별적 역량이 고객의 요구와 기대에 상대적으로 더 적합한 경우가 있는 것이다. 예를 들어, 요식 비즈니스를 분석하다 보면, 각 식당의 단골들은 그 식당 음식의 특징에 만족을 하는 사람들이 많다. 어떤 고객은 매운맛 때문에, 어떤 고객은 푸짐한 양 때문에, 또, 어떤 고객은 조용한 분위기 때문에 자신이 단골로하는 특정 식당을 선호한다. 어떤 고객들은 구수한 욕을 듣는 것이 좋아서 욕쟁이 할머니 집을 단골로 방문하는 정도이니 적합성의 기준은 정형화하기 힘든 것 같다.

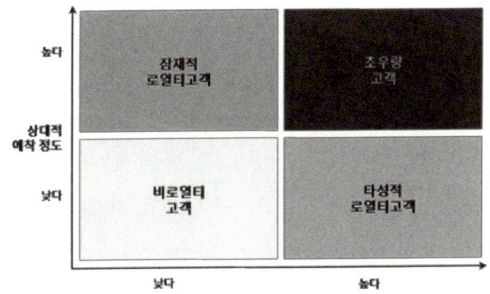

그림 10. 그리핀의 로열티 유형 분류

질그리핀Jill Griffin의 충성도 유형분류도 진성고객을 판단하는데 유용하게 사용된다. 그리핀은 반복구매의 정도와 상대적 애착 정도라는 두 가지 변수에 따라 고객의 유형을 네 가지로 구분했다. 그리핀이 제시한 두 가지 변수가 모두 낮은 고객은 비충성 고객, 즉, 교환적 관계의 고객이다. 그들은 당신과 아무런 끈이 없다Griffin, 1997.

충성도 유형 중에 상대적 애착 정도는 낮으나 반복구매를 많이 하는 고객을 '타성적충성도' 고객이라 부른다. 많은 기업들이 구매 빈도가 높은 고객을 충성도가 높은 고객이라고 판단한다. 그러나 그들의 내면을 들여다보면, 충성도와 관계가 없는 경우가 있다. 타성적 로열티를 가진 고객들은 그저 타성에 젖어서 과거에 구매했던 제품이나 서비스에 큰 불만이 없으면 추후에도 계속 구매하기도 하며, 당신 상품 이외에는 다른 대안이 존재하지 않을 경우에는 할 수 없이 당신의 상품을 반복구매하는 것이다. 이들은 경쟁업체가 새로운 제안을 하거나 좀 더 높은 부가가치를 제안하면 금방 브랜드를 전환할 수 있다. 따라서 이들에게는 호감도 증가를 위한 추가적 프로모션이 필요하다. 이들에게 차별적인 부가 서비스를 제공한다든지, 개인별 맞춤 서비스를 제공하여 이들을 초우량 고객으로 전환시킬 수 있다.

이와 반대로 반복구매의 빈도는 낮으나 당신의 상품에 대해 높은 호감과 애정을 표현하는 고객들이 있다. 이들을 '잠재적 충성고객'이라 부른다. 이런 고객들은 당신의 상품을 구매하고 자주 구매하고 싶으나 물리적 제약요건을 지니고 있는 경우가 많다. 이럴 때, 당신은 물리적 제한을 완화시킬 수 있는 서비스를 제공하여 이들을 초우량 고객으로 전환 시킬 수 있다. 예를 들자면, 나는 삼청동의 불란서식당을 정말 좋아한다. 기회만 되면 그곳에 가고 싶으나 막상 가려고 하면 발걸음이 쉽게 떨어지지가 않는다. 그 식당 주변은 매우 복잡해 차량 진입도 힘들고 주차장도 없어서 차를 가지고 가려면 큰 고생을 해야 한다. 그런데 만일 그 식당이 교통이 편리하고 주차장이 넓은 곳으로 이전한다면 나는 보다 자주 그 식당을 이용하는 초우량 고객이 될 것이다.

- **파트너고객**

앞에서 말한 세 가지 유형의 고객들의 최종 종착지는 바로 파트너고객이다. 이런 파트너고객은 CRM에서 초우량 고객이라 부르는 모든 기업의 염원이다. 이 고객들이 바로 페더가 이야기하는 '올바른 고객'이다. 이들은 당신의 기업에 높은 매출을 가져다줄 뿐 아니라 당신의 사업을 도와주기도한다. 자신의 SNS계정이나 블로그에 당신의 상품을 소개하기도 하고 주변의 지인들에게 당신의 고객이 되라고 권유도 한다. 파트너고객들의 숫자가 많을수록 핸디캡 마케터는 건실한 중견기업으로 성장할 가능성이 높은 것이다.

그리핀은 타성적 충성고객이나 잠재적 충성고객에 대한 관계 강화의 방법으로 추가적인 보상을 거론했다. 이와 같은 보상의 방법은 크게 유형적 보상과 무형적 보상으로 나눈다.

유형적 보상	무형적 보상
일시적 보상형	심리적 보상형
지속적 관계 유지형	정보 제공형

그림 11. 그리핀의 보상 유형분류

유형적 보상은 즉각적 반응을 겨냥하는 일시적 보상이 있다. 일시적 보상은 핸디캡 기업들이 가장 사용하기 쉬운 것들인데 사은품, 할인쿠폰, 캐시백, 즉석할인, 즉석 업그레이드 등이 있다. 지속적 관계 유지 보상은 일정기간 관계가 지속되어야만 보상이 시작되고 관계유지 기간과 구매량 횟수에 따라 보상의 정도가 점증되는 방식인데 핸디캡 마케팅에선 포인트나 마일리지 제공 등이 많이 사용된다. 그러나 핸디캡 기업들의 포인트나 마일리지는 범용성이 낮아 고개의 보상에 대한 느낌이 낮을 수 있다. 핸디캡 기업은 이점에 유의해서 포인트나 마일리지의 사용방법을 다각화하는 전략을 구상해야 한다.

무형적 보상에는 고객에게 타이틀을 부여하거나 고객의 기념일이나 생일에 축하 메시지를 전달하는 심리적 보상과 제품이나 서비스에 대해 부가 가치 정보를 제공하는 정보 제공형 보상이 있다. 이와 같은 심리적 보상은 요즘과 같이 모바일커뮤니케이션이 고도로 발달하기 전에는 기업이 제공하는 정성어린 서비스로 간주 되었는데 메시지 전달 비용이 전혀 들지 않는 요즘에는 무형적 보상만으로는 고객과의 관계 강화가 어렵다. 따라서 이와 같은 심리나 정보제공형 보상들은 유형적 보상으로 연결 되는 경우가 많다.

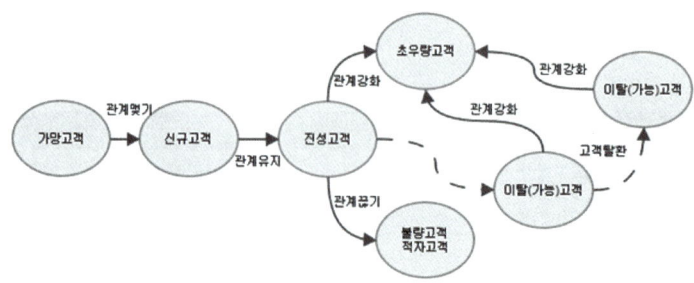

그림 12. 핸디캡 기업-고객 관계발전 모델

■ 고객 이탈

핸디캡 기업의 고객관계 목표는 우량고객, 옹호고객을 넘어 동반자 관계를 구축하는 것이라고 했다. 그러나 고객의 변심으로 또는 고객이 늘어나면서 허술해진 고객관리나 제품 품질로 고객이 이탈할 가능성은 언제나 열려있다. 예를 들어, 고객 접점에 있는 직원의 교체 직후 또는 증가한 고객의 수요에 대응하느라 급급한 나머지 제품의 품질저하로 이탈하는 경우가 많이 발생하니 특히 주의해야 한다. 특히, 벤처기업을 운영하는 핸디캡 마케터는 다음과 같은 고민을 많이 한다.

"초기 혁신사용자를 거쳐 전파력이 강한 얼리어댑터 층까지 왔지만 다수의 전기 수요자층까지 진입하지 못하면 캐즘으로 떨어질 수도 있다는데 어떻게 하지? 예상 이탈고객을 가려내고, 이탈방지를 할 수는 없을까? 야속하게 발길을 끊은 고객을 되돌아오게 할 수는 없을까?" 당신도 이런 고민을 해 봤을 것이다. 고객의 이탈은 당장의 매출과 이익으로 이어지기 때문에 자금의 원활한 흐름이 필수적인 핸디캡 기업에 있어서는 치명적이 될 수 있다.

최근, 고객 이탈의 금전적 손해에 대해 프리데릭라이헬드Frederick Reichheld와 얼새서EarlSasser는 '무결점: 서비스에 품질을 더 하다Zero Defections: Quality Comes to Services'라는 제목의 논문에서 고객 1명의 이탈에 대한 이익 감소액을 조사하여 발표했다 Reichheld & Sasser, 1990. 당신이 새 아파트 단지에 상가를 얻어 어렵사리 세탁소를 오픈하고 이제 겨우 안정이 되고 있는데 그 옆에 체인점 세탁소가 들어서서 100명의 고객을 빼앗긴다면 5년간 손해보는 금액은 25,600,000원이 된다는 것을 그림 13으로 설명하고 있다.

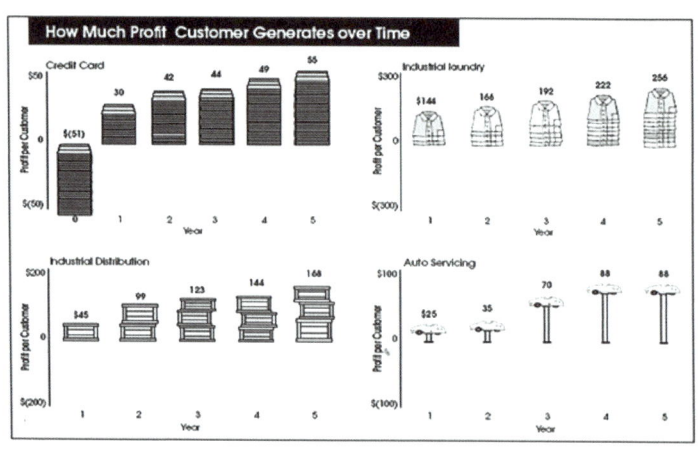

그림 13. 상품별 년간 고객가치

　서비스 고객이 일 년이 넘도록 재방문을 하지 않는다면 잠재적 이탈 고객으로 볼 수 있을 것이다. 그러나 2년이 넘어도 찾아오지 않는다면 차를 매각했거나 다른 서비스 센터를 이용하고 있다고 보고 이탈 고객으로 간주해야 한다.

　대개 완전이탈, 즉 스위칭은 매우 불만족 고객의 비율이 높고, 일시적 이탈은 만족, 매우 만족한 고객 사이에서도 발생한다. 고객의 이탈과 만족도와는 유의한 관계가 있다는 것을 Bolton(1998)은 그림 14의 모델을 통해 제시했는데 이 모형은 고객이 왜 스위칭과 이탈을 하는지 가장 잘 안다는 관점에서 만족/불만족과 스위칭/이탈의 관계를 살펴볼 수 있다. 이와 같이 고객 이탈은 기업의 수익에 직접적인 영향을 미치며 특히 경기가 좋지 않을 때는 더욱 민감할 수밖에 없는데 이와 같은 고민에 대해 보다 구체적으로 알아보자.

■ 스위칭 대일시적 이탈

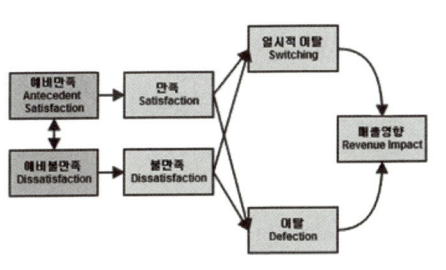

그림 14. Ruth Bolton의 고객 스위칭/이탈 모델

스위칭switching이란 고객이 제품이나 서비스에 지불되는 비용의 전체 또는 일부를 타사로 영구히 옮기는 것이다. 그러나 그중에 일부가 돌아온다면 이들은 일시적 이탈 고객으로 보아야 하므로 재무적인 관점에서 본다면 스위칭 고객의 영향이 더 크다.

여기서, 이탈 정도를 어떻게 정의하느냐는 제품과 서비스의 특성에 따라 달라질 수 있다. 제품의 수명이 지났어도 재구매가 발생하지 않는다면 이탈고객으로 의심해 보아야 할 것이고 구매 패턴 기간으로부터 상당 기간이 지났어도 구매가 발생하지 않는다면 이탈고객으로 확정하여야 할 것이다.

이탈고객의 정의와 함께 중요한 것은 이탈의 원인을 파악하는 것이다. 이탈의 원인은 사망, 이사, 경쟁사의 경쟁력 향상 등으로 통제할 수 없는 자발적 이탈과 고객에 대한 무관심, 서비스, 제품에 대한 불만족 등 비자발적 요인으로 구분할 수 있다. 고객의 연락처가 있다면 반드시 그동안의 제품 또는 서비스 이용에 대해 감사와 사과를 드리고 정중하게 이탈 원인을 알아보면 고객의 추가적 이탈을 방지할 수 있는 귀중한 단서를 찾을 수 있다.

코호트분석: "The Lean Start Up"의 저자인 에릭리스Eric Ries는 코호트cohort 분석이란 "총 매출액이나 총 고객 수와 같이 뭉뚱그려 보지 말고 사용자 그룹을 나누어 해당 그룹의 독립적인 성과를 측정 하는 것"으로 정의하고 있다(Ries, 2011). 핸디캡 마케팅에서 코호트 분석이란 동류 집단이 시간에 따라 어떻게 변화하는지 관찰하고 분석하여 이해하는 것이다.

예를 들어 시간의 흐름에 따라 세대별 또는 연령별 선호 상품, 객단가, 구매빈도 등을 관찰하고 분석해 보면 추이를 예측할 수 있고 또한, 미리 대책을 세워 크로스 셀링이나 업셀링을 효과적으로 할 수 있을 뿐만 아니라 자발적, 비자발적 이탈을 예측하고 최소화할 수 있다. 가령 50~60대 고객이라면 조기 은퇴, 퇴직, 실직 또는 자녀의 결혼자금 마련 등으로 구매빈도와 금액이 줄어들거나 생필품이 아닌 경우에는 구매 폭이 줄거나 아예 중단할 수도 있을 것이다.

■ 고객 이탈 예측

워낙 좋은 앱들이 쏟아져 나오는데 "어떤 고객이 우리의 경쟁사의 고객이 될지 미리 안다면 얼마나 좋을까?"라고 한 번쯤은 생각해 봤을 것이다. 그러나 "열 길 물속은 알아도 한 길 사람 속은 모른다"고 하듯이 고객의 이탈을 예측하기란 결코 쉬운 일이 아니다.

그래서 고객 이탈 가능성을 판단하는 판별 기준 중의 하나로 자주 사용되는 것이 최근 거래일인데 예를 들어 "최근 3개월 내 거래가 없는 고객은 이탈고객으로 간주한다."라고 정했다면 6개월에 한 번씩 대량 구매하는 고객은 이탈 고객으로 분류될 가능성이 크다. 따라서 단순히 최근 3개월이 아니라, 고객의 구매 주기를 파악하고 이 주기를 지나도록 구매를 하지 않는다면 "어? 이탈하는 것 아닐까" 하는 합리적인 의심을 하여야 할 것이다.

■ 고객 재탈환 - 타이밍

고객의 거래가 끊어졌다고 바로 연락을 포기하는 경우가 있다. 그러나 주기적으로 자사제품의 정보를 알려주고 안부를 물으면서 관계의 끈을 놓지 말아야 한다. 특히, 제품교환시기, 또는 새로운 상품의 출시시기, 행사 등에 초청하여 우호적인 관계를 유지하는 것이 좋다. 단, 수익성이 없는 고객, 브랜드 이미지를 흐리는 고객이리면 재탈환할 이유가 없을 것이다.

■ 휴면고객 재활성화

백화점, 은행, 보험사, 전자제품 전문 매장 등은 휴면고객에 대해 매우 민감하다. 바로 매출과 수익에 직결되기 때문이다. 이에 따라 그들은 전화, 메일, 우편물을 통한 프로모션 컨텐츠들을 귀찮을 정도로 많이 보낸다. 이러한 활동을 통해 휴면할 틈을 주지 않고 휴면 중인 고객을 깨우려 하는 것이다.

거래관계를 유지하고 있으나 구매의 빈도나 구매액이 감소한 경우, 또는 구매의 빈도가 구매의 패턴을 벗어나 있는 고객의 경우라면 다시 활성화할 수 있도록 촉매제를 제공해야 한다. 예를 들어, 기한이 정해진 쿠폰의 발행, 주차권 발송, 문화행사 초대, 시식권, 신제품 시용 기회 제공 등이 자주 사용되는 아이템들이나 제품 생산과정을 보여주고 직접 생산 과정에 참여하는 경험 마케팅이 많은 호응을 얻고 있다.

■ 이탈율 제로전략

이탈율 제로화를 위한 첫 번째 전략은 기업의 모든 구성원이 고객의 가치를 철저히 이해하는 것이다. 당신이 퇴직금을 털어 핸드폰 대리점을 차렸다. 월 5만 원 내는 20세 새내기 대학생과 월 10만 원 내는 50대에 갓 들어선 고객이 당신의 매장을 찾았다면 누구에게 더 관심을 쏟아야 하겠는가.

평균적으로 3년에 한 번씩 핸드폰을 교체하고 핸드폰의 대당 단가가 80만 원이라고 할 때 20세 고객의 생애 가치는 40년간 1,120만 원이고 50세 고객의 가치는 320만 원에 불과하다. 당신은 당연히 새내기 대학생을 VIP대접하겠지만, 매장의 종업원은 50세의 중년 아저씨가 훨씬 더 중요한 고객인 것이다. 그들은 당장의 매출액에 따라 보상을 받기 때문이다.

두 번째는 위에서 언급한 코호트 분석 방식을 이용하는 것이다. 고객이 구매를 하면 간단히 엑셀에 고객명과 구매한 제품이나 제공한 서비스를 날짜와 함께 기입해 놓는다. 그리고 일정기간, 예를 들어, 한 달 단위로 구매고객을 구분한다. 그러면 제품이나 서비스 수명 주기에 따라 당월 고객 전부에게 연락을 하여 서비스나 재구매를 유도할 수 있다.

세 번째는 고객의 말씀과 같이 불만족 고객이 블로그나 홈페이지 등을 통해 불평을 올리게 함으로써 신속히 불만족의 원인을 제거해 나가는 것이다. 고객불만은 서비스 품질을 높이는데 가장 좋은 지침이다. 당신은 고객불만을 토대로 경쟁역량을 크게 키울 수 있는 기회를 갖게 된다.

네 번째는 위와 같은 노력에도 불구하고 이탈고객이 발생한다면 이탈원인을 파악하고 그 원인을 해소하는 것이다. 직접 거래를 끊은 고객께 사과하고 정중히 사유를 물어본다거나 불만족 고객이 보낸 메일이나 SMS가 있다면 그것을 회람시키고 재발방지 대책을 세운 후 개선 되었음을 알리며 다시 서비스할 기회를 요청하는 것이다.

마지막으로 고객의 제안이나 불만 사항을 알리는 것이다. "OOO 고객님의 제안에 따라 전/후 이렇게 바뀌었습니다"라고 알리고 제안자에게는 보상을 하는 방법이 있다. 고객들은 당신의 회사가 말이 아니라 몸으로 고객의 말에 귀 기울이는 것을 기대하고 있다.

••• 초우량 고객은 누구인가

초우량고객을 크라운 쥬얼crown jewel이라고도 부르는데 이는 왕이 수집하는 매우 값비싼 보석과도 같이 왕관을 씌워드리고 숭배할 정도로 매우 소중한 고객이란 의미다. 파트너 고객들이라고 해서 다 우량고객이 아니라는 말이다. 만일 당신이 아래와 같은 특성을 가진 고객들을 발견한다면 이들은 특별한 대접을 받아 마땅한 초우량 고객일 가능이 매우 크다(최정환, 이유재, 2001).

1. 이들은 전체 수익 중에서 큰 비중을 차지한다.
2. 이들은 현재 기업에 기여하고 있는 것보다 더 큰 가능성을 갖고 있다.
3. 기업고객의 경우, 그들 스스로가 건전한 재무상태를 지닌 수익성이 높은 기업이다.
4. 이들은 자신들과의 독점적인 지위를 기업에 허락한다. 즉, 기업은 이들과의 관계에서 높은 고객 점유율을 달성할 수 있다.
5. 현명하고 똑똑한 고객인 이들은 고객 스스로 시장에서 일어나고 있는 변화들을 지속적으로 주시하고 있다.
6. 이들은 높은 융통성과 적응성을 지니고 있어 신기술을 도입한 제품이나 새로운 형태의 서비스 등을 받아들이는 초기 수용자들이다.

이들을 어떻게 대할 것인지 위에서 언급했지만, 이들에 대한 보상은 세심할 필요가 있고 쉬워야 한다. 특히 핸디캡 기업의 경우, 정성이 전달될 수 있는 보상이 좋다. 내가 국내 모 대기업에서 고위 임원을 모시고 중요한 상담을 위해 괜찮은 한식당을 찾은 적이 있었다. 이 한식당은 내가 다니는 기업의 단골 식당으로 외국에서 중요한 손님이 올 때마다 단골로 가는 곳이었다.

남미에서 온 손님은 구절판을 보더니, 음식보다는 구절판에 감탄했다. 너무나 한국적인 디자인이란 것이었다. 그런 낌새를 알아챈 내가 식당 지배인을 불러 "우리 회사의 매우 중요한 손님인데, 혹시 구절판을 하나 포장하여 주실 수 있느냐?"고 요청했으나, "죄송합니다. 수량이 한정되어 있어서 않되겠습니다."라고 하였다.

그 순간, 그 식당은 초우량고객을 잃었다. 화가 난 임원이 그 한식당 말고 가까이에 있는 경쟁 식당 이용을 지시한 것이다. 그 식당이 구절판을 구할 수 없다는 말을 이해하는 손님은 아마 없을 것이다. 한식당에서 사용하는 구절판은 반드시 같은 것들이 아니라도 된다. 이도 저도 아니면, 구해서 보내드린다고 일단 손님을 기분 좋게 돌려 보낸 후 대책을 구상해서 답변해도 좋다. 성의 없고 차가운 거절 한 마디는 절교선언과 다름이 없었다. 조금만 더 세심했더라면 이런 불행을 초래하지 않았을 것이다.

애드라떼는 쉬운 보상으로 성공한 보상형 광고서비스다. 예전에도 보상형 광고들이 많았다. 그런데 소비자들이 그들에 대해 부정적인 시각을 가지고 있었던 이유는 그들로부터 보상을 받는다는 것이 너무나도 힘들었기 때문이다. 대개 몇 만원이 쌓일 때까지는 아예 보상을 받을 수가 없다. 그런데 그 몇 만원을 받으려면 몇 달을 공을 들여야 한다

결국, 보상을 받기위해 광고를 봐주던 선량한 고객들은 지쳐서 포기하고 그들이 쌓은 포인트는 고스란히 낙전 처리되어 광고회사의 배만 채웠다. 이를 고객들이 모를리 없다. 결국 그들은 반짝 사업으로 끝나고 말았던 것이다.

그런데 애드라떼는 다르다. 여기선 라떼 한잔 값만 채우면 바로 보상해 준다. 유명 커피 전문점의 라떼 한잔으로 광고가 많은 날은 하루만 열심히 광고를 보고 답변만 해도 카페라떼 한잔이 공짜다. 보상이 쉬운 것이다. 이러니 믿음이 더 생긴다. 결국, 애드라떼는 국내에서 최초로 성공한 보상형 광고 프로그램이 되었다. 이 여세를 몰아 일본에도 진출하여 승승장구하고 있다.

여러분의 목표는 고객을 파트너고객과 초우량 고객으로 전환하고 그들과 오랫동안 전환적인 관계를 유지하는 것이다. 기업을 비롯한 어떠한 집단도 충분히 끈적한 관계가 없으면 그 집단은 성공하기 어렵고 운 좋게 성공한 것처럼 보였다 하더라도 오래 버티기 힘들다. 핸디캡 기업에게 있어서 끈 전략은 '기업의 생명을 유지하는 전략'이라는 것을 명심하여야 한다.

요약

탯줄로 시작한 인간의 삶은 명줄이 끊어지면서 마감한다. 기업도 마찬가지로 고객을 만나면서 기업에 생기가 넘치고 고객이 떠나기 시작하면 활력이 떨어지고 결국에는 문을 닫는다. 핸디캡 기업이 대기업의 막강한 자원에 정면으로 승부를 할 수는 없지만, 가장 가깝게 있는 고객들을 상대로 하는 관계의 '끈'을 엮는 일이라면 전혀 두려울 게 없다.

핸디캡 기업이야말로 가장 가까이에서 고객들을 접하며 끈을 맺고 있기 때문이다. 그러나 너무나 흔하게 고객들을 접하다 보니 고객과의 소중한 끈을 마케팅 전략으로 발전시키지 못하고 마케팅은 다른 것으로 생각해 왔다. 그러나 고객과의 관계의 끈을 이용한 '끈 전략'이야말로 핸디캡 마케팅 전략의 중심이라 할 수 있다.

핸디캡 마케터에게 이 세상의 관계란 교환적 관계와 전환적 관계 둘뿐이다. 그저 '물건값 내고 물건 내주는' 그 이상, 이하도 아닌 교환적 관계로는 기업의 장래가 불투명하다. 언제나 새로운 고객을 쫓아다녀야 하기 때문이다. 따라서 관계가 지속적으로 발전해나가는 전환적 관계를 구축해야 한다.

전환적 관계에 있는 고객들은 당신에 대해 관심이 있고, 당신의 사소한 실수에도 너그럽다. 피치 못하게 가격이 좀 오르더라도 덜 민감하고, 경쟁사의 프로모션에도 쉽게 기웃거리지 않는다. 또한 오랫동안 관계가 지속되며, 수익성도 상대적으로 높다.

끈을 맺고 발전시켜 가는데 있어서 핸디캡 기업은 중요한 전기를 맞고 있다. 관계의 끈은 사람과 사람의 차원을 넘어 사람과 사물이 연결되는 초연결사회가 되고 있는 것이다. 초연결사회에서는 부지런한 기업이 더 큰 성공을 거둘 수 있다. 핸디캡을 극복하고 고객을 다양한 끈으로 붙드는 마케팅이 오늘부터도 가능해진 것이다.

끈 만들기는 만남에서 시작된다. 누구를 만날 것인지 정하는 것이다. 배고픈 사람, 커피를 마시며 쉬고 싶은 사람, 강아지를 키우는 사람, 화장품이 필요한 사람 등이 이들이다. 만날 준비가 되었다면 이제 고객으로부터 호감을 사야 한다. 좋은 품질과 서비스는 기본이다. 다행히 호감을 얻었다면 이제는 자주 만나며 교류하여야 한다.

만나서 할 말이 없으면 그것만큼 난감한 일이 없다. 난처한 상황을 피하려면 고객의 정보를 잘 수집하고 알고 있어야 한다. 교류가 활발해지면 파트너의 관계로 진행한다. 고객이 파트너가 되었다는 것은 굵은 끈이 형성되어 쉽게 끊어지지 않는다는 의미이다. 그리고 파트너들은 당신을 위해 새로운 고객과의 만남을 주선할 것이다.

좀 더 구체적인 끈 만들기 프로세스의 첫 단계는 예상고객을 확인하는 것이다. 핸디캡 기업의 예상고객의 범주는 그리 넓지 않다. 예를 들어 당신이 동네에서 식당을 열었다면 가망고객은 그 동네 주민이고, 아름다운 목소리 병원을 개원했다면 예상 고객은 목을 주로 사용하는 성우나, 아나운서 등이 될 것이다.

창업기업이라면 가망고객을 신규고객으로 전환하기 위해 노력해야 한다. 왜냐하면 경제적 이득을 가져다주는 시발점이 되기 때문이다. 이미 신규 고객을 확보하고 있는 경우라면 단골고객으로 전환하기 위해서 노력해야 한다. 단골고객이라는 의미는 그 고객은 당신의 진성 고객이 되었다는 말이다. 진성고객의 특징은 충성도가 높고 수익성이 높으며, 당신 기업과 적합성이 높다는 것이다. 이 세 가지를 모두 갖춘 경우도 있지만 그렇지 않은 경우도 있을 것이다. 그럼에도 불구하고, 이 세 유형 고객의 최종 종착지는 파트너 고객, 즉 모든 기업이 염원하는 초우량고객이다.

고객과의 관계발전이 이와 같이 순탄하게 진행되면 좋겠지만, 일시적으로 소비활동을 중단하거나 아예 당신의 기업을 떠나는 경우도 발생한다. 이사, 이주, 사망 등과 같이 봉제할 수 없는 이탈이라면 별수 없겠으나 그렇지 않을 경우에는 소비의 경험이 충분히 만족한지 살펴야 한다. 또한 동류 집단에 대한 코호트 분석을 통해 미리 예측하고 예방하는 활동도 필요하다.

일시적으로 휴면상태로 들어가는 경우도 있다. 발병으로 입원했다거나, 실직했다거나 아니면 해외근무 발령을 받아서 몇 년간 거래가 끊길 수도 있다. 이들에 대해서는 지속적인 관심을 가지고 상황을 파악하는 것이 중요하다. 특별한 이유가 없다면 이들을 다시 활성화 시킬 수 있는 판매 촉진 방법을 고려해야 하고, 해외 근무 등과 같이 특별한 사정으로 인해 어쩔 수 없이 휴면상태인 경우라면, 향후 재거래 시 불편함이 없도록 배려를 해주는 것이 필요하다. 그럼에도 불구하고 고객이 이탈하는 경우라면, 그동안 이용에 감사드리고 다시 제품을 제공하거나 서비스할 기회를 요청하여야 한다.

자료출처

그림 1. http://marshallmashup.usc.edu/the-books-one-piece-of-my-puzzle/

그림 3. http://computerhardwaredoubts.blogspot.kr/

그림 4. http://www.dailytelegraph.com.au/news/national/nsw-government-recording-features-for-facial-recognition/story-e6freuzr-1225874819392

그림 5. http://www.treehugger.com/kitchen-design/smart-fridge-is-not-such-a-dumb-idea.html

그림 6. http://maccg.com/2014/02/ted-start-with-why-by-simon-sinek/

그림 10. http://webdb.ucs.ed.ac.uk/operations/honsqm/articles/ZeroDefections.pdf

그림 11. http://www.ruthnbolton.com/Publications/01Malhotra-V3-Chap1.pdf

참고문헌

김난도와 동료들 (2013), "트렌드코리아 2014," 미래의 창, pp. 239~240

김성호 (2009), "일본전산이야기", 쌤앤파커스, pp 211~219,

김철환 (2012), "99%를 위한 적정마케팅 시장에 주목하라," 블로터닷넷, http://www.bloter.net/archives/134653

최정환(2001), 이유재, "죽은 CRM 살아있는 CRM," 한언출판사, P.227

Customers for Strategic Advantage (Wharton executive Essentials)," Wharton Digital Press, p.12

Fader, Peter, "Customer Centricity: Focus on the Right Customers for Strategic Advantage," Wharton Digital Press; Second Edition, 2012.

Gillbreath, Bob (2010), "The Next Evolution of Marketing: Connect with Your Customers by Marketing with Meaning, "McGraw-Hill, pp 136(참고문헌)

Gladwell, Malcom (2014), "다윗과 골리앗: 강자를 이기는 약자의 기술," 선대인 옮김, 21세기 북스

Godin, Seth (2011), "이상한놈들이온다, 최지아옮김, 21세기 북스, PP79~81

Griffin, Jill (1997), "Customer Loyalty: How to Earn It, How to Keep It," A Wiley Imprint, p. 23

Reichheld, Frederick (2001), "Loyalty Rules: How today's leaders build lasting relationship," Harvard Business School Publishing, pp. 164~168

Reichheld, F., and W. E. Sasser Jr. (1990), "Zero Defections: Quality Comes to Services" Harvard Business Review 68, no. 5 (September-October), pp. 105-111.

Ries, Eric (2011), "The Lean Startup: How Today's Entrepreneurs Use Continuous Innovation to Create Radically Successful Businesses," Crown Business

日本電算(2014), "成長の軌跡"企業概要, http://www.nidec.com/ja-JP/corporate/about/outline/)

소상공인의 마케팅
핸디캡 메치기
핸디캡 마케팅

Chapter_ **2**

가치 마케팅 전략

고객이 스스로 알아서 찾아오게 하라

••• 진화하는 소비자

"누구나 가입, 나이가 많아도, 질병이 있어도 가입, 모든 질병과 사고 보장" 최근 TV 채널을 옮기다 보면 자주 접하는 광고다. "설마 나이가 많고, 질병이 있어도 가입이 될까?" 소비자의 의구심에 공중파를 통해 쌓아온 '거짓은 용서하지 않는' 대쪽 이미지로 '허튼소리 안 하는 사람'이라고 쐐기를 박는다. 의심하면 치사하고 옹졸한 사람이 될 것만 같은 느낌이다.

빠른 속도의 노령화와 늘어난 수명으로 많은 소비자들은 자신이나 또는 연로하신 부모님들의 건강이 염려되어 귀가 솔깃해질 것이다. 그러나 광고는 나이가 많고, 질병이 있으면 리스크^{risk}가 커져 보험료가 비싸진다는 사실은 얘기하지 않는다. 또한 모든 질병과 사고 보장 시에는 보장금액이 적다는 것도 빼놓는다.

광고 말미 화면에 전화번호를 띄우고 몇 번을 큰소리로 강조하여 외치지만, 텔레마케터^{telemarketer}들의 현란한 말솜씨에 최소 한두 번은 당했다고 생각하는 소비자들은 결코 전화기를 들지 않는다. 대신, 훨씬 믿을만한 PC나 스마트폰의 검색 창을 통해 검색하고 점심시간을 이용해 동료들에게 물어본다. "그 보험 어때" 하면서……

며칠 전에 나는 올해 대학생이 되는 딸아이를 데리고 노트북을 사주기 위해 전자제품 대리점을 방문했다. 집을 나서기 전 "어떤 걸 사려고 하는데?" 하자 딸아이는 "통학을 해야 하니 일단 가볍고 광고나 홍보물을 제작하려면 성능이 좋아야 해"라고 대답한다.

"다른 친구들은 뭐 샀대?" 묻자 "최근 L사에서 나온 가벼운 노트북을 샀대 OOO주고 샀는데 나는 그렇게 비싼 것은 필요 없어"하며 "인터넷 들어가서 S사 제품도 비교해 보았는데 무게나, 별도로 구매해야 하는 것들을 생각하면 L사 것이 나은 것 같아"라고 한다. 제품 대리점에 들어서자 "인터넷에서는 이 사양의 제품이 이 가격에 나와 있던데 얼마까지 주실 수 있으세요?"라고 단도직입적으로 묻는다.

상황을 이미 파악한 듯 경험이 제법 있어 보이는 매니저는 열심히 계산기의 자판을 두드리며 가격을 내려보려고 노력을 한다. (내게는 그냥 하는 '척'으로 보였다) "아까 그 가격은 인터넷에서나 가능하고 저희가 드릴 수 있는 가격은 OOO입니다. 최신 2013오피스도 포함해서요." 말이 끝나자마자 딸아이는 "인터넷에서도 오피스 포함된 가격이고요. 거기서는 오피스2014예요"라며 쌀쌀맞게 쏘아붙이고 "아빠, 가요"하며 내 소매를 잡아끈다. 좀 더 흥정을 해보려 했지만 '게임 오버'다.

연합뉴스에 따르면 2008년 7월 미국의 과학 매체인 라이브 사이언스 닷컴은 시장조사 결과 "소비자는 자신의 욕구를 명확히 알고 합리적인 소비를 하는 것처럼 생각하지만 실은 판매상들의 다양한 '트릭'에 넘어가 비합리적인 소비활동을 하고 있다"라는 결론은 내린다. 심지어 "소비자들은 미친 짓crazy things을 하고, 판매업자들은 여기에 기대를 건다"고 까지 한다. 기분이 매우 상하는 이야기이지만 충분한 표본을 추출하여 조사하고 분석한 결과이니 무시할 수 만은 없다.

필자의 딸과 같은 지금의 소비자들, 특히 소비의 주력으로 떠오르는 20~30대들이 이 말을 듣는다면 무척 기분이 상할 것이다. 오랫동안 마케터들은 "소비자들은 자신들이 무엇을 원하는지도 모르고 비합리적인 소비를 한다"고 배웠고 믿었으며 자신들이 소비자들의 인식과 구매행동을 바꿀 수 있다고 믿어왔다. 이러한 믿음에 대해서는 상당한 부분 그럴만한 근거가 있었던 것도 사실이다.

우선, 소비자들이 접할 수 있는 정보에는 한계가 있었으며 선택할 수 있는 매체 또한 많지 않았다. 게다가 기업과 TV, 라디오, 신문, 잡지 등 대중매체들은 기업의 광고를 통해 수익의 상당 부분을 채워왔고 기업은 이들을 통해 수익을 창출하고 재투자하는 '누이 좋고 매부 좋은' 순환관계를 형성해왔다. 따라서 당연히 소비자들은 기업의 메시지를 듣고, 보고 믿을 수밖에 없었던 구조였던 것이다.

시각에만 의존하던 신문, 잡지나 라디오에 비해서 시각, 청각을 통해 내용을 접할 수 있는 TV의 출현은 광고에 있어서 가히 혁명적인 사건이 되었다. 마케터의 필독서가 된 '광고불변의 법칙'과 "나는 광고로 세상을 움직였다"로 잘 알려진 광고계의 천재 데이빗오길비David Ogilvy는 그의 생애에 있어서 가장 강력한 매체로 TV의 출현을 꼽았다. 그러나 그가 인터넷과 정보기술이 이끈 디지털 혁명을 보고 경험했더라면 그의 말은 당연히 '인터넷'으로 바뀌었을 것이다.

지금의 소비자는 앨빈토플러Alvin Toffler가 예견한 "정보화 혁명"의 수혜자로서, 예전 마케터의 정보에만 의지하고 그들의 유인에 쉽게 넘어

가는 그런 소비자가 아니다. 이제는 클릭 한 번으로 가격과 사양을 비교할 수 있을 뿐만 아니라, 객관적으로 장점과 단점을 비교 설명해주는 전문가들과 언제 어디서나 만날 수 있다. 이뿐인가, 네트워크를 통해 실시간으로 연결되어 나에 대해 가장 잘 아는 가족과 친지, 동창, 동료들이 자신의 경험담을 생생하게 들려주고 조언해준다.

구글의 분석자료에 의하면 2013년 우리나라 스마트폰 소지자 중 56%가 최소 1회 이상 스마트폰을 통해 구매를 하였다. 뿐만 아니라, 이들 중 69%는 한 달 내에 다시 스마트폰을 이용해 물건을 구매하는 것으로 나타났다. 이제 대다수의 소비자들은 디지털 시대의 흐름을 완전히 수용하고 있으며 이를 적극활용하고 있음을 보여준다. 필요한 것은 "내가 알아서 간택 하겠다"라는 것이다.

시간과 공간을 초월하여 무한한 정보에 접근할 수 있게 된 소비자들은 더 이상 비이성적인 소비자가 아니라 시장의 권력자가 되었다. 가치 없는 광고에 대해서는 바로 '수신 거부'로 카운터펀치를 날리고, 스팸성 메일은 아예 차단해버린다. 소비자는 원하는 광고만을 스스로 찾으며 믿을 수 있는 사람들의 말에 귀를 기울이는 스마트한 소비자로 나날이 진화하고 있는 것이다.

••• 대중마케팅의 위기

작년까지 우리 집은 수험생이 둘이나 있어서 언제나 '최고의 정숙성'을 유지해야 하는 '쥐죽은 듯 조용한 집'이어야 했다. 사정이 그렇다 보니 자연히 TV를 마음 놓고 볼 수 없음은 물론, 보더라도 볼륨을 최소화시키고 귀를 쫑긋 세워서 들어야만 했다. 가끔씩 보고 싶었던 프로그램을 다시 보기를 통해 보다 보면 갑자기 볼륨이 커지면서 시작되는 광고에 몇 번이나 놀래서 TV를 끄고 다시 On버튼을 누름과 동시에 볼륨다운 버튼을 연거푸 눌러대야만 했다.

그림 1. 스마트폰 화면의 광고 스크린캡처

이는 비단 TV광고만이 아니다. 궁금한 내용이 있어 PC나 우측의 그림처럼 스마트폰을 이용해 검색한 내용을 찾아 읽어 내려가려고 하면 어느새 화면의 빈공간은 물론 콘텐츠의 한가운데에도 광고가 버젓이 자리를 차지한다. 심지어 페이지 좌우측에 찰싹 붙은 광고는 마우스 스크롤과 함께 오르락

내리락거리며 귀찮게 한다.

또 어떤 때는 구매를 위해 결제를 하려고 하면 마치 결제를 위해 필요한 과정인 것처럼 광고화면을 교묘하게 중첩시켜 클릭을 유도하기도 한다. 실제로 나는 결제를 위해 필요한 서비스인 줄 알고, 몇 달간을 이용한 적이 있었다.

매월 마다 받고 있는 보험사의 정기메일은 내가 보험료를 몇 번 불입했는가와 보험의 정상적으로 유지되고 있는지의 여부만을 알려준다. 내 계좌에서 인출된 것이 모두 기록으로 남아 있는데 불입 여부가 도대체 무슨 의미가 있다는 말인가? 그리고 매달 우편으로 받고 있는 투자상품의 펀드 전체 자산 운용보고서가 내게 무슨 의미가 있는가?

내가 관심 있는 것은 '내'가 받을 수 있는 보험금이 얼마나 늘어났는가와 자산 운용을 잘하여 '내' 돈이 얼마나 불어났는가 그뿐이고 그것이 필자에게는 가치 있는 정보다. 나름대로 고객만족을 위해 기계적으로 보내고 있겠지만 필자에게는 그저 '쓰레기'에 불과한 것이다. 기업이 보내는 메일 하나를 보고도 고객은 기업이 얼마나 고객을 잘 이해하고 있는지 판단할 수 있다.

이 외에도 광고는 각종 경선대회우승자의 발표를 초조하게 기다리는 관중과 시청자가 고도로 집중하고 있을 때를 노려 광고를 끼워 넣음으로써 김을 세게 한다. 또한 드라마가 클라이맥스의 정점을 찍으려는 순간 갑자기 화면은 광고로 바뀐다. 때로는 모처럼 모인 가족들이 식사하는 오붓한 자리를 민망한 광고가 얼굴을 뜨겁게 하기도 한다. 불쾌하고 무례하여 그 브랜드의 고객을 대하는 태도에 의심이 갈 정도이다.

TV의 출현과 함께 본격화된 대중 마케팅은 이런 식으로 무례하게 소비자의 생활에 끼어들어 불편하고 짜증나게 해왔다. 마케터들은 엄청난 마케팅 비용을 들여 만든 메시지를 노출 효과가 큰 매체를 통해 반복적으로 소비자들을 자극하며 생각과 행동을 만들고 바꾸며 조종해왔다. 오랫동안 "소비자들은 합리적이지 않다"라고 믿어왔고 기업의 소통의 부족함을 말하기 전에 "소비자들은 많은 선택이 주어지면 오히려 결정을 못 내리고 쩔쩔맨다는 "선택의 역설"을 주장했다. 또한 소비자들이 진정으로 필요로 하는 가치보다는 제품과 서비스를 이미지로 포장하는 '포지셔닝'을 강조해왔다.

이것이 지금까지, 그리고 현재까지도 진행형인 대중마케팅의 모습이다. 그런데 대중매체의 영향력이 급격히 감소하고 있다. 더욱 중요한 것은 소비자는 이제 무엇을 보고, 읽고 들을 것인지 스스로 선택할 수 있는 막강한 힘을 갖게 되었다. 인터넷을 통해 필요한 동영상만을 찾아서 보고, 읽고 싶지 않은 메일이나 광고는 수신 거부 버튼을 눌러서 차단할 수 있을 뿐만 아니라, 의심스러운 전화번호는 수신 거부 정보를 공유하며 수신 거부를 권유한다. 무작위로 전화를 해서 소비자를 유인하던 텔레마케터가 더 이상 생존할 수 없는 환경으로 변한 것이다.

시장의 권력을 손아귀에 쥔 지금의 소비자들은 옛날의 순종적인 소비자들이 아니다. '인내의 저항선'을 뚫고 들어오는 기업의 무례한 광고에 대해서 소비자들은

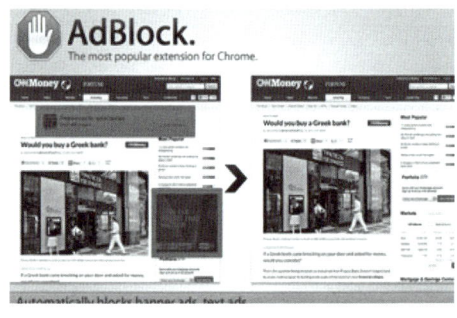

그림 2. 애드블록 홈페이지

금세 연합군이 되어 어떻게 '공동의 적'을 몰아낼지 의견을 주고받는다. 일상의 귀찮은 광고에 짜증난 소비자들은 아예 광고 차단 '애드블록 Adblock'이나 팝업광고 차단 프로그램 등을 설치하여 일방적이고 아무런 가치 없는 광고를 원천 봉쇄해 버린다.

마케팅의 아버지로 불리는 필립코틀러Philip Kotler는 그의 저서 '마케팅 3.0Marketing 3.0: Products to Customers to the Human Spirit'에서 지난 60년간 마케팅의 흐름을 '제품 중심의 마케팅 1.0과 소비자 중심의 마케팅 2.0'으로 정의하고 이제는 "가치와 네트워크에 의해 움직이는 '휴먼 스피릿Human Spirit'에 기반한 마케팅 3.0 시대"임을 알렸다.

위키피디아는 휴먼스피릿을 '인간의 철학, 심리 및 종교의 구성요소' 그리고 "지성과, 감성, 공포, 열정 및 창조성 등을 포함한다"고 정의한다. 이제까지 겉으로 드러나지 않았던 인간 내면의 잠재 욕구를 충족시켜야 하는 새로운 마케팅의 필요성을 얘기하고 있는 것이다. 더 나아가 심리적 불안감과 결핍을 느끼는 현대인들을 위로하는 가치 있는 마케팅을 요구하고 있는 것이다.

광고를 무시하고 차단해버리는 시장의 권력자로 등극한 소비자들로 인해 불과 몇 년 전까지만 해도 영향력을 행사해오던 신문, 잡지, 라디오는 그 영향력을 급속히 잃어가고 있다. 얼마 전 통화를 하게 된 어느 자동차 딜러 사장님의 말씀은 이러한 흐름을 단적으로 표현해 준다. "요즘도 정기적으로 신문에 광고 내세요?"라고 묻자, "응, 내고는 있는데, 반응이 통 없어." 나이가 드신 그 사장님은 아직 모르시나 보다. 이제 대중적인 마케팅은 위기에 빠져 있다는 것을.

아래의 도표는 2013년 말 한국디지털미디어산업협회가 발간한 내용으로써 라이프스타일에 맞게 특화된 IP TV와 인터넷만 광고비가 증가하고 있음을 알 수 있다.

<표 2> 최근 3년 간 매체별 광고비

(단위 : 억원, %)

구 분	매 체	광고비(억)			성장률(%)		구성비(%)	
		2011년	2012년	2013년(e)	2012년	2013년(e)	2012년	2013년(e)
방 송	지상파 TV	20,775	19,307	18,800	-7.1	-2.6	19.8	18.9
	라디오	2,604	2,358	2,430	-9.4	3.0	2.4	2.4
	케이블 TV(종편포함)	11,741	13,218	13,300	12.6	0.6	13.5	13.3
	IPTV	170	235	280	38.2	19.1	0.2	0.3
	스카이라이프	122	130	140	6.6	7.7	0.1	0.1
	DMB	267	168	150	-37.1	-10.7	0.2	0.2
	SO	664	655	650	-1.3	-0.8	0.7	0.7
	방송	36,343	36,072	35,750	-0.7	-0.9	36.9	35.9
인 쇄	신문	17,092	16,543	15,800	-3.2	-4.5	16.9	15.9
	잡지	5,236	5,076	4,800	-3.0	-5.4	5.2	4.8
	인쇄 계	22,328	21,620	20,600	-3.2	-4.7	22.1	20.7
인터넷	검색	12,440	12,950	13,650	4.1	5.4	13.3	13.7
	노출형	6,120	6,590	7,150	7.7	8.5	6.7	7.2
	인터넷 계	18,560	19,540	20,800	5.3	6.4	20.0	20.9

기존의 매체가 예전만 못하다는 것을 눈치챈 많은 기업들은 표적에 대한 전달이 확실하며, 즉시 전달할 수 있을 뿐만 아니라 대중매체에 비해서 훨씬 싸기까지 한 인터넷 시장으로 방향을 틀고 있다. 그러나 문제는 기존 대중 마케팅의 방식을 그대로 흉내 내고 있다는 것이다. 이러한 무가치하고 무례하며 불쾌한 마케팅을 반기는 진화한 소비자들은 없을 것이다. 오히려 무시되고 차단당하며, 그나마 유지하던 브랜드에 대한 이미지만 구겨질 것이다. 소비자의 변화를 모르는 대중 마케팅은 확실히 위기에 처해있다.

가치 마케팅의 출현 •••

대중매체의 영향력이 감소하고 모바일 시장이 급속도로 성장하는 마케팅환경에서 핸디캡 기업에게 가장 적절한 마케팅전략은 무엇인가? 무례하고 불쾌한 끼어들기 광고에 분노하기 시작한 소비자들에게 어떻게 핸디캡 기업마케터들은 접근해야 할 것인가?

P&G 마케터 출신으로 2004년 미국의 권위 있는 광고 전문잡지 '애드에이지Advertising Age'가 선정하는 세계 50대 마케터, 2010년 '아이미디어iMedia'가 선정하는 '인터넷마케터 및 혁신가'로 선정된 바 있으며 세계적인 마케팅 대행사 '브리지월드와이드Bridge Worldwide' 최고 마케팅 전략가 출신인 밥 길브레스Bob Gillbreath는 '마케팅, 가치에 집중하라'로 번역되어 국내에 출간된 그의 저서 'The Next Evolution of Marketing: Connect with your Customers by Marketing with Meaning'에서 의미 있는 마케팅으로 고객과 소통할 것을 요구한다.

의미 있는 마케팅meaningful marketing, 즉 가치 마케팅value marketing이란 '사람들이 가치를 인지하고 당신의 기업과 브랜드와 관계를 맺고자 찾아오는 마케팅'이자 '마케팅 자체로써 사람들의 삶에 가치를 더해주는 것'으로 정의한다.

덧붙여 가치 마케팅은 "프로보노 마케팅probono marketing(주: 원래 공익활동을 하는 변호사를 지칭했으나 현재는 자원 봉사하는 컨설턴트, 마케터들을 지칭하기도 한다)도 아니며 코즈마케팅causemarketing도 (주: 기업과 비영리단체가 제휴하여 벌이는 공익마케팅) 아니다"라고 정의한다. 가치 마케팅은 "마케팅 자체로서 가치를 제공해야 하고 동시에 매출에도 크게 기여하며 수익성 좋은 우량고객과의 장기간의 관계유지"를 목표로 해야 한다는 것이다.

그의 이러한 주장에 필자 또한 동의하지 않을 수 없다. 다만, 그가 제시한 많은 예 중에는 핸디캡 기업들이 실행하기 어려운, 비용과 시간 그리고 훈련된 전문가의 기획력이 필요한 것들이 많이 포함되어있다. 또한, 국내 유통업체나 가전업계에서 이미 하고 있는 마케팅 활동들, 예를 들어 대형마트나 가전 업체가 요리책을 만들어 고객에게 증정하는 것이나, 항공사들이 취항지 안내책자를 제공하는 것 등은 이미 오래되어 식상한 것이기도 하다.

미국의 신발 전문업체인 '자포스Zappos'는 구매고객이 원하면 구매일로부터 365일 이내에 반품을 받아준다. 그리고 일일 24시간 365일 고객센터를 운영한다. 그가 말하는 70%의 재구매율의 인에블러enabler인 셈이다. 그러나 "많은 소비자들의 구매패턴이 경직되어있어서 기존의 브랜드를 쉽게 바꾸지 않는 경향이 있다"라는 주장에는 쉽게 동의하기 어렵다.

나는 오랜 기간 관여도가 매우 높은 자동차 리테일retail시장에서 고객의 만족도와 충성도에 관련된 일을 직간접적으로 해왔지만 재구매율이 60% 이상인 브랜드는 흔치 않았음을 기억한다. 타성적으로 구매하는 충성스러운 소비자도 있겠지만 뭔가 더 기발하고 가치가 있는 상품이 출현하면 나비처럼 쉽게 떠나는 고객이 늘어나고 있는 것이다. 현재와 같이 정보탐색비용searching cost이 공짜나 다름없고 기술의 평준화로 브랜드전환비용switching cost이 미미해지면서 충성도가 높은 젊은 층의 소비자들을 유지하는 것이 점점 더 어려운 과제가 되어가고 있기 때문이다.

지난 2월 5일 발간된 책 '절대적 가치: (거의) 완벽한 정보의 시대에 고객들에게 진정으로 영향을 미치는 것 Absolute Value: What Really Influence Customers in the age of (Nearly) Perfect Information'은 소비자 구매행동에 관심이 있는 필자에게 새로운 인사이트를 제공했다. 스탠포드대 경영학과 교수인 이타마르 시몬슨Itamar Simonson과 'The Anatomy of Buzz'의 저자이자 베스트셀러 작가인 임마누엘 로젠Emanuel Rosen은 그들의 저서를 통해 마케팅 메시지의 상대적 가치보다는 절대적 가치를 평가하는 친구, 사랑하는 사람들과 심지어는 리뷰를 다는 소비자들이라고 주장하며 이들을 '인플루언스 믹스influence mix'의 한 축으로 소개했다.

시몬슨은 "소비자들의 구매의사 결정에 대한 생각과 마케팅은 바뀌지 않았는데, 소비자들의 구매행동이 엄청나게 바뀌었다"고 주장한다. 또한 브랜드와 충성도의 상관관계가 왜 깨지고 있는지 밝힌다. 그는 소비자들이 다른 사용자의 후기를 살피고, 전문가들의 평가를 쉽게 접할 수 있을 뿐만 아니라, 가격비교 사이트와 어플리케이션, 그리고 끊임없이 쏟아져 나오는 기술들이 모든 것을 바꾸고 있다고 한다.

그들이 말하는 'Influence Mix'란 소비자들의 구매결정에 영향을 미치는 3대 요소로써 선험적인 선호도와'Prior-preference'와 마케터의 정보Information from Marketers 그리고 타인과 타인들로부터 얻는 정보Other People/Other Information이다.

이 3개의 요소 중 어느 한쪽에 대한 의존도가 커지면 다른 두 요소는 비중이 작아지게 되는 제로섬 게임으로 보면 확실히 요즘 소비자들은 구매 전 사용자 후기나 전문가의 의견에 좀 더 의존하므로 기존의 경험을 통해 지각하고 있는 선호도와 마케터의 정보에 대한 의존도는 작아지게 된다는 것이다.

상당 부분 공감이 가는 주장이다. 스마트폰 전 국민 시대에 소비자는 살고 있다. 작년 한 해 동안 스마트폰소유자의 56%가 최소 1번 이상은 구매를 했고 온라인 시장은 가파르게 성장하고 있으니, 앞으로 더 많은 소비자들이 온라인으로 몰릴 것은 뻔한 이치다. 소비자들은 다수의 사람들이 웃으면 영문도 모르고 따라 웃고, 많은 사람들이 가는 곳으로 휩쓸려가는 '사회적 증거의 법칙'social proof을 따르기 때문이다.

세계정보기술을 리드하는 국내시장으로 눈을 돌려보면 세계적인 석학들과 전문가들의 예측은 이미 현실이 되어있음을 알 수 있다. 애플의 스마트폰이 출시되며 새로운 시장을 예고하던 2008년, 마케팅 전문가 김용섭과 월간 디자인의 수석 기자 출신 전은경은 공동 저서인 '시장권력의 소비자가 진화한다'라는 책을 통해 모바일시대 마케팅트렌드로 '네트워크의 확산'과 그에 따른 '초개인주의화'를 예측하면서 그에 맞는 마케팅을 주문했다.

우리가 매일 마주하는 세상은 도저히 따라잡을 수 없이 빠른 속도로 변화하고 있고 소비자들의 욕구 또한 종잡을 수 없이 바뀌고 있다. 확실한 것은 더 이상 기업이 아무 때나 불쑥불쑥 소비자들의 생활에 끼어들어 우리 상품을 봐달라고 들이대는 기존의 마케팅 방법은 더 이상 안 통한다는 것이다.

다시 말해, 이러한 시장환경하에서 핸디캡 기업들이 생존의 뿌리를 깊이 내리고 튼튼하게 성장할 수 있는 마케팅 방법은 마케팅 자체로써 소비자의 삶을 보다 가치 있게 하고 고객이 스스로 알아서 찾아오게 하는 의미 있는 '가치 마케팅'을 하여야 한다는 것이다. 이 장에서는 가치 마케팅의 기준, 기대효과 그리고 가치 마케팅의 전략을 엿볼 수 있는 사례를 살펴봄으로써 핸디캡 기업의 마케터들에게 새로운 인사이트를 제공하고자 한다.

••• 가치 마케팅의 기준

　다양한 분야에서 사용되고 있는 가치의 개념은 다르게 해석된다. 경제학에서의 가치는 상품이나 서비스의 대가로 지불하는 비용의 균형점이 연구의 대상이다. 윤리학적인 측면에서의 가치는 행동규범으로서의 중요성을 논하며 그 규범은 시대와 환경에 따라 변화한다. 또한 투자론에서 얘기하는 투자대상의 가치는 투하자본의 회수 가능성과 수익률의 잣대로 정의된다. 소비자들의 가치는 자신의 처한 처지에 따라 각양각색일 것이다.

　그렇다면 지금까지 다뤄온 마케팅에서의 가치는 무엇이었고 왜 다시 가치 마케팅을 거론하는가? 지금까지 마케팅의 가치는 어떤 상품이 있다는 것과 일방적으로 자사의 상품의 우수성에 대해서는 알렸으며 시간과 장소를 가리지 않았다. 대부분 소비자의 의사와 상관없이 쏟아져 들어온 한마디로 '공해'였다.

　가치 마케팅이란 적절한 시기와 장소에 적절하게 나타나 솔루션을 제공하는 마케팅이다. 또한 소비자들을 방해하는 대신 그들이 목표를 달성하는데 도움을 주는 마케팅이다. 그렇다면 이에 대한 핸디캡 기업의 가치 마케팅의 기준은 무엇이어야 하는가?

1. 고객이 원해서 찾아오는 마케팅이다.

가치 마케팅은 그 자체로서 가치가 있어야 한다. 소비자가 제품이나 서비스를 구매하든 그렇지 않든 그 마케팅을 통해서 독특한 경험을 하고 몰입하는 재미, 일상생활에 지친 스트레스를 날려 버릴 수 있는 유쾌함, 생각하지 못했던 유용한 정보를 제공하는 그 마케팅은 가치가 있을 뿐만 아니라 소비자가 스스로 찾아오고 관계를 맺으려 한다.

2. 사람들의 삶 자체를 향상시키는 마케팅이다.

나의 문제, 내가 속한 그룹의 문제, 더 나아가 모든 사람의 공통 문제를 해결하는 마케팅이어야 한다. 유용한 정보의 제공, 충성고객에 대한 흐뭇한 보상, 공짜 샘플의 제공, 문제를 해결할 수 있는 해법 등이 제공되는 마케팅이다.

3. 저렴해야 한다

핸디캡 기업은 자원의 한계로 인하여 낮은 비용으로 더 나은 가치를 제공하는 마케팅을 추구하여야 한다. 그 가치가 본원적인 상품의 기능이 될 수도 있고, 포장이 될 수도 있고, 디자인이될 수도 있으며 서비스가 될 수도 있다.

4. 쉬워야 한다

쉽게 실행할 수 없는 마케팅은 보다 많은 시간과 비용을 필요로 하기 때문에 필연적으로 예상치 못한 비용을 발생시킨다. 쉬운 마케팅은 고도화된 전문인력이 필요하지 않을 뿐만 아니라 또한 비용이 발생하지 않는다. 또한 절차가 복잡하거나 메시지가 복잡하여 소비자가 이해하기 어려우면 가치를 전달할 수 없기 때문이다.

5. 효과가 빨라야 한다

빠른 효과는 핸디캡 기업의 취약점 중의 하나인 현금흐름을 원활하게 할 수 있을 뿐만 아니라 구성원들의 자신감을 고취 시키는데도 중요하다. 또한 더욱 효과적이고 보다 높은 가치를 지닌 마케팅을 실행할 수 있는 추동력을 제공한다. 따라서 시간이 걸리는 마케팅보다는 단기간에 효과를 측정할 수 있는 마케팅이어야 한다.

가치 마케팅의 기대효과 •••

소비자들이 느끼는 기업의 마케팅 활동은 소비자를 직접 대상으로 하는 커뮤니케이션으로 느끼는 경우가 많다. 이벤트, 광고, 체험 등이 고객과의 커뮤니케이션을 증대하기 위한 활동이다. 이러한 커뮤니케이션에 가치가 결합하면 많은 긍정적인 효과가 발생한다.

1. 소비자는 교환적 관계에서 전환적 관계를 시작한다.

우리는 끈 전략에서 고객관계의 목표를 교환적 관계에서 전환적 관계로 바꾸는 것이라고 했다. 가치 있는 마케팅을 경험한 잠재 고객 또는 고객은 스스로 그 브랜드에 대해 더 관심을 갖게 되며 관계의 끈을 맺고 싶어 하며 기존 고객은 자긍심과 함께 충성심이 향상된다.

2. 브랜드에 대해 감성적으로 몰입한다.

관심이 있는 사람에게는 본인의 감정을 솔직하게 드러내는 것과 마찬가지로 가치 있는 마케팅에 대해서 소비자는 관여를 하고 참여를 하며 자신의 감정을 표현하기 시작한다.

3. 입소문을 적극적으로 전파한다

가치 있는 마케팅에 대해 소비자들은 스스로 기업의 홍보대사 역할을 한다. 또한 기업이 실수를 하더라고 너그럽게 이해하고자 하며 옹호한다.

4. 브랜드이미지와 충성도가 향상된다.

해결책의 제시, 독특한 광고, 공동체의 문제를 해결하기 위한 노력, 보상정책 등은 기업에 대한 이미지를 제고하고 고객과의 장기적 관계를 가능케 한다.

5. 빠른 재무 성과가 나타난다.

저비용 고효율의 가치 마케팅 전략은 단기간 내 매출액 상승으로 이어져 높은 수준의 재무성과를 달성하게 한다.

마케팅의 시작은 인간의 욕구를 파악하고 이 욕구를 충족시키기 위한 제품이나 서비스를 채우기 위한 체계적인 활동이라고 할 수 있다. 따라서 인간의 욕구단계에 따른 핸디캡 기업의 전개할 수 있는 가치 마케팅의 전략과 사례를 살펴보도록 한다.

■ 나의 문제를 해결해 달라

느낌은 더하고 고민은 빼고.

마케팅의 시작은 고객에 대한 이해로부터 시작된다. 기업은 이미 관계의 끈을 맺고 있는 기존 고객이나 또는 가망고객이 기업으로부터 기대하는 것이 무엇인지 이해하고 제공하여야 한다. 그렇기 때문에 모든 사람들이 공통적으로 느끼는 인간의 생리적인 욕구와 안전 욕구를 해결하겠다는 기업이 무수히 많은 것이다.

그림 3. 몽구스 밥버거 앞에서 대기중인 학생들

인간의 욕구에 소구 appeal, 訴求하는 시장의 크기가 무한한 것은 대단한 기회이지만 핸디캡 기업들에게는 자칫 위험천만한 시장이기도 하다. 다행히 소비자의 욕구가 세분화되면서 자기만의 컬러가 분명한 핸디캡 기업의 생존 기회는 훨씬 커지고 있다. 비슷비슷한 경쟁자들 사이에서도 성공을 질주하는 기업들은 어떻게 다른지 살펴보도록 하자.

햄버거는 비만에 대한 우려에도 불구하고 어린이들이 가장 좋아하는 음식 중 하나이다. 주문대기 시간이 짧고 맛이 뛰어나기 때문이다. 부드러운 빵 사이에 낀 고기패티patty, 미각을 사로잡는 소스, 여기에 찰떡궁합인 콜라, 감자튀김까지 어우러지면 판타스틱한 맛이 된다.

그러나 중고등 학생들의 가장 큰 현실적인 문제는 높은 가격과 비만에 대한 걱정이다. 또래의 학생들 사이에서 뚱뚱하다는 것은 죄악이고 죄악은 처벌을 받는다. 왕따가 되기 십상이라는 말이다. 영양과 맛, 그리고 비만 걱정을 한꺼번에 잡으면서 한끼를 배부르게, 그리고 가볍게 제공할 수 있는 먹거리가 없을까?

이런 고민의 산물이 '밥버거'다. 혈액을 탁하게 한다는 밀가루 빵 대신 높이가 낮은 밥공기 두 개에 밥을 채워 만든 번bun 사이로 고기와 야채를 채워 넣으면 '햄버거 모양으로 생긴 주먹밥'이 탄생한다. 모양은 분명 햄버거이지만 주먹밥이라니 들어주자.

2009년 노점으로 시작한 '봉구스밥버거'는 2011년 11월 1호점을 오픈한지 채 2년도 되지 않은 2013년 10월 600호점을 오픈했다. 봉구스 밥버거의 타깃은 입맛과 가격에 매우 민감한 학생들이다. 밥버거 1,500원, 제육버거 2,000원대로 햄버거 세트의 1/3수준에 불과하다. 배고픈 어린 시절을 경험한 봉구스 밥버거 사장의 아픈 경험에서 우러나온 해결책이 소비자들에게 먹힌 것이다. 다만 다른 점이 있다면 오봉구 사장은 먹을 것이 없어서 고민이었다면 요즘 청소년들은 너무 먹을 것이 많아서 고민한다는 것이다.

소비자들의 반응은 호의적이다. '김밥 한 줄보다 낫고, 도시락 전문점의 도시락보다는 싸다'고 평가한다. 밥을 먹으려면 비싸기도 하지만 주문하고 기다리는 번거로움이 이들에게는 참기 어려운 것이었는데 밥버거는 편리하다. 그렇지만, 역시 길들여진 빵의 냄새와 고기 패티, 콜라와 프렌치프라이의 맛을 아직까지 따라가지는 못하는 것 같다. 풀어야 할 숙제이고 진입장벽이 낮은 것도 위협적이지만 가치 마케팅은 소비자의 문제를 해결해 주면서 뛰어난 성과를 창출해야 한다는 측면에서 좋은 사례이다.

■ 우리의 문제를 해결해 달라

돼지코야 반갑다

스마트폰은 이제 일상생활에서 없어서는 안 될 필수품이 되었다. 전화하고, 음악을 듣고, 쇼핑하는 등 모든 것을 가능케 하는 알라딘의 마법램프속 지니다. 이렇게 일상생활의 네비게이터 역할을 하다 보니 잠시도 핸드폰에서 눈을 떼지 못한다. 자연히 배터리 소모 속도가 빨라진다. 행

그림 4. 삼성역 위메프의 스탠드에 설치된 전기 콘센트

여나 여유분의 배터리를 챙기는 것을 잊으면, 하루 종일 좌불안석이 된다.

그럼에도 불구하고 어쩌다 배터리가 완전히 소모되고 쉽게 충전할 수 없으면 미아 신세가 된다. 모든 전화번호는 핸드폰에 저장되어 있어 다른 사람의 전화를 빌린다한들 무용지물이다. 커피숍에 가서 충전을

부탁하더라도 몇 개 없는 충전기 때문에 시간은 없는데 대기해야만 한다. 이런 상황을 한번쯤 경험했을 것이다.

최근 오픈한 삼성역 근처의 "W" 커피숍은 이러한 고객들의 상황을 잘 읽은 듯하다. 기존의 커피숍의 평면적인 구성을 마치 원형의 콜로세움을 연상시키는 스탠드석으로 했다. 공연을 즐기면서 음료도 마실 수 있는 공간의 컨셉이다. 그런데 필자의 눈을 사로잡은 것은 다름 아닌 일정한 간격으로 박혀있는 일명 '돼지코' 전기 콘센트. 커피를 마시든 안 마시든 누구라도 쉽게 충전할 수 있게 된 것이다.

이렇다면 커피 한잔 안 마셔줄 수 없을 것 같다. 여유로운 마음으로 충전을 시키며 책을 읽거나 또는 아래 테이블이 치워지는 날이면 밴드의 음악을 즐길 수도 있게 한 이곳은 착한 가격의 커피와 고객의 문제를 해결하기 위한 작은 배려에 사람들이 몰리는 것은 어쩌면 당연한 일이다.

■ 공짜 선물과 보상은 언제나 가치가 있다

공짜선물, 너무 감사합니다

지금은 너무나 당연한 듯 쓰고 있는 국내 인터넷의 역사는 1995년 천리안이 인터넷 서비스를 시작하면서부터이다. 나도 무료로 배포하던 천리안으로 프로그램을 설치하고 전화기의 선을 빼내 PC에 연결한 후 DOS화면에서 명령어를 입력하여 겨우 인터넷 세상으로 '가출'했던 기억이 있다.

천리안, 심마니, 하이텔 등 프로그램은 무료였지만 사용시간에 따라 전화비가 발생하고 월정액을 지불해야 했기 때문에 마음 편하게 사용할 수 있는 상황이 아니었다. 1996년까지 유료로 사용되던 인터넷과 웹 메일은 1997년 마이크로소프트의 익스체인지Exchange로 인터넷이 활성화되면서 최초의 무료 웹 메일인 '핫메일'Hot mail이 등장했다. 국내에서도 얼마 지나지 않은 그해 5월, 다음 커뮤니케이션은 국내 최초로 무료 웹 메일인 '한메일'을 오픈했다.

'평생무료메일, 한메일넷'의 캐치프레이즈로 계정을 만들 기회를 주는 한메일에 가입하지 않을 사람은 없었다. '평생 동안 메일을 공짜로 보내고 받을 수 있다니!' 대부분의 사람들은 부랴부랴 한메일 계정을 만들고 지인들과 동창들에게 전화하면서 '공짜소식'을 퍼날랐다.

'무료메일'의 효과는 어땠을까? 오픈 1년 7개월 만에 100만 명 돌파, 3년 만에 2,000만 명 이상이 자발적으로 한메일의 계정을 갖게 되었다. 2014년 4월말 현재 3,800만 명의 회원과 1일 8억 3천만 페이지뷰를 기록하는 국내 정상의 포탈업체로 성장했다. 지금도 내가 다음넷을 홈페이지로 설정하고 애용하고 있는 것은 '공짜선물'에 대한 나름의 보답이다.

■ 무료샘플, 저요! 저요!

화장품을 사용하는 최초 소비 연령층은 누구일까? '쌩얼'의 고등학생이나 대학 초년생을 기억한다면 아마도 당신은 40대 중반 이상은 되었을 것이다. 뷰티 상품의 최초 소비층은 이제 초등학생까지 확대되었다. 이에 따라 수많은 중저가 화장품 로드숍들이 프랜차이즈 형태로 우후죽순처럼 나타났다 사라지고 있다. 이런 가운데서도 고연령층의 화장품 '설화수'와 대척점에 있는, 즉 가장 나이 어린 연령대를 위한 화장품으로 인식되고 있는 'E브랜드'는 매월 무료 샘플 행사를 통해 꾸준히 잠재고객을 가망고객으로 전환시킨다. 이들을 고객으로 확보하고 평생 고객으로 유지할 수 있다면? 굳이 쌀집 계산기를 두드리지 않더라도 생애주기가치가 엄청나다.

그렇다면 초등학생을 비롯한 20대의 관심을 끌 수 있는 방법은 무엇일까? 가격에 민감한 학생들에게 무료샘플만큼 좋은 선물은 없다.

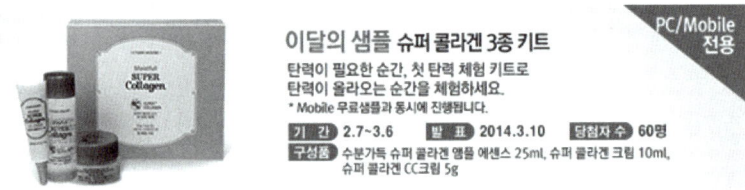

그림 5. 무료샘플 행사 광고

지난 2월 새로 시작된 무료 샘플 60개 증정 행사에는 '저요, 저요' 손을 들며 메일을 보낸 샘플요청자가 쇄도해 10일도 채 지나지도 않아 2,100명에 달했다. 역시 공짜 선물은 시장에 진입하는 가장 좋은 수단이다. 단, 사용하는 사람이 감사할 수 있을만한 가치가 있어야 소비자와 브랜드간에 좋은 관계가 형성될 수 있다. 'E브랜드'는 단, 60개의 무료샘플 증정 이벤트로 적어도 확실한 가망고객 6,000명 이상을 확보하고 장기간의 관계를 유지할 수 있는 끈을 갖게 된 것이다.

대기업에서도 무료샘플행사를 많이 하는 이유는 샘플을 사용하는 사람으로부터 확실한 피드백을 받을 수 있을 뿐만 아니라 추후 연락하여 고객으로 전환할 수 있는 가망고객 정보를 획득할 수 있기 때문이다. 또한 '무료샘플' 행사를 알리는 그들의 빠른 입소문도 기대할 수 있는 것이다. 이러한 무료샘플은 서비스에서도 쉽게 발견할 수 있다. 마트에 가면 무료시식, 명절 때 고궁 무료입장, 한 달간 무료강의 청취 등등. 미국 맨하튼에 있는 뉴욕 현대미술관Museum of Modern Art은 매주 금요일 오후 4시부터 8시까지 입장료를 받지 않는다. 주말 저녁에 이용자가 많지 않은 것도 이유이지만, $25에 달하는 입장료를 내지 않고 볼 수 있는 기회를 제공함으로써 고객 베이스를 넓히기 위한 가치 마케팅 방법이기도 하다. 보여준다고 닳아지는 것은 아니니 인심도 얻고 현대미술 가망고객을 늘리기도 하는 것이다.

■ 마일리지 프로그램 때문에…

내가 F사에서 근무할 때는 종종 디트로이트 본사를 방문해야 했다. 국내 항공사를 이용하는 경우, LA에서 갈아타는 불편함도 있었지만 서비스가 별로인 노스웨스트를 주로 이용했던 배경에는 사실 다른 이유가 또 있었다. 디트로이트를 왕복하면 가까운 동남아시아를 다녀올 수 있는 마일리지 프로그램이 있었기 때문이다. 그 이후, 아시아지역을 담당하게 되면서 출장이 잦아졌는데 마일리지프로그램이나 기타 보상 프로그램은 필자의 항공사를 선택하는 데 있어서 중요한 기준이 되었다.

기업에게 있어서 마일리지 프로그램은 고객의 이탈을 방지고, 월릿셰어wallet share를 높여 매출액을 높이는데 효과적이다. 더불어, 고객의 소비패턴을 정확히 알고 그에 맞는 상품을 제안할 수 있는 부가적인 이득도 있다. 예를 들어, '음원' 샵에서 노래를 몇 곡 다운로드 하면, 금세 취향을 파악하고 그 장르의 다른 신곡을 추천한다. 책을 구매하기 위해 아마존닷컴을 방문하여 원하는 책을 검색하면 그 책을 구매한 사람들이 다른 어떤 책을 또 구매했는지 보여주어 구매 동기를 은근히 자극한다. 마치 "다른 사람은 이런 책도 봤는데?"라는 듯이 말이다.

필자의 지갑 속에는 3개의 신용카드가 있다. 가장 많이 사용하는 카드는 전체사용금액의 80% 이상을 차지하고 가장 사용빈도가 낮은 것은 5%에도 미치지 않는다. 그렇다면 사용빈도가 가장 많은 카드의 가치가 다른 카드에 비해 월등히 높아서일까? 그렇지 않다. 최초 사용 당시 결제 절차가 간편해서 사용하다 보니, 사용할 수 있는 포인트가 쌓이고, 사용빈도가 증가하니 부가 서비스가 늘어나서 굳이 다른 카드를 사용하면서까지 이미 확보한 혜택을 포기하고 싶지 않을 뿐인 것이다.

고객의 충성도를 높이고 브랜드 이미지도 향상시킬 수 있는 로열티프로그램에 대해 핸디캡 기업들은 좀 더 익숙해질 필요가 있다. 1990년대 초 고객만족 경영이 도입되면서 당시 "고객은 왕이다" "고객은 언제나 옳다"라는 말이 아무런 거부감 없이 쓰였었다. 우리보다 선진 기술을 가지고 있었던 미국에서 이미 시작하였고 성과를 거두고 있었기 때문에 경험이 부족한 국내 기업으로서는 열심히 배우고 따르는 것이 최선의 방법이었기 때문이다. 그렇다면 지금도 고객은 모두 왕이고 언제나 옳을까? 당연히 그렇지 않다는 것을 여러분은 이미 알 것이다.

언제나 가장 싼 가격의 제품과 서비스만을 좇는 체리피커cherry picker가 있는가 하면 사소한 품질문제를 트집 잡아 금전적인 보상을 요구하고 여러 브랜드들을 옮겨 다니며 행패에 가까운 억지로 금전적인 보상을 받아내는 요주의 '블랙커스터머'들이 존재한다. 이런 고객들은 기업의 이익을 갉아먹기도 하지만 직원들에게 마음의 상처를 입히고 아예 회사를 떠나게 하기도 한다. 따라서 보상프로그램은 불량고객을 분리하기 위한 방법으로도 사용될 수 있다.

그렇다면, 효과적인 보상프로그램은 어떤 모습이어야 하는가? 유지비용보다 공헌 이익이 높은 초우량 및 우량고객 중심으로 설계되어야 한다. 그러나 기업의 입장에서 비용지출이 과도한 프로그램이 되어서는 곤란하다. 보상 프로그램은 이해하기 쉽고 참여하기 쉬워야 한다.

보상을 해야 하는 충성스런 고객이지만 사용하기 어렵다면 배신감마저 들것이기 때문이다. 이런 면에서 이용하기 쉽지 않은 국내 항공사의 마일리지 이용은 불만족스럽다. 또한 자주 이용할 수 있도록 보상 상품을 설계하여야 한다. 예를 들면, 커피 쿠폰, 영화관람권, 식사할인권 등 쉽게 사용할 수 있는 것 등이다.

■ 고객을 도와라

내 이럴 줄 알았지

우리는 가끔씩 원래의 용도와는 달리 쓰이는 것들을 집안 구석구석에서 발견하고는 한다. 이것도 용도의 재해석이라면 그렇다고도 할 수 있다. 나는 몇 년 전에 실내용 자전거를 구입했다. 겨울철에는 아무래도 밖에 나가서 운동하기가 쉽지 않으니 거실에 두고 TV를 보면서 운동을 하면 좋겠다는 그럴듯한 자기 합리화를 하면서 말이다. 그런데 한 달도 지나지 않아 실내 자전거는 옷을 보관하는 작은 방으로 옮겨지고 양쪽 손잡이에는 하나둘씩 옷걸이가 걸리기 시작했다.

손잡이가 둥글고 약간 구부러져 있어 생각보다 많이 걸린다. 아예 실내 자전거를 만들 때 이런 용도를 염두에 두고 만들었나 하는 생각이 들 정도다. "내 이럴 줄 알았지" 집사람의 돌직구다. 결국 몇십만 원짜리 고가의 옷걸이를 사놓은 꼴이 되었으니 핀잔을 들어도 할 말이 없다. "어떻게 운동을 하는지 설명도 좀 해주고, 가끔씩 전화라도 해서 확인해주면 좋으련만…." 다시는 실내 운동기구는 사지 말아야지라는 다짐과 함께 그 브랜드는 내 기억에서 사라졌다.

자신들의 상품과 서비스를 잘 이용할 수 있도록 돕는 것은 고객들과 기업 자신을 위해서도 필요한 일이다. 이를 잘 실천하고 있는 기업들의 사례를 통해, 어떻게 고객들이 제품과 서비스를 보다 더 잘 이해하고 올바로 사용할 수 있도록 하는지 아는 것은 핸디캡 기업에게 있어서 매우 유용한 일이라 할 수 있다.

신혼부부에게 있어서 가장 큰 관심사는 사랑의 결실인 자녀를 갖는 일이다. 그러나 출산 경험이 없는 예비 맘들은 사전 지식이나 경험이 없기 때문에 임신 후 출산까지의 태교와 산전/산후 관리 및 영 유아에 대한 수유가 공통적인 관심사이다.

유가공업체인 M유업은 국내 최초로 1975년부터 임산부를 위한 예비 엄마교실을 운영해왔으며, 현재도 년간 300회가 넘는 행사를 진행하고 있다. 이 외에도 국내 최초로 '육아 포털 사이트' 개설, '모유수유마라톤', 국내 유일의 '유아식 생산공장 견학' 등, 임산부 및 육아 지원활동을 적극적으로 펼치고 있다. 2012년부터는 올바른 태교를 목적으로 예비 맘을 대상으로 한 '베이비샤워' 행사도 년 2회씩 실시하고 있는데, 유력한 가망고객인 예비엄마들에게 좋은 교육의 기회와 함께 무료샘플을 제공함으로써 장기적 동반자 관계의 끈을 맺는 것이다. 이와 유사하게 고객을 돕는 방법이 많이 등장하고 있는데 모 대형마트는 정기적으로 요리책을 만들어 배포하는데 금세 동난다. 또한, 오래전부터 국내의 대표적인 항공사들은 취항하는 지역의 지도와 꼼꼼한 현지사정과 유용한 정보를 책자로 만들어 배포해 요긴하게 쓰고는 했다.

■ **고객에게는 추적의 본능이 있다**

기약 없는 시간은 더 길다

온라인쇼핑 빈도가 늘어나면서 주문한 상품을 수령하면 평가를 요청하는 메일을 받는다. 쉽게 별 다섯 개 중 몇 개를 클릭하여 회신할 수도 있지만 사진과 함께 평가를 하고 긴 상품 평을 올리면 보너스 포인트도 쌓이기 때문에 많은 사람들이 구체적인 평가를 올린다.

평가항목은 제품과 서비스품질로 나뉜다. 제품의 품질이야 가격과 관련이 있다라고 생각하기 때문에 크게 속았다고 생각하지 않는 한, 불만의 폭이 크기 어렵다. 남은 서비스 품질의 평가의 핵심은 배송의 빠르기이다. 대개 평일 기준으로 주문 후 이틀이면 도착하기 때문에 이틀이 넘어도 도착하지 않는 상품에 대해서는 반나절 단위로 마음속에 곱표가 늘어난다.

다시 한 번 마이 페이지에 들어가서 주문한 상품의 배송정보를 확인한다. 이미 배송이 되고도 남았을 시간이 흘렀는데도 도착하지도 않고, 그렇다고 입점 회사에 전화를 해도 받지도 않는다. 급기야 오픈마켓을 운영하는 회사의 콜센터에 전화를 걸어 항의를 했다. 잠시 뒤에 콜센터로부터 전화가 왔다. 입점 기업에게는 페널티를 주겠으니, 주문을 취소하란다. 취소하는 것 또한 쉽지 않아서 편의점에서 사온 물건으로 임시변통을 하기로 했다.

다음날 상품이 도착해서 사용은 했지만, 이런 경우를 당해본 사람은 다시는 그 브랜드의 상품을 구매하지 않을 것이다. 배송 예정시간이 있으나 마나 한 것이다. 가치 마케팅이란 고객에게 보다 나은 편익을 제공하는 것이다. 언제 오는지 알 수 있고 신뢰가 쌓였다면 고객은 마음 편히 다른 일을 볼 수 있다. 소비자들에게 새로운 가치를 제공하는 것이다.

자동차를 운전하는 소비자들 중 많은 분들은 보험사나 자동차 회사에서 제공하는 '24시간 긴급출동서비스'를 한 번쯤은 이용해 본 경험이 있을 것이다. 아침 출근을 하려고 하는데 갑자기 시동이 걸리지 않아 급하게 콜센터로 전화를 하면 잠시 뒤에 긴급출동 서비스 기사로부터 전화가 온다. 곧 도착할 것이라는 것이다. 하지만 20분, 30분이 지나도 오지 않을 뿐 아니라 소식도 없다면 당신은 약속 시간에 늦을까 봐 벌써 초조해지기 시작한다.

기약이 없는 시간은 훨씬 더 길게 느껴진다는 것을 우리는 경험으로 알고 있다. 그래서 공공기관이나 웬만한 병원, 은행 등에서는 번호표를 마련해놓고 있잖은가? 요즘 많은 서비스 업체에서는 서비스 중간 중간에 상황을 알려주고 있다. 서비스완료시간, 또는 주문 상품이 도착까지 얼마나 남았는지 SMS로 알려주는 것이다. "피자 언제 와요?" "주문한 상품 언제 도착해요?"라는 문의가 온다면 당신은 고객들에게 얼마나 기다려야 하는지를 알 수 있도록 하는 방법을 강구하여야 한다.

모든 고객들은 일단 구매를 결정하고 나면 제품이나 서비스는 신속하게 제공 받고 싶어한다. 기업의 입장에서는 당연히 약속한 상품을 빨리 제공해야 하지만, 무리하게 약속을 하고 지키지 못한다면 평소보다 훨씬 빨리 상품이나 서비스를 제공하였다 하더라도 우호적인 평가를 받기는 어려울 것이다. 자신의 프로세스를 정확히 이해하고 지킬 수 있는 시간을 약속하며 반드시 지키도록 노력하여야 한다.

■ 재미와 독특한 광고는 자체가 가치

고것 참, 희한하네

기발한 아이디어를 통해 소비자에게 새로운 즐거움과 호기심을 제공하고 관심을 얻는 것은 또 다른 형태의 가치 마케팅이다. 이 마트의 QR코드를 이용한 '써니세일캠페인'은 이러한 점에서 소비자들에게 재미를 줄 뿐만 아니라 스스로 참여케 하는 가치 마케팅의 좋은 사례이다.

그림 6. 써니 세일 캠페인

2012년 당시 141개 체인점을 운영 중이던 국내 최대 할인점 이마트의 매출 그래프에는 특이점이 있었다. 매장 오픈 시간 이후, 꾸준히 상승하던 곡선이 12시부터 오후 1시까지의 점심시간에 급락하는 것이었다. "점심시간이니까"로 치부하면 당연하게 넘길 수도 있었겠지만 마케팅팀은 점심시간 동안 매출을 끌어 올릴 수 있는 방안을 모색하기 시작했다.

아이디어 도출 과정을 통해 선정된 '이마트써니세일' 프로젝트는 도심의 많은 사람들에게 즐거운 경험을 제공하는 동시에 매출을 올리는 것이 목적이었다. 단, 짧은 점심시간에만 경험할 수 있는 것이어야 한다는 단서가 달렸다. 이렇게 하여 탄생한 것이 '3차원 그림자 QR코드'를 이용한 "Shadow QR Code 캠페인"이다.

먼저, 넓은 판 위에 사각형의 막대를 세워 만든 3차원 QR코드를 만들었다. 그리고는 야외에 설치하여 12시부터 1시 사이 태양이 특정 고도에 이르게 되면 정확한 QR코드를 만들어 낼 수 있도록 하였다. 완벽해진 QR코드를 스캔하면 자동적으로 '써니세일' 홈페이지에 저장이 되고 쿠폰을 받거나 경매에 참여할 수 있는 등 다양한 혜택을 제공하는 것이 프로그램의 내용이었다.

이 구조물은 유동인구가 많은 강남, 명동 등 13개소에 최초 설치되었고 나중에는 36개로 늘어났다. 처음 보는 신기한 구조물에 많은 사람들이 호기심과 관심을 나타내고 참여했음은 물론이고 신문과 TV등 의 미디어에 노출되면서 효과가 확대 재생산되었다.

그 결과, 한 달간 12,000장의 쿠폰이 나갔으며 2월 회원등록은 전월대비 58%가 늘어났다. 또한, 점심시간의 매출은 25%나 증가 했고 동시에 사람들에게 즐거움을 제공한 가치있는 마케팅이었다.

■ 같이 다녀야 하는 이유

감동을 주는 광고, 깨달음을 주는 광고는 그 자체로서 가치가 있다. 직접적으로 상품이나 서비스의 장점을 소비자들에게 주입하려는 시도는 점점 먹히지 않고 있다. 제품이나 서비스의 차이를 아무리 힘주어 강조해도 그 판단은 소비자가 하기 때문이다. 인터넷을 뒤지고 친구에게 물어가면서 말이다. 따라서 요즈음 광고에는 인간의 감성을 자극하는 감동 스토리들이 많이 등장한다. 가슴 찡한 감동이나 탄성이 저절로 나오는 감탄은 입에서 입을 통해 그리고 SNS를 통해 여러 사람들에게 쉽게 전달되기 때문이다.

콘서트나, 야구경기, 또는 평소에도 "대중교통을 이용합시다." 캠페인을 많이 들어봤을 것이다. 그러나 덜컹거리는 버스, 짐짝처럼 사정없이 떠밀리는 지하철 등 불편함이 먼저 연상되면서 "대중교통을 이용해야겠다"라고 공감한 적은 별로 없을 것이다. 공공 교통이 쾌적하고 편리하다는 전제 아래 이런 광고를 접한다면 어떨까?

그림 7. De Lijn의 버스 광고

짧은 여름의 푸른 북극바다. 모처럼 따뜻한 날씨에 일광욕을 즐기며 한 무리의 펭귄이 유빙 위에 옹기종기 모여 여행을 떠난다. 그때 다가오는 타이거상어 한마리. 큰일이다. 북극곰이라면 물속으로라도 피할 수도 있지만 타이거상어라면 어림도 없다.

얼음 위의 펭귄 무리를 향해 범상어는 빠르게 돌진하고 목표물에 가까워지자 무시무시한 이빨을 드러낸다. 이제 펭귄들은 영락없이 범상어의 제물이 될 판이다. 일촉즉발! 펭귄들은 다급하게 회의를 하고 얼음의 반대편으로 모두 모인다.

그러자 유빙은 시소가 되어 쑤-욱 올라가며 다가오는 범상어를 막아선다. 무서운 속도로 돌진하는 상어는 두꺼운 얼음에 받혀 나가떨어지고 다시, 중앙에 모인 펭귄들은 깔깔대며 여행을 계속한다. 그때, "그룹으로 여행하는 것이 보다 현명합니다"라는 여성의 나지막한 내레이션이 깔리고 경쾌한 휘파람이 흘러나오면서 빈 화면에 "버스를 타세요"라는 자막이 뜬다.

이어지는 또 다른 장면. 이번에는 한 무리의 일개미들이 줄지어 먹거리를 나르고 있다. 그런데 줄의 마지막에 있던 개미 한 마리가 허둥대고 있는 것이 아닌가. 그 뒤로 모래바람이 인다. "도와줘!" 다급한 목소리에 돌아보니 긴 주둥이의 개미핥기가 개미를 빨아들이고 있는 것이다. 이 광경을 지켜보던 병정개미가 휘파람 신호를 보내자 순식간에 개미들이 모여 주먹만한 덩어리가 되어 개미핥기의 주둥이로 빨려든다. 주둥이가 막힌 개미핥기는 혼절해 버리고 개미들은 희희낙락이다. 이때 다시 "그룹으로 여행하는 것이 훨씬 현명합니다" "버스를 타세요"라는 자막이 나타난다.

이 광고는 벨기에 플레미쉬Flemish의 공영 운송회사 라인LIJN의 자회사 라인컴LIJNCOM에서 제작한 것으로 라인컴은 13명의 구성원이 4,000대에 이르는 자동차와 300여 채의 가옥의 가용 면적과 공간을 이용해 광고를 하는 작은 회사다. 평소 대중교통을 이용하지 않았던 소비자라도 이 광고를 보았다면 당연히 어느 LIJN이 어느 회사인지 찾아보고 "한번 타 봐야지" 하는 마음이 들었을 것이다.

■ 자신을 알려라

블렌텍의 이유 있는 한방

핸디캡 기업의 전형적인 가치 마케팅 사례로 첫손가락에 꼽히는 회사는 아마 미국의 '블렌텍Blendtec' 사의 유트브를 이용한 믹서기 광고일 것이다. 블랜텍은 1999년 설립된 회사로 설립 7년이 지난 2006년에도 연 매출이 4억 원에 불과한 별 볼일 없는 회사였다.

새로 마케팅 임원으로 블렌텍에 합류한 조지 라이트George Wright는 사장 톰 디킨슨Tom Dickinson과 R&D팀이 제품의 강도를 테스트하기 위해 목재 합판을 믹서기에 넣고 반복해서 가는 것을 보게 된다. 여기에서 아이디어를 얻은 라이트는 디킨슨을 설득해 동영상을 제작하기로 하고 100불도 채 안 되는 돈으로 블렌딩 할 물건들을 사서 믹서기에 넣고 동영상을 촬영하기 시작한다.

그는 동영상을 시리즈로 제작하여 186회 유튜브에 올렸다. 동영상에 대한 반응은 폭발적이었다. 블랜텍의 매출은 7배로 뛰어올랐고 유튜브 구독자는 20만 명을 넘어섰다. 이후, Today Show, Tonight Show, The History Channel, WSJ 등 많은 매체에 소개되며 일약 스타기업이 된다. 소비자들에게 놀라운 제품을 소개함으로써 소비자들의 문제를 해결해 줌과 동시에 핸디캡 기업의 가치 마케팅의 핵심 요소인 적은 비용, 쉬운 실행, 빠른 효과 면에서 교훈을 주는 사례라 할 수 있다.

그러나 마케팅이나 광고가 아무리 기발하고 재미가 있다고 하더라도 자신을 알리는데 실패하였다면 그 마케팅을 실패한 마케팅이다. 2013년 중소기업 모바일 광고대상 최우수상을 수상한 불스원Bullsone의 와

이퍼 광고(https://www.youtube.com/watch?v=96tpl_BBfBl)를 보면서 나는 어떤 기업의 광고인지 모르고 자칫 지나칠 뻔했다. 회사이름이 맨 마지막에 딱 한 번 나오는데, 광고의 내용이 모호하고 어떤 기업의 광고인지 종 잡을 수 없어서 도중에 동영상을 중지하려고 했다는 이야기다. 노골적으로 드러내기보다는 블랜텍과 같이 자사의 상품의 로고가 살짝 비치는 와이퍼가 움직일 때마다 깨끗이 닦인다는 광고였더라면 하는 아쉬움이 남는다.

■ 스스로 찾아오는 마케팅

나에게 좀 팔아주면 안 되겠니

가치 마케팅이란 소비자가 스스로 찾아오는 마케팅이라고 했다. 여기에 그 사례가 있다.

Kay Lee는 한국에서 대학을 졸업한 후 미국의 유명 패션스쿨인 '파슨 디자인스쿨'Parson School of Design을 마친다. 보조 디자이너를 거쳐 패션디자이너로 본격적인 활동을 시작하지만 고임금의 동양 디자이너가 젊은 미국디자이너들과 경쟁한다는 것은 여간 스트레스받는 일이 아니었다. 그녀는 자신만의 부띠크boutique를 운영하기로 결심한다.

"1999년 브룩클린Brooklyn에서 첫 번째 가게를 시작했어요. 유행에 민감한 젊은이들과 예술가들이 윌리엄스버그Williamsburg에 살고 있었지요. 제가 그곳에 가게를 처음 연 이유는 임대료가 적당했고 맨하튼만큼 샵이 포화상태가 아니었기 때문이었습니다. 하지만 가게가 브룩클린에 있었기 때문에 디자이너들을 섭외하는데 어려움을 겪었지요. 저는 3년

안에 새로운 가게를 열겠다고 스스로에게 다짐했고, 그 꿈은 실현되었습니다."

그녀는 유행에 민감한 젊은이와 젊은 예술가들을 목표로 하는 소비자들을 정했고 경쟁이 덜 심한 곳에서 창업했다. 3년 후인 2002년, 이번에는 웨스트 빌리지West Village의 중심부, 그러나 그곳에서도 역시 가장 싼 곳에 두 번째 가게를 낸다. 많은 매체가 관심을 갖고 다뤄준 덕분에 유명인사들이 찾게 된다. 그리고 2006년 온라인을 개설한 이후 많은 디자이너들이 자신들의 상품을 공급하기 원했다.
"저는 소매상들이 모두 온라인 상점으로 변해가고 있으며 그것이 미래의 사업이 될 것이라는 것을 깨달았습니다. 그래서 2009년 1월, 우리 회사의 온라인사업을 재단장했습니다. 현재 온라인 사업은 정말 잘 되고 있고 우리 가게를 알고 나면 'OTTE'에 무슨 일이 일어나고 있는지 계속 알기를 원합니다". 트렌드를 잘 읽었을 뿐만 아니라 살짝 앞서 나가면 빠르게 변신을 했다.

그런데 어떻게 유명 디자이너들이 가게에 옷을 공급할 수 있도록 했을까? 궁금하지 않을 수 없다.

그림 8. Kay Lee의 OTTE 매장 전경

"저는 여러 브랜드들을 다룹니다. 디자이너들은 제 가게들의 위치에 따라 물건을 줄지 말지를 결정하지요. 그들은 물품공급에 있어 매우 엄격합니다. 디자이너들에게 접촉하기 전, 반드시 상점 컨셉을 가지고 있어야만 합니다. 앞에서 사업이란 자신의 영혼에 관한 것이라는 이야기를 했습니다. 저는 보통여자이므로, 프라다Prada, 발렌시아가Balenciaga, 발망Balman, 마르니Marni, 릭 오웬스Rick Owens 등의 명품을 감당할 수 없습니다. 저는 그보다 가격은 낮지만 그런 디자인에 가까운 제품들을 원합니다. 하지만 패션잡지에서 막 튀어나온 듯한 디자인은 안되고, 너무 트렌디해서도 안되지요. 이것이 제 고객들이 원하는 것이고 또한 저 자신이 원하는 것이기도 합니다."

그녀의 포지션은 명확했다. 소수를 위한 컨셉을 갖는다는 것은 다수를 포기한다는 말이다. 그 대신, 나의 컨셉을 따르는 고객들은 확실히 잡기로 한 것이다be SUCCESS, 2011년 5월 17일.

"경쟁 관계에 있는 상점이나 닮고 싶은 상점에 관한 시장조사를 하십시오. 다른 상점들을 베끼라는 얘기가 아닙니다. 그런 상점들이 잘 나가는 이유를 생각해보고, 어떤 브랜드가 입점해있는지 등을 확인해보십시오." 핸디캡 기업들이 가치 마케팅을 하기 위한 첫 번째 해야 할 일은 자기 자신과 고객에 대한 포지션이다. 내가 가지고 있는 경쟁우위를 따져서 표적시장을 하나, 둘 선정하는 것이 아니라, 핸디캡 기업이 가지고 있는 역량을 기준으로 시장과 고객을 선정해야 한다는 것이다.

이 인터뷰의 주인공은 뉴욕에서 여성 의류매장을 운영하는 CEO로 2011년 당시 연 매출 47억 원을 달성한 Kay Lee이다. 자신만의 매장을 갖고 싶어 독립하여 크게 성공한 케이스로 자신을 먼저 포지션 했다. 즉, 자신이 임차료를 감당할 수 있는 매장에서 시작하였고, 자신이 취급할 의류를 소비할 수 있는 고객들을 타깃으로 삼았다. 자신이 목표로 삼은 고객들이 기대하는 것을 정확히 전달하였음은 물론이다.

■ 제 밴드에 좀 들어오면 안 될까요

1인 창조기업 또는 핸디캡 기업이라고 해서, 마케팅 방법이 없는 것은 아니다. 당신은 그저 당신이 제일 잘하는 것을 보여주고, 소비자들이 보고 경험하게 할 수 있으면 되는 것이다.

'국제가수' 싸이가 탄생하기 전에 이미 유튜브 1억 조회를 달성한 세계적인 아티스트가 있다. 그의 유튜브 구독자는 2014년 3월 현재 무려 254만 명이 넘는다.

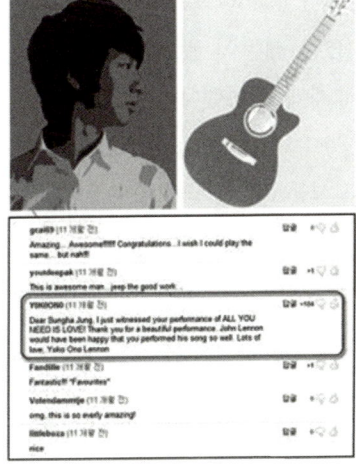

그림 9. 정성하와 오노 요코의 댓글

음악이나 기타를 좋아하지 않는 사람이라고 할지라도 10살의 어린 소년이 커다란 기타를 끌어안고 귀에 익은 '미션임파서블'Mission Impossible 배경 음악을 귀신같은 솜씨로 연주를 하면 탄성이 절로 난다. 그는 기타 천재로 불리는 정성하다.

피아노를 배우던 그는 기타를 치는 아버지를 보고 동영상과 기타 반주음악을 들으며 독학한 지 3년 만인 10살 때, 유튜브에 연주 동영상을 올렸다. 세계인들은 즉각적으로 반응하고 곧 열광했다. 12살이던 2008년, 한 공중파 TV의 '스타킹'에 출연하여 반주와 멜로디를 동시에 연주하는 '핑거스타일' 연주로 그를 몰랐던 시청자들을 경악하게 했다. 1996년생이니 아직도 18세의 고등학교 학생이지만 유튜브에 한 곡의 기타 연주가 올라가면 매번 수백만에서 수천만 뷰가 기록되는 그는 유튜브의 황제다.

존 레논의 미망인인 오노 요코^{Ono Yoko}는 비틀즈의 명곡 'All you need is love'를 정성하 유튜브를 통해 보면서 "이렇게 연주하는 모습을 존 레논이 봤으면 참 좋아했을걸"이라는 댓글로 정성하의 특출함을 세계에 증명했다. 작년 6월 내한한 미국의 팝스타 제이슨 므라즈^{Jason Mraz}는 자신의 밴드에 영입하고 싶다는 의사를 밝히는 등, 세계적인 뮤지션들로부터 러브콜을 받고 있는 정성하, 제2의 정성하는 당신일 수 있다.

■ 서울이 아니라, 안산이라고?

새 학기가 되면 붐비는 곳 중의 하나가 사진관이다. 초·중·고등학교를 졸업하는 학생들은 상급학교 진학을 위해 증명사진을 찍어야 하고 대학을 졸업한 학생들은 취업을 위해 사진을 찍어야 하기 때문이다.

대학 입학을 앞둔 딸아이가 얼마 전에 친구들과 함께 찍은 사진을 보여준다. 청바지와 흰 블라우스를 입고 찍은 사진인데, 마치 어느 잡지에서 본 것 같은 포즈와 구도 그리고 색감이 예사롭지 않다. 물론 얼굴도 실제보다 예쁘게 나왔다. "야! 사진 잘 나왔다. 어디서 찍었는데?"라고 묻자 딸아이는 신나서 가르쳐 준다.

한번 가서 찍어봐야지 하고 있던 참에 드디어 들렀다. 10평 남짓한 사진관인데 인테리어는 별것 없다. 그곳에서 찍은 사진들을 쭉 진열해 놓았을 뿐이다. 반명함판 사진을 찍겠다고 하자 카운터를 지키고 있던 사진사로 보이는 아가씨는 선불 15,000원을 내란다. 순서를 기다려 사진을 찍고 마음에 드는 것을 고른 다음 30분을 기다리자 사진이 나왔다. 훨씬 젊어 보이고 약간 비뚤어졌던 넥타이도 바로 잡혀있다. 푸석한 피부에도 윤기가 돈다.

내가 살고 있는 이곳 안산의 학생들 사이에 유명한 사진관이 있다. 이곳 스튜디오에는 사진을 찍기 위해 기다리는 학생, 여럿이 와서 사진을 찍은 후 돈을 걷는 학생들로 매일마다 '바글바글'하다. 심지어 서울에서 원정오는 학생들까지 있다. "서울에서 제대로 찍은 사진이 진짜 이상해서" 소문을 듣고 안산까지 내려와 사진을 찍는단다. 여러 컷의 사진을 찍은 후 가장 마음에 드는 것을 고를 수 있고 거기다 특수 보정에 사진을 받은 후 스튜디오에서 운영하는 카페에 가입하고 사진 봉투에 쓰여있는 고유번호를 입력하면 두고두고 쓸 수 있는 이미지파일도 받을 수 있으니 멀리서도 오는 것이다.

사진관을 운영하는 두 명의 여사장은 대학에서 사진을 전공한 젊은 사진사들로 졸업 후 안산중앙역에서 조금 떨어진 상가 1층에 조그만 사진관을 2년 전에 냈다. 그 들은 요즘 학생들은 티 나는 포토샵 보다는 자연스러우면서도 예쁘고 멋있는 사진을 원하는 것을 잘 알고 있었다. 그래서 그런지 진열된 사진 속의 주인공은 모두 피부 미인이었다. 게다가 카페에 가입하면 이미지파일을 보내줌으로써 자연스럽게 카페를 활성화 시킬 뿐만 아니라, 자연스럽게 고객정보를 확보할 수 있었던 것이다.

■ 보다 더 나은 세상의 약속

연 매출 2조 원 포기

2002년 민영화된 KT&G의 전신은 한국 담배인삼공사다. 담배인삼공사는 백해무익이라는 담배와 영약이라는 인삼을 독점 판매해 왔다. 그래서 우스갯소리로 '병 주고 약 주는 곳'이라고 했다. 국가에서 국민의 건강을 지키기 위해 엄청난 혈세를 쏟아 부으며 있으면서 또 한편으로는 한국인 사망의 3대 질병인 암, 뇌혈관, 심혈관 질환의 주범으로 지목되는 담배를 판매했다는 것은 아이러니가 아닐 수 없다.

그런데 일개 민간기업이 엄청난 기득권을 포기하는 선언을 했다. 담뱃가게가 영원히 담배를 팔지 않겠다고 한 것이다. 무려 2조 원에 달하는 매출 손실을 감수하면서 말이다. 이 소식은 미국 사회에 신선한 충격을 던졌다. 금년 2월 5일 미국의 주요 뉴스 채널에서는 매출 기준 미국 2위의 소매점 체인인 CVS Caremark의 약국 체인 CVS/Pharmacy는 연간 약 2조 원에 달하는 담배류의 판매를 금년 10월 1일까지 전면 중단하겠다는 내용의 발표를 톱뉴스로 전했다.

그림 10. 편의점 업체가 더 이상 담배를 판매하지 않겠다는 포스터

CVS/Pharmacy는 미국 내 소매점 7,600개를 거느린 미 최대 규모

의 약을 파는 소매점 체인이다. 민간기업이 매출 2조 원을 포기하다니. 상상하기 어려운 이야기다. CEO인 래리 멀로Larry Merlo는 그 이유에 대해 "우리 회사와 고객들에게 옳은 일이기 때문"이라고 아주 쉽게 얘기한다. 부연하여 담배를 판매한다는 것이 "보다 건강한 삶을 돕는다." helping people on their path to better health는 회사의 이념에 부합하지 않는다고 한다.

그 대신, 그는 "성장하고 있는 헬스케어사업부인 CVS/Caremark의 26,000여 명의 간호사와 약사를 통한 헬스케어서비스를 강화하려 한다"고 밝혔다. 덧붙여, 금연을 원하는 사람들을 위해서 봄부터 대규모의 금연 프로그램을 실시하겠다고 선언했다. 버락오바마 대통령, 미국공중보건협회 American Public Health Association, 미국임연구협회American Association of Cancer Research 등으로부터 찬사가 쏟아졌음은 물론이다.

고개가 끄덕여지지 않은가? 이곳이 제공하는 헬스케어서비스를 국내에서도 받을 수 있다면 손을 들고 싶을 정도다. 이들은 매출을 희생해서 고객들의 문제를 해결하기 위해 '역사적인' 결단을 내린 것이다.

■ 가치 마케팅을 넘어, 위대함의 단계로

오늘도 '우리강산 푸르게 푸르게'

가치 마케팅을 하는 핸디캡 기업의 마케팅목표는 가치 마케팅을 뛰어 넘어 공익을 실현하는 위대함의 단계로 가는 것이다. 공익을 실현하기 위한 진정어린 노력은 소비자로부터 신뢰와 존경을 받게 되고 기업의 브랜드 가치는 자연스럽게 상승된다. 그러나 공익 실현을 위한 노력이 잠깐으로 끝나서는 위대함의 단계로 도약할 수 없다.

사람들은 "어쩌다 한 번 하는 것이겠지?" 하는 당연한 의심을 하기 때문이다. 그러나 처음의 한 번이 꾸준히 반복되고 이어지면서 의심은 믿음으로, 믿음은 확신으로 변한다. 또한 소비자들이 제품과 서비스를 구매를 하지 않더라도 차별 없는 혜택을 제공해야 한다. 물과 공기를 대가 없이 누리듯이 말이다. 공익을 위한 변함없는 노력은 기업의 문화가 되고 사람들은 공익의 아이콘으로 기업을 기억할 것이다.

한국 소비자 평가연구원에 따르면 유한 킴벌리는 2013년 말 유한양행, 삼성전자, 포스코 등 총 7사와 함께 10년 연속 한국에서 가장 존경받는 기업으로 선정되었다.(주: 평가항목은 직원가치, 고객가치, 사회가치, 이미지가치 총 6개 세부항목이다)

이미 많은 소비자들이 알고 있는 바와 같이 유한킴벌리는 1984년부터 나무를 심고 숲을 가꾸는 일을 시작했다. '우리강산 푸르게 푸르게'로 잘 알려진 캠페인을 통해 30년간 국내는 물론 몽골 등 인접 국가의 숲 복원 운동을 위해 약 1,800만 그루의 나무를 심고 가꾸어 오는 등, 다양한 생태환경 보존 활동을 지속적으로 펼치고 있다. 이와 같은 지속적인 노력의 덕분으로 정부, NGO, 시민 등 다양한 이해 관계자와 파트너십이 구축되고 캠페인이 확산되면서 더 많은 사람들이 환경의 중요성에 대해 인식하고 그 혜택을 모든 사람들이 나눌 수 있게 된 것이다.

■ 기네스북에 오른 사랑의 김장 나누기

 겨울철이 되면 가난하고 소외된 사람들은 더욱 춥고 쓸쓸하다는 것은 누구나 잘 알고 있다. 그러나 선뜻 나서서 도움을 베풀기란 쉬운 일이 아니다. 그래서 어려운 이웃을 위한 야쿠르트 아줌마들의 '사랑의 김장 나누기축제'는 이야기를 전해 듣는 사람들의 마음을 더욱 훈훈하게 해준다.

 한 야쿠르트 아줌마의 이웃과 김치 나누기로 시작된 한국야쿠르트의 '사랑의 김장나누기 축제'는 2001년 부산에서 시작되었다. 3년간 지방에서 내연하던 '사랑의 김장나누기축제'의 불씨는 2004년부터 수도권 및 전국으로 확산된다.

 작년 2013년 11월 13일 서울광장에서는 근 3천 명에 가까운 사랑의 김장 나누기 축제 참가자들이 하트모양의 대열로 모였다. 야쿠르트아줌마들을 비롯한 봉사단체, 청와대, 각국 대사 부인들이 참여한 '사랑의 김장나누기축제'의 모습은 그 자체로 장관이자 감동이 아닐 수 없었다.

 재료비만 10억 원, 무와 배추를 자르는데 사용되고 무뎌져 버려지는 식칼만 300자루, 절인 배추를 옮기는데 사용되는 트럭만 11대였다니 실로 어마어마한 규모다.

 이와 같이 공동의 선이나 이익을 위해 오랜 기간 꾸준한 활동을 하면 자발적인 참여자가 늘어날 뿐만 아니라 기업의 구성원들은 자긍심을 느끼게 되고 소비자들은 좋은 이미지의 기업으로 기억하게 된다. 또한, 신문이나 TV 등의 대중 매체에 노출됨으로써 무상의 홍보 효과까지 얻게 되는 것은 덤이다.

■ 년 48시간의 의무 봉사가 기업문화

나눔과 봉사활동은 대기업의 전유물이 아니다. 현대해운의 사례는 핸디캡 기업들도 가치 마케팅을 넘어 위대한 마케팅을 전개할 수 있음을 잘 보여주고 있다. 이 기업 대표의 나눔 활동을 살펴보면서 나는 이 기업이 봉사단체인지 영리를 추구하는 기업인지 분간이 안 될 지경이었다. 심지어 CEO가 다른 뜻을 품고 있지는 않은지 의심이 될 정도였다. 그러나 자료를 더 수집하면서, "나눔 운동은 중독성이 있다"라는 조명현 대표의 인터뷰 기사를 보고 이분은 확실히 봉사하고 나누는 것이 생활화 되어있구나"라는 생각을 하게 되었다.

사실 '현대해운'이라는 상호만 들으면 현대그룹사의 일원이 아닌가라는 생각할 수도 있다. 더군다나 계동의 현대그룹 사옥에 입주해 있으니 오해를 사기에 충분하다. 그러나 현대해운은 현대그룹과는 전혀 상관이 없는 회사로, 1999년 설립되어 해외 이삿짐을 전문으로 하는 포워딩 업체로 탄탄하게 입지를 다져온 15년 차 중소기업이다.

현대해운의 나눔 활동 시작은 2004년으로 거슬러 올라간다. '아름다운가게'와의 나눔 행사가 그 시작으로 지금까지 계속 이어져 오고 있으니 이 회사의 나눔의 역사는 벌써 10년이 넘었다. 다양한 활동 중 하나가 해외 한국학교에 도서를 기증하는 것이다.

"안녕하세요. 저는 모스크바 한국학교에 다니는 4학년 최바나바입니다. 몇 달 전 선생님께서 조만간 재미있는 책들이 3,500여 권이나 온다는 소식을 알려주

셨을 때 너무 기뻤답니다(중략). 모스크바에서 가장 귀한 선물은 책입니다. 읽고 싶은 책이 있어도 구할 수 없기 때문입니다(중략). 책 속에서 새로운 지식과 정보를 하나씩 익히면서 훌륭한 사람이 되겠습니다."(한국경제 매거진 2007년 8월 13일)

모스크바 한국학교 학생들이 수천 권의 책을 받고 학생을 대표하여 감사의 인터뷰를 한 내용으로 책을 받았을 때 어린 학생들이 얼마나 좋아했을지 쉽게 상상할 수 있다. 현대해운과 아름다운가게의 프로젝트는 작년 연말에도 '아름다운 나눔 보따리' 행사로 계속되었다.

현대해운의 경영방침의 하나는 '공영일류화, 사회공헌실천'이다. 조명현 대표의 남다른 나눔 활동을 이해할 수 있는 대목이다. 그는 회사의 경영방침을 몸소 충실히 실천하고 있었던 것이다. 사례를 조사하면서 나는 어떻게 '아름다운가게'와 파트너가 되었을까라는 궁금증이 생겼다. 알고 보니 그럴만한 이유가 있었다. 아름다운가게는 내게는 필요 없지만 다른 누구에게는 쓸모가 있는 물건을 기증받아, 판매 수익금을 소외계층 등을 위해 사용하는 비영리단체이다.

현대해운은 이삿짐 전문업체로 해외로 이민이나 이주하는 고객이 못 가지고 가는 물품을 수거해 아름다운가게에 기부할 수 있었던 것이다. 회사의 환경에 맞는 범위 내에서 최선의 나눔 활동방법을 찾은 것이다.

경영방침에 걸맞게 회사의 직원들 또한 나눔 활동에 있어서 예외가 될 수는 없다. 전 직원들은 의무적으로 년간 최소 48시간씩 사회봉사활동을 해야 한다. 봉사활동을 위해서라면 유급휴가를 사용할 수도 있다. 대표 자신이 봉사와 나눔 활동을 통해 얻었던 뿌듯함과 기쁜 감정을 종업원들과 공유하고 싶었을 것이라는 생각이 든다. 봉사활동을 안 해본 사람은 그 기분을 모르기 때문이다.

그런데 이쯤에서 또 한 번 궁금해지는 것이 경영 실적이다. 먼저 2011년부터 2013년까지 3년 연속 한국소비자만족지수 1위 수상이 눈에 띈다. 그것도 압도적인 점수 차이로 말이다. 2002년부터 2004년까지 3년 연속 서비스 대상도 수상했다. 서울시와 대한상공회의소가 선정하는 '일하기 좋은 기업 100選'에도 들었다. 그렇다면 시장 점유율은 얼마나 될까? 2012년 9월 현재 해외 운송, 국제택배업계의 점유율은 무려 75%로 압도적인 선두를 유지하고 있다.

요약

 마케팅의 시작은 인간의 욕구를 충족시키기 위한 일련의 과정이라고 해도 그리 틀린 말은 아닐 것이다. 생리적 욕구, 안전에 대한 욕구, 사회적 욕구들 말이다. 그러나 소비자들의 욕구는 시대와 환경에 따라서 변하는 동태적 성격을 띠고 있다. 단순히 배만 부르기 위해 먹거리가 필요하던 시대는 지났다. 단순히 몸을 가리고 추위와 더위로부터 보호하기 위한 패션의 시대는 갔다는 말이다. 가격의 결정에 소비자가 참여하고 당신의 메시지를 볼 것인지 아니면 무시해 버릴 것인지의 선택권도 소비자의 손에 달려있다.

 지금까지 소비자의 욕구, 욕망을 충족시키기 위한 활동이 마케팅이었다면 이제는 '가치'를 충족시켜야 한다. 가치 마케팅 전략은 나의 문제를 스마트하게 해결해주는 것이라고 했다. 봉구스의 밥버거가 그렇고 공공을 위한 'W'카페의 전기 콘센트가 그렇다. 공짜 샘플은 언제나 가장 강력한 마케팅 수단이다. 특히, 그것을 간절히 필요하지만 아직은 구매력이 없는 사람들에게는 더욱 그렇다.

 가치 마케팅은 또한 수익성 높은 고객과 장기적인 관계를 유지하기 위한 보상 프로그램일 수도 있고 고객들이 제대로 상품과 서비스를 이용할 수 있도록 그들을 적극적으로 돕는 것이다. 이렇게 함으로써 당신 제품과 서비스의 가치를 높일 수 있다. 가치 마케팅이란 무례하게 소비자에게 들이대는 마케팅이 아니라 소비자 스스로 필요해서 찾아오는 마케팅이어야 한다. 자신에 대한 포지션을 먼저하고 그에 맞는 고객들을 찾은 Kay Lee는 무엇을 먼저 해야 하는지의 답을 제시한다. 블렌텍의 "갈 수 있을까요" Will it blend 동영상 광고는 싸야 하고, 쉬워야 하며, 효과가 빨라야 한다는 가치 마케팅의 전형을 보여준다.

한편의 코미디보다 재미있거나 신기하며 또는 감동적인 광고는 가치 있는 마케팅이다. 당신의 제품을 사든 그렇지 않든 보는 사람들에게 새로운 경험을 제공하기 때문이다. 그런 면에서 이마트의 "써니 QR"코드나 벨기에 라인컴Lijncom사의 'Take a bus' 광고는 탁월하다.

가치 마케팅을 뛰어넘어 위대한 마케팅으로 발전시키는 것 또한 생각보다 어렵지 않다. 바로 당신 기업이 잘할 수 있는 것 또는 연관되는 것으로부터 시작하면 된다. 나무를 많이 사용하는 업체가 나무심기 운동에 앞장서고, 운송업체가 책을 배송해주고, 이주민들이 남긴 쓸만한 물건을 모아 기증하며 힘든 일이지만 담배를 파는 상점이 담배 파는 것을 중지하는 것 등이다. 그러나 위대한 마케팅이 되기 위해서는 꾸준히 지속하여야 한다. 동시에 훌륭한 경영성과도 이끌어내야 성공적인 가치 마케팅이자 위대한 마케팅이라 할 수 있을 것이다.

자료출처

그림 1. 스마트폰캡쳐

그림 2. https://chrome.google.com/webstore/detail/adblock/gighmmpiobklfepjocnamgkkbiglidom

그림 3. 직접촬영

그림 4. 직접촬영

그림 5. http://etudehouse.co.kr/event.do?method=list

그림 6. http://www.youtube.com/watch?v=EvlJfUySmY0

그림 7. https://www.youtube.com/watch?v=yQJZUHm0Hxo 캡처사진

그림 8. http://betech.asia/2011/05/17

그림 9. www.sunghajung.com

그림10. www.cvscaremark.com

참고문헌

김용래 (2008), "소비자가과연합리적구매할까", 연합뉴스, 2008년 7월 22일 http://www.yonhapnews.co.kr/economy/2008/07/22/0325000000AKR20080722076300009.HTML

봉구스 밥버거 (2014), "회사소개", http://bong.15440835.com/sub/bongousse.php, http://jayson.tistory.com/1522

써니세일 QR 이벤트 (2013), https://www.youtube.com/watch?v=EvlJfUySmY0

송창섭 (2007), "사회봉사는 희생아닌 기업에너지", 한국경제매거진, 2007년 8월 http://magazine.hankyung.com/money/apps/news?popup=0&nid=11&nkey=20070813000027000612&mode=sub_view

유신재 (2013), "한야쿠르트 아줌마의 온정이 서울광장을 6만포기 김치 밭으로", 한겨레뉴스, 2013s년 11월 13일http://www.hani.co.kr/arti/economy/economy_general/611034.html

임민정 (2013), "예비엄마라서행복해요" 매일유업 '앱솔루트베이비샤워', 우먼데일리, 2013년 6월 12일 http://www.womandaily.co.kr/news/articleView.html?idxno=8497

장정빈 (2009), "리마커블서비스", 올림, pp. 93~95

전자신문미디어온라인뉴스팀 (2011), "해외이사 · 국제택배 전문기업 현대해운, 아름다운가게와 함께 따뜻한 나눔", etnews.com, 2011년 11월 28일 http://www.etnews.com/201111280166

besuccess (2011), "Koreans Women's clothing stores 4.7 billion from the successful sales in New York-CEO, Kay Lee" 2011년 5월 17일 http://betech.asia/2011/05/17/koreans-womens-clothing-stores-4-7-billion-from-the-successful-sales-in-new-york-ceo-kay-lee/

De Lijn (2014), "History"
http://www.delijn.be/over/geschiedenis/index.htm

Gillbreath, Bob (2009), "마케팅, 가치에 집중하라" 구세희옮김, 비즈니스맵, pp. 95~222
Simonson, Itamar andImmanuel Rosen (2014), "Absolute Value: What Really Influences Customers in the age of (Nearly) Perfec

소상공인의 마케팅
핸디캡 메치기
핸디캡 마케팅

Chapter_ **3**

리마커블 전략

비범함으로 핸디캡을 메쳐라

••• 역발상 전략
Reverse Thinking Strategy

■ **임원들의 역적모의로 회사를 살리다.**

회의실은 커다란 바위가 짓누르고 있는 것 같은 무거움이 흐르고 있었다.

회의실에는 중년이 조금 지난 듯 보이는 남자 일곱 명이 앉아 있다. 문틈으로 한 사람이 보인다. 포마드를 발라 반듯하게 넘긴 머리, 감청색 실크 자켓에 단정하게 배색된 와이셔츠와 물방울무늬 보우 타이, 손에 들려진 몽블랑 만년필, 그리고 팔목에는 까르띠에Cartier의 발롱블루Balloon Blue가 소매 사이에 얼핏 보인다. 다른 사람들의 차림새도 그에 못지 않다. 모두가 범상치 않은 사람들인 것 같다. 그런데 이들은 서로의 눈치만 보고 있는 것 같았다.

이때, 정적을 깨고 회의실의 프렌치 도어가 열렸다. 비즈니스 정장 차림의 한 여자가 그들 앞으로 나섰다. 그리고 그들에게 나직한 목소리로 한 마디를 던진다.

■ "이 회사를 죽여 보세요 Kill the Company."

그러자, 이게 웬일인가? 신기하게도 무거운 침묵은 사라지고 일곱 명의 신사들은 열띤 토론을 벌이는 것이 아닌가? 정말, 자신들의 회사를 죽이는데 신명이 난 사람들 같았다. 그 자리에 모인 사람들은 자신들의 회사를 죽이는데 이렇게도 많은 아이디어가 있다는 것에 대해 그저 놀랄 뿐이다. 그날 회사 죽이기는 대성공이었다. 한 시간도 안돼서 그들의 회사는 파산을 하고 만 것이다.

이 이야기는 퓨처싱크라는 경영교육 회사의 글로벌 기업 임원 트레이닝의 한 장면을 묘사한 것이다. 핸디캡 기업으로 출발한 퓨처싱크는 '킬 더 컴퍼니 Kill the Company'라는 '경영혁신 프로그램' 하나로 세계 최고의 경영 트레이닝 회사가 되었고, 지금은 전 세계 20개국이 넘는 곳에서 활동하고 있다. '킬 더 컴퍼니' 트레이닝은 죽어야 산다는 역발상에서 출발했다. 퓨처싱크의 CEO 리사바델 Lisa Bodell의 말을 들어보자(황미리, 2012).

"대기업이건 중소기업이건 모두 우리에게 트레이닝 의뢰를 할 때 항상 "우리에게 혁신이 무엇인지 알려주세요"라고 말한다. 정말 재미있는 것은 대기업이면 대기업일수록 임원들만을 위한 트레이닝을 하기도 하는데, 기업들은 큰돈을 우리에게 주면서 "우선 임원들에게 혁신을 가르쳐 달라"라고 주문한다. 트레이너들은 그들 나름대로 혁신 툴을 만들어서 임원들을 가르치러 간다."

"문제는 그렇게 했을 때 정말 우스운 일이 일어난다는 사실이다. 혁신에서 'ㅎ'자만 발음해도 임원들은 비웃는 입술 모양을 하고는 뒷짐을 진 채 먼 산만 바라본다. 임원들이 원해서 시작한 트레이닝임에도 불구하고 아무도 적극적으로 나서지 않는 것이다. 그런데 '현재 회사에 불만이 무엇인가'를 묻는 순간, 순식간에 분위기가 달라진다. 처음에는 조금 머뭇거리는가 싶더니 곧 서로 불만을 토로하기에 바쁘다."

"이를 '킬 더 컴퍼니'라 칭하자 그 반응은 더욱 타올랐다. 당신은 지금부터 현 기업의 강적인 경쟁사 임원이라고 생각해 봅시다. 당신이 알고 있는 모든 지식을 동원해서 지금 이 기업을 망가뜨리기 위한 전략을 짜봅시다'라고 하는 것이다. 내부 정보를 알고 있는 사람으로서 현재 기업을 망가뜨리기란 의외로 쉬운 일이기 때문이다. 회사를 정말 죽이자는 의도가 아니다. 잘못된 점들은 부숴버리고 불필요한 상황들을 없애자는 의견인 것이다."

"윤회 개념처럼 죽어야만 새로 태어날 수 있기 때문이다. 정말 재미있는 것은 회사를 죽이고 나면 오히려 혁신적인 아이디어들이 샘솟는다. 무(無)에서 새로운 유(有)를 탄생시키는 것은 유에서 더욱 새로운 유를 만들어내는 것보다 훨씬 수월하기 때문이다. 거기서 얻을 수 있는 죽여야 할 사항들을 기업에서 받아들이고 죽이느냐는 각 기업에 달려 있다."

그림 1. 킬 더 컴퍼니 (2013)

보델은 "혁신을 하겠다고 혁신을 주창하는 것에서 시작하지 말고 회사를 죽이는 데서 시작하라"고 강조하는 것이다. "회사를 죽이고 다시 소생시키고 윤회하면서 영감을 얻으면 항상 새로운 기업으로 남을 수 있다"고 하면서 다음과 같은 역발상 기법을 설명했다.

우선, '포스트잇'을 참석자들에게 나눠 준다. 그다음엔 화이트보드로 가서 X축은 영향력이 낮음에서 출발해서 높음으로 표시하고 Y축의 양극단은 변화 가능성의 높고 낮음을 표시한다.

그리고는 사람들에게 "자신들의 불만사항이 과연 회사 입장에서 또는 조직 문화에서 빠른 변화가 실현 가능한지 그렇지 않은지를 측정해 포스트잇에 적어서 화이트보드에 붙여넣을 것을 요구한다. 이렇게 하면, 어떤 변화들이 최소한의 시간 안에 가능한지 한눈에 볼 수 있게 된다.

화이트보드를 가득 메운 포스트잇을 통해 사람들은 자신들의 불만사항을 객관적인 입장에서 볼 수 있는 눈을 가질 수 있다. 남의 의견도 덩달아 보면서 분석할 수 있다. 이를 기업 차원에서 분석하면 X축은 '비즈니스에 미치는 영향'이 되고 Y축은 '일어날 가능성'이 되는 것이다. 이렇게 체계적으로 회사를 죽이면 한눈에 여러 의견들을 관찰하고 개선 방안을 찾아 나갈 수 있게 되는 것이다.

■ 4천 년도 더 된 신묘한 전략

"사람들이 모두 옳다고 하는 길과 다른 데로 가는 길에 해답이 있다."
"反者道之動"

노자老子의 도덕경道德經에 나오는 이야기다. "거꾸로 가는 것이야말로 진정한 도道의 운동성이라"고 하는 것이다. 지금 말로 바꾸면 "남들과 반대로 가라!", "거꾸로 가는 것이 성공의 지름길이다"라는 의미이다. 노자는 때로는 험한 길, 돌아가는 길을 선택하는 것이 옳은 결정이라 했다. 전술적으로는 돌아가거나 험한 길이 힘든 길이겠지만, 전략적으로 볼 때 이 길이 더 빠른 길일 수 있다는 것이다.

노자의 도덕경에서 말한 "모든 사람들이 옳다고 하는 길"을 요즘 용어로 하면 '트렌드'다. 사실, 성공의 법칙을 '트렌드'에서 찾는 사람들이 많다. '트렌드'에 뒤쳐져서는 결코 성공할 수가 없다고 한다. 그런데 진정으로 성공하는 사람들을 보면 이 '트렌드'를 반 발짝 정도 앞서거나, 약간 벗어난 사람들이다. 즉, 다른 길로 간 사람들이란 것이다.

싸이의 성공은 노자의 전략으로 설명될 수 있다. 강남스타일로 국제적 가수가 되기 전, 싸이는 '트렌드'는 커녕 비호감 가수였다. 그는 잘생기지도 않았고, 그의 음악은 주류 음악도 아니었다. 그런데 어느 날 그는 세상을 비웃듯 정말 기발한 노래와 춤을 발표했다. 춤은 그 당시 주류인 K-Pop 스타들의 멋진 춤하고는 달랐다. 막춤에 가까웠다. 노래도 싸이스러웠다. 가사와 리듬에는 장난기가 가득했다. 노자의 말을 인용하면, 싸이의 노래는 "사람들이 옳다고 하는 길"이 아니었다. 당시 '트렌드'에는 근처에도 못 갔다. 그런데도, 신기한 것은 '강남스타일'에는 묘한 중독성이 있었다. 뮤직 비디오를 한 번 보고나니 그의 춤이 또 보고 싶었고, 그의 노래가 또 듣고 싶었다. 그건 필자만의 느낌이 아니었다. 전 세계인들이 그랬다.

그러나 역발상은 무작정 남들과 반대로 하는 것은 아니다. 유영만 (2013)은 역발상에 대해 "식상함에 시비를 걸어 몰상식한 발상을 즐기고, 정상을 정복하기 위해 비정상적으로 접근하며, 합리적 사고에 문제를 제기하며 비합리적 사고를 즐기는 과정이며, 이를 통해 일상에서 비상할 수 있는 상상력을 계발한다."고 했다.

소비자의 욕구는 계속 변화한다. 역발상 전략은 전통적인 마케팅의 틀에서 탈피하여 소비자의 눈높이에서 기존 상품에 대한 변화 욕구를 찾는 과정이다. 이를 통해 기존의 진부한 상품을 소비자에게 새로운 인식을 줄 수 있는 리마커블한 상품으로 새롭게 변신시키는 혁신전략이다. 역발상에는 항상 발상의 전환이 수반된다. 발상전환은 평면적인 변신만을 의미하는 것이 아니라 입체적인 전환을 포함한 무한한 변신을 요구한다.

■ 역발상 전략을 위한 소프트 스킬

역발상 전략은 경쟁사가 잘하고 있는 일을 정 반대로 하거나 다른 방법으로 해서 안전한 길을 만드는 전략이다. 그러다 보니 역발상 전략에는 위험부담이 따르기도 한다. 이러한 위험부담을 줄이기 위해 보델의 '소프트 스킬soft skill'을 소개한다(Bodell, 2012).

소프트 스킬은 새로운 스킬을 갖는 능력이다. 미래에 우리에게 필요한 스킬은 지금 우리가 알고 있는 스킬들과 다르다. 아이폰이 나오기 전까지 우리는 스마트폰의 이용법에 대해 몰랐다. 그러나 아이폰이 나오고 삼성의 갤럭시가 나오면서 우리는 스마트폰을 이용해 우리의 생활과 사업을 변화시킬 많은 스킬들이 필요하다는 것을 알게 되었다. 세상이 너무 빨리 변하다 보니 이를 쫓아갈 수 있는 민첩함과 유연함의 습득능력이 생명이 된 것이다.

소프트 스킬은 기존 사고방식을 재구성하는 능력이기도 하다. 지금은 창조성이 새로운 리더십이 되는 시대이다. 정보화 시대라는 말은 이제 낡은 용어가 되었으며, 개념시대로 변화하고 있다. 물질적 풍요와 정보의 범람이 논리적, 분석적, 기능적 스킬의 설 땅을 좁게 만들었기 때문이다. 이제는 컴퓨터와 자동화 로봇이 인간의 노동과 정보처리 업무를 대체하고 있다. 정보의 분석도 빅 데이터와 점차 소형화되고 저렴해지는 슈퍼컴퓨터를 따라갈 수가 없다. 돈만 있으면 못 만드는 것이 없는 세상이 되었기 때문에 뭔가를 새로이 생각해 내지 않고는 생존이 힘들게 된 것이다. 결국, 역발상의 원천은 소프트 스킬에 있는 것이고, 그 기저에는 창의성이 자리 잡고 있다.

■ 역발상의 효과

성공적인 역발상 전략은 경쟁이 없는 블루오션 시장을 만들어 준다. 블루오션 시장은 경쟁자가 없는 유망한 시장이다. 이 시장에선 시장 수요가 경쟁이 아니라 창조에 의해 창출되며, 높은 수익과 빠른 성장을 가능케 하는 엄청난 기회가 존재한다. 역발상 전략은 소비자의 새로운 욕구를 창출을 하는 긍정적 일탈효과 가져오기 때문에 블루오션 시장이 쉽게 만들어질 수 있는 것이다. 이 시장에선 경기법칙이 아직 정해지지 않았기 때문에 경쟁은 무의미하다. 따라서 블루오션은 아직 시도된 적이 없는 광범위하고 깊은 잠재력을 지닌 시장이 되는 것이다. 이 시장에는 아직 기득권 세력이 없기 때문에 핸디캡 기업에게 가장 유리한 시장이 될 수 있다.

역발상 전략은 핸디캡 마케터들에게 소비자의 강력한 주목을 이끄는 센세이션 효과로 시장에서 스포트라이트를 받게 해준다. 이와 같은 효과는 마케팅 비용을 절약해줄 뿐 아니라 브랜드 이미지와 파워 구축을 용이하게 해 준다. 이렇게 구축된 파워는 매니아 계층을 만들어 준다. 이 계층은 최우량고객으로 핸디캡 기업의 상품을 소비하는 주체로서의 역할 넘어서 파트너와 같은 역할을 하는 고개들이다. 이들을 중심으로 입소문이 퍼져 나가고, 고객 획득을 할 수 있는 것은 물론 종업원들에게도 긍정적인 영향을 주기 때문에 신바람 조직문화가 만들어질 수 있다.

그러나 모든 역발상이 다 성공적인 것은 아니다. 억지 역발상이나 단순한 호기심적 역발상, 왕따 받는 역발상, 안티가 많은 역발상 실패하기가 쉽다. 바꾸어 말하면 역발상은 항상 실용성과 실현 가능성에 근거를 두어야 한다는 것이다. 그러면 여러 가지 역발상 전략들을 통해서 당신에게 맞는 역발상 전략을 개발해 보자.

■ **역발상 스킬**

<u>역발상기법 1 – 전략적 상상력</u>

그녀의 아버지는 88올림픽 때 올림픽 주제가 '손에 손잡고'를 부른 유명 연예인이다. 그녀도 연예인으로 성공을 하겠다는 꿈을 늘 갖고 있었다. 그런데 꿈은 꿈일 뿐, 생각만큼 일이 잘 풀리지 않았다. 그녀에게 전혀 기회가 없었던 건 아니었다. 그녀는 9년 전에 연예인으로 데뷔할 수 있었고, 비중 있는 역할도 몇 차례 맡을 기회가 있었다. 그러나 그녀는 한 번도 '뜨질' 못했다. 9년 차 중고 신인 클라라. 그녀는 길거리에 나가도 알아보는 사람들이 많지 않은 그렇고 그런 연예인이었다.

그러던 어느 날, 그녀에게 재미난 제의가 들어 왔다. 두산 베어스와 LG트윈스의 잠실 경기가 벌어지는 날 3일 전에 시구를 해달라는 의뢰가 들어왔다. 아마, 다른 사람이 하기로 되어 있었는데, 문제가 생겨 급하게 그녀에게 의뢰가 온 것 같았다. 그래도 그녀는 자신이 있었다. 언제나 대스타가 되기 위해 준비를 하고 있었으니까.

클라라는 차분하게 준비를 했다. 시구의 기본에 충실하기 위해 공 던지기를 열심히 연습했다. 클라라는 운동매니아였다. 그녀의 체지방율은 17%. 그녀는 어떤 연예인보다 몸매에 자신이 있었다. 그래서 그녀는 자신의 매력을 가장 잘 보여줄 수 있는 시구 의상을 선택했다. 바로 레깅스. 그 누구도 시구 때 입지 않았던 파격적인 의상이었다. 그리고 메이크업, 포즈, 표정, 동작 등 모든 것에 대해서도 전략을 세우고 준비를 해 나갔다.

드디어 시구 날, 그녀의 시구 모습을 본 관중들은 그야말로 열광했다. 특히 남성들은 광분했다. 그녀의 시구는 '대한민국에서 가장 섹시한 장면'이었다고 평가하는 사람들도 있었다. 그 날 클라라는 모든 검색 사이트의 실시간 검색어 1위를 차지했고 모든 매체에 대서특필 되었다. 다음 날, 자고 일어나니 클라라는 자신 주변의 모든 것이 변했음을 알 수 있었다. 인터뷰 요청과 방송 출연이 쇄도했다. 행사도 잡히기 시작했고, 광고모델 제의들도 들어 왔다. 드디어 꿈을 이룬 것이다. 핸디캡 기업같이 모든 것이 어려운 상황에서 그녀는 해낸 것이다. 성공이란 천국에 올라가는 계단을 만든 것이었다.

클라라의 성공은 전략적 상상력에서 비롯되었다. 그녀는 오랜 무명생활 속에서 남과 같은 길을 가서는 절대로 성공할 수 없다는 것을 본능적으로 알게 되었다. 그래서 그녀는 어려움 속에서도 미래의 가능성을 상상하고 아름다운 몸을 만들기 피나는 노력을 했다. 그녀는 늘 실천 시나리오를 만들고 있었고, 시구의 기회가 오자 그에 맞는 시나리오로 각색한 것이다.

그림 2. 딜란 로렌과 그녀의 캔디숍

세계 최대의 캔디 왕국을 만든 딜란로렌Dylan Lauren은 어릴 적부터 꿈꾸던 판타지를 전략적으로 상상했다. 그리고는 하나씩 실천할 수 있는 시나리오를 만들고 결국에는 7천 여종의 캔디를 만날 수 있는 세계 최대의 캔디 매장을 미국 주요 도시에 오픈할 수 있었던 것이다.

전략적 상상에서는 지속성이 중요하다. 핸디캡 기업의 전략적 목표는 생존과 지속적인 성장이란 두 가지다. 그러나 현실은 이런 상상을 하기에 장애가 많다. 핸디캡 기업가는 혼자서 많은 일을 해야 하기 때문에 늘 바쁘고, 전력적 상상을 위한 시간을 따로 낼 여유가 없다. 그래서 추천하는 방법이 '상상의 생활화'이다. 일을 하는 중간중간에 항상 미래에 어떤 전략을 준비할지 생각해야 하며, 전략이 정해지면 실천할 수 있는 행동지침 준비를 생활화해야 한다.

역발상기법 2 – 도발적 의문제기

모든 것은 필자의 '도발적인 의문provocative inquiry'에서 시작되었다. 왜 약소기업들을 위한 마케팅 프로그램이 없을까? 아무리 생각해 봐도 내가 아는 마케팅 이론은 소상공인들 스타트업들에게는 맞지 않았다. 그런데도 불구하고 그들을 위한 마케팅 서적이나 강좌가 없는 것이다. 미국을 살펴보았다. 구글링을 해보니 세계에서 가장 유명한 MBA스쿨 두 곳에서 벤처기업들을 위한 마케팅 프로그램을 연구하고, 가르치고 있었다. 펜실베니아 대학의 와튼Wharton 스쿨과 MIT의 슬로안Sloan 비즈니스스쿨이 그들이다. 그러나 그들의 연구는 벤처기업에 한정된 것이고 우리나라의 핸디캡 기업들과는 안 맞는 것이 많아 적용하기가 힘들었다.

그래서 나는 마케팅을 대학에서 가르치고 있는 친구에게 찾아갔다. 그리고 "우리나라에는 왜 소상공인들에게 특화된 마케팅 연구가 없는가"을 물었다. 친구의 답변은 의외였다. "왜 그런걸 연구해야 하느냐"였다. 그야말로 쓸데없는 소리 말라는 것이었다. 그러면서 덧붙이기를, "소상공인들에겐 지금 있는 마케팅이론도 과분해"라고 했다. 친구의 핀잔은 필자에게 충분한 답이 되지 못했다. 그래서 직접 연구해 보기로 결심했다.

핸디캡 마케팅의 방법론의 단서들을 찾기 위해 나는 핸디캡 기업들의 마케팅을 연구한 로디쉬 교수의 "모험기업가 마케팅"과 김철환의 블로그에 소개한 "적정마케팅" 내용을 검토했다. 이를 통해 나는 핸디캡 마케팅 연구의 토대가 되는 많은 아이디어를 얻을 수 있었다. 다음으로는 지금까지 소개된 수많은 마케팅이론들 중에 세 가지 핸디캡을 지닌 기업들에게 적용될 수 있는 마케팅 이론들을 조사했다. 나는 조사를 통해 필터링 된 이론들을 체계화하고, 그 이론들이 적용되어 성공한 케이스들을 발굴했다. 이와 같은 과정을 통해 핸디캡 마케팅이라 부르는 마케팅 방법론들을 찾을 수 있었다.

역발상으로 성공한 많은 사업들이 도발적 질문에서 출발했다. 이 챕터 모두에 소개했던 리사보넬의 킬 더 컴퍼니는 "왜 중역들은 개선안을 내는데 주저하지?"에서 출발했다. 싸이의 강남 스타일은 "왜 가수는 멋있어야지?"라는 도발적인 질문이 있었음에 틀림없다. 2013년에 히트한 김수현 주연의 영화 "은밀하게 위대하게"는 "왜 스파이는 다 세련돼야지"에서 출발해 바보 연기로 우리에게 큰 재미와 감동을 주었다. 슬립박스Sleep Box의 성공적인 비즈니스는 "왜 특급 호텔은 방이 커야지?"에서 출발했다고 한다. 이렇듯 도발적인 의문은 많은 성공의 시발점이 되었다.

도발적인 의문을 개발하기 위해서는 두 가지가 있다. 첫번째 방법은 문제를 더 나은 결과를 얻기 위한 의문으로 재구성하는 것이다. 우리는 고정관념 속에서 질문하는 악습을 가지고 있다. 예를 들어 수익이 부진하면, 우리는 "마진이 왜 낮을까?"라는 의문을 갖는다. 이 의문을 더 나은 결과를 얻기 위한 의문으로 바꾸면, "이익 10% 증가 방법은?" 또는 "나은 이익을 위한 비용을 줄이는 방법은?"이 된다.

두 번째 방법은 리스트 작성법이다. 사람들은 대개 도발적인 의문을 하는데 대한 거부감이 있다. 이럴 때 잘 대답할 수 있는 것부터 시작해서 도발적인 질문까지 3~5개 질문 리스트를 만들어 보자. 그러면 그 속에 의외로 당신을 성공으로 이끌 수 있는 도발적인 질문이 포함될 수 있는 것이다.

역발상기법 3 - 창의적 문제해결 능력습득

청소기 한 대가 100만 원이 넘는 것도 있다. 작은 것도 40만 원 대다. 소음도 엄청나다. 무게도 만만치 않다. 그런데도 강남 주부들이 열광하는 청소기가 있다. 그런데 이 청소기가 나오는 회사에선 날개 없는 선풍기도 판매한단다. 정말 신기하다. 날개가 없는데도 시원한 바람이 나온다. 겨울엔 온풍도 나온다고 한다.

창업자인 '제임스 다이슨James Dyson'은 호기심 많은 발명가다. 그의 청소기 발명은 25년 전으로 거슬러 올라간다. 그때 그는 진공청소기의 원조격인 미국 후버사 제품으로 집을 청소하고 있었다. 청소하다 보니 청소기의 흡인력이 약해졌다. 분해해 봤더니 먼지봉투가 원인이었다. 봉투가 차면 먼지가 모터의 구멍을 막아서다. 그래서 그는 이런 문제가 없는 청소기를 연구하기로 했다. 그런데 답이 쉽게 나오질 않았다.

그러던 어느 날, 다이슨은 집 근처 목공소를 지나게 되었다. 그곳에선 나무를 자를 때 생기는 톱밥이 주변으로 날리는 것을 막기 위해 사이클론 모양의 흡입기를 만들어 공기는 지붕 위 배출구로 내보내고, 원심력으로 생긴 중력으로 톱밥은 아래에 모으고 있었다. 여기서 아이디어를 얻은 다이슨은 1995년 수천 번의 실패 끝에 사이클론 기술을 만들었고, 사이클론 진공청소기를 만들어냈다.

다이슨은 먼지봉투 없는 청소기뿐 아니라 날개 없는 선풍기로도 유명하다. 이 제품은 화장실에 설치된 손건조기를 보고 개발했단다. 건조기는 순간적으로 많은 양의 공기를 빨아들인 뒤 기계 안이 공기로 가득 차면 곧바로 밖으로 뿜어내는 방식으로 가동된다. 이를 지켜본 다이슨 연구원들은 날개 없이도 선풍기를 만들 수 있다고 생각하게 됐다고 한다.

다이슨은 모든 발명은 창의적 문제 해결에서 비롯되었다. 창의적 문제 해결자들은 다양하고 색다른 자료를 이용한다. 그들은 비(非) 관련 산업에서 문제해결을 하거나, 새로운 방식으로 사고하는데 적극적이다. 이러한 창의적인 문제 해결이 역발상을 낳는 것이다.

창의적 문제 해결방법 찾을 때는 그 문제 자체보다도 그 문제와 관련이 없는 이슈나 주변의 사물에 대한 관심에서 출발하는 것이 좋다. 이슈나 사물에 대해 여러 가지 의문을 제기하고 그들을 연결시켜 나가는 과정에서 뜻하지 않게 문제 해결의 정답을 찾을 수 있기 때문이다.

역발상 기법 4 – 오만방자

정말 그랬다. 이 식당에 오면 줄을 한참 서야 한다고 했다. 그건 이해가 됐다. 줄 서는 건 맛집에 대한 예의니까…… 그런데 들어가면 식권을 먼저 사야 한단다. 선금을 내라는 이야기다. 뭘 시키든지 현찰을 먼저 내야 한다. 합석은 기본이다. 나는 친구와 둘이 갔기 때문에 둘이 나란히 앉고 앞에는 처음 보는 일본 아가씨들과 겸상했다.

명동 하동관은 이야기 듣던 대로 미운짓만 골라서 하고 있었다. 손님의 존엄성이나 인격은 아예 안중에도 없었다. 그런데도 신기하게 기분이 나쁘지 않았다. 필자뿐만 아니라 같이 간 친구, 아니 그 식당을 방문한 모든 손님들의 얼굴에는 만족감이 가득했다. 정말 진국으로 끓여 나온 곰탕, 넉넉히 들어간 수육, 주전자를 들고 다니면서 부어주는 깍두기 국물, 곰탕에 넣어 주는 날계란까지 모든 것이 맛있었고 만족스러웠다. 맛있으면 용서가 된다. 선금을 받는 것도, 모르는 사람들과 겸상하는 것도 더 이상 불편함이 아니었다.

참 이상한 일이다. 버럭질을 하는 박명수와 '짜증 대마왕'이라 스스로를 묘사한 정찬우가 최고의 인기를 누리고 있다. 뉴욕에 있는 '이트Eat'란 레스토랑은 이름부터가 건방지다. 여기에 한술 더 떠서 손님들이 말을 하면 쫓아낸단다. 말을 하지 않고 식사에 집중할 사람들만 들어갈 수가 있단다. 이곳은 몇 달 전에 예약해야만 '말 안 하고 밥을 먹을 수' 있단다. 서울 강남의 한 어학원은 손님이 오면 시험을 먼저 보게 한다. 성적이 나쁘면 등록도 할 수 없다. 실력이 없어서 배우러 간 사람들에게 말도 안 되는 짓을 하는 것이다. 그래도 학생은 항상 만원이란다. 욕쟁이 할머니 집은 정말로 손님들에게 심한 욕을 해댄다. 그래도 좋단다. 단골이 무척 많다. 정말로 말이 안 되는 일들이 현실에서 일어나고 있는 것이다.

이들은 고객들에게 오만하고, 냉소적인 태도를 보이고 때로는 엽기적이기까지 한, 역발상 상품으로 리마커블한 마케팅을 하고 있다. 이들은 마케팅 교과서를 펼쳐놓고 모조리 반대로 실행한다. 그래서 이들을 안티 마케팅이라고도 한다. 이들은 판매활동에 적극적이지 않으며, 소비자의 비위를 맞추기는커녕 기분을 상하게 만든다. 소비자가 상품을 만나는 과정을 방해하기도 하고 때로는 테스트를 통과해야만 만날 수 있게 하는 오만방자함을 과시한다.

여기에는 두 가지 이유가 있는 것 같다. 첫 번째 이유는 "고객이 왕"인 시장에서 적대상품의 고자세는 무척이나 건방져 보이는데, 이점이 고객의 관심을 끄는 리마커블 한 매력을 만들어 낸다. 적대적 상품을 산다는 것은 단순한 소비의 차원을 넘어 고객 자신의 개성을 공격적으로 드러내는 사회적으로 의미 있는 행위로 비춰지기 때문이다. 나쁜 남자에 끌리고, 팜므파탈에 사로잡히는 심리와 비슷하다고나 할까?

두 번째 이유는 "어딜가도 친절한데 대해 염증을 느낀 사람들이 이제는 적당한 불편을 원한다"는 것이다김난도 et al., 2014. 그동안 기업들은 고객들의 불편을 빼주는데 주력했다. 그런데 불편을 주는 기업들이 등장하니까 그 불편을 즐기는 소비자들이 생겨난 것이다. 소비자들은 이 불편 속에서 자신에게 최적화된 참여를 경험하며 보람을 느끼는 것이다.

그러나 오만방자 전략을 사용할 때 주의해야 할 것들이 있다. 우선은 본원적 상품, 즉, 소비의 목적이 되는 상품이 우월해야 한다는 것이다. 하동관의 경우 곰탕 맛이 우월하지 않다면 그런 불편을 감수하고 갈 사람은 없을 것이다. 어학원의 경우도, 가르치는 실력이 월등하니까 모욕을 감수하고라도 찾아가는 것이다. 박명수도 개그 실력이 출중하니까 그의 버럭이 개그로 승화되는 것이다. 버럭질 그 자체만 존재한다면 그는 이미 오래전에 퇴출당하였을 것이다.

그다음으로는 "오만의 수준이 적절해야 한다는 것이다." 앞에서 소개한 오만방자 전략들을 보면, 버럭이나 불편함, 욕설, 오만함 등 모두가 적절한 수위를 유지하고 있다. 소비자가 적절하다고 느끼는 수준을 벗어난 오만방자 전략은 매우 위험하다. 농담도 지나치면 싸움이 되는 것과 같은 이치다. 안티마케팅의 핵심은 소비자들이 용인하고 즐길 수 있는 최적점을 찾아내는 것이다. 그러면 마케팅이 즐거워진다.

요약

　소비자의 욕구는 계속 변화한다. 역발상 전략은 전통적인 마케팅의 틀에서 탈피하여 소비자의 눈높이에서 기존 상품에 대한 변화 욕구를 찾는 과정이다. 이를 통해 기존의 진부한 상품을 리마커블한 상품으로 새롭게 변신시키는 혁신전략이다.

　역발상 전략은 핸디캡 마케터들에게 소비자의 강력한 주목을 이끄는 센세이션 효과로 시장에서 스포트라이트를 받게 해준다. 이와 같은 효과는 마케팅 비용을 절약해줄 뿐 아니라 브랜드 이미지와 파워구축을 용이하게 해 준다. 그러나 모든 역발상이다. 성공적인 것은 아니다. 역발상 전략이 성공하려면 항상 실용성과 실현 가능성에 근거를 두어야 한다. 본 연구에서는 역발상 기법의 전략을 네 가지 유형으로 구분하여 살펴보았다.

　첫 번째, 전략적 상상력이다. 클라라의 성공은 전략적 상상력에서 비롯되었다. 그녀는 오랜 무명 생활 속에서 남과 같은 길을 가서는 절대로 성공할 수 없다는 것을 본능적으로 알게 되었다. 그래서 그녀는 어려움 속에서도 미래의 가능성을 상상하고 아름다운 몸을 만들기 피나는 노력을 했다. 그녀는 늘 실천 시나리오를 만들고 있었고, 시구의 기회가 오자 그에 맞는 시나리오로 각색한 것이다.

　전략적 상상에서는 지속성이 중요하다. 핸디캡 기업의 전략적 목표는 생존과 지속적인 성장이란 두 가지다. 그러나 현실은 이런 상상을 하기 위한 시간을 따로 낼 만큼 여유가 없다. 그래서 추천하는 방법이 '상상의 생활화'이다. 일을 하는 중간중간에 항상 미래에 어떤 전략을 준비할지 생각해야 하며, 전략이 정해지면 실천할 수 있는 행동지침 준비를 생활화해야 한다.

두 번째, 도발적 의문 제기이다. 도발적인 의문을 개발하기 위해서는 두 가지가 있다. 하나는 현재의 문제를 더 나은 결과를 얻기 위한 의문으로 재구성하는 것이다. 우리는 고정관념 속에서 질문하는 악습을 가지고 있다. 예를 들어 수익이 부진하면, 우리는 "마진이 왜 낮을까?"라는 의문을 갖는다. 이 의문을 더 나은 결과를 얻기 위한 의문으로 바꾸면, "이익 10% 증가 방법은?" 또는 "나은 이익을 위한 비용을 줄이는 방법은?"이 된다.

두 번째 방법은 리스트 작성법이다. 사람들은 대게 도발적인 의문을 하는데 대한 거부감이 있다. 이럴 때 잘 대답할 수 있는 것부터 시작해서 도발적인 질문까지 3~5개 질문 리스트를 만들어 보자. 그러면 그 속에 의외로 당신을 성공으로 이끌 수 있는 도발적인 질문이 포함될 수 있는 것이다.

세 번째, 창의적 문제 해결방법이다. 다이슨은 먼지봉투 없는 청소기뿐 아니라 날개 없는 선풍기로도 유명하다. 이 제품은 화장실에 설치된 손건조기를 보고 개발했다고 한다. 건조기는 순간적으로 많은 양의 공기를 빨아들인 뒤 기계 안이 공기로 가득 차면 곧바로 밖으로 뿜어내는 방식으로 가동된다. 이를 지켜본 다이슨 연구원들은 날개 없이도 선풍기를 만들 수 있다고 생각하게 됐다고 한다.

창의적 문제 해결방법 찾을 때는 그 문제 자체보다도 그 문제와 관련이 없는 이슈나 주변의 사물에 대한 관심에서 출발하는 것이 좋다. 이슈나 사물에 대해 여러 가지 의문을 제기하고 그들을 연결시켜 나가는 과정에서 뜻하지 않게 문제 해결의 정답을 찾을 수 있기 때문이다.

마지막으로, 오만방자 전략이다. 손님에게 미운 짓만 골라하는 명동의 하동관, 버럭질의 박명수, 짜증 대 마왕을 자처하는 정찬우, 식사도 중 말하면 쫓아내는 뉴욕의 eat식당은 안하무인이고 오만방자하다. 그러나 사람들은 그것을 곧이곧대로 받아들이지 않고 오히려 즐거워한다.

그러나 오만방자 전략에는 주의해야 할 것들이 있다. 우선은 본원적 상품, 즉, 소비의 목적이 되는 상품이 우월해야 한다. 하동관의 경우 곰탕 맛이 우월하지 않다면 그런 불편을 감수하고 갈 사람은 없을 것이다. 박명수도 개그 실력이 출중하니까 그의 버럭질이 개그로 승화되는 것이다. 버럭질 그 자체만 존재한다면 그는 이미 오래전에 퇴출 되었을 것이다.

그다음으로는 "오만의 수준이 적절해야 한다는 것이다." 앞에서 소개한 오만방자 전략들을 보면, 버럭이나 불편함, 욕설, 오만함 등 모두가 적절한 수위를 유지하고 있다. 소비자가 적절하다고 느끼는 수준을 벗어난 오만방자 전략은 매우 위험하다. 농담도 지나치면 싸움이 되는 것과 같은 이치다. 안티마케팅의 핵심은 소비자들이 용인하고 즐길 수 있는 최적점을 찾아내는 것이다. 그러면 마케팅이 즐거워진다.

자료출처

그림 1. http://www.e2news.com/news/articleView.html?idxno=68772

그림 2. http://about.me/dylan_lauren

참고문헌

김난도, 전영미, 이향은, 이준영, 김서영, 최지혜 (2014), "트렌드코리아 2014," 미래의 창, pp. 217~237

유영만 (2013), "브리꼴레르 – 세상을 지배할 지식인의 새 이름," 샘앤파커스, p. 24

황미리 (2012), " '킬 더 컴퍼니' 저자이자 퓨처싱크 CEO 리사바델 인터뷰," 매일경제신문 2012년 6월 1일

Bodell, Lisa (2012), "Kill the Company: End the Status Quo, Start an Innovation Revolution, "Bibliomotion, pp. 91~99

••• 효율적 카테고리 일탈 전략
Effective Category Break Away Strategy

■ 모피코트를 입어야 입장할 수 있는 홍콩의 술집

홍콩의 여름, 섭씨 40도에 육박하는 온도에다 습기까지 더해져 거리는 습식 사우나 같다. 나는 직장동료인 S이사와 함께 홍콩의 불금을 즐기러 '센트럴Central'에 있는 '란콰이펑LanKwai Fong' 거리에 나섰다.

며칠 전, 두바이 사무실에 중역을 채용하는 문제를 S와 상의하다가 금요일에 한잔하기로 약속을 했다. 기대에 잔뜩 부풀었다. S가 대단한 술집을 안내하겠다고 했기 때문이다. 인사담당 중역 S는 명문 홍콩대를 나온 중년의 신사다. 늘 과묵한 성격이다. 부풀려 이야기하는 걸 못 봤다. 아니, 오히려 실제보다 보수적으로 표현한다. 그런 S가 자신있게 이야기하는 곳이니 기대가 됐다. 홍콩의 다국적 기업 본사에 자리를 잡은 지 한 달, 그야말로 밤낮없이 일만 했다. 그 날만큼은 내 자신에게 보상을 해 주고 싶었다.

발라라이카Balalaika는 S가 안내한 레스토랑이다. 러시안 음식을 파는 곳이다. 이른 저녁 시간임에도 불구하고 긴 줄이 식당 밖까지 이어졌다. 맛집이라는 증거다. 기대는 더욱 커졌다. S가 미리 예약한 것 같다. 우리는 줄을 선 사람들의 부러운 시선을 등 뒤로 하고 식당에 들어갔다. 웨이터가 나와 안내한다. 무심코 따라갔다. 안내를 받는 동안 S의 얼굴에선 수상한 미소가 번진다. 웨이터가 묘하게 생긴 방의 문을 연다.

그 방안엔 놀랄만한 옷들이 행거에 가지런히 걸려 있었다. 모피코트들이었다. 무늬만 모피가 아니다. 기장이 무릎까지 내려오는 여우털 롱코트다. S가 큰 코트를 하나 들어서 입으라고 권한다. 그의 미소에는 장난기가 서려있었다. 아니, 지금 너무 더워 반팔 셔츠도 벗고 싶을 지경인데 모피코트라니… '로마법'을 따를 수밖에 없어 군말 없이 걸쳤다. 그랬더니 웨이터는 그 안에 있는 다른 방문을 연다. 육중한 문이다. 갑자기 훅하고 엄청난 냉기가 밀려 나온다. 단번에 더위가 가셨다. 바 안은 온통 얼음으로 뒤덮여 있었다. 그곳은 영하 20도란다. 모피코트를 입어야 하는 이유를 알았다. 늘 느끼는 것이지만, 인간은 간사하다. 바에 들어간지 1분여 만에 더운 바깥이 그리웠다. 몸에 한기가 느껴질 즈음 바텐더가 네 가지 컬러의 샷잔을 권한다. '엡솔루트 보드카 Absolute Vodka'의 네 가지 맛이란다. 호기심있게 핑크빛을 띠고 있는 것부터 원 샷. 다음으론 푸른 빛으로, 노란잔도, 투명한 아이까지 해치웠다. 알딸딸해지면서, 몸속 깊은 곳에서 따뜻한 기운이 올라온다. "아~ 이 기분이다." 역시 보드카는 추운데서 마셔야 한다. 내 평생 최고의 음주 체험이었다.

필자의 '리마커블한 체험기'다. 그런데 이 체험의 제목을 어떻게 달아야 할지 모르겠다. 술집체험기라고만 하기에는 발라라이카에 미안할 것 같다. 그렇다고 놀이터 체험기라 할 수도 없다. 그냥 '리마커블한 체험기'가 맞다.

발라라이카는 '보드카 바'라는 평범한 상품을 '보드카 체험'이라는 가치 높은 상품으로 '일탈break away'시켰다. '술집'이란 카테고리를 '체험장'이라는 다른 카테고리로 일탈시킨 것이다. 사시사철 더위와 습기에 찌들어 사는 사람들에게 모피코트와 얼음방 체험은 정말로 리마커블한 선물이 아닐 수 없다.

문영미는 "사람들은 이해를 하기 전에 자의적 기준으로 분류부터 시작하며, 이 기준은 우리의 소비패턴에 큰 영향을 미친다."고 했다(Moon, 2011). 이러한 소비자의 카테고리 개념 속을 파고들어 새로운 아이디어를 심으면 '리마커블한 제품'이 탄생한다고 했다. 발라라이카가 필자에게 감동을 줄 수 있었던 이유는 술집이었기 때문이 아니다. '보드카 체험장'이라는 새로운 아이디어를 필자에게 심어주었기 때문이다.

'카테고리 일탈 전략'은 기존 제품을 전혀 다른 카테고리로 이동하여 차별화 함으로서 소비자에게 새로운 가치를 제공한다. 이 전략은 "카테고리 분류의 자의적 측면에 기인한 소비자 심리의 불합리성에 근거한다. 그래서 "상품을 다른 카테고리로 포지셔닝하면, 리마커블한 제품이 탄생"하는 것이다". 카테고리를 이동하면 "다른 카테고리에선 제품의 결점이 강점으로 부각"되는 경우가 생길 수 있다. 문영미는 소니가 2000년대 초에 발매했던 강아지 로봇 '아이보Aibo'의 예를 들면서 "기존의 카테고리에선 엄격하게 보는 제품도 다른 카테고리에선 용서가 된다"고 했다. 아이보가 로봇이라는 카테고리에서는 미완성품인 것처럼 보일 수 있지만, 애완용 로봇이라는 새롭게 창조된 카테고리에선 로봇 기술의 미흡함도 모두 용서가 되고 사람들의 이해를 끌어낼 수 있었다는 것이다(Moon, 2011).

하버드대 문영미 교수의 설명이 혹시 어려울까 봐, 카테고리 일탈 전략을 내가 좀 더 쉽게 설명하겠다.

당신은 중학교 다니는 자녀가 있다. 그런데 그 애가 공부에는 관심이 없다. 학교 성적은 바닥권이고 항상 열등감에 휩싸여 지낸다. 그런데 우연히 그 아이 책상에서 스케치북을 발견했는데 만화를 그리는 실력이 보통이 아니다. 스토리텔링story telling에도 재주가 뛰어나다. 그래서 당신은 결심한다. 이 아이에게 더 이상 공부 스트레스를 주지 않기로 하고 자신이 좋아하는 만화 그리기를 할 수 있도록 뒷바라지를 했다. 몇 년 뒤 이 아이는 인기 웹툰 작가로 이름을 떨치게 되었고, 명문대학도 특기생으로 들어갔다.

지금 당신의 상품은 공부에는 관심이 없는 당신의 자녀와 같을 수 있다. 그러면 당신의 제품이 가지고 있는 다른 비범함을 발견해 보라. 발라라이카처럼 보드카 체험이라는 새로운 상품이 보이는가? 그럼 그쪽으로 뒷바라지를 열심히 해야 된다. 발라라이카처럼 체험 시나리오를 짜고, 메뉴를 만들고, 얼음방을 만들고 모피코트들을 준비하는 등의 뒷바라지 말이다. 그럼 인기 작가와 명문대학 입학이라는 리마커블한 결과가 만들어지듯이 당신도 리마커블한 상품을 만들 수 있게 되는 것이다.

■ '일탈'에도 기획이 필요해

불닭의 원조 격인 홍초불닭이란 체인점이 있다. 지금은 수많은 불닭 브랜드와 불 시리즈 요리들에 밀려 빛이 바랜 감이 없지 않지만 홍초불닭이 우리에게 처음 선보였을 때는 정말 대단했다. 나도 일주일에 한 번 정도는 불닭을 먹었을 정도로 그 맛은 중독성이 있었다.

홍초불닭의 창업자 홍성표 사장은 원래 특수촬영 감독 출신이다. 일본영화학교에서 영화를 전공한 그는 특수촬영의 매력에 빠져 90년대 중반 충무로에 '서울렌탈'이라는 특수촬영 전문 스튜디오를 차렸었다. 그의 사업은 대성공이었다고 한다. 특수촬영의 불모지나 다름없는 우리나라에서 그는 수중촬영이나 항공촬영 같은 특수 촬영서비스를 제공하니 그를 찾는 기업이 많았던 것이다. 그는 '서울렌탈'이 성공에 힘입어 항공촬영용 자동비행카메라를 만드는 벤처기업을 설립하기에 이르렀다. 그런데 그것이 화근이었다. 그 사업은 홍 사장이 생각한 것보다 더 엄청난 투자가 들어가는 사업이었다. 결국 그는 자금난을 견디다 못해 큰 빚은 지고 사업을 정리했다.

그래도 다행인 것은 그에게 충만한 기업가 정신이 있었다. 그는 다시 재기하겠다는 의지와 실패를 반복하지 않겠다는 오기로 새로운 사업을 구상했다. 쉽게 시작할 수 있는 음식장사가 떠올랐다. 아이템은 매운 요리. 그는 일본 유학 중에 관심을 가졌던 매운맛 요리를 떠올렸다. 그 당시 일본 여성들은 캡사이신이 다이어트에 도움이 된다는 말에 고춧가루를 휴대하고 다니면서 먹는 사람들이 있을 정도로 매운요리의 열기가 뜨거웠던 것이다.

홍사장은 우리나라에서 가장 매운음식을 만들기로 했다. 음식의 베이스는 마진도 좋고 식자재 공급도 기복이 없는 닭고기로 컨셉트를 만든 그는 1년 동안 양념을 개발하고 조리법을 개발했다. 핸디캡 기업인인 그가 성공할 수 있는 지름길은 세상에 없는 것을 만드는 것이었다. 그리고 또 그것을 많은 사람들이 좋아해야 한다. 전문 분야인 특수촬영처럼 철저하게 기획되고 어렵게 만든 새로운 메뉴가 나온 것이다. 이름은 '불닭.' 여기에 매운 이미지를 강조하기 위해 '홍초'를 붙였다.

그의 기획은 적중했다. '홍초불닭'은 닭요리의 경계 끝을 넘어 하드코어 요리라는 새로운 카테고리를 만들어 소비자들의 주목을 받기 시작했다. 나와 같이 매운맛 중독자들은 거의 '홍초불닭' 매니아가 되었다. '불' 요리 시리즈의 '불'자가 시작된 역사적인 일이었다. '홍초불닭'의 본사 '홍초원'은 현재 100개가 넘는 가맹점으로 연간 600억 원이 넘는 매출을 올리고 있다.

'홍초원'의 성공은 핸디캡 마케터들에게 매우 중요한 시사점을 제공한다. 컨셉트는 하드코어 요리라 하지만, '홍초불닭'이 제시하는 영역은 소비자들에게 이미 친숙한 영역이었다는 것이다. 소비자들 중에는 '불닭' 이전에도 매운맛 요리와 친숙한 사람들이 많았다. 많은 사람들이 '매운 떡볶이'나 '마산 아구찜' 등을 통해 매운맛을 즐기는데 이미 익숙해져 있었다. '불닭'의 익스트림한 매운맛은 그 사람들에게 오히려 매운맛에 대한 몰입의 경지를 체험하게 해준 것이었다.

무작정 경계를 넘는 것은 별로 어렵지 않은 일이다. 그렇지만 그렇게 해서 만들어진 상품은 반짝 효과에 그치는 경우가 많다. 우리나라에는 한때 조개구이집들이 유행했던 적이 있었다. 바닷가 근처 해변식당들에서만 즐길 수 있는 조개굽는 낭만을 도심 한복판에서도 즐길 수 있는 리마커블한 식당들이었다. 해변의 요식업이라는 카테고리를 도심의 요식업이라는 카테고리로 일탈시킨 훌륭한 비즈니스 모델이었다. 식당 바닥엔 해변의 모래가 깔리고 조개껍질과 바다를 연상시키는 인테리어가 한 집 걸러 하나가 보일 정도로 많이 생겼었다. 그러나 그들이 어느 날 자취를 감추기 시작했다. 시작은 재료의 공급 파동에서 시작되었다. 조개는 계절음식이다. 독성이 올라오는 시기에 어패류를 먹으면 치명적인 위험에 빠질 수가 있는 것이다. 그렇다고 냉동은 더 더욱이 말도 안 된다. 탄탄한 기획을 거치지 않은 '조개구이'집들은 그렇게 사라져 갔다.

한국에서도 발라라이카처럼 아이스 보드카 바를 한번 해 보면 잘 되겠다고 생각하는 분들이 있을 것이다. 나는 말리고 싶다. 그 보드카 바는 홍콩이니까 성공을 한 것이다. 그곳은 일 년 내내 더위와 전쟁을 벌이는 곳이다. 그런 곳에서 아이스 바는 특별한 효익을 제공한다. 우리나라는 어떤가? 우리에겐 추운 겨울이 있다. 봄에도 꽃샘추위가 있고 가을 한파도 요즘은 만만치 않다. 여름에는 긴 장마철도 있다. 아이스 바가 홍콩 같은 즐거움을 줄 수 있는 기간은 불과 두 세 달이다.

어떤 일이든지 일탈을 할 때는 항상 리스크가 극대화된다. 탄탄한 기획이 수반되지 않으면 일탈은 큰 재앙이 된다는 것을 명심해야 한다.

■ 우연히 찾아오기도 하는 일탈의 기회들

어른들도 장난감을 즐긴다는 것은 새로운 발견은 아니지만 정작 어른들을 위한 장난감은 많지가 않다. 멜리사 앤 더그Melissa and Doug는 어른 키보다 큰 대형 동물인형 시리즈로 인기를 끌고 있다. 그런데 이 인형을 아이들이 사는 것이 아니라 어른들이 산다. 그냥 큰 인형에서 어른들의 인형으로 바뀐 건 드라마 덕분이다. 한 드라마 주인공의 장난감으로 이 인형이 소개된 다음, 이 대형 인형들의 주인이 어른으로 바뀌고, 전문매장까지 생겨난 것이다. 이전에는 그저 큰인형에서 어른들의 장난감으로 카테고리가 바뀌니 리마커블한 제품처럼 보이게 된 것이다.

멜리사 앤 더그 미국 본사는 자신들의 제품이 한국에서 이렇게 갑자기 각광을 받은 데 대해 놀랐을 것이다. 그들의 제품은 갑자기 한국에서 새로운 카테고리를 만들어 블루오션을 즐기게 된 것이다. 조상신이 도왔다고 설명해야 하나?

우연한 카테고리 일탈현상은 부동산시장에서도 찾아볼 수 있다. 판교의 운중동은 성남시에 속해 있으면서도 부동산 가격은 서울 강남의 웬만한 동네보다 비싸다. 이곳은 몇몇 재벌들이 대저택을 짓고 이사온다는 보도가 나기까지는 평범한 주택단지였다. 그런데 어느 날 우리가 잘 아는 재벌의 이름이 나오고 그가 그곳에 천문학적인 액수의 집을 소유하게 됐다는 보도가 나오고 그 주변에 백억대의 타운하우스까지 보도가 나오면서 갑자기 판교 베버리힐스란 별칭이 붙어 버렸다. 그 뒤 부동산 가격은 겉잡을 수 없이 올라갔다. 평범한 동네가 베버리힐스와 비견되는 일탈을 겪으면서 리마커블한 곳이 된 것이다.

완전한 우연은 아니지만 재벌 남의 아이콘격인 한 인사의 판교 이전으로 동네의 이미지는 갑자기 업그레이드된 것이다. 우리나라에서는 부자동네를 이야기할 때, "누구누구가 사는 동네"라는 표현을 많이 쓰기 때문이다. 그 누구누구가 판교에 입성함으로써 운중동은 새로 개발된 동네에서 부자동네로 카테고리가 바뀐 된 것이다.

■ **안 될 때는 판을 갈아라.**

나는 3천억이란 매출을 올린 그 얼굴팩이 정말 그 연예인이 만든 상품인 줄 알았는데 제닉이란 벤처기업이 만든다고 한다. 제닉의 유현오 대표는 2001년 혼자서 북 치고 장구 쳐야 하는 1인 기업으로 사업을 시작했다. 유 대표는 "처음에 생체친화성 겔을 이용한 상처 치료용 패치를 만들었습니다. 시장에 출시했는데 반응이 뜨뜻미지근했어요. 비슷비슷한 기능을 하는 대기업 제품이 많았던 데다 이를 찾는 사람도 많지 않았어요."라고 회상했다. 어렵게 개발한 제품을 썩힐 수는 없었다. 다른 용도를 찾아보려던 유 대표 머릿속에 몇 년 전 호주 배낭여행 때 일이 떠올랐다고 한다. "여행 도중 아르바이트를 했는데 뙤약볕에서 일을하다가 방으로 왔더니 피부가 벌겋게 달아올라서 잠을 못 잘 정도로 따가웠어요. 호주 친구들이 차가운 물수건을 덮어서 진정시켜줬어요. 이때의 기억이 제가 개발한 하이드로겔성분과 연상이 되었어요. 이를 활용해 마스크팩을 만들면 어떨까 하는 생각이 문득 들었지요."

제닉은 2003년 수용성 하이드로겔을 이용한 여성용 마스크팩을 개발했다. 이 제품은 기존 제품과 달리 마스크팩 자체가 화장수를 농축한 말랑말랑한 젤리 형태로 화장수가 흘러내리지 않고 얼굴 피부에 균일하게 스며드는 게 특징이었다. 기존 시트형 마스크팩의 단점을 보완한 새로운 형태로 된 마스크팩의 탄생이었다.

제닉은 2005년 최은경 아나운서를 내세운 코엔자임 Q10 마스크팩을 홈쇼핑에 출시하면서 1차 시장 진입에 성공한다. 이후 2007년에는 '국민 언니'로 불리던 배우 하유미와 '셀더마하이드로겔마스크팩'을 공동으로 시장에 내놓으면서 빅히트 행진을 기록한다. 연간 매출이 800억 원이 넘어가면서, 제닉은 2011년 8월 코스닥시장 입성에 성공했다.

제닉의 시작은 여느 핸디캡 기업과 다르지 않았다. 제닉 역시 상처 치료용 패치를 발매했을 때 커다란 벽이 그를 가로막았다. 유 대표가 그 벽 앞에서 멈춰 섰더라면 지금의 성공은 절대 찾아오지 않았을 것이다. 그때 그는 배낭여행 때의 경험을 떠올렸고, 판을 갈아버렸다. 판을 가니, 리마커블한 일탈이 일어난 것이다. 제닉의 팩은 성분 자체가 틀렸다. 부직포에 화장수를 담갔다 내어온 듯한 부직포팩들과는 근본이 달랐던 것이다. 상처 치료제 시장에선 그저 그런 제품이었지만 마스크팩 시장에선 리마커블한 제품이 탄생한 것이다. 강남에서 중간 정도 하던 친구가 시골 학교에 가니 일등을 했다는 것처럼 마스크팩 시장에선 판세를 자신에게 유리한 쪽으로 가져올 수 있었던 것이다.

핸디캡 기업을 경영하다 보면 많은 한계에 부딪힌다. 제품을 개발했는데, 소비자들의 기대에 못 미칠 때도 있고, 기득권 기업들과의 경쟁에서 밀릴 때도 있다. 이럴 때는 판을 한번 갈아 보자. 판을 갈아서 싸움의 룰을 자신에게 유리한 쪽으로 바꾸는 것이다. 지금 자신의 제품이 속한 카테고리가 아닌 새로운 시장에 진입하는 것이다. 그러면, 이전 카테고리에서는 크게 두각을 내지 못했던 제품이 갑자기 스포트라이트를 받는 일이 생기는 것이다.

일탈 전략으로 판을 갈아탈 때의 주의할 점은 "일탈 제품들이 제시하는 영역이 소비자들에게 이미 친숙한 영역"이어야 한다는 점이다. 그래서 "소비자들이 아주 빠른 속도로 자연스럽게 상품의 지시대로 이동" 한다는 것이다. 하유미팩이 성공할 수 있었던 것은 마스크팩과 상처치료용 패치가 이미 친숙한 영역이었다는 점이다. 사람들이 홍초불닭에 열광한 이유도 사람들은 이미 떡볶이나 아구찜 등에서 매운맛을 체험했기 때문이었다.

■ 실패한 제품을 일탈시켜라!

당신은 지금 제품 개발에 실패해서 좌절하고 있지는 않는가? 그렇다면 이 이야기를 듣고 다시 한 번 생각해 보라. 묘수가 떠오를지도 모른다.

내가 이 이야기를 들은 지는 30년도 더 된 것 같다. 나는 당시 광고 사관학교라 닉네임이 붙은 우리나라에서 가장 큰 광고회사에 취직했다. 신입사원들의 직무 오리엔테이션에는 이미 업계에서 이름을 드높이는 선배들이 맡았다. 그중에서도 당대 최고의 카피라이터인 L선배의 강의 시간은 엄청 재미있었다.

그 선배는 실패한 음료를 카피 한 줄로 다시 살린 무용담을 들려주었다. 그 선배는 국내 대표 음료회사로부터 과즙음료 광고제작을 의뢰받았다. 그래서 그는 우리나라에도 "드디어 미국산 오렌지 주스 같은 음료가 나오는가 보다" 하고 많은 기대를 했다고 한다. 그러나 광고할 음료를 받아 든 순간 그의 기대는 완전히 무너져 버렸다. 그 음료에 불순물처럼 보이는 건더기가 갈라앉아 있었던 것이다. 30년도 더 된 이야기니 그때만 해도 우리나라에는 과즙 처리기술이 없었던 것 같다.

선배는 황당했다. 이 제품은 실패한 개발품이란 확신이 들었다고 한다. 그래도 광고쟁이는 팔 수 있어야 한다는 믿음으로 다른 팀원들과 함께 정말 열심히 브레인스토밍brain storming을 했다고 한다. 그런데 자꾸 먹어보니 그 음료의 맛은 괜찮았다고 한다. 특히 가라앉은 과즙을 흔들어 위로 떠오르게 해서 먹으니 진짜 건더기 있는 과일 주스를 마시는 바디감을 느꼈다. 그래서 팀원들은 그 음료를 마실 때마다 항상 몇 번 흔들어 건더기를 함께 마셨다. 이를 유심히 관찰하던 L선배의 카피 한 줄 -"흔들어 주세요"가 전광석화처럼 나왔다고 한다.

세계를 놀라게 한 발명은 우연이나 실패에서 시작된 사례가 많다. 발기부전제 비아그라는 심장병, 협심증 치료약물 개발과정에서 나왔고, 포스트잇은 강력한 접착제를 개발하려다 실패하면서 생긴 결과물이다. 세계 인류 목숨을 연장시킨 페니실린도 실수로 포도상구균을 배양하는 접시에 푸른곰팡이를 떨어뜨린 뒤 곧 주변 세균들이 죽는 것을 발견하면서 탄생했다. 코카콜라는 약사 팸버튼의 두통약을 만들려다 나온 음료로 널리 알려졌다. 당신도 개발에 실패한 제품이 있는가? 그 제품을 다른 카테고리로 일탈시켜 보자. 누가 아는가? 역사를 뒤바꿀 위대한 제품이 탄생할지.

요약

카테고리 일탈 전략은 기존 제품을 전혀 다른 카테고리로 이동하여 차별화함으로서 소비자에게 새로운 가치를 제공하는 전략이다. 즉, 소비자들이 당연시 생각하는 카테고리 속성에 대한 기대를 완전히 벗어남으로써 소비자에게 놀라움과 새로움을 제공하는 것이다.

홍콩의 발라라이카는 '보드카 바'라는 평범한 상품을 '보드카 체험'이라는 가치 높은 상품으로 '일탈break away'시켰다. '술집'이란 카테고리를 '체험장'이라는 다른 카테고리로 일탈시킨 것이다. 사시사철 더위와 습기에 찌들어 사는 사람들에게 모피코트와 얼음방 체험은 영원히 잊지 못할 정말로 리마커블한 선물이었던 것이다.

'홍초불닭'은 닭 요리의 경계 끝을 넘어 하드코어 요리라는 새로운 카테고리를 만들어 소비자들의 주목을 받기 시작했다. 그러나 홍초불닭의 성공의 이면에는 탄탄한 기획이 있었다. 한때 조개구이집이 난립하다 어느 날 자취를 감추기 시작한 것은 치밀한 검토가 없었던 것에 기인한다. 일탈에는 언제나 리스크가 극대화되므로 이에 대한 대비를 철저히 하여야 한다는 것이다.

예기치 못하게 우연히 카테고리를 이탈하는 경우도 있다. 대형 동물을 내놓은 멜리사 앤 더그 미국 본사는 자신들의 제품이 한국에서 이렇게 갑자기 각광을 받은 데 대해 놀랐을 것이다. 드라마에 등장한 이후, 어린이를 위한 대형 동물을 어른들이 사기 시작했다. 장식용 소품으로도 쓰이고, 커피 전문점의 상징물로도 쓰인다. 그들의 대형동물 제품이 갑자기 한국에서 새로운 카테고리를 만들어 블루오션을 즐기게 된 것이다.

단순한 물수건 같은 팩이 기존의 팩이었다면 하유미 팩은 젤리 형태로 고정되어 피부를 진정시킬 뿐만 아니라 균일하게 수분을 제공하는 것이었다. 이것이 처음부터 의도된 것이 아닌 것은 실패할 뻔한 상처치료용 패치를 카테고리 일탈시켰기 때문이다.

핸디캡 기업이 일탈 전략으로 판을 갈아탈 때 주의할 점은 "일탈 제품들이 제시하는 영역이 소비자들에게 이미 친숙한 영역"이어야 한다는 점이다. 그래야 "소비자들이 아주 빠른 속도로 자연스럽게 상품의 지시대로 이동"한다는 것이다. 하유미팩이 성공할 수 있었던 것은 마스크팩과 상처치료용 패치가 이미 친숙한 영역이었다는 점이다

참고문헌

Moon, Youngme (2011), "Different: Escaping the Competitive Herd ," Crown Business, pp. 169

••• 마이크로니즈 전략
MicroNeeds Strategy

■ 나를 지극정성으로 챙겨준 새 친구

이 사이트를 알게 된 것은 친구가 주관한 세미나 때문이었다. 나는 미국에서 세미나 초청장을 받고 친구가 알려준 링크를 따라 이벤브라이트eventbrite을 방문했다. 미국에서 가장 많이 사용되는 이벤트 운영 사이트로 알려져 있는데 처음부터 사람을 놀라게 한다. 내가 접속한 글렌데일Glendal시에서 개최 중인 이벤트들이 사이트를 열자마자 나온다. 이들 중 한 개가 필자의 눈을 사로잡는다. 내가 자주 가는 멕시칸 식당에서 특별한 과카몰리Guacamole 레시피를 공개하는 이벤트를 한다는 것을 알고 "집사람에게 이야기해 주면 좋아하겠는걸?" 이런 생각을 하며 사이트에 회원가입 버튼을 클릭했다.

회원가입도 간편하다. 페이스북 계정이 있으면 자동으로 회원가입이 된다. 회원 가입을 하자마자 나온 화면은 놀라움의 연속이었다. 필자의 페이스북 친구들이 참석하거나 과거에 했던 이벤트들의 목록이 바로 뜨는 것이었다. 친구들 중에 이번 세미나에 참석하는 사람들도 전부 나온다. 친구들 생활의 단면을 엿보는 것이 이처럼 재미있는 줄은 몰랐다.

사이트에서 세미나 참가 등록을 했다. 그리고는 바쁜 일상으로 돌아갔다. 다음 주 화요일, 이벤브라이트에서 이메일이 왔다. 내가 관심 있어한 과카몰리 이벤트가 이번 주 금요일이란다. 그리고 그와 유사한 주변의 이벤트 정보도 함께 왔다. 참 고마웠다. 잘못하면 집에서 점수 딸 기회를 놓칠 뻔했다. 얼른 이벤브라이트에 접속해서 이벤트 티켓을 구매했다. 그리고 며칠 후 이메일이 또 왔다. 내가 등록한 세미나가 내일이란다. 일정과 약도, 세미나 프로그램을 다시 한 번 리마인드 해주었다. 또 한 번 고마웠다.

몇 년 전 이야기다. 나와 이벤브라이트와의 관계는 그렇게 시작되었다. 그 뒤 이벤브라이트는 필자를 꼼꼼하게 챙겼다. 내가 좋아할 만한 이벤트, 내가 관심있어 할 이벤트들은 물론 페친들이 좋아하는 이벤트도 권유했고 나도 열심히 반응했다. 그러면서 이벤브라이트는 어느새 내가 뭘 원하는지 알고 있는 세심한 친구가 되었다. 이 친구와는 좀 오래갈 것 같다. 내가 이벤브라이트에 이렇게 애정을 갖게 된 이유는 무엇일까?

■ 울트라니치 전략의 재발견

'서울대 소비자트렌드분석센터'에선 2014년에는 초세분시장을 의미하는 '울트라니치Ultra niche'가 새로운 트렌드라 했다김난도와et al., 2014. "세분시장을 더 잘게 쪼개야 한다"고 했다. "고객의 세분화속도는 더 빠르기 때문"이란다. 그리고 이 초세분시장에 진입하려면 '고객과의 관계'를 만들어서 '기업과 파트너'를 만들어야 한다고 했다. 이런 개념에 대해 전혀 고려한 적이 없는 기업들에게는 공감이 가는 이야기일 것이다. 그렇지만 핸디캡 기업들에게는 울트라니치의 정의보다는 그 내용 속에 등장한 '마이크로 니즈micro needs'에 대한 이해가 더 중요한 것 같다. 왜냐하면 울트라니치ultra niche라는 개념을 새로운 트렌드로 제시한 취지는 이해가 가나 사실 울트라니치는 전혀 새로운 개념은 아니기 때문이다.

초세분시장의 역사는 수천 년이 넘었다. 옛날부터 진귀한 상품들의 고객은 매우 한정적이었다. 가장 대표적인 것이 명품이다. 나는 우연히 '밀리어네어페어Millionaire Fair'라는 행사를 참관할 기회가 있었다. 이 행사는 2007년부터 모스코바와 상하이 등지에서 몇 년간 개최되었다. 여기에는 면세점들이나 로데오거리Rodeo Boulevard에서도 구경할 수도 없는 정말 초명품들만 선보였다. 2억 원이 넘는 노키아사의 베르투VERTU 핸드폰, 10억 원이 넘는 중국의 사자 개, 개인용헬기, 1억이 넘는 악어가죽 자켓, 세계에서 가장 비싸다는 코냑인 루이 13세 중에서 전 세계적으로 786병밖에 없는 블랙 크리스털 에디션. 이런 것들이니 그 행사장 안에 들어 볼 수 있다는 것만으로도 큰 호사가 아닐 수 없다. 그 행사에 출품한 모든 기업들은 한결같이 마이크로 타케팅을 한다고 했다. 그들의 이야기를 들어보면, 울트라니치Ultra Niche가 아니라 수퍼울트라니치 전략을 생각하고 있었다. 어차피 그들이 상대할 사람들은 정해져 있고 다른 사람들에겐 어차피 보여 줄 필요도 없기 때문이다.

초세분시장은 소상공인들에게 이미 매우 익숙한 개념이다. 우리가 흔히 말하는 '동네장사'는 모두 초세분시장 전략으로 승부를 걸고 있다. 고객과의 관계는 그들에게 생명 줄이다. 단골고객들은 그들에게 파트너 이상이다. 고객들은 돈이 없어도 혀를 내밀고 손가락으로 한번 긋는 시늉만으로도 외상구매를 할 수 있고, 당일 팔다 남은 물건은 종종 이웃과 나누거나 단골고객들에게 덤으로 제공된다. 이를 두고 우리는 조상 때부터 '세상인심'이라 했다. 과연 어떤 마케터가 '세상인심 시장' 보다 더 시장을 잘게 나눌 수 있을까?

초세분시장전략의 성공사례로 '마이 버락 오바마My Barack Obama 캠페인'을 소개했지만 이 캠페인은 기술로 보자면 개인화 솔루션이 탑재된 수많은 앱과 사이트의 모작 정도다. 정치 메시지를 타겟에 따라 커스터마이즈customize 했다는 것을 제외하고는, 등록자의 개인 정보에 맞춰 홍보물을 달리하는 것은 그렇게 새로운 아이디어는 아니다. 군인화장품이 숨은 니즈를 찾은 성공사례로 소개되었다. 이 화장품들 역시 미군들이 오래전부터 군수물자로 사용해오던 물품이다. 숨은 니즈까지 찾았다고 놀라기엔 무리가 있다. '새로운 니즈로 변형'했다는 '슈샤이너, 자동차 튜닝' 등은 모두 우리 주변에 이미 친근한 상품들이다. 오래전부터 을지로의 구두 골목에 가면 헌 구두가 새 구두로 변신하는 마술을 경험할 수 있으며, 장안동에 가면 튜닝 수준이 아니라 자동차 성형 수준의 튜닝 샵들이 즐비하다. 울트라니치 전략은 새롭게 오고 가는 개념이 아니라 이미 우리 생활의 일부로 자리 잡고 있는 개념이다.

그러나 김난도의 연구는 대단한 발견을 하고 있다. 김난도는 울트라니치 전략의 근거를 '경쟁심화와 국경의 와해"에서 찾고 있다. 지금은 경쟁의 끝이 어딘지를 모를 무한 경쟁 시대다. 우리가 상상하는 모든 제조기술은 더 이상 특별한 기술이 아니다. 돈만 있으면 누구나 다 만든다고 한다. 이제 3D프린터까지 나와서 제조의 근간을 흔들 기세다. 정말로 오바마가 행했던 마이크로 리스닝micro listening을 통해 소비자의 미세한 니즈까지 접근하지 않으면 차별화 전략 자체가 수립되질 않는 그런 시대가 온 것이다.

그런데 과거에는 시장의 사이즈가 문제였다. 이런 미세한 니즈를 충족해주는 시장을 발견 하더라도 그 시장에선 규모의 경제를 만들 수가 없어 사업성을 찾기가 힘들었던 것이다. 그러나 시장 간의 국경이 와해가 되면서 시장규모의 문제가 해결되었다. 이제, 시장은 글로벌이다. 글로벌 시장에서는 울트라니치를 만족시키는 '특이'한 상품도 규모의 경제를 이룩할 가능성이 있기 때문이다.

예를 들어, 앞에서 소개한 멜사엔더그의 초대형 동물 인형의 경우, 미국시장보다 한국시장이 더 크다고 한다. 미국시장에서는 울트라니치를 겨냥한 상품일 수도 있지만 한국에서는 대중적인 인기를 끌었기 때문이다. 한류 시장에도 이런 현상을 많이 볼 수 있다. 유명가수 태진아의 아들 '이루'는 인도네시아에선 국민가수 대접을 받는단다. 그룹 제이엔제이는 우리나라보다 일본에서 더 인기가 많다고 한다. 이런 맥락에서 보면, 김난도의 "현미경과 망원경, 만화경"은 유용한 발견 도구이다. 그의 발견 도구들은 핸디캡 마케팅에서 리마커블한 제품을 만드는데 많은 아이디어를 제공한다.

■ **간택전쟁**

그러면 울트라니치ultra niche와 마이크로니즈micro needs는 어떤 것이 비슷하고 어떤 것이 다를까? 두 용어 다 가능한 한 잘게 쪼갠 작은 시장을 대상으로 한다는 점은 같다. 그러나 울트라니치에는 누군가를 목표로 한다는 기업 중심의 사고가 내재되어 있다. 마이크로 니즈 전략은 정 반대다. 고객이 먼저 원해서 기업을 선택하는 것이다. 기업이 주체가 되는 것이 아니라 고객이 기업을 먼저 세분화하고 타게팅하는 역

마케팅reverse marketing을 전재로 한다.

요즘, 마케팅의 큰 이슈들 중 하나는 '무정형성 고객amorphous customers'이다. 과거엔 고객을 사회경제적 측면이나 심리적 또는 라이프 스타일의 틀 안에서 어느 정도 파악할 수 있었다. 지금은 아니다. 기업보다 우월한 정보를 지원하는 각종 기기들로 무장한 지금의 고객들은 기업의 분류 망을 비웃고 있다. 가전제품 매장 앞에서 스마트폰으로 가격비교 앱을 가동하고 있는 소비자 앞에서 기업이 할 수 있는 일은 많지 않다. 이제는 기업이 고객을 분류하고 선택하는 시대가 아니라 고객에게 간택되어야만 생존하는 시대가 된 것이다.

간택이란 용어를 사용한 것은 재미로 한 것이 아니다. 소비자들에게 넘어간 마케팅 권력에 대해 보다 절실한 이해가 필요하기 때문에 이 용어를 사용한 것이다. 선택은 누구나 할 수 있지만 간택은 권력자만 할 수 있다. 소비자들이 권력자가 되어 있음을 마케터들은 명심해야 한다. 기업이 보다 많은 소비자들에게 간택되려면 고객의 미세한 니즈를 꼼꼼하게 챙겨야 한다. 지금 세상은 기술과 품질, 가격은 평준화가 되었다. 이제, 차별화로 승부할 수 있는 길은 고객의 미세한 니즈를 반영하는 길밖에 없다. 이렇게 해서 개발된 제품은 그 세심한 니즈를 가진 고객들에게 먼저 다가가고 지속적인 시장 확대에 니설 수 있는 것이다.

핸디캡 기업이 적은 자본과 부족한 마케팅 지식으로도 대결할 수 있는 울트라니치시장에서는 핸디캡 기업들이 여러모로 유리한다. 그중에서도 핸디캡 기업의 가장 큰 장점은 소비자들과 가장 가까운데 있다는 것이다. 규모가 큰 기업은 소비자를 정보의 레벨에서 밖에 볼 수 없지만, 핸디캡 기업은 이들을 지식의 차원에서 볼 수가 있다. 이런 차이만 놓고 본다면, 대기업은 핸디캡 기업을 이길 수가 없다. 소비자 정보는 획일화된 분류와 정형화된 방법론만 존재하지만 고객 지식은 창의적인 문제 해결이 수반된다. 핸디캡 기업이 소비자의 미세한 니즈를 발견하고 창의적으로 문제 해결을 해 줄 수 있는 능력을 가질 때, 생존과 지속적 성장이 보장되는 것이다. 그러면 핸디캡 기업은 어떻게 소비자에 대한 지식을 보유할까?

답은 마이크로 리스닝을 할 수 있는 '미세 접점'에 있다. 핸디캡 기업은 큰 기업들 보다 '미세접점'을 더욱 쉽게 만들 수 있다. 이 미세접점에서 얻는 정보를 연결하면 고객에 대한 지식이 형성되는 것이다. 내가 경험한 이벤브라이트 www.eventbrite.com의 감동스런 서비스도 그들이 초기 벤처시절부터 고객들의 세심한 니즈를 배워 나가고 적용시켜 나간 데 그 비밀이 있었다. 그래서 이벤브라이트를 보면 딱 한 가지가 돋보인다. 바로, 고객서비스 전화번호다. 이벤브라이트는 연중무휴로 고객서비스 전화를 24시간 열어 놓고 있다. 실제로 전화해 보면, 바로 받는다. 고객의 전화만큼 좋은 접점이 없기 때문이다. 이 접점을 통해 그들은 고객들의 마이크로 니즈들을 항상 배워나가고 채워주고 있다. 그래서 이 서비스는 고도의 디테일 서비스가 살아 있는 이벤트 운영 사이트가 된 것이다.

■ 다시 한 번 소리로 승부 낸 중고 벤처

2003년 CES, 한국의 한 벤처기업에 전 세계의 관심이 모아졌다. 이 회사는 미국에 진출한 지 6개월 만에 MP3 플레이어 시장에서 1위를 차지하고 세계 시장에서는 25%의 점유율을 기록했다. 바로 아이리버다. 당시 아이리버는 그야말로 혁신의 아이콘이었다.

그러나 아이리버의 신화는 오래가지 못했다. 마술 같은 디자인으로 시장을 독식하기 시작한 애플의 아이팟 앞에 무릎을 꿇었고, 잡스의 아이폰 앞에 완전히 두 손을 들었다. 그 후, 네비게이션, 태블릿 등으로 시류를 따라가 봤지만 아이리버는 그대로 침몰하는 듯했다. 다시 핸디캡 기업으로 돌아간 것이다. 이때 아이리버는 배수진을 쳤다. 더 강해질 새로운 패러다임을 선택했다. 여기서 무너지면 그대로 사라지는 것이었다.

　소리로 성공했던 회사다운 선택을 했다. 아이리버는 '초고음질 휴대용 뮤직 플레이어'를 개발한 것이었다. MP3로 대표되는 뮤직 플레이어는 아이리버의 뿌리와도 같다. "아이리버의 본 아이덴티티를 저버리지 않을 것"이라고 아이리버 대표는 강조했다. 스마트폰이 빠른 속도로 잠식해가고 있는 MP3 시장 대신 새로운 개념의 초고음질 하이파이 오디오 플레이어로 블루오션을 창출하겠다는 전략을 내놓은 것이다.

　그래서 아스텔앤컨이 세상에 나왔다 이 제품은 마스터 퀄리티 사운드 MQS$^{Master\ Quality\ Sound}$ 재생이 가능한 휴대용 하이파이 오디오 플레이어다. MQS는 음반 제작의 마지막 단계인 마스터링 스튜디오에서 사용하는 초고음질(24비트·192kHz) 음원을 의미한다. 현존 디지털 음원 중 가장 높은 수준의 음원이다.

그림 1. 아스텔 앤 컨 광고

아이리버는 소비자들 중에서도 음질에 민감한 사용자들의 마이크로 니즈를 정조준했다. 전략은 적중했다. 리마커블한 상품이 나온 것이다. 아스텔앤컨은 지금 국내뿐 아니라 현재 일본, 홍콩, 이탈리아, 미국 등 다양한 국가로 수출되고 있다. 또 아이리버는 MQS 파일을 공급하는 사이트 '그루버스'를 운영하면서 초고음질 음향기기 시장 생태계도 구축해가고 있다. 아이리버 부활의 신호탄이 높이 쏘아 올려진 것이다.

아이리버의 재 성공은 뮤직플레이어 소비자들에 대한 오랜 지식이 기반이 되었다. MP3 의 역사를 써 온 아이리버는 현미경으로 본 것처럼 소비자들의 니즈를 쪼개고 또 쪼개서 볼 수 있었고 그들만이 만들 수 있는 새로운 시장을 만든 것이다.

매드캣츠MadCatz도 마이크로 니즈를 공략해 성공한 기업이다. 매드캣츠는 마우스를 만드는 회사인데, 그냥 마우스가 아니다. 게이밍 마우스이다. 매드캣츠의 R.A.T. 9 는 6400DPI 트윈 아이 레이저 센서와 교체 가능한 팜 레스트, 새끼손가락 그립, 무게 및 길이 조절, 6개의 프로그래밍 버튼, 4개의 사용자 DPI 설정, 강력한 매크로 기능을 지원하는 무시무시한 마우스다. 가격은 웬만한 노트북 한 대 값인데도 불구하고 게이머 사이에서는 머스트 아이템이 된 것이다. 매드캣츠는 마우스 시장에서 게이머들의 마이크로 니즈를 발견한 것이다.

마이크로 니즈 전략을 이용하면 매니아 층을 공략할 수 있다. 매니아 층은 이탈이 적고 입소문의 근원지가 되는 사람들이다. 핸디캡 기업이 매니아 층을 고객으로 가지게 되면 그때부터 시장 확산을 위한 기반이 마련되는 것이다. 또한 이 시장에선 고객의 배타적 소유심리를 충족시켜 주는 희소성 효과로 마케팅 비용이 감소하게 되는 것이다.

■ 키 작다고 놀리지 말아요~

 서울대 소비자트렌드 분석센터의 망원경으로 보기 전략도 마이크로 니즈를 찾는데 매우 유용하게 사용된다. 망원경은 멀리 있어서 잘 보이지 않는 사물을 당겨서 잘 보이게 해주는 도구이다. 이 망원경으로 시장을 보면, 이전에는 소비주체가 이어서 또는 굳이 필요할 것 같지 않아서 안보이던 시장이 보이기도 한다. 김난도는 이를 '줌인 마케팅'이라 칭했다.

 망원경으로 이전에는 보지 못했던 마이크로 니즈를 발견해서 지금은 연간 200억 원 이상의 매출을 올리는 패션쇼핑몰이 있다. '키 작고 평범한 사람도 멋있어질 수 있다'는 컨셉트로 대한민국 평범한 남성들을 사로잡은 '붐 스타일'(www.boom-style.com)의 운영자들은 자신들처럼 "키가 작고 평범한 남자들도 멋있어질 수 있다"는 걸 컨셉트로 잡았다. 이 쇼핑몰 모델들은 키가 169~173㎝ 정도다. 대부분의 유명 쇼핑몰들이 비주얼이 좋고 키가 큰 모델들을 기용하는 것과는 반대이다. 운영자들은 "키 작은 남성들에게 희망의 메시지를 전달하고 싶었고, 고객들에게도 그런 진심이 통했던 것 같습니다."고 한다.

 주요 고객층 역시 키가 작고 몸집이 왜소한 20~30대 남성들이라고. 옷을 사면 늘 바지 길이를 수선해야 했던 이들에게 붐 스타일의 옷은 그런 번거로움을 덜어주고 있다.

 망원경은 유통시장을 찾아내는데도 큰 도움이 되었다. 요즘 시장에서 아무리 불황이라고 해도 독야청청 잘 나가는 쇼핑몰이 있다. 아니, 이 쇼핑몰은 불황이 되어야 더 잘나간다. 우연히 이 쇼핑몰에 대한 이야기를 뉴스에서 보고 나도 그 쇼핑몰을 방문하자마자 거금 10만 원 이상의 구매를 했다.

 그 상점은 바로 '떠리몰'이다. 떠리몰은 '떨이'라는 상인들의 용어와 '상점mall'의 합성어다. 떠리몰은 유통기한이 얼마 남지 않은 식품은 소비자 가격 대비 최대 90%까지 할인 판매한다. 유통기한이 임박했다고 해서 하자가 있는 물품은 아니다. 떠리몰은 평균 유통기한이 3개월 정도 남은 제품을 판매한다. 떠리몰에는 일반적으로 유통기한이 1개월 이상 지나도 섭취 가능한 올리브유, 초콜릿, 견과류, 스낵 등의 식품이 주를 이룬다.

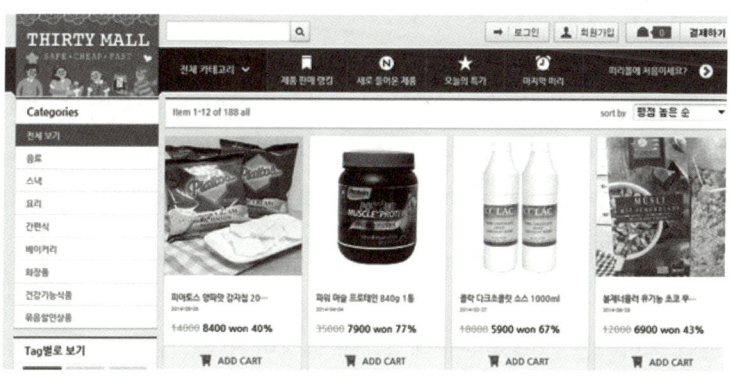

그림 2. 떠리몰 웹사이트

 떠리몰은 망원경으로 당기듯이 사람들이 보지 못했던 유통기한과 식품과의 연관관계를 전략으로 삼았다. 유통기한이 임박한 제품들을 주 아이템으로 선택한 것은 많은 사람들이 유통기한의 진정한 의미를 알고 있다는 조사에서 시작되었다. 아직 핸디캡 기업인 떠리몰의 대표는 "유통기한 임박상품이라도 할인율이 높으면 얼마든지 구매의사가 있다는 소비자들의 마이크로 니즈를 포착했기 때문"에 이 사업을 시작했다고 한다.

■ 연예인들도 '직찍'으로 자랑하는 휴대폰 커버

김난도가 제시 한 세 번째 전략은 만화경으로 보는 전략이다. 당신은 만화경을 사용해 본 적이 있는가? 만화경으로 세상을 보면 초현실적으로 문양이 나타났다 사라지며 황홀감을 준다. 만화경 기법은 마이크로 니즈의 재발견을 통해 리마커블한 제품을 만들어 내는 전략이다.

늘 특별한 것을 갖고 싶어 하는 사람들이 있다. 그래서 그들은 명품 구두와 백과 자동차를 구매한다. 그런데 그들도 남들과 똑같은 물건을 가져야 하는 것이 한 가지 있다. 바로 스마트폰이다. 더욱이 스마트폰은 하루 종일 함께해야 하는 물건인데도 말이다. 그동안 스마트폰에 특별한 장식을 하기 위해 많은 것들이 출현했다. 폴더는 수업이 많이 나왔고, 명품회사의 파우치도 많이 나왔다.

이런 스마트폰 커버시장에 혜성같이 등장하여 특별함을 원하는 사람들을 감동시킨 상품이 있다. 바로 '엘도노반EI Donovan'이다. 현대백화점 명품 편집숍 '로얄마일'에 입점되어 편집숍 내 매출 1위를 달성한 엘도노반은 불황을 모르고 월 매출 5,000만 원 이상 실적을 올리며 매출 상승 곡선을 그리고 있다. 엘도노반은 국내보다 일본 유명 편집숍 빔스 BEAMS에 먼저 입점해 3일 만에 완판되는 '신생 브랜드 신화'의 업적을 그려낸 브랜드다.

엘도노반의 악어가죽은 루이비통사의 자회사인 싱가포르 '행롱사'에서 제작하기 때문에 구찌, 루이비통, 에르메스와 같은 가죽피로 제작된다. 에르메스와 비교했을 때 상대적으로 덜 비싸면서 외국 명품 느낌이 나기 때문에 소비자들의 구미를 더욱 당긴다. 결국 스마트폰 커버에 대한 니즈를 만화경에서 본 세상처럼 황홀하게 재발견한 것이다.

편집숍 입점 브랜드를 선정하던 국내 백화점들은 해외 시장조사를 하던 국내 MD를 통해 엘도노반의 잠재 가능성의 점유율과 퀄리티를 캐치해 한국에 입점시켰다. 해외에서 먼저 알려져 유입된 타 브랜드들과는 다른 엘도노반의 가격 책정 부분도 한 몫 거들었다. 해외보다 국내에서 더 저렴하게 구입할 수 있기 때문에 씀씀이를 아끼는 똑똑한 소비자들을 사로잡을 수 있었던 것이다.

게다가 국내 삼성 제품 애니모드와의 협업으로 공동 브랜드 판매를 하고 있어 독창적인 유통망을 지녔다는 것에서 소비자들은 우월함을 느낄 수 있다. 엘도노반 이성원 대표는 "현재 애플과 삼성 제품의 휴대폰 케이스를 동시에 취급하는 회사가 많지 않기 때문에 수출도 유리하다."고 한다.

핸디캡 마케터들이 가장 많이 하는 말 중에 하나가 불황이라서 힘들다는 것이다. 그러나 진정한 기회는 불황에 찾아온다. 핸디캡 마케터는 모집이 가벼워 매우 유연한 의사결정과 마케팅 전략을 수립할 수 있고, 고객과의 접점에 있기 때문에 마이크로 니즈를 찾는데 유리하다. 이번 챕터에서도 고객의 마이크로 니즈를 찾아 재품을 혁신하고 성공의 반열에 오를 수 있는 방법 세 가지를 소개했다. 이 전략들을 전개 하는데 있어 가장 주의해야 할 것은 실현 가능성과 확장 가능성이다. 이를 알아보기 위해선 많은 조사가 필요하고 사업을 실행에 옮기기 위해선 탄탄한 기획이 필요하다.

요약

지금은 경쟁의 끝이 어딘지를 모를 무한 경쟁 시대다. 우리가 상상하는 모든 제조기술은 더 이상 특별한 기술이 아니다. 돈만 있으면 누구나 다 만드는 세상이 된 것이다. 이제 3D 프린터까지 나와서 제조의 근간을 흔들 기세다. micro listening을 통해 소비자의 미세한 니즈까지 접근하지 않으면 차별화 전략 자체가 수립되질 않는 그런 시대가 온 것이다.

과거에는 미세 시장의 사이즈가 문제였다. 이런 미세한 니즈를 충족해주는 시장을 발견 하더라도 그 시장에선 규모의 경제를 만들 수가 없어 사업성을 찾기가 힘들었던 것이다. 그러나 시장 간의 국경이 와해가 되면서 시장규모의 문제가 해결되었다. 이제, 시장은 글로벌이다. 글로벌 시장에서는 울트라니치를 만족시키는 '특이'한 상품도 규모의 경제를 이룩할 가능성이 열렸다.

울트라니치ultra niche와 마이크로니즈micro needs는 가능한 한 잘게 쪼갠 작은 시장을 대상으로 한다는 점은 같다. 그러나 울트라니치에는 누군가를 목표로 한다는 기업 중심의 사고가 내재되어 있는 반면 마이크로 니즈 전략은 정 반대다. 고객이 먼저 원해서 기업을 선택하는 것이다

소비자들이 권력자가 되어 있음을 마케터들은 명심해야 한다. 기업이 보다 많은 소비자들에게 간택되려면 고객의 미세한 니즈를 꼼꼼하게 챙겨야 한다. 기술과 품질, 가격이 평준화된 세상에서 차별화로 승부할 수 있는 길은 고객의 미세한 니즈를 반영하는 길밖에 없다. 이렇게 해서 개발된 제품은 그 세심한 니즈를 가진 고객들에게 먼저 다가가

고 지속적인 시장 확대에 나설 수 있는 것이다.

답은 마이크로 리스닝 을 할 수 있는 '미세 접점'에 있다. 핸디캡 기업은 큰 기업들 보다 '미세접점'을 더욱 쉽게 만들 수 있다. 이 미세접점에서 얻는 정보를 연결하면 고객에 대한 지식이 형성되는 것이다. 언급한 이벤브라이트 www.eventbrite.com의 감동스런 서비스도 그들이 초기 벤처시절부터 고객들의 세심한 니즈를 배워 나가고 적용시켜 나간데 그 비밀이 있었다.

마이크로 니즈 전략을 이용하면 매니아 층을 공략할 수 있다. 매니아 층은 이탈이 적고 입소문의 근원지가 되는 사람들이다. 핸디캡 기업이 매니아 층을 고객으로 가지게 되면 그때부터 시장 확산을 위한 기반이 마련되는 것이다. 또한 이 시장에선 고객의 배타적 소유심리를 충족시켜 주는 희소성 효과로 마케팅 비용이 감소한다.

떠리몰은 망원경으로 당기듯이 사람들이 보지 못했던 유통기한과 식품과의 연관관계를 전략으로 삼았다. 유통기한이 임박한 제품들을 주 아이템으로 선택한 것은 많은 사람들이 유통기한이 임박한 상품이라도 할인율이 높으면 구매 의사가 있다는 소비자들의 마이크로 니즈를 포착했기 때문이다.

늘 특별한 것을 갖고 싶어 하는 사람들도 남들과 똑같은 물건을 가져야 할 때가 있다. 스마트폰의 경우가 한 예이다. 수많은 핸드폰 케이스가 쏟아져 나오지만 특별함을 인정받고자 하는 그들의 눈에 들리 없었다. 엘 도노반은 그들의 특별함을 증거할 수 있는 핸드폰 케이스로 당당히 간택을 받았다.

핸디캡 마케터는 모집이 가벼워 매우 유연한 의사결정과 마케팅 전략을 수립할 수 있고, 고객과의 접점에 있기 때문에 마이크로 니즈를 찾는데 유리하다. 마이크로니즈 전략들을 전개 하는데 있어 가장 주의해야 할 것은 실현 가능성과 확장 가능성이다. 이를 알아보기 위해선 많은 조사가 필요하고 사업을 실행에 옮기기 위해선 탄탄한 기획이 필요하다.

자료출처

그림 1. http://www.ellotte.com/selectitem/goodsDetail.ldpm?goodsNo=10413461
그림 2. http://www.thirtymall.com/

참고문헌

김난도, 전영미, 이향은, 이준영, 김서영, 최지혜 (2014), "트렌드코리아 2014," 미래의 창, pp. 217~237

••• 리부팅 전략
Rebooting Strategy

■ 불편함이 반가운 신상 TV

'어! 이거 뭐야, 옛날 TV아냐? 순간 "드르륵, 드르륵" 다이얼 돌아가는 요란한 소리가 들리고 치 이익~ 하던 흑백 TV의 화면이 떠오른다. 가끔씩 들르는 전자제품 전문매장 한 켠에 옛 추억을 자극하는 물건이 등장했다. 얼마 전에 끝난 '응답하라 1994'에 나왔던 그 TV와

그림 1. LG 클래식 TV

흡사한 껑충한 다리 측면에 나뭇결무늬를 한 복고풍의 '클래식TV'다.

"씨, 형은 맨날 나만 시켜" 따뜻한 아랫목에서 TV를 보고 있다가 다른 채널을 돌리라는 필자의 말에 동생은 짜증스럽고 못마땅한 표정으로, 엉금엉금 기어가 윗목에 자리잡은 다이얼을 돌리곤 했었던 모습이 떠오르며 입가에 옅은 미소가 떠오른다.

신기해서 다가가서 보니 모양은 클래식이지만 기능은 초현대식이다. Full HD LED 화면에 USB를 직접 TV에 꽂고 동영상이나 사진을 보거나 음악을 직접 재생할 수도 있다. 색상도 어디에 두어도 무난한 흰색과 크림색이다. 가격은 같은 크기의 일반 HD TV의 30~40% 이상 더 비싸다. LG의 클래식 TV는 이전의 브라운관 TV에 이어 이번이 두 번째이다. 과거의 디자인을 현대적으로 재해석한 것으로 식구가 작은 1인 가구에 어울릴법하다.

우리의 주변에는 어느새 많은 옛것들이 새로운 모습으로 다가와 있다. 영화와 TV에서는 80~90년대를 재조명하고, 조금은 거칠고 가끔은 튀기도 하는 LP 레코드판의 판매가 서서히 늘고 있다. 먹거리 또한 예외가 아니어서 고구마가 피자 속에 채워지고, 두툼하고 큼직했던 떡은 조그맣고 앙증맞은 모습으로 여행객을 유혹한다. 새마을식당, 솥뚜껑삼겹살, 연탄불구이, 짚숯불고기 등, 신세대들은 이런 것들이 본디 어디에 사용되었던 것들인지 알까?

■ 아늑한 침실? 보기만 하세요!

아빠 저 의자하고 침대 뭐로 만든 거야? 딸의 질문에 아빠는 "응, 마른 풀을 잘라서 만든 것 같은데……" 자신 없는 대답에 아이는 바싹 다가서 살펴본다. 이내 어린 딸아이는 한껏 흥분된 목소리로 "아빠, 풀이 아니라 국수야, 국수!"하며 외친다.

그림 2.:조영묵의 작품 '커뮤니케이션'

아빠와 딸이 미술관에 나들이 나왔다. 나풀거리는 카펫에 위에 놓여 있는 국수로 만든 의자와 침대를 보면서 연신 신기한 듯 눈을 못 뗀다. 먹는 용도로만 알았던 국수가 훌륭한 작품으로 변한 것이다.

그러고 보니 여기저기 전시된 설치 작품들도 우리 주변에서 쉽게 볼 수 있는 것들이 많다. 담배꽁초를 이용한 작품, 등산갈 때 손에 꼈던 손바닥이 빨간 목장갑, 거미줄같이 투명한 실 등. 일상생활에 사용되던 것들이 이렇게 훌륭한 작품의 용도로 변한다.

탈모는 겪어보지 않고는 그 고충을 알기 어렵다고 한다. 이러한 탈모증 환자의 심리를 이용한 샴푸나, 한약 성분의 발모제가 많이 나와 있지만, 과학적으로 그 효과가 입증된 발모제의 하나가 '프로페시아 Propecia'다. 프로페시아는 원래 전립선 비대증 치료제로 개발되었다. 그런데 시판 초기에 대머리에서 머리가 나는 예상외의 부작용이 발견되어 발모제로 용도 변경된 것이다.

브랜디의 역사 또한 우연한 발견이었다. 주류에 붙는 세금은 양에 따라 부과되므로 세금도 줄이고 물도 제거하기 위해서 와인을 끓였는데, 끓인 와인을 장시간 운반하는 도중 농축된 것을 마셔보니 그 맛이 기가 막혀 브랜디로 탄생한 것이다. 우연한 발견으로 용도를 새롭게 하거나, 아예 새로운 카테고리를 만든 것이다.

원래의 용도를 벗어난 제품이나 서비스는 사람들의 입에 쉽게 회자되면서 리마커블한 제품이 탄생한다. 서울광장은 평상시에는 집회의 장소로 겨울철에는 스케이트장으로 변한다. 홍천의 대명 콘도의 스키장은 시즌 오프가 되면 푸른 잔디밭의 골프장으로 옷을 갈아입는다. 정육점과 식당은 정육식당으로 커피숍은 피톤치드phytoncide향이 강한 삼림욕장이 되기도 한다.

■ 안생기고, 영어로 노래 안 해도 국제가수

2012년 12월 한 해를 마무리하는 회사 동료와 가족이 참여한 가운데 송년의 밤이 개최되었다. 모임이 열리는 '파티오 9'에 입장하자 막내 직원들이 부서별 책임자에게만 조그만 반짝이가 달려있는 반짝이 양복 재킷을 나누어주며 알듯 모를 듯한 미소를 짓는다.

식사를 마치자 우수사원들에 대한 시상이 끝나고 직원들의 장기자랑에 이어 심사결과를 집계하는 동안 장내는 갑자기 요란한 음악으로 가득찬다. "아뿔싸!" 순간 반짝이 저고리를 건네준 이유를 알 것 같았다. 싸이의 '강남스타일'이다. "반짝이 의상 입으신 분은 모두 무대위로 올라오세요" 사회자의 멘트에 불빛에 유난히 반짝이는 대머리 사장을 포함한 대여섯 명의 중년의 남성들이 단상으로 오른다. 멋쩍은 웃음으로 시작한 말춤, "모두 일어나세요"라는 사회자의 말에 금세 넓은 행사장은 말을 타는 놀이터로 변했다.

이게 다 미국 순회공연을 해서 얼굴을 알리고 영어로 노래를 해야 뜰 것 같다는 고정 관념을 깨고, 아이돌idol처럼 안 생기고 영어노래가 아니어도 세계적인 스타도 떠오른 '강남 스타일'의 싸이 탓이다.

오페라의 문외한에 가까운 나는 오페라는 무지지루하다는 고정관념을 가지고 있었다. 그러나 몇 년 전 LG아트홀에서 공연되었던 '매튜본 Matthew Bourne의 백조의 호수'는 이런 편견을 깨끗이 날려줬다. 가녀리고 섬세한 발레리나 대신 근육질의 상체를 드러낸 수컷 백조가 무대에서서 힘차게 날개짓하고 씩씩한 군무가 지루함을 날려 버린 것이다. 오페라라면 거들떠보지도 않던 아내도 시선을 떼지 못하던 것을 기억한다.

왜 짜장면은 꼭 검어야 하나? 수원의 흰 자장면집 '만빈원'은 블로거들 사이에 회자되면서 인기몰이 중이다. 두루마리 화장지는 왜 하얘야만 하지? 병원의 간호사는 왜 언제나 밋밋한 간호복만 입어야 하나? 스님들은 회색 승복을 벗어 던지고 양복을 입으면 안 되나? 백팩back pack이 아예 달린 등산복은 없을까? 고정관념을 떨쳐내면 리마커블한 제품이 보인다.

이번 장에서는 무심코 접해온 일상의 요소를 재해석하여 핸디캡 기업들의 제품과 서비스를 리마커블하게 할 수 있는지 그 전략을 살펴보고자 한다. 재해석을 통한 리마커블 전략의 설명은 '트렌드 코리아 2014'에서 리부팅 전략이라고 소개한 서울대 소비자 트렌드연구센터의 표현이 더 적절한 것 같아 나는 리부팅 전략으로 소개하기로 한다.

■ 리부팅 전략이란

컴퓨터로 열심히 작업을 하다가 화면이 갑자기 멈춰 공황상태에 빠졌던 경험이 한두 번은 있었을 것이다. '자동저장 설정을 해놓는 건데!" 책상을 치고 머리를 감싸고 후회해도 별도리가 없다. 임시파일이라도 있기를 바라면서 전원 스위치를 누른다. 그리고 다시 켠다. 재부팅 rebooting 하는 것이다.

'리부팅'이란 뭔가를 다시 시작한다는 의미로, 또는 재해석의 의미를 담고 있다. 이번 장에서 다루는 리부팅 전략은 되돌릴 수 없는 과거와 현재 그리고 미래의 시간을 다른 방식으로 해석하여 리마커블한 제품으로 창조하는 것이다. 또한 리부팅 전략은 원래 태어난 모습과 속성 그대로 또는 어느 정도의 변형을 가해서 또 다른 리마커블한 용도로 편익을 제공하는 전략이며 고정된 관념과 편견의 사고의 틀을 깨고 예상치 못한 제품을 창조하는 전략이다.

리부팅 전략이 어떤 상황에서 어떤 형태로 전개되는지 살펴보면서 핸디캡 기업들에게 유용한 아이디어를 제공하고자 하는 것이 리부팅 전략의 목적이다. 재해석할 수 있는 대상은 무한 하나 서두에 밝힌 것처럼 시간, 용도, 사고에 대한 재해석의 전략과 사례를 중심으로 살펴보고자 한다.

"당신에게 경쟁우위가 없으면 경쟁하려고 하지 마라."이 말은 20세기 최고의 기업가 중 한 명으로 꼽히는 잭 웰치Jack Welch 전 GE회장의 말이다. 핸디캡 기업에게 있어서 최초의 경쟁우위를 확보하는 것도 쉽지 않지만 지속적으로 경쟁우위를 창출한다는 것은 더욱 어렵다.

없는 돈과 시간을 들여 새로운 제품과 서비스를 개발했는데 시장에서 반응이 없다면 당신은 치명상을 입을 수도 있다. 새로운 제품과 서비스는 소비자들이 경계심을 풀고 적극적으로 사용하는데까지 어느 정도의 시간과 비용이 들기 때문이다.

포드 '토러스Taurus'는 1980년대 미국을 주름잡던 일본 토요타 캠리Camry, 혼다 어코드Accord 등의 차를 제치고 베스트 셀링카에 올랐던 승용차이다. 그런데 1996년형 신차가 나오면서 그 명성에 금이 간다. 무슨 일이 있었던 것일까? 96년형 토러스의 스타일은 너무 튀었다. 외관이 마치 우주선 같이 변했다. 너무 튀는 스타일에 40~50대는 손을 저었고 젊은 층은 신기해하기는 했지만 살 여력이 없었다. 이와 같이 신제품은 리스크를 안고 있는 것이다.

르노-삼성자동차가 1998년 출시한 첫 번째 차 SM5는 어디서 많이 본듯한 무난한 차였다. 여기에 이미 성능이 검증된 닛산의 엔진이 탑재되면서 소비자들은 의심없이 구매를 하였다. 완전히 새로운 것보다는 이미 친숙한 외관에 시장에서 오랜 기간 명성을 쌓은 VQ엔진이 얹혀지자 소비자들은 쉽게 구매를 결정한 것이다.

만성적인 저성장 시대에 접어든 지금 세상에 없던 것을 새로 만들어 내려 하는 시도는 핸디캡 기업을 더욱 위험에 처하게 할 수 있다. 더욱이 저성장 시대가 오래갈 것이라는 징후는 여러 곳에서 감지되고 있다. 영국의 권위있는 시사경제주간지 이코노미스트는 지난해 7월, 중국, 인도, 러시아, 브라질 등 신흥 시장이 지난 10여 년 간 높은 경제성장률로 세계경제를 견인했지만 그 속도에 제동이 걸리면서 세계각국의 경제성장률은 오랫동안 침체기를 겪을 것이란 전망을 했다.

역설적으로, 이러한 시장 환경의 변화는 핸디캡 기업에게는 초니치마켓을 겨냥하고 핸디캡 마케팅을 통해 리마커블한 제품과 서비스창조를 해야 하는 당위성의 근거를 제공한다.

저성장 시대에 핸디캡 기업이 "소비자에게 익숙한 요소를 찾고 재해석하여 새로운 가치와 편익을 제공하는 리마커블한 제품과 서비스를 창조할 수 있는 방법의 하나가 리부팅 전략"인 것이다. 익숙한 것에 대해 소비자는 훨씬 더 쉽게 받아들이고 그리고 더 자주 얘기하며 당신의 제품과 서비스를 더욱 리마커블하게 만들어 줄 것이기 때문이다.

■ 시간의 재해석

　시간의 재해석이란 옛것을 오늘날의 소비자 니즈에 적합하도록 바꾸거나 또는 오늘날의 현대적인 감각을 입혀 리마커블하게 재창조하는 방법이다. 과거로부터 전해져 오는 상품들이 본원적인 기능을 유지하면서 그 시대의 기술, 감각, 기술, 등 요소를 가미해 재구성함으로써 확장된 편익을 제공하는 것이다.

　예를 들어, 페달형의 재봉틀은, 손재봉틀로 다시 전기 재봉틀로 바뀌었다. 또한 집에서 흔히 쓰는 도마는 목재에서 반투명의 실리콘 도마에서, 다시 주방형 개량도마로, 지금은 항균도마로 진화하고 있다. 설이나 추석 명절이면 등장하는 마당놀이는 고전적이었던 판소리를 현대적인 감각으로 재해석하여 다양한 연령층으로부터 호응을 얻고 있다.

　이와 같이 연속적인 형태로 시간을 해석하는가 하면 어떤 특정시점의 과거를 잘라내어 현대적인 요소를 가미하여 혼합기에 돌린 후 풀어놓는 식이다. 학창 시절의 풋풋한 첫사랑을 생각나게 하는 영화 건축학개론, 40대의 향수를 자극하는 '응답하라 1994 등은 한참 전에 찍어놓았던 흑백 필름의 영화를 세월이 한참 흐른 후 진화한 기술로 색깔을 입히고 주인공을 바꿔 되돌려보는 느낌을 갖게 한다.

　그 시절 그 사건으로 대변되는 영화 '살인의 추억' '그놈 목소리' '변호사' 등 나쁜 추억마저도 몇 가지의 사실과 창의력, 발전한 영화 기법 등이 결합해 소비자의 지갑을 열고 과거의 '그때 그 시절'을 회상하게 한다. 노령인구가 늘어나면서, 그리고 사회 구성원의 심리적 불안과 갈등이 커지면서 과거를 추억하며 심리적인 불안을 치유하고자 하는 제품과 서비스는 생각보다 오래 지속될 것이다.

■ 용도의 재해석

용도의 재해석이란 원래 의도했던 것과 다른 용도로 사용하여 리마커블을 창조하는 방법이며 용도의 재해석은 다시 우연적 용도의 재해석과 의도적 용도의 재해석으로 구분할 수 있다. 먼저 우연적 용도의 재해석이란 연구개발 과정 또는 사용과정에서 원래의 목적과는 다른 예상치 못했던 특성이 발견되어 용도를 전환하는 경우이다. 위에서 예를 든 프로페시아, 플레밍의 페니실린, 비아그라, 코카콜라, 브랜디, 코르크 스크류, 고무찰흙, 포스트 잇, 버블랩bubble wrap 등은 모두 우연히 또는 원래의 의도와 다른 부작용이나 특성이 발견되어 용도가 바뀌게 된 것들이다.

반면에 의도적 용도의 재해석이란 기존의 것을 새로운 요구에 맞도록 고치거나 속성을 결합하여 새롭게 발생한 니즈에 맞는 가치를 창조하는 것이

그림 3. 골프 공 세트

다. 예를 들어 인터넷은 원래 1969년 미국방성에서 군사적인 목적으로 개발한 것이었으나 민간으로 이양하면서 폭발적인 디지털 혁명을 이끄는 도화선이 되었다.

우리가 흔히 말하는 재활용 또한 용도의 의도적 해석의 산물이다. 쉬운 예로 골프공은 욕조의 고무마개 대용으로 쓰일 수도 있고 화분의 흙받기 공으로 쓸 수도 있다. 이것이 너무 평범하고 지루한가? 그렇다

면 골프공으로 3종 경기용 공을 만드는 것은 어떤가. 골프장에서 미식축구, 야구, 농구의 기분을 느끼고 싶은가 그렇다면 아마존을 방문하라. 낡은 청바지를 반으로 싹둑 자르기만 하면 반바지가 된다. 용도의 재해석은 다른 용도로 바꾼다는 의미의 '리퍼포징repurposing'이라는 단어로도 통용되고 있다.

■ 사고의 재해석

고정관념이란 고정된 생각을 말한다. 소비자의 고정관념은 오랫동안 고착화되어 내면에 자리 잡고 있기 때문에 이들을 설득하려 해서는 안 된다. 그 대신 소비자들이 스스로 고정관념과 편견을 깰 수 있는 리마커블한 상품이 필요하다. 가장 쉽고 빠른 방법은 당연하게 생각해 왔던 것을 비틀고 뒤집어 새롭게 해석하여 별종을 만드는 것이다.

석유고갈을 염려한 두바이 Dubai는 세계적인 관광지로 거듭나기로 한다. 인공 섬을 만들기로 하고 실무자들이 머리를 짜냈지만 원모양의 인공 섬으로는 관심을 끌기도 어려울 뿐만 아니라 해안선을 늘리기도 어려웠다. 이때 왕세자 모하메드는 야자수 모양의 섬을 만들 것을 지시한다. 2006년에 착공하여 2008년 완공된 '팜 아일랜드Palm Island'는 공사가 시작되기도 전에 분양이 완료되었다.

별종이 되면 사람들은 궁금해하고 입소문을 통해 퍼져나간다. 리마커블한 제품과 서비스가 탄생하는 것이다. 그런데 이 별종은 그냥 비틀어진 것만으로는 안된다. 이전 상품보다 더 많은 편익 제공이 전제되어야 한다.

■ 트렌드는 기회다

얼마 전에 TV를 보던 아내가 빨리 와서 TV를 좀 보라고 성화다. 도마와 칼을 파는 홈쇼핑 광고였다. 당시 사용하던 도마는 반투명의 실리콘 재질로 이미 많은 칼자국이 표면을 덮고 있었다. 주방용 칼 또한 싱크대와 붙은 수납장 안에 먼지 앉은 칼꽂이에 넣어두고 쓰고 있었다. 도마 하나에 갈치, 생선, 야채도, 그리고 과일도 모두 올라갔기 때문에 말은 안 했지만, 사과를 베어물면 가끔씩 비릿한 냄새가 돌기도 했다.

그림 4. 셀마 푸드 파레트

아내를 유혹하는 TV 속의 도마는 야채용/과일류, 육류용, 생선용, 조립음식용 등으로 나뉘어 있을 뿐만 아니라, 칼도 거기에 맞추어 전용으로 구성되어 있다. 휘어지기 때문에 자르고 남은 찌꺼기를 쉽게 쓰레기봉투에 넣을 수도 있고 끓는물에 삶을 수도 있다. 칼 또한 도마와 같은 색상의 손잡이와 용도에 맞는 칼날로 구성되어 더 이상 칼의 혼용으로 인한 잡냄새를 걱정하지 않아도 된다. 향상된 기능뿐만 아니라 칼을 꽂아놓는 정리대와 도마는 조화를 이루며 칙칙하기 쉬운 주방을 산뜻하게 효과까지 있었다.

'셀마 푸드 팔레트'는 언뜻 보아서는 그 용도를 가늠하기 어렵다. 그런데 이것이 도마라면 그 궁금증은 더 커진다. 잠깐 동안의 설명을 듣고 보니 언제나 주방의 한 켠을 지키는 도마의 변신이 경이롭다. 더구나 그 생김새와 기능이 비범하다.

"수입산 아니야? 이름도 그렇고?" 유명 주방용품 전문업체의 생산품 아닌가 생각될 정도로 디자인이 세련되어 있다. 그러나 국내산 TPU Thermoplastic Poly Urethane 소재에 산뜻한 색상의 국내 순수 브랜드다. '샐마'는 이 회사 제품의 브랜드명으로 세계시장을 노리는 의도가 엿보인다.

'요리도 예술처럼'이란 마음으로 물감을 풀어놓을 때 쓰는 팔레트를 디자인 컨셉트로 잡은 ㈜리빙 아이콘의 주방용 도마와 칼은 질리지 않는 파스텔톤의 색상에 칼집이 생길 것 같은 말랑한 재질, 걸어 놓을 수 있는 정리대까지, 습하기 쉽고, 틈새까지 있어 왠지 미덥지 못하던 위생에 대한 불안감까지 말끔히 정리하며 '리마커블' 주방용품으로 탄생했다.

㈜리빙아이콘은 2008년 6월에 설립한 채 5년도 안 된 벤처기업으로 주방용품을 생산하고 유통하는 회사다. 이 기업의 정경연 대표는 중소기업에서 소싱에 대한 경험을 쌓은 후 현대홈쇼핑에서 주방용품 MD로 일했다. MD시절 우연히 TPU 소재로 만든 주방용품 액세서리를 주부의 입장과 전문가적 입장에 도마로 써보면서 그 가능성을 확신했다고 한다. 절삭감이 너무 좋아서 본격적인 도마용 제품으로 개발하기 시작했고 2011년 팔레트 디자인을 한, 도마세트 '샐마'를 출시했다. 10년 동안 주방용품 시장의 흐름을 몸소 체험하며 쌓은 전문가적 직관력으로 TPU를 도마의 소재로 사용하였고 여기에 파렛트Palette의 형상, 도마 간의 간격을 유지하여 건조상태를 유지하게 하는 걸이 등 디테일이 어우러져 세계 주방용품 시장의 주목을 받고 있는 것이다.

출시 이후, 주방용품 전문잡지는 물론 요리전문지, 여러 박람회에서 뜨거운 반응 받고 있고 이러한 여세를 몰아 2012년에는 인천공항 내 중소기업 전문 매장인 'HIT 500 PLAZA'에 당당히 입성하게 된다. 식재료를 자르는 받침대로써의 본원적 기능은 유지하면서 그 시대가 요구하는 위생문제를 해결할 수 있는 소재, 그리고 감각적인 디자인이 융합되면서 소비자의 마음을 훔칠 수 있는 리마커블한 제품이 탄생한 좋은 사례이다.

■ 또 다른 시간의 해석, 느림의 가치

'새로운 비즈니스의 기회, SLOW' 제목의 SERI보고서는 "IT기술의 발달로 세상이 빠르게 변화하고 있지만 이에 대한 반대작용으로 느림과 여유도 중요한 가치로 부상하며 속도의 경제와 느림의 미학이 공존하고 있다."고 쓰고 있다. 보고서가 나온지 3년이 지난 현재, 예견한 흐름은 이미 우리 생활에 깊숙이 자리 잡고 확산되며 새로운 메가트렌드의 한 축으로 자리 잡고 있다.

'느림의 미학'이 재조명받는 것은 스피드를 지나치게 강조하다 보니 지치셔 놓치고 있는 것들을 돌아보고 되찾자는 움직임 때문이다. 힐링캠프, 힐링푸드, 힐링다이어트, 힐링제품 등은 느림의 가치를 아는 소비자들이 증가하면서 제품의 폭과 깊이는 더욱 넓고 깊어질 것이다. 그 배경에는 느린 것을 생산해도 그에 걸맞는 가치를 인정받을 수 있는 마이크로 니즈 시대가 오고 있기 때문이다.

몰스킨Moleskine은 반 고흐Van Gough나 파블로 피카소Pablo Picasso, 어네스트 헤밍웨이Ernest Hemingway, 브루스 채트윈Bruce Chatwin 등 지난 2세기 동안 예술가와 사상가들이 애용하였던 전설적인 다이어notebook

다. 지금은 시대의 변화에 따라 활동적인 노매딕nomadic 위주의 제품들을 생산하고 판매한다.

그림 5 몰스킨에 그린 수채화

밴드가 달린 공책, 다이어리, 플래너, 백, 필기구, 읽을거리인 저널의 출판 등이 그들이다. 핸드폰이 보급되기 이전에 무엇인가를 읽고 쓰고 이동하기 위한 전형적인 제품들로 이들은 디지털 문명이 아날로그를 급속히 대체하자 한때 퇴조했다가 디지털에 익숙한 사람들이 오히려 아날로그적인 삶에 무게를 두자 글, 그림 등 창조적인 영감을 불어넣을 수 있는 빈 다이어리의 형태로 등장한 것이다.

재미있는 것은 빈 몰스킨 다이어리는 문구점에서 팔려야 할 빈 공책이지만 서적으로 분류되어 서점에서 구매할 수 있고, 구매할 때는 정가이나 채워진 몰스킨 다이어리는 구매하려는 소비자가 있는 경우, 가격을 매겨 그 가치를 부여한다는 것이다. 몰스킨은 1년에 약 천만 개가 팔려나간다. 대부분이 미국이고 나머지는 세계 60여 개 국의 선물가게와 서점에서 팔리고 있다(James Harkin, 2014).

몰스킨에 대한 관심이 높아지면서 찬양일색인 웹사이트들이 생겨나기 시작하고 있다. 가장 인기 있는 웹사이트인 몰스키너리닷컴 www.

moleskinerie.com에는 하루에도 수천 명의 새로운 방문객들로 붐비는 곳이다. 누구한테 듣고 충동구매한 사람부터 제법 익숙해져 스케치나 그림을 그릴 때 좋은 펜과 붓을 문의하고 팁을 주는 사람들도 늘고 있다. 또한 중국, 러시아 등 여러 나라에서도 자발적으로 몰스키너리닷컴과 페이스북 홈피가 생겨나고 있다. 마치 몰스킨이 만든 것 같지만, 모두가 자발적으로 만들고 운영하는 사이트이니, 몰스킨은 손 안 대고 코 푸는 격이다.

1800년대 프랑스 파리의 작은 문방구로 시작한 몰스킨은 터치스크린이나 자판이 아니라 직접 손으로 기록하는 아날로그적인 느낌의 가치를 부여해 리마커블한 제품으로 탄생했다.

시간을 되돌아 과거의 요소를 오늘의 시각에서 바라보는 시간의 재해석을 통한 상품은 소비자들의 기억속에 오래 저장되어 있다가 시대의 요청에 의해 되살아난다. CD의 기계음에 물린 사람들을 중심으로 보다 더 따뜻한 느낌을 주는 LP 음반에 대한 구매가 증가하면서 동시에 진공관을 이용한 앰프에 대한 관심도 높아지는 것도 하나의 예이다. 알 수 없는 디지털화 종착역을 초스피드로 달려가는 세상에서 조금은 느슨한 아날로그로 돌아가고 싶은 사람들이 현기증을 느끼며 아날로그적인 느낌의 가치를 인정하기 시작한 것이다.

■ 끈의 용도를 재부팅하니 리마커블

분주했던 일주일을 마감하고 오붓한 주말이 시작되는 금요일, 한낮의 더위가 한풀 꺾이는 저녁 시간에 지윤은 가로수 길의 이태리 레스토랑 나폴리에서 남자 친구 종수를 만나기로 했다.

시간에 여유가 좀 있는 것을 확인한 지윤은 약속 장소로 향하는 길에 위치한 마크모크 매장에서 샌들과 마음에 드는 몇 개의 리본을 골랐다. 고른 리본을 샌들에 붙어있는 세 개의 고리에 끼우고 고교시절 교복의 리본을 매듯이 매듭을 묶자 예쁜여름용 샌들로 변한다. 좀 얇은 느낌이지만 가볍고 산뜻한 기분이다.

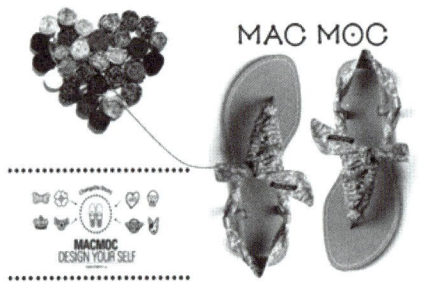

그림 6. 베리 원 샌들

레스토랑에는 남자친구 종수가 먼저 와서 기다리고 있었다. "어, 샌들 첨 보는 거네. 예쁜데"라고 종수가 말하자, 지윤은 "응, 예쁘지? 자봐. "지윤은 간단하게 매듭을 풀더니 주머니에 있던 다른 색깔의 리본을 샌들의 고리에 끼우고 이번에는 머리를 꼬듯이 매듭을 맨다. "와, 대박! "종수는 엄지손가락을 치켜든다. 이 샌들의 특징은 가죽 솔sole 위에 고리만 달랑 세 개 달아놓았다는 것이다. 여기에 취향에 맞는 리본이나 밴드 등 아무거나 끼우면 세상에서 유일한 나만의 독창적인 샌들이 되는 것이다.

마크모크(대표 김정현)는 2011년 1월 8명으로 창업한 핸디캡 기업으로 젊고 독창적인 디자인을 표방하며 슈즈, 액세서리 판매부터 시작했다. 이태리 천연 소가죽 소재의 수제화를 고집하는데 여름용 샌들인 '베리원very one' 샌들은 상황에 따라 여러 가지 스타일로 연출할 수 있는 것이 특징으로 여자 연예인들이 신고 나오면서 장안의 화제가 되었다. 또한 서포터즈 모집을 통해 이들에게 신제품을 제공하여 블로그에 제품에 대한 정보를 올리고 우호적인 입소문을 자발적으로 내는 '스니저sneezer'역할을 하도록 하였다. 샌들 끈의 용도를 리본으로 재부팅 하니 리마커블한 제품이 탄생한 것이다.

■ 화약냄새 밴 와인스크류

와인병의 입구를 꼭 틀어쥐고 있는 코르크를 원형의 T자형 코르크 스크류로 제거하는 것은 초보 와인 애호가에는 큰 도전이다. 코르크 중간에 스크류의 끝을 맞추고 T자형의 핸들을 올리다 보면 뾰족한 스크류 끝은 옆으로 빼져 나가기 일쑤고 올리는 과정에서 코르크 가루가 밑으로 떨어지기도 하며 최악의 경우 코르크의 절반이 아까운 와인 속에 풍덩 빠지기도 한다. 코르크를 제거하기 위한 용도로 쓰이는 코르크 스크류는 오로지 이 용도로 탄생한 제품으로 생각했을 것이다.

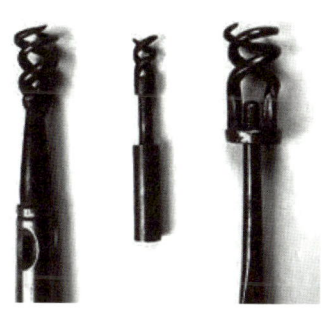

그림 7. 코르크 스크류의 원조

그러나 코르크 스크류의 원래의 사용용도는 따로 있었다. 그것은 바로 총열을 소제하는 꼬질대gun worm(사격연습 후 총열내의 화약성분을 위해 제거하기 위한 긴 쇠막대로 앞에는 바늘귀 모양의 좁고 긴 구멍이 있고 다른 한쪽 끝의 손잡이를 펴면 막대를 돌릴 수 있는 T자가 된다)의 머리였던 것이다. 지금이야 그런 일이 매우 드물지만 1600년대 유럽에서는 발사된 총알이 총열을 떠나 발사되지 못하고 총열 내를 막아버리는 경우가 잦았다고 한다.

이 경우 총은 무용지물이 되어 병사의 목숨은 위태로워진다. 이 문제를 해결하기 위해 등장한 것이 지금의 코르크 스크류의 본래 모습이다. 그렇다면 어떻게 총기 손질용 꼬질대 머리가 와인 코르크를 제거하는데 사용되었을까.

코르크는 그 당시에도 와인병마개로 사용되고 있었다. 그러나 병의 입구와 수평이 되게 완전히 집어넣으면 제거가 곤란하므로 쉽게 잡아 뺄 수 있도록 반만 눌러 넣었던 것이다.

반만 들어간 코르크로는 운반이나 보관을 제대로 할 수 없었기 때문에 코르크를 완전히 집어넣을 수밖에 없었고 제거하기 위해서는 병 속으로 밀어 넣는 수밖에 없었다. 그러던 중 군대 경험이 있는 와인 애호가 중 한 명이 군대에서 쓰던 총기 손질용 꼬질대를 생각하게 된다. 이렇게 하여 비로소 총기 손질 목적이 아닌 와인병의 코르크 제거 목적의 스크류가 생산된 것이다.

최초의 코르크 스크류 특허는 1795년 영국인 사무엘 핸셸Samuel Henshall이 출원하여 등록한 것으로, 과거에 있었던 것을 살짝 바꾼 용도의 재해석은 와인 생산자, 유통업자, 소비자 모두의 문제를 해결한 리마커블한 용도의 재해석이었다.

■ 버려진 폐교, 감동의 공간으로

프랑스의 오르세 미술관은 기차역을 개조한 것이며 런던의 '테이트 Tate' 모던 갤러리의 본래 모습은 발전소였다. 우리나라의 경우에도 탄광촌이 사라지면서 버려진 탄광을 와인의 저장소로 이용하는가 하면 갱도용 레일 대신에 관광용 레일이 놓인 곳도 있다. 이와 같이 버려진 시설을 재활용하는 공간의 재해석이 대표적인 예가 폐교이다

1970년대 우리나라의 공업화가 본격화 되면서 이농현상으로 농촌의 학교는 점차 줄어들기 시작했고, 근래에는 출산율 감소로 인하여 1982

년부터 2012년 3월 말까지 30년 동안 무려 3,509개 학교가 문을 닫았다. 이와 같이 버려진 폐교를 이용하여 새로운 공간으로 용도를 변경하는 노력이 많이 있다. 그중의 한 예는 제주도에 있는 사진 작품을 전시한 김영갑 갤러리이다.

그림 8. 김영갑 갤러리

서귀포두모악(주:두모악은 한라산의 옛 이름)에 자리한 '김영갑 갤러리'는 김영갑 사진작가의 작품이 전시되어 있는 공간으로 방문한 사람들은 모두 다 좋은 평가를 하는 곳이다. 학교 운동장이었을 마당에는 커다란 돌 화분을 쌓고 꽃과 나무를 심었다. 그리고 계단 현관 앞 오른편 화단에는 '삼달국민학교'라는 나무 팻말이 그대로 보존되고 있어 이곳이 초등들이 뛰어놀던 학교였음을 알려주고 있다. 김영갑은 제주를 너무나 사랑했던 사진작가였다. 1982년 처음 제주를 찾은 이후 3년간 서울과 제주를 왕래하며 사진을 찍다가 아예 제주로 거처를 옮긴다.

'어머니 젖가슴과 같은 오름', '소리쳐 우는 제주의 바다', 마라도, 우도의 모습을 카메라 프레임에 담고 인화하는 삶을 살았다. 근육이 사라지는 '루게릭병amyotrophic lateral sclerosis'으로 생의 마지막을 준비하면서 그는 혼신의 힘을 다해 제주에 대한 애틋한 사랑의 흔적을 남긴다. 성산포 앞바다가 보이는 조그만 초등학교를 얻어 단장하고 이듬해인 2002년 여름, '김영갑 갤러리'를 오픈한 것이다. 치열한 삶을 살았던 그는 2005년 마흔일곱의 나이에 분신과도 같은 갤러리와 사진만을 남기고 갤러리 앞마당의 나무 밑에 재가되어 묻혔다.

많은 공간이 새로운 공간으로 탄생하고 있지만, 감동을 줄 수 있다면 그 공간은 특별해진다. 자연스러운 멋과 정취, 학교 뒤 켠의 아름드리 동백나무, 무인찻집, 방문객들이 정성스럽게 써서 남긴 '찻집일지' 등. 철마다 한 번씩 들르고 싶은 공간으로 탄생한 것이다.

■ **수박이 대박으로**

여름에 친구나 친지의 집을 방문할 때 맨손의 부담을 쉽게 덜어주는 것이 수박이다. 그런데 이 둥근 수박은 냉장고의 자리를 너무 많이 차지해버린다. 뿐만 아니라 기우뚱해서 잘못하면 굴러떨어져 산산조각이 나버리기도 한다. 자를 때도 굴러가지 않도록 여간 주의를 하지 않으면 안 된다.

비좁은 공간을 효율적으로 활용하는데 일가견이 있는 한 일본 농부는 수박 꽃이 피고 열매가 맺히기 시작하면 정사각형 모양의 강화유리 모자를 씌워 난감한 문제를 쉽게 해결했다.

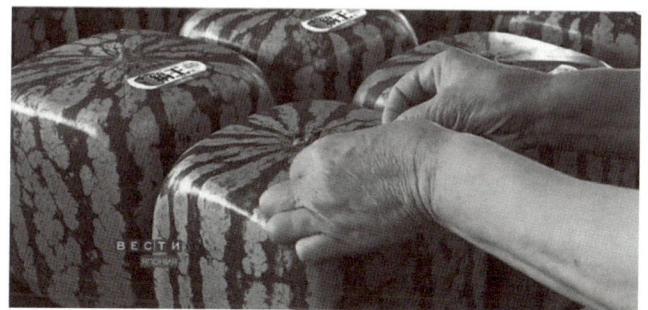

그림 9. 네모수박 생산지의 상표 부착 장면

　네모수박cuboids watermelon을 생산한 것이다. 사실, 소규모의 네모 수박을 생산한 것은 오랜전 일본의 시코쿠 섬의 농부였다. 둥근 수박이 탐스러운 것은 좋으나, 운반을 하거나 보관을 할 때는 좀 불편하다. 차지하는 공간도 많다.

　이에 반해 사각형 수박은 보관하기도 쉽고 받침대 없이도 매대에서 굴러떨어질 염려가 없을 뿐만 아니라 냉장고에 보관하기도 편리하다. 언뜻 보면 "누구는 못해!"라는 소리가 나올 수 있는, 사소해 보이기까지 하는 '컬럼버스의 달걀'이다. 그러나 알고 보면 이렇게 간단한 해결책의 대가는 간단하지 않다. 네모난 수박 하나의 값은 2012년 기준으로 14만 원에 팔려 나간다고 하니 일반 수박의 3~4배가 넘는 가격이다.

　실용적 가치를 제공함으로써 리마커블한 상품이 된 것이다. 생산이 수요를 못 쫓아가다 보니 취급하는 매장도 최고급 백화점과 일부 고급 슈퍼마켓으로 한정될 수밖에 없었다. '수박은 둥글다'라는 생각을 바꾸니 수박이 리마커블한 상품이 된 것이다.

■ 벽으로 간 세탁기

삼성전자와 LG전자가 장악하고 있는 가전 시장에서 대우일렉트로닉스는 존재감 없는 3등 기업이다. 덩치 큰 공룡회사의 기준으로 볼 때 이 회사는 핸디캡 기업과 다름이 없다.

그렇다면 3등 기업의 생존 방식은 무엇일까? 1등과 2등 기업이 장악한 시장의 빈 공간을 공략하는 수밖에 없다. 마치 초만원인 지하철에 어떻게든 발을 들이밀며 들어가듯 말이다.

대우 일렉트로닉스는 딤채가 새로운 시장을 만들어내며 공룡기업의 사이에서 생존은 물론 선두자자리 고수하는 것을 지켜봤다. '세탁기는 바닥에 설치하는 것'이라는 고정관념에 대한 도전이 기존 세탁기 크기 1/6에 불과한 세계 최초 벽걸이 세탁기를 탄생하게 했다.

그림10. 대우 미니 세탁기

개발해 놓고 보니 장점이 한둘이 아니다. 양말, 속옷 등 부피가 작은 빨래들을 손쉽게 할 수 있을 뿐만 아니라 증가하는 1인 가구의 좁은 공간을 효율적으로 사용할 수 있게 되었다. 또한 전기요금도 확 줄어들었다. 벽걸이 세탁기는 2012년 5월 출시 2주

만에 1,700대의 세탁기가 판매되며 리마커블한 벽걸이 세탁기로 등장했다.

언제나 수직으로 세워진 세탁기의 뚜껑을 열고 세탁물을 넣어왔던 내가 옆으로 눕혀있던 세탁기를 본 것은 꽤나 오래전 일이다. 카투사로 입대하여 3~4일 단위로 세탁물을 모아 두었던 자루를 가지고 공동 화장실에 가면 그곳에는 커다란 세탁기와 드라이어기가 자리하고 있었다. 생각해 보면 세탁기뿐만 아니라 TV도 벽으로 올라갔고, 개인용 PC는 더욱 슬림화되어 노트북과 태블릿 PC로 진화해 가고 있다. 반드시 어떠한 모습으로 있어야 한다는 생각을 바꾸면 또 다른 리마커블한 상품이 탄생하는 것이다.

요약

과거를 돌아보고 특정시점의 요소를 재해석하는 영화, 음악, 연극 등 과거의 시간의 공간을 회상하게 하는 간의 재해석에서 있어서 중요한 것은 중 장년층의 향수만을 자극하는 것으로 끝나서는 안 된다는 것이다. 젊은 세대를 포함한 폭넓은 공감을 얻을 수 있는 콘텐츠의 제공이 필요하다. 응사시리즈의 시즌2였던 '응답하라 1994'의 마지막 회 시청률은 11.9%였다고 한다.

종편을 포함해서 케이블 TV의 컨텐츠로는 2%를 넘기 어려웠는데 초대박을 친 것이다. 성공요인 과거의 묘사의 리얼리티와 함께 매력적인 캐릭터 설정으로 드라마의 주소비자인 여성 시청자들을 TV 앞으로 모이게 했으며 각박한 생활에 지친 현대인들이 꿈꾸는 따듯한 요소가 드라마에 녹아 있기 때문이었을 것이다.

핸디캡 기업들이 소비자의 니즈를 정확히 파악하는 것은 쉬운 일이 아니다. 가장 먼저 핸디캡 기업들은 자사의 상품과 서비스 안에 스스로를 몰입시켜야 한다. 샐마의 '푸드파렛트' 탄생이 그렇듯 대상의 문제를 확인하고 그 해결책을 찾기 위해 끊임없이 대안을 탐색하고 조합하여 완성하는 것이다.

용도의 재해석에 있어서 예로든 코르크 스크류는 총을 손질할 때 써본 경험이 있거나 또는 이런 사실을 알았던 소비자가 발생한 문제를 해결하는 도구를 연상하는 과정에서 이것이 떠올랐을 것이다. 코르크 스크류로 용도가 변경되면서 당시에는 기대치 않았을 와인 생산자, 유통업자, 소비자의 문제를 동시에 해결하는 실용적인 가치를 제공했다.

이와 같이 용도의 해석을 통한 제품이나 서비스는 이러한 실용적 가치를 제공하여야 한다. 나는 핸디캡 기업의 문제 발견과 해결을 모크마크Moc Mac의 예처럼 소비자와 함께 하기를 권한다. 문제를 발견하여도 대다수는 말을 하지 않는다. 여기에도 20대 80의 '파레토 법칙Pareto's Law'이 적용되는 것이다. 고객들과의 적극적인 소통을 통해서 그들이 당신의 사업에 간섭하게 해야 한다.

그러나 주의할 점은 96년형 토러스의 예와 같이 소비자의 입장에서 너무 나갔다고 생각하게 하는 오버는 피해야 한다. 즉, 흥미와 편의를 제공하기 보다는 도리어 기괴함과 불편함을 줄 수 있기 때문이다. 작년 소니Sony는 주머니 속 휴대전화에 신호가 오면 머리에 쓴 가발이 진동하고 GPS가 수신한 위치정보로 가발 속 센서가 길을 찾아 준다는 '스마트 가발'을 "평소 가발을 쓰는 사람이나 패션에 관심 있는 이들에게 인기가 있을 것"이라는 예측과 함께 미국에 특허출원했다. 입는 컴퓨터의 새로운 트렌드에 참여하겠다는 시도에는 박수를 보내지만, 전화가 올 때마다 머리가 울리는 것을 생각하면 지나치다는 생각이 드는 것이 필자만의 생각은 아닐 것이다.

사고의 재해석의 대상이 되는 고정관념이나 편견은 어떤 대상에 대하여 사람들이 미리 가지고 있는 지식과 믿음을 의미한다. 소비자의 고정관념은 오랫동안 고착화 된 것으로 설득하려는 것은 무의미하다고 했다. 다이슨Dyson의 날개 없는 선풍기와 같이 '날개 없는 선풍기에서 바람이 나올 리 없다'라는 고정관념을 바로 깰 수 있는 리마커블한 상품이 필요하다.

고정관념을 깨는 상품은 새로운 것을 발견하면 "내가 이 새로운 사실을 알았단 말이야"를 자랑하고 싶은 욕구 때문에 빠른 속도로 전파되기 때문이다.

> **자료출처**

사진1. http://www.lge.co.kr/lgekr/product/detail/LgekrProductDetailCmd.laf?prdid=EPRD.266096

사진 2. http://www.ohmynews.com/NWS_Web/view/at_pg.aspx?CNTN_CD=A0000191547

사진 3. http://www.amazon.com/Balls-Novelty-Football-Basketball-Soccer/dp/B0089FZPOY

사진 4. http://www.sallema.co.kr/

사진 5. http://www.moleskinerie.com/

사진 6. http://macmoc.com/goods/list.php?category=001002

사진 7. http://wineontheblog.wordpress.com/2010/07/21/screw-it-a-short-history-of-the-corkscrew/

사진 8. 직접촬영

사진 9. http://www.youtube.com/watch?v=2JNSpMhJLvg

사진 10. http://w.hankyung.com/board/view.php?id=_column_151_1&no=87&ch=comm4

참고문헌

강건일 (2013), "발기부전치료제 비아그라 탄생의 비밀", 한겨레 뉴스, 2013년 3월 26일, http://www.hani.co.kr/arti/science/kistiscience/579794.html

김영아 (2013), "머리에 쓰는 컴퓨터. 기발한 가발등장", SBS News, 2013년 11월 27일http://news.sbs.co.kr/section_news/news_read.jsp?news_id=N1002103629

주영민 (2013), "비즈니스의 새로운 기회, SLOW", 삼성경제연구소, 2010년 7월 7일

Brett Christensen (2007), "Square Melons in Japan", http://www.hoax-slayer.com/square-watermelons.shtml

BBC News (2001), "Square Fruits stun Japanese Shopper", http://news.bbc.co.uk/2/hi/1390088.stm

Duncan, Richard (2013), "The Great Deceleration", Economist, 2013년 7월27일, http://www.economist.com/news/leaders/21582256-emerging-market-slowdown-not-beginning-bust-it-turning-point

Daniel Crow (2012), "The 5 Most Insane Original Uses of Famous Products", http://www.cracked.com/article_19644_the-5-most-insane-original-uses-famous-products.html

Godin, Seth (2011), "이상한 놈들이 온다", 최지아 옮김, 21세기북스, pp. 28~29

English, Marianne (2013), "10 Accidental Inventions You Won't Believe", http://www.geniusstuff.com//blog/list/10-accidental-inventions/

Harkin, James (2011), "Niche", 고동홍 옮김, 더숲, pp. 243~244

Mental Floss (2013), "6 Hugely Successful Products Originally Invented Something Else", http://mentalfloss.com/article/29840/6-hugely-successful-products-originally-invented-something-else

Moleskin, "Moleskin – The History", http://mymoleskine.moleskine.com/journalist/press/the_history.pdf

Novelty (2014),"Odd Odd Balls Novelty Golf Balls 3 pack Football/Basketball/Soccer"

http://www.amazon.com/Balls-Novelty-Football-Basketball-Soccer/dp/B0089FZPOY

Salle Ma (2014), "News & Notice", http://www.sallema.co.kr/kor/news/news_notice_2012.php

••• 패치워크 전략
Keep Patchwork Strategy

■ **카페야, 핸드폰 매장이야?**

오랜만에 삼성동의 한 투자회사에서 근무하는 지인을 만나고, 얘기로만 들었던 지하철역 근처의 T-월드 카페에 들렀다.

그림 1. 삼성역 T월드 카페

들어서는 순간, 간판을 통해 이미 카페라는 것은 눈치챘지만 국내 최대 이동통신사의 패치형 매장치고는 좀 좁다는 느낌이 든다. 매장을 천천히 둘러보았다. 마치 고양이가 앞발로 툭 쳐서 먹을 것을 확인하듯 SK텔레콤 또한 타업종과 공간을 공유하기에 앞서서 테스트를 하듯 카페에 이동통신 매장의 기능을 살짝 얹어놓았다는 느낌이다.

정사각형의 매장 안에는 다시 사각형의 부스가 가운데 놓이고 출입구 측의 한쪽 면은 통신기기 액세서리, 나머지 두면은 커피 매대, 나머지 한 면은 커피 브랜드를 상징하는 기린의 실루엣이 비쳐진다. 커피 한 잔을 손에 들고 스마트폰과 태블릿 PC 등의 통신기기가 설치되어 있는 출입구 창가 쪽 테이블로 이동하니 여러 종류의 최신 이동통신 단말기와 태블릿 PC들이 진열되어 있다. 아직은 점심시간 전이라 통신기기를 체험하거나 구매하러 온 손님보다는 커피 손님들로 붐빈다. 한쪽 코너에는 여성용 액세서리도 있고, 창가에서는 음악을 감상할 수도 있다.

돌이켜보면, 나는 지금까지 여러 대의 핸드폰과 스마트폰을 사용해 왔지만 공교롭게도 동일한 매장에서 한 번도 구매한 경험이 없다. 딱히, 어떤 곳이 좋았다라는 기억이 없을뿐더러, 24개월이 넘으면 새로운 핸드폰으로 교환해 왔고, 동일한 통신사를 이용하고 있지만 매장으로부터 핸드폰 구입을 권하는 그 어떤 전화도 받은 바가 없었던 것이다.

새로운 기종의 스마트폰 장만을 위해 찾아가는 매장 또한 단조롭고 천편일률적이었다. 순서를 기다리는 몇 개의 간이의자와 둥그런 테이블, 그리고 휴대폰, 태블릿 PC, 액세서리 코너가 전부였다. 사정이 이렇다 보니 소비자 입장에서는 구매조건이 좋고 조금이라도 친절한 매장을 선택할 수밖에 없고, 공급자 입장에서는 완전히 소비자에게 선택권을 넘겨주고 출혈 경쟁을 할 수밖에 없는 것이다.

작년 말 기준으로 우리나라 국민 중 73%인 3,720만 명이 스마트폰을 가지고 있다. 초등학교 저학년과 고령자를 제외하면 전 국민이 스마트폰을 가지고 있다고 해도 틀린 말이 아닌 것이다. 휴대폰 시장은 이제 최초 구입하는 신규 고객보다 기존의 휴대폰을 신제품으로 교체하는 대체 소비자가 압도적으로 많은 성숙한 시장으로 변했다. 기업이 지속적으로 성장하기 위해서는 내 고객은 지키고 경쟁사의 고객은 빼앗아 와야만 하는 초경쟁 시장이 된 것이다.

스마트폰의 주이용자는 20~30대로서 이들은 커피 전문점을 애용하는 층이기도 하다. 커피 전문점과 이동통신 매장을 합친다면 어떨까라는 생각이 들었을 법하다. SK텔레콤은 2012년 10월 이동통신 매장과 카페를 결합한 새로운 개념의 공간인 'T월드 카페' 1호 점을 선보였다. 조심스럽게 복합공간의 매장을 시도했던 SK텔레콤은 오픈 4개월 만에 전년 동월 대비 50% 증가하는 매출에 고무되었고, 경기도 부천, 일산, 종각 등으로 차츰 복합공간의 수를 늘려가고 있다.

몇 달 전 컨설팅 서비스를 제공했던 예비창업 기업의 대표를 만났다. 시제품 생산이 임박함에 따라, 사무실도 옮기고 사업자 등록을 할 예정이란다. 지금까지는 시제품 판매를 위해 전력을 기울여 왔는데, 이제는 제품을 판매해야 하는 마케팅과 영업을 어떻게 해야 할지 고민이라고 한다. 모든 핸디캡 기업이 겪는 애로사항일 것이다.

스스로 하기에는 벅차니 이미 유사한 업종에서 유통망을 가지고 있는 기업과 제휴할 것을 제안했다. 그렇게 하면 기술개발에 강점이 있는 대표는 기술개발과 생산에 집중할 수 있고, 유통과 판매에 강점이 있는 기업은 마케팅, 홍보, 판매에 집중할 수 있기 때문이다. T월드 카페의 사례는 서로의 강점을 공유하는 교차형 패치워크 전략을 통해서 핸디캡 기업들이 핸디캡을 어떻게 극복할 수 있는지 모범 답안을 제공하고 있다.

■ 럭셔리 씨티카

어반카urban car로도 불리는 시티카city car는 주로 도심에서 사용하기 편리하게 개발된 가장 작은 사이즈의 차량을 일컫는다. 현대 자동차의 i30, 기아 자동차의 모닝, 쉐보레의스파크, 벤츠의 2인승 스마트 등이 이들로 경차 또는 경차에 가까운 차들이다. 제품라인업 중 가격이 가장 저렴하고 기능 또한 꼭 필요한 것만을 갖춘 승용차로, 호사스러움과는 거리가 멀다. 따라서 이런 종류의 차량에 세계적인 명품브랜드가 코브랜딩co-branding을 하겠다고 참여하는 경우는 흔치 않다.

이태리의 대표적인 자동차 메이커인 피아트의 아이콘 '500'은 '이태리의 국민차'로 불리는 차량으로, 전장이 3.5미터에 불과한 경차에 가까운 차량이다. 실제로 톨게이트를 지나다 보면 반값을 받겠다고 우기는 곳이 많다(주: 국내에서는 전폭이 기준보다 넓고 엔진배기량이 커 소형으로 분류된다). 앙증맞은 이미지로 1957년 첫 생산을 한 이래 이태리 뿐만 아니라 세계시장에서 꾸준히 사랑받고 있다. 피아트 못지않게 이태리를 대표하는 패션 브랜드 중의 하나인 구찌는 1921년 설립되어 세계적인 패션 브랜드의 위상을 확고히 하고 있다.

이 두 브랜드는 2011년 이태리 통일 150주년과 Gucci의 창사 90주년을 기념하기 위한 모종의 프로젝트를 진행했다. Fiat500에 구찌의 패션감각을 입히기로 한 것이다. 구찌의 크리에이티브 디렉터에 의해 흑, 백색 2종의 구찌에디션을 생산하기로 한다. 구찌 로고가 박힌 크롬 휠, 올리브 그린 바탕에 보르도와인 색의 데칼decal이 추가되었다. 운전대는 최고급 가죽으로 씌우고, 검정색 차량의 실내는 레이싱카의 느낌을 느낄 수 있도록 디자인하고 흰색 차량은 부드러운 느낌을 주도록 하였다.

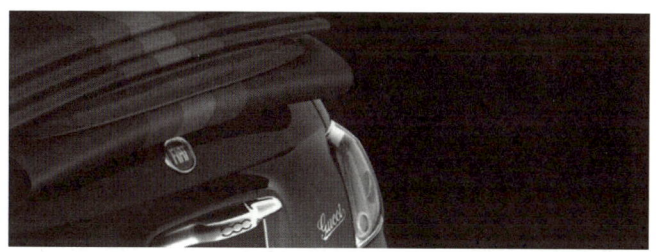

그림 2. 피아트 500 구찌 에디션

독립 100주년의 상징성, 구찌 창사 50주년, 한정 생산 대수의 희소성, 그리고 구찌의 패션감각과 감성이 결합된 Fiat500 구찌에디션은 2011년 뉴욕 패션쇼에서 공개되었으며 이후 한정된 시장에 한정 수량만 판매하는 가격 차별화 정책으로 높은 수익을 올리고 있다.

여기에서 살펴본 '피아트500 구찌에디션'은 양 브랜드의 속성이 하나의 제품 속에서 남아있는 형태이다. 즉, 두 개 또는 그 이상의 제품이나 서비스의 속성이 하나의 제품으로 수렴되어 나타나는 교차형 패치워크 결합으로 리마커블한 상품으로 탄생한 것이다.

그러나 이런 전략이 항상 성공하는 것은 아니다. 현대 자동차의 제네시스는 명품 패션브랜드 프라다 Prada와 패치워크 하여 '제네시스프라다'를 출시했다. 이 차는 제네시스 최상위 버전에 프라다 스타일을 내장을 둘렀다. 그러나 이 차는 Fiat 500 정도의 주목을 받지는 못했다. 프라다와의 패치워크로 인해 가격이 대폭 올라간 것에 비해선 외관상의 별 차이가 없었던 것이 원인이라고 본다.

그림 3. 벤틀리와 브라이틀링, VERTU와 페라리의 콜라보레이션

벤틀리의 경우에는 브라이틀링이란 명품시계와 콜라보레이션을 하고 있는데 재미난 패치워크다. 벤틀리 대쉬보드에는 브라이틀링 시계가 장착되어있다. 그리고 브라이틀링은 벤틀리에 들어간 시계라고 광고한다. 페라리Ferrari의 경우는 명품차의 이미지를 럭셔리 핸드폰 제조 회사의 제품인 벌투VERTU라는 휴대폰에 패치워크 한 사례가 있다. 초 고가 휴대폰 벌투는 페라리 좌석에 사용된 가죽과 동일한 가죽과 페라리의 디자인 컨셉트를 페라리 로고와 함께 휴대폰 디자인에 적용한 것이다.

이와 유사한 사례를 우리는 주변에서 얼마든지 쉽게 찾아볼 수 있다. 지갑에 최소한 두 개씩은 소지하고 신용카드에는 외국에서 사용할 수 있도록 비자나 마스터의 로고가 인쇄되어 있고, 항공사의 멤버십 번호가 양각되어 있다. 오페라와 팝이 결합하여 팝페라가 되고 만화와 웹이 만난 웹툰으로 탄생한다. 다양한 니즈의 소비자는 이제 보다 적극적으로 제품과 서비스 개발에 참여하는 '프로슈머prosumer'가 된다.

■ 창조는 훔치고 조합하는 것

컬럼비아대의윌리엄더간William Duggan 교수는 창조를 "낡은 아이디어서 새로운 아이디어를 찾고 조합하는 것"으로 정의하며 한 걸음 더 나아가 "훔치고, 조합하는 것"이라고 한다Duggan, 2012.

리마커블한조합으로 세기의 화가가 된 사람은 입체파 아버지로 불리는 파블로 피카소다. 그가 프랑스에 유학 중 교제하던 화가 중 한 명이 야수파 화가인 앙리 마티스Henri Matisse였다. 어느 날 저녁, 마티스가 그의 조수인 딸과 함께 그의 집을 방문하였을 때 그의 딸이 가지고 왔던 것이 검은색의 아프리카 목각 인형이다. 피카소는 밤새워 마티스가 그린 '인생의 행복'과 아프리카 조각상을 결합하여 새로운 '이즘ism'의 탄생을 알리는 '아비뇽의 처녀들'을 완성했다.

모바일폰 시업을 혁명적으로 바꾼 애플의 매킨토시 역시 스티브잡스SteveJobs가 제록스로부터 '훔쳐온 기술'인 마우스가 없었다면 탄생할 수 없었다. 말콤 글래드웰Malcolm Gladwell 이 뉴욕커에 'Myth of Creation'이라는 제목으로 기고한 글은 매킨토시 컴퓨터의 탄생과정을 상세하게 설명해주고 있다.

그림 4. 제록스 알토 컴퓨터

1979년 당시 24살이었던 잡스는 운명적인 만남을 갖는다. 실리콘밸리소재의 제록스연구소 PARC를 방문한 것이다. 제록스 PARC연구소는 당시 혁신적인 기술을 연구하는 인력의 집결지로 누구나 들여다보고 싶은 곳이었다

PARC방문을 위해 잡스는 당시 다른 사람들이 관심을 가지고 있던 애플주식의 일부를 제록스에 팔면서까지 제록스에 대해 알고 싶어 했

다. 어렵사리 성사된 연구소 방문 중 그는 제록스의 Alto 개인용 컴퓨터 앞에 멈추어 선다. 래리 테슬러Larry Tesler라고 하는 엔지니어가 '마우스'를 이용해 자유자재로 커서를 움직이고 아이콘을 클릭하자 프로그램이 실행되는 것이었다.

잡스는 눈앞에서 벌어지고 있는 사실을 믿을 수가 없었다. "왜 당신들은 이걸로 다른 걸 하지 않지? 이건 엄청난 거야, 혁명이라고!" 그는 펄쩍펄쩍 뛰며 소리를 질러댔다. 그는 애플에 곧장 달려가 PC를 개발하는 팀에게 방향전환을 요구한다. 15불 미만으로 10년의 내구성을 갖추고 휴대가 편리한 마우스를 만들라고 지시한 것이다. 제록스는 1981년에 Alto 판매를 시작했으나 속도와 기능 문제로 개인용PC시장에서 철수하고 만다. 1984년 1월, 기다렸다는 듯이 등장한 것이 매킨토시 PC로써 DOS 대신 '그래픽 사용자 인터페이스Graphic User Interface'와 마우스를 사용하여, 명령어를 입력하여 구동하던 컴퓨터 사용자들에게 혁신적인 사용자 경험을 제공하게 된다.

피카소가 마티스의 '삶의 기쁨'과 아프리카 목각인형이 없었더라면 어떻게 '아비뇽의 처녀'를 그리고 잡스가 제록스의 마우스와 마이크로 소프트의 윈도우 기술을 훔치지 않았다면 그 짧은 시간에 어떻게 매킨토시가 탄생했겠는가. 핸디캡 기업에게 있어서 새로운 것을 만들어 낸다는 것은 힘든 일이다. 창조적 조합을 통해 리마커블한 작품과 제품이 탄생하듯이 스스로 발명하는 것도 훌륭하지만 여러 기술이나 속성을 융합한 패치워크를 통해 혁신적인 가치를 창출하는 것도 훌륭한 마케팅 전략이라는 것이다.

■ 패치워크 전략이란

패치워크의 사전적 정의는 '자투리 헝겊을 이어 붙인 것'을 의미한다. 조각일 때는 쓸모가 없지만 한데 모이면 독창적인 가치를 갖는 제품이 된다. 핸디캡 기업에 있어서 패치워크 전략이란 동종 또는 이종 산업에서 다양한 형태의 특징(기술, 자본, 인력, 제품, 서비스 등.)을 발견하고 조합하여 탁월한 고객가치를 제공하는 리마커블한 상품을 만드는 전략이다.

서울대 소비자 트렌드센터의 김난도 교수는 "산업의 경계가 허물어지면서 다양한 산업이 결합하거나, 개별 영역의 특성을 교배하는, 하이브리드 조합을 통해 패치워크가 시장에서 새로운 가치를 창출해낼 것"이라고 예측했다(김난도, 2014). 나는 찾고 조합하는 패치워크 전략이 새로운 트렌드가 될 것이라고 하는 그의 지적에 동의한다.

빠르게 변하고 있는 디지털 세상에서 핸디캡 기업이 완전히 새로운 상품을 개발한다는 것은 매우 위험하다. 위에서 살펴본 제록스의 전철을 밟을 공산이 크다는 것이다. 자본력과 전문인력이 부족한 대신, 핸디캡 기업은 소비자 니즈의 변화를 누구보다 더 잘 안다. 여기에, 디지털 혁명은 정보의 비대칭성을 무너뜨렸다. 무한정한 정보에 쉽게 접근하여 아이디어를 찾고 조합하면 누구도 예상치 못한 리마커블한 상품을 창조해 낼 수 있는 환경하에 있는 것이다.

짜장 먹을까, 짬뽕 먹을까 고민을 단번에 덜어준 '짬짜면', 짜장면과 너구리가 합쳐진 '짜파구리' 칼국수와 육개장이 결합한 '육칼', 울면서 먹는다는 '울뽕' 등은 패치워크 먹거리다. 토스터에 딸린 커피 머신, 스푼과 포크가 결합된 포크스푼, 연필과 계량스푼이 결합된 '계량스푼 연필' 등은 '믹스앤 매치'mix & match 패치워크 제품들이다.

　모처럼 한가한 주말, '치맥'과 함께 야구경기를 시청하고 있는데 품에 안은 강아지가 맥주잔을 쩝쩝거리는 경우를 보았을 것이다. 이제 강아지를 위한 맥주잔이 필요할지도 모르겠다. 이미 강아지용 맥주가 탄생했기 때문이다. 강아지는 맥주에 관심이 많고 좋아한다. 그러나 알코올이나 탄산은 강아지에 해롭다. 맥주 고유의 맛은 유지하되 강아지에게 해로운 알콜, 탄산을 제거한 맥주는 없을까? '바우저'나 'Lucky Dog' 등은 당신이 찾는 '우리 아이'를 위한 그 제품이다. 냉장고에 맥주가 떨어졌다고? 그러면 '바우저'는 어떤가 'Lucky Dog'이 좀 그렇다면 말이다.

　장르를 넘나드는 데 있어서 보다 예술계의 패치워크 작품은 다양하다. 장르가 다른 음악과 연극을 합친 '뮤지컬', 팝과 오페라가 합쳐진 '팝페라', 사고의 틀을 깨는 '보는 음악, 듣는 미술' 등 다채롭다. 전통악기 또한 무게를 덜고 소리에 힘을 더했다. 가야금을 현대적으로 해석한 전자 가야금과 전자 해금, 전자바이올린, 전자기타 등 모든 악기는 전자로 통한다.

　관광 코스로 탈바꿈한 폐광, 박물관으로 변한 폐교, 무농약 수경 식물공장 내에 있는 식당, 등 공간 또한 예외가 아니다. 다양한 형태의 크로스 오버Cross-Over 제품과 서비스가 리마커블한 제품으로 재탄생하고 있다. 서로 다른 특성 또는 강점이 독립적으로 또는 결합적인 형태로 조합되어, 새로운 가치를 만들어 내는 패치워크 전략은 더욱 효율적인 제품과 서비스를 기대하는 소비자들과 활발한 정보교류로 가속화될 것이다.

패치워크 전략의 유형은 보는 시각과 목적에 따라 다양하게 분류할 수 있으나 나는 서로의 형태를 유지하는 제휴형collaboration, 속성을 유지한 채 하나의 상품으로 결합하는 교차형cross-over, 완전히 새로운 상품으로 탄생하는 융합형convergence 패치워크로 구분하여 설명하고자 한다.

■ 제휴형 Collaboration 패치워크

원래 콜라보레이션collaboration은 협업, 공동작업을 뜻하는 단어로, 주로 예술가들의 협업을 일컬어 왔다. 그러나 요즘에는 다양한 제휴를 통해 새로운 상품과 서비스를 제공하는 마케팅 용어로도 통용되고 있다.

제휴형 패치워크란 두 개 이상의 브랜드가 결합하지만 각 브랜드의 형태를 그대로 유지하는 결합 형태로, 주로 전문 생산업체와 전문 유통업체의 제휴가 가장 보편적인 제휴형 패치워크 형태이다. 그러나 이러한 상식을 깨는 다양한 형태의 제휴형 패치워크 상품과 공간이 등장하고 있다.

서두에서 예를 든 T-월드 카페의 경우, SK텔레콤은 카페를 찾는 생애가치가 높은 젊은 층의 가망고객을 유치함으로써 매출 실적을 획기적으로 개선할 수 있고, 'ZOO 커피'는 순수하게 모바일 기기를 구매하거나 구경하고 체험하기 위해 방문한 손님들에게 음료를 판매할 수 있는 기회를 갖게 되므로 시너지 효과를 기대할 수 있다.

'T월드 카페'는 하나의 브랜드로 보여진다는 점에서 융합형 패치워크 공간으로 구분할 수도 있으나 자사의 브랜드와 영업방식을 그대로 유지하면서 같은 공간을 공유한다는 점에서는 나는 제휴형 패치워크 사례로 구분한다.

어부와 식당의 싱싱한 패치워크

얼마 전에 나는 초등학교 6학년 반창회 모임에 참석했다. 중3 때부터 이어져 오는 반모임이 50이 넘어서까지 이어져 오고 있는 것이다. 모임 장소는 '소래포구'역 400미터 앞에 있는 횟집이다. 초등학교 때 소래는 검은 연기 내뿜는 협궤열차를 타고 와서 조개를 줍던 곳인데 지금의 소래는 옛 흔적이 모두 사라졌다. 1층에 넓은 어시장이 있고 엘리베이터로 오른 2, 3층에는 많은 음식점들이 들어차 있다. 어시장과 식당이 한 건물을 공유하면서 장사를 하고 있는 것이다.

그림 5. 홍콩 사이쿵의 피시탱크

방안에 들어서면 이곳이 포구에 있는 것인지 일반 시내의 식당에 있는 곳인지 분간하기 쉽지 않다. 이런 어시장에 있는 식당에 올 때마다 생각나는 곳은 홍콩의 사이쿵Saikung이다.

이곳은 전형적인 어촌으로 홍콩에서도 외지에 속하는 곳이다. 그럼에도 불구하고 홍콩을 방문할 때면 꼭 빼놓지 않고 가능하면 밤에 방문하던 곳이었다. 좁은 골목길 양편으로는 개인이 운영하는 식당들이 늘어서 있고, 1층에는 여러 종류의 싱싱한 해산물이 넘쳐난다. 그러나 나와 필자를 안내하는 딜러의 총괄매니저가 향하는 곳은 따로 있었다.

우리는 먼저 식당에 들어가 자리를 잡은 후, 커다란 수족관fish tank으로 향한다. 그곳에서 우리 일행은 자기가 좋아하는 식재료를 고른다. 커다란 랍스터, 대나무의 마디같이 기다란 조개, 가리비, 조그만 새우를 주면 덥썩 받아먹는 조금은 무섭게 생긴 그루퍼, 쏙도 고른다. 랍스터는 기다란 수염을 쥐고 사진을 찍기도 한다. 해산물을 판매하는 곳에서는 조리를 해 주지 않는다. 검은 봉지에 고른 식재료를 받아와 식당에 넘기고 시원한 칭따오나 블루걸 맥주를 마시고 나면 갈릭 소스의 뱀부조개, 튀긴 쏙, 오이스터 소스로 찐 생선이 나온다.

이 거리에는 많은 식당들이 어부들과 제휴형 패치워크을 하고 있다. 그리고 옛 포구의 모습을 그대로 간직하고 있을 뿐만 아니라, 관광객들에게 수산물을 직접 고르는 체험과 재미를 제공한다. 국내에도 식당에서 사용하는 된장, 양념, 나물 등 식재료를 판매하는 곳이 증가하고 있다. 공산품의 경우 기술의 평준화로 디자인이 중요해졌다. 농산물은 포장과 배송이 중요해 짐에 따라 제휴형의 패치월의 중가 추세이다. 또한 온라인과 오프라인의 결합 또한 디지털 시대에 있어서 중요한 제휴형 패치워크 전략이다.

기술과 기능의 평준화로 소비자들은 단순히 가격이 싼 것보다는 보다 나은 가치를 제공하는 제품이나 서비스에 관심을 두고 있다. 예시한 바와 같은 제휴형 결합은 목표 고객층이 같거나 유사할 때 효과적인 결합으로 마케팅 비용과 시간을 줄일 수 있을 뿐만 아니라 제휴사의 강점을 더욱 강화시킴으로써 소비자들의 충성도를 제고할 수 있는 것이다.

'자기 혼자 모든 것을 다 할 수 있다고 생각하는 것은 글로벌 시대에 패배로 가는 지름길'이라고 했다. 나의 강점이 있고 상대방으로부터 배울 것이 있는가? 그렇다면 주저 없이 제휴를 선택하라.

생산과 유통의 적극적 패치워크

생산자와 판매자의 제휴형 결합은 제휴형 패치워크의 가장 보편적인 예이다. 이종간의 결합도 있지만 동종업계에서 생산, 유통, 판매의 강점을 살리는 결합은 각자의 강점에 집중할 수 있기 때문에 업무의 효율이 향상되는 이점이 있다.

경기도 군포에 위치한 ㈜에스피티텍은 2000년에 창립된 회사로 평판디스플레이Flat Panel Display 측정장치의 개발과 생산을 전문으로 하는 제조업체다. 창립초기에는 디스플레이 산업의 규모 자체가 크지 않았기 때문에 매출규모가 작을 수밖에 없었다. 그러나 국내 디스플레이 기술이 세계 최고 수준에 이르고 시장 규모가 커지면서 에스피티텍의 상품도 당연히 주목을 받는 상품이 되었고 기술력도 인정을 받았다. 그러나 매출은 지난 7년간 제자리 걸음이었다.

그림 6. 멀티 태스킹 패널 검사장비

에스피티텍의 박용진 사장은 평소 친근하게 지내던 동종업계 뉴젠텍 강동원대표와의 만남에서 매출이 늘지 않는 것을 호소하고 에스피텍 제품을 함께 팔아주면 안되겠느냐는 제안을 하게 된다. 뉴젠텍은 영업력과 해외 마케팅이 뛰어난 회사로 두 회사는 2008년부터 협업을 구체화하기 시작했다. 에스피티텍은 제품의 개발과 설계를 담당하고 뉴젠텍은 기존보유 설비와 해외 유통채널을 공유하는 것이 제휴의 골격이었다. 뉴젠텍의 시장정보와 에스피티텍의 생산기술이 접목이 되어 비교적 짧은 기간에 개발된 제품이 '멀티태스킹 터치스크린 검사장비'였다. 에스피티텍은 또한 중견 및 중소기업에 대한 영업력 강화를 위해 지앤비테크와도 협업체계를 갖추었다. 3사와의 협업 시작 이듬해부터 매출이 지난 8년간 20억 수준에서 29억으로 수직 상승했다. 2010년 매출은 54억, 2011년에는 70억으로 달성하는 등 3년 만에 2008년의 20억 수준 대비 3.5배 이상의 성장을 달성했다.

대개의 생산업체와 유통업체의 제휴는 마케팅채널이 강한 유통업체의 유통경로를 생산업체가 이용하면서 매출에 따른 소정의 대가를 지불하는 방식이었다. 그러나 에스피티텍과 뉴젠텍의 제휴형 패치워크의 경우는 단순히 유통채널을 공유하고 판매수수료를 지불하는 형태를 뛰어넘었다.

기존의 유통망과 상품을 판매하는데 그치지 않고 판매를 맡은 뉴젠텍은 시장의 요구사항을 제품개발에 적극 반영하도록 요청하였고 이러한 요구에 자존심 강한 전문 생산전문업체는 이러한 요구를 수용하여 새로운 제품을 개발했다는 점이다. 본 사례는 서로에 대한 이해와 신뢰가 없으면 성공하기 힘든 제휴형 패치워크이라는 점에서 핸디캡 기업의 제휴형 패치워크 전략에 대한 시사점을 제공하고 있다.

동심과 현실의 패치워크

인구 700만의 홍콩은 활력이 넘치는 곳이다. 좁은 땅으로 인해 인구밀도가 매우 높을 뿐만 아니라 수많은 관광객이 방문하기 때문에 홍콩

섬의 중심지를 조금만 벗어나면 명절을 앞둔 재래시장을 방불케 한다. 지형 또한 높낮이가 심하고 교통시스템이 복잡하여 현지인이라 하더라도 운전을 할 때는 정신을 바짝 차려야만 하는 곳이다. 교육열 또한 매우 높아, 유아원, 유치원을 거쳐 자녀가 만 4세가 되면 원하는 학교를 지원하고 만 5세가 되면 학교에 입학한다.

입학원서를 제출했다는 말은 1년 동안 입학을 위한 각종 면접에 시달려야 한다는 의미다. 면접을 잘 보기 위해서는 면접 준비학원을 다녀야하고 피아노, 바이올린 등 각종 과외활동에 동심이 멍든다. 우리나라의 사교육은 양반인 격이다. 이렇다 보니 4~5세의 유아들은 파김치가 되고 우리나라 어린이들이 가장 즐겨 찾는 패스트푸드 음식점은 꿈도 꾸지 못한다. 뿐만 아니라 부모들 또한 맥도날드에 대한 관심이 별로 없었다.

그림 7. 선발된 아이디어 22개 중 하나

맥도널드는 홍콩 부모들의 마음을 다시 얻기위한 온오프라인 프로젝트인 'I'm amazing' 캠페인을 실시한다. 그것은 억눌려 지내는 어린아이들이 맥도널드를 통해 꿈을 펼치고 부모들은 자녀들을 자랑스러워 할 수 있는 것이어야 했다. '세계 최초로 온전히 어린아이들이 꿈꾸는 맥도날드를 짓는다'는 계획 아래 홍콩 맥도널드는 어린아이들에게 "네가 꿈꾸는 맥도날드는 어떤 모습일까?"라는 질문을 TV, SNS, 온라인 배너 광고 등 온/오프라인 채널을 통해 내보냈다.

오프라인 프로모션을 통해 어린아이들이 꿈꾸는 맥도널드의 모습을 그린 그림 1만 여점이 3주 만에 모였다. 또한 온라인 상에 올라온 아이디어를 본 방문자들은 '좋아요'를 클릭해 투표를 하였고 학교에서는 아이디어 그림 그리기가 숙제가 되기도 했다. 캠페인 기간동안 총 6만 여점의 아이디어가 모였고 그중 가장 인기가 많았던 아이디어 22개가 채택되어 건물의 외형과, 가구, 실내 장식물, 소품 등으로 제작되었다. 어린아이들의 아이디어로 제작된 작품들은 경매 통해서도 판매되었고 이를 통해 자선기금으로 40만 홍콩달러를 모금할 수 있었다.

핸디캡 기업의 강력한 무기 중 하나는 온라인이다. 큰돈을 들이지 않더라도 쉽게 아이디어나 제품, 서비스를 전파할 수 있는 막강한 파워를 지니고 있기 때문이다. 또한 메시지가 1:1로 정확히 전달되며 반응을 살필 수도 있다. 온오프 믹스 마케팅으로 소비자의 자발적인 참여가 이루어진다면 리마커블한 상품의 탄생 가능성은 매우 높아진다.

마음을 전하는 새로운 방법 '기프티콘'

그림 8. 기프티콘

친구 또는 지인의 생일, 졸업을 축하해 주고 싶을 때 또는 약속 시간에 늦어서 미안할 때 부담스럽지 않게 고맙거나 미안한 마음을 표현하고 싶을 때 자주 이용하는 것이 모바일 상품권인 '기프티콘'이다.

젊은 세대라면 한 번쯤은 주고 받아봤을 기프티콘은 휴대폰의 문자 메시지로 전송되는 바코드 형태의 온라인 선물 쿠폰을 말한다. 선물을 구입하여 기프티콘을 보내주면 받은 사람은 매장에서 상품으로 교환할 수 있는 것이다.

스타벅스는 SK마케팅앤컴퍼니(M&C)에서 제공하는 '기프티콘' 모바일 서비스를 활용해 2007년 1월부터 2012년 말까지 월 3억 원 정도의 추가 매출을 올렸다. 연간 36억 원의 신규 매출을 올린 것인데, 이는 매장 4개를 운영하면서 얻을 수 있는 매출액 규모이다. 고정비와 변동비를 감안했을 때는 약 10개 매장을 신규로 오픈한 효과를 거둔 것이다.

기프티콘 선물가게에는 주로 먹고 마시는 것을 중심으로 간단한 화장품, 도서 등 품목과 종류가 매일 늘어나고 있다. 제품이나 서비스에 맞는 장터와 패치워크를 하거나 또는 전문분야의 장터를 만드는 것도 핸디캡 기업이 적은 쉽고 비용으로 훌륭한 패치워크를 만들 수 있는 전략이다.

■ 교차형 Cross-Over형 패치워크

교차형 패치워크란 동종 또는 이종 산업 내에서 2가지 이상의 브랜드의 속성을 하나의 제품이나 서비스에 결합시킨 것을 말하며 제품이나 서비스의 형태는 각자의 브랜드는 유지하되 결합된 하나의 형태로 나타난다. 우리가 흔히 사용하고 있는 신용카드의 경우, 카드사와 항공사는 카드사의 신용공여와 항공사의 마일리지 프로그램의 기능이 결합하여 각 사가 속한 전체시장에서의 월릿셰어wallet share를 높이려고 한다. 이와 같은 교차형 패치워크의 예를 살펴보도록 하자.

유니클로를 입은 스타벅스

대학 입학이 정해져 홀가분한 기분이 된 싱글남씨는 입학 전, 배낭여행을 떠나기로 하고 현지에서 편하게 입을 수 있는 짧은 셔츠와 반바지를 사기 위해 여자 친구 벙글녀씨와 함께 유니클로Uniqlo 매장을 찾았다. 사이즈에 맞는 옷을 색상별로 몇 장 골라 계산대에 가서 계산을 치르고 나니 점원은 영수증과 함께 스타벅스의 쿠폰을 건네준다.

쇼핑을 마친 둘은 근처의 스타벅스 커피숍을 들른다. 싱글남씨는 언제나처럼 '카페 아메리카노'를 주문하고 열심히 다이어트 중인 벙글녀씨는 '소이라떼'를 주문한다. 진동벨이 울려 받침대에 놓인 커피를 받아드니 팬티만 걸친 근육질의 '짐승남'이 검은 선글라스를 낀 채 빼딱하게 싱글남씨를 쳐다본다. 좀 왜소한 싱글남씨는 이내 주눅이 든다.

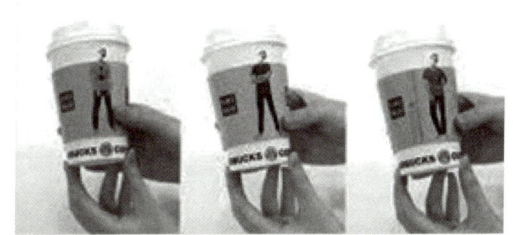

그림 9. 유니클로 컵 홀더와 스타벅스

자리에 돌아와 컵에 놓인 컵홀더를 끼우니 청바지에 짧은 소매의 셔츠를 입은 남자의 모습이 나타난다. 무슨 뜻인지 알 것 같았다. 벌거벗은 남자에게 옷을 입히라는 것이다.

돌려보니 검은 선글라스 남은 이제 자주색 짧은 셔츠와 청바지를 입고 팔짱을 끼고 있다. "나, 좀 괜찮아 보여?" 포즈이다. 벙글녀의 컵홀더는 노란색의 짧은 셔츠로 두 손을 청바지에 찔러 넣고 있는 모습이다. 그러고 보니 받침대에 하나가 더 있다. 유니클로 쿠폰이었다.

중국에서 실시된 기발한 '코 브랜딩co-branding'이다. 이 아이디어를 낸 사람은 한국의 패션 디자이너 정영근이다. 두 브랜드간 크로스오버 패치워크를 적절하게 표현한 이 프로모션에 대해 네티즌들은 찬사를 보냈고 정영근 씨의 창의력에 감탄해 마지않았다.

보이는 게 다는 아니지

유형의 형태로 직접 확인할 수 있는 교차형 결합이 있는가 하면 직접 확인할 수는 없지만 제품이나 서비스 속에 필수적인 재료나 요소로 내재되어 제품이나 서비스의 가치를 향상시키는 경우도 있다.

그림 10. 영화 그래비티 중의 한 장면

미국 현지시간 3월 2일 할리우드 '돌비극장The Dobly Theatre'에서 진행된 '2014 아카데미 시상식'에서는 국내에도 개봉되어 320만의 관람객을 끌어모은 바 있는 미국 영화 '그래비티Gravity'가 음향, 음향편집 및 시각효과상 등 기술 부문의 상을 독식했다.

그래비티는 무중력 공간인 우주에서 생사를 넘나드는 한 여성 우주 과학자의 이야기를 다룬 SF영화로 관람객들을 스릴넘치는 스토리 속으로 빠져들게 한다. 마치 우주선 안에서 우주선 밖에서 사투를 하는 과학자를 지켜보는 것과 같은 착각에 빠지게 한다.

이렇게 관람객들을 긴장감 넘치는 스토리 속으로 몰입할 수 있게 하였던 중요한 요소가 자연스러운 음향효과로, 더욱 발달된 새로운 기술 '아트모스시스템Atmos System'을 제공하는 기업이 돌비Dolby이다. 돌비사는 20세기 폭스사, 파라마운트픽처스, 워너브라더스 등 세계적인 영화사들의 제작과정에 돌비 음향 시스템을 제공하고 있으며 '그래비티'와 '호빗Hobbit 2'에 최초로 적용되어 영화 흥행에도 크게 기여하고 자사의 새로운 시스템도 충분히 홍보하는 패치워크 전략을 이어가고 있는 것이다.

코카콜라, 샤넬의 터치를 입다

이종산업 간의 크로스 오버는 음악, 패션, 영화산업, 전자제품과 명품브랜드 등 다양한 분야에서 활발하게 이루어지고 있다. 그러나 대중브랜드가 명품브랜드와 교차형 패치워크를 하기는 쉽지 않다. 브랜드 이미지 손상을 염려하는 명품브랜드들이 까탈스러움 때문이다.

그림 11. 코카콜라-라거펠드 콜라보레이션

그런데 세계 정상급 디자이너가 디자인을 기꺼이 해주겠다면 이야기는 달라진다. 누구나 즐겨 먹는 흔하디흔한 음료가 내용물은 그대로인 채, 최고가 명품브랜드 음료로 '렛미인'급 변신을 하는 것이다.

　샤넬의 수석디자이너 칼 라거펠트Karl Lagerfeld는 이 세상의 음료는 오로지 코카콜라밖에 없는 줄 아는 코카콜라 광狂팬이다. 그는 코카콜라 클래식과 다이어트 코크만 마신다. 2001년, 라거펠드는 다이어트 코크와 데친 야채만 먹고 40kg를 뺐다. 이래도 성이 차지 않았던지 이번에는 코카콜라에 코코 샤넬의 디자이너인 자신의 이미지를 입혔다. 알미늄 캔의 표면에는 자신의 이름을 대문짝만하게 집어넣고 누가 봐도 그를 연상케 하는 검은색 수트 차림의 실루엣을 넣은 것이다.

　화룡정점. 병뚜껑은 섹시한 립스틱이 연상되는 핑크빛으로 마감하면서, 그가 디자인한 이 한정판 크로스 오버 콜라는 세트당 64달러임에도 불구하고 발매와 동시에 매진되어 버렸다. 지금도 코카콜라 콜렉션 숍에서는 3개로 구성되어 박스에 담긴 한 세트당 95파운드에 매매되고 있다.

　분명 대중적인 음료의 하나일 뿐인 코카콜라가 샤넬의 옷을 입다니. 코카콜라 애호가들은 더욱 프라이드를 느끼고 충성도가 올라갈만 하다. 그러면 샤넬은 얻는 것이 없는가? 그렇지 않을 것이다. 코카콜라의 음료시장의 규모와 코카콜라의 지배력을 볼 때 충분히 브랜드 인지도와 호감도 제고를 확보했을 것이다. 가망고객을 확보하는 전략이 된 셈이다.

■ **융합형 Convergence 패치워크**

　융합형 패치워크란 동종 또는 이종간 두 개 이상의 기술, 기능 등 속성을 결합하여 기존의 속성을 보완 하거나 또는 대체함으로써 향상된 가치 또는 솔루션을 제공하는 전략이다. 대표적인 융합 제품인 스마트폰은 휴대폰, 카메라, 스테레오 등 별도의 제품을 통해 경험할 수 있었던 기능을 하나의 기기에 집약시켜 소비자의 일상을 편리하고 빠르며 콤팩트 하게 해주고 있다.

전기, 전자와 IT기술의 발달은 '엔진이 있어야 자동차'라고 하는 자동차의 개념마저 바꾸어 놓았다. 산업간, 시장간 경계가 무너지고 정보의 교류가 활발해지면서 세분화되는 소비자의 니즈를 충족시키기 위한 융합형 패치워크는 핸디캡 기업에게 있어서 선택이 아닌 필수적인 과제가 되고 있는 것이다.

피나고 알베기는 사격은 잊어라

입대 통지서를 받고 훈련소에 입소하면 소위 '피나오고 알통이 배기고 이가 갈리는 PRI preliminary rifle instruction' 훈련을 받는다. 가늠자와 가늠쇠를 정렬하는 훈련을 하는 것이다. 반복되는 훈련을 몇일 받고 나면 사격장으로 이동을 한다. 실탄 사격장의 우발적인 사고를 막기위해 군기가 빡세다. 주먹만한 자갈이 갈린 산등성이를 오리걸음으로 올랐던 기억이 새롭다.

사선에 들어서 엎드리면 한쪽 눈을 질끈 감고 사격 표지의 중심과 총구 앞에 있는 가늠자를 눈앞의 둥근 가늠쇠의 한가운데에 정렬하고 살며시 집게손가락을 잡아당긴다. 3발의 사격이 끝나고 300미터 앞의 표지판 앞으로 가서 탄착군 형성이 되어 있는지 확인한다. 아뿔싸 1발은 어디로 달아나고 두발마저 서로 다른 양쪽 끝에 아슬아슬하게 걸렸다. 탄착군 형성이 안된 것이다. 중앙에 안 맞는 것은 용서가 되어도 탄착군 형성이 안 된 것은 용서가 안 된다. 또 얼차례다. 내가 83년 논산 훈련소에 입대 했을 때의 모습이다.

그림 12. 폴란드 군이 사용중인 DCL-120

이제 이런 '조준선 정렬' 걱정은 잊어도 좋다. 부천 테크노 파크에 있는 중소기업 동인광학은 1995년 도트사이트 및 스코프 제작에 대한 기술을 이전받아 창업한 회사다. '도트사이트'란 개인화기에 장착하는 장비로써 넓은 조준경 렌즈 안의 빨간 LED 원을 목표물에 놓고 사격하면 표적에 맞도록 하는, 무배율 광학 조준경을 말한다. 한쪽 눈을 감고, 조준선 정렬할 필요가 없다는 말이다. 동인 광학은 두 눈을 뜬 채 사격할 수 있는 국내 유일의 '양안 조준경'인 제조업체로써 세계 최고의 기술을 자랑한다. 동인광학이 '양안 조준경'을 개발할 수 있었던 것은 융합형 패치워크가 있었기 때문이다. 두 눈을 뜨려면 표적을 두 눈으로 볼 수 있는 넓은 조준창인 렌즈가 필요했고 협력업체 B사는 대구경 렌즈를 생산하는데 있어서 세계적인 기술력을 자랑하고 있었다.

제휴와 함께 협력사에서 파트너사가 된 B사는 대구경 렌즈의 가공, 생산기술, 생산, 품질 검사 등을 맡았고 동인광학은 제품의 개발, 최종 조립 생산, 테스트, 인증, 마케팅, 홍보, 영업을 맡았다. 협업 후 1년만인 2010년 7월 '대구경 양안 '도트 사이트"가 본격 판매되기 시작한다. 이 제품은 사격자가 바뀌더라도 다시 영점을 잡을 필요가 없이 신속하게 사격이 가능함은 물론, 야간에도 LED 빛을 이용해 쉽고 빠르며 정확하게 목표물을 향상시킬 수 있다. 동인광학은 B사와의 패치워크을 통해 고품질 달성은 물론, 자재 발주기간의 단축, 설비투자의 감소, 불량률 개선을 이루었으며 수출을 제외한 국내 방위산업제품으로 2015년까지 납품될 규모만 700억 원에 이른다.

유비쿼터스 벽난로

그림 13. 이동형 벽난로

미국 드라마나 영화를 보면 간간이 눈에 띄는 것이 벽난로인 '파이어플레이스fire place'이다. 벽난로를 앞에 앉아 정담을 나누는 것은 서구인들에게는 오랜된 전통이자 추억이다.

이런 추억을 '노변정담 식의 국민과의 소통은 미국의 로널드 레이건 Ronal Reagan 대통령을 위대한 소통자가 되게 하였다.

이뿐만 아니라 벽난로의 굴뚝은 어린아이들에게 크리스마스이브 때 산타클로스 할아버지가 굴뚝을 타고 들어와 크리스마스트리에 매달아 놓은 양말에 선물을 넣고 갈 수 있도록 해주는 중요한 통로였다.

그런데 더 이상 벽난로와 굴뚝이 필요하지 않을 것 같다. 산타 할아버지를 기다리는 손자, 손녀가 없다면 더욱 그렇다. 서구문화의 중요한 요소가 된 벽난로가 사라질 위기에 처해 있다는 것이다. 연기와 그을음을 발생하지도 않으면서 실내, 실외 어느 곳에서도 두어도 멋진 장식품이자 따뜻한 온기를 온 집안에 채우는 벽난로는 없을까?

온 가족이 거실의 소파에 둘러앉아 타오르는 불꽃을 보면서 얘기할 수 있다면 더욱 좋지 않을까? 이런 생각을 해 봤음 직하다. 바이오 에탄올과 열에 강한 유리가 나오면서 새로운 컨셉의 벽난로를 탄생시켰다. 굴뚝을 통해 내 버리는 열의 손실이 없기 때문에 경제적이며 가격 또한 매우 저렴하다. 불과 17만 원 내이이니 캠핑을 즐기는 사람들에게는 모닥불이 될 수도 있겠다.

짜파구리, 음식도 패치워크가 맛있다

MBC의 '일밤, 아빠! 어디가?' 시즌1은 자칫 불통이 되기 쉬운 아빠와 자녀들이 함께 여행을 하면서 겪는 과정을 관찰하며 전달하는 포맷으로 많은 시청자들의 일요일 밤 '고정채널' 프로그램이었다.

그림 14. 짜파구리 레시피

프로그램 중 빠지지 않는 것이 식사로, 출연자들이 어떻게 식사 문제를 해결하는지 지켜보는 것 또한 즐거움의 하나였다. 2013년 2월 17일 방송된 방송에서는 아빠들의 요리 솜씨 자랑이 있었는데 이때 인기 1위에 올랐던 것이 바로 김성주의 '짜파구리'였다. 특히, 가수 윤민수의 아들 윤후의 짜파구리 흡입하는 광경을 본 시청자들은 이내 짜파구리 레시피를 퍼나르기 시작했다.

짜장면과 너구리를 생산하는 농심은 둘을 합친 짜파구리를 출시했을까? 아니다, 그대로 두는 것이 매출에도 훨씬 좋기 때문이다. 그 대신 사진의 짜파구리 맛있게 먹는 법을 '친절하게 알려준다.

세계 어디를 가도 여러 음식을 한 그릇에 넣고 마구 비벼서 먹는 나라는 없다. 여러 음식이 어우러져 또 다른 맛을 창조하듯이 핸디캡 기업은 찾고, 발견해서 조합하는 작업을 통해서 리마커블한 마케팅으로 이어지는 제품과 서비스를 만들어 낼 수 있을 것이다.

> **요약**

정보기술 발전 속도의 가속화로 정보에 대한 무한 접근이 가능해졌다. 이에 따라, 소비자의 욕구는 점점 다양해지고 빠르게 변화하고 있다. 이러한 비즈니스 환경하에서 자원이 절대적으로 부족한 핸디캡 기업이 취할 수 있는 전략의 선택지는 그리 많지가 않다. 그러나 기존의 것을 조합하여 새로운 것을 만들고, 서로의 장점을 활용할 수 있다면 이야기는 달라진다. 패치워크 전략은 "그럼, 어떻게?"에 대한 해답이다.

시대의 화두가 되고 있는 '융합'이니 '통섭'은 어렵고, 무거우며, 실행하기가 만만치 않다. 이에 반해 패치워크 전략은 쉽고, 가벼우며 실행하기 쉽다. 패치워크 전략이란 동종 또는 이종 산업에서 다양한 형태의 특징(기술, 자본, 인력, 제품, 서비스 등)을 발견하고 조합하여 탁월한 고객가치를 제공해 리마커블한 상품을 만드는 전략으로 정의한 바 있다.

패치워크 전략은 제휴형, 교차형 그리고 융합형 패치워크로 구분한다. 제휴형 패치워크는 기존의 형태를 유지하면서 서로의 강점을 제휴하는 전략이다. 고객의 속성이 유사한 커피전문점과 이동통신 매장이 공간을 공유하는 T월드 카페, 어부와 씨푸드 식당의 협업으로 관광명소가 된 홍콩의 사이쿵, 세계 유일의 어린이 고객들의 꿈으로 건축한 맥도날드의 매장, 개발과 생산에 강점이 있는 에스피티텍과 유통 판매에 강점이 있는 뉴젠텍의 성공적인 결합, 온라인 플랫폼과 오프라인 매장이 결합하여 선물 문화를 비즈니스로 연결한 키프티콘 등은 제휴형 패치워크의 좋은 사례들이다.

교차형 패치워크 전략은 두 개 이상 브랜드의 속성 중 일부를 교집

합의 형태로 상품이나 서비스에 결합시킨 것이다. 따라서 제품이나 서비스는 하나로 제공되지만 결합된 브랜드는 각각의 정체성을 유지한다. 예로 들었던 피아트500과 GUCCI의 결합, 벤틀리와 브라이틀링, 럭셔리 핸드폰 VERTU와 Ferrari는 성공적인 결합의 예이다. 반면에, 이미 시장의 평가가 끝난 대표적인 국산 고급 승용차인 제네시스와 프라다의 결합은 그다지 성공적이지 못했다.

스타벅스 커피의 유니클로 컵홀더는 그 아이디어만으로 많은 사람들의 호평을 받았고, 샤넬을 대표하는 디자이너 칼 라거펠트가 디자인한 코카콜라는 마시는 콜라를 '모셔 두고 보는 콜라'로 격상시켰다. 노트북 마다 붙어있는 'Intel inside' 라벨, 음향기기에 붙어있는 돌비의 로고 또한 자신이 중요한 역할을 하고 있음을 알리는 교차형 패치워크의 또 다른 형태이다.

융합형 패치워크는 마치 두 종류의 금속이 하나의 용광로에서 녹아 전혀 새로운 금속으로 탄생하듯, 다른 이름, 다른 특성을 갖는 제품이나 서비스를 말한다. 제록스의 PARC 연구소에서 본 마우스와 마이크로 소프트의 그래픽 유저 인터페이스, 그리고 애플의 기술 패키징 능력으로 탄생시킨 매킨토시 컴퓨터, '모름지기 스마트폰이란 이런 것'이라고 재정의한 애플의 아이폰은 융합형 제품의 대표 주자다.

기존의 광학기술과 무기에 대한 지식과 경험으로 탄생한 동인 광학의 양안 조준경, 매연이 발생하지 않는 바이오 연료와 내열 유리, 그리고 벽난로의 컨셉이 융합하여 탄생한 이동식 벽난로는 융합형 제품의 무한한 확장성을 보여준다. 또한, 공중파에서 소개된 '짜파구리'는 다양한 융합음식을 기대하게 한다.

지금까지 살펴본 내용은 이종 산업간 또는 브랜드의 강점을 공유하는 교차형 패치워크, 강점을 공유하나 제품이나 브랜드의 독립성을 유지하는 제휴형 패치워크, 그리고 강점을 공유하여 새로운 제품이나 서비스를 창조하는 융합형 패치워크 전략이었다. 패치워크 전략을 통해서 핸디캡 기업이 얻을 수 있는 대표적인 기대 효과는 다음과 같다.

첫째, 새로운 제품이나 서비스 개발을 위한 시간과 비용을 대폭 절감할 수 있다는 것이다. 핸디캡 기업의 가장 큰 어려움인 돈, 사람, 시간을 최소화할 수 있는 전략으로써 리마커블한 상품, 서비스를 창조할 수 있을 뿐만 아니라, 마케팅의 방법으로도 패치워크 전략은 매우 효과적이다.

둘째, 생산비용의 감소 및 납기 단축이 가능하다. 제휴사 또는 브랜드 고유의 설비나 속성을 사용함으로써 추가투자 비용이 최소화뿐만 아니라 기존의 훈련된 인력을 사용함으로써 납기단축을 최소화할 수 있다.

셋째, 각 사 또는 각 브랜드의 강점을 최대한 이용할 수 있으므로 시너지 효과를 극대화 할 수 있다. 이는 또한 각 사가 담당하고 있는 분야에 대한 집중도를 향상시켜 제품 또는 서비스의 완성도를 높임으로써 고객 만족도를 향상시키고 충성도를 높일 수 있는 계기가 된다.

넷째, 각 사의 고객들에게 쉽게 접근할 수 있다는 것이며, 고객들은 새로운 브랜드에 대해 알고 선택할 수 있는 폭이 넓어 짐으로써 기업과의 관계를 오래 유지할 수 있는 가능성이 커진다.

다섯째, 패치워크 과정에서 새로운 아이디어가 기대 이상의 결과를 이끌어 낼 수 있다는 것이다. 제휴형 패치워크의 예로 든 에스티피텍과 뉴젠텍은 제품개발에 판매/유통을 담당한 회사가 보다 깊이 개입함으로써 소비자의 호의적인 반응을 이끌어낼 수 있는 제품 개발이 가능했던 것이다.

다양한 정보에 접하는 고객들은 전혀 생각하지 않았던 새로운 니즈를 갖게 되고 시간에 쫓기면서 보다 입체적이고 복합적인 제품이나 서비스를 필요로 하고 있다. 이를 핸디캡 기업의 입장으로 치환을 하면 경쟁의 양상이 매우 입체적이고 복합적으로 바뀌고 있다는 것이다.

이러한 시장의 변화와 소비자의 욕구변화에 민첩하게 대응하기 위해서는 기업의 제품과 서비스에 어떤 속성이 필요한지 끊임없이 관찰하고 위에서 예시한 교차결합, 제휴결합, 융합결합 형태의 패치워크의 가능성을 눈여겨볼 필요가 있다.

끝으로 패치워크 전략이 핸디캡 기업에게 시사하는 점을 살펴보도록 하자.

첫째, 패치워크 전략을 수립하기 전에 어디에 어떤 용도로 쓸 것인지 컨셉을 명확히 정하여야 한다. 컨셉이 정해지면 대체하거나 또는 보완에 필요한 기술, 서비스, 아이디어를 찾아야 한다. 그러나 모든 것을 혼자 하기에는 변화의 속도가 너무 빠르고 비용과 리스크가 크다. 이상적인 교차형 패치워크는 핸디캡 기업 간의 결합이나 참여의 수준과 분담의 범위를 언제나 세심하게 고려하여야 한다.

둘째로, 실용적인 가치를 제공할 수 있는 패치워크가 되어야 한다는 것이다. 소비자의 니즈, 사회적인 공감을 얻을 수 있는 제품이나 서비스가 되지 않고서는 성공할 수 없기 때문이다. 이를 위해서는 소비자의 행동에 영향을 미칠 수 있는 소비자 내면을 이해하기 위한 노력과 함께 시대를 관통하고 있는 트렌드의 흐름을 이해하는 것도 필수적이다.

셋째로, 가망고객, 파트너 등 이해 관계자와 좋은 관계의 끈을 유지하여야 한다는 것이다. 즉, 대가가 있으니까 관계를 유지하는 것이 아니라 좋은 관계를 유지하다 보니 도움도 받고 가끔씩은 매출도 발생하는 관계를 목표로 하여야 한다는 것이다.

마지막으로, 제품의 개발, 생산, 판매에 가급적 고객의 참여를 유도하고 체험을 제공한다. 고객의 참여하는 새로운 아이디어를 얻을 수 있는 기회를 제공하고 전환적 결속을 지속하게 된다. 이와 함께, 패치워크를 통한 이익은 나누려는 마음가짐 또한 잊어서는 안 된다.

자료출처

사진 1. 직접촬영

사진 2. http://www.fiatusa.com/en/500/gucci/

사진 3. http://www.autoblog.com/2008/11/05/vertu-launches-special-edition-ferrari-ascent-ti-phone/

사진 4. http://www.pophistorydig.com/?tag=apple-computer-ipo

사진 5. http://www.chinatourguide.com/hongkong/hongkong_dining.html

사진 6. http://geconomy.tistory.com/236

사진 7. http://www.youtube.com/watch?v=ahTUKDaYsoc

사진 8. http://blog.daum.net/ksfilms/13739410

사진 9. http://koreafashion.org/_Html/information/fa_story_view.asp?cataIdx=803&boardId=story&clientIdx=266&num=227&pageNum=1&SrchItem=&SrchWordhttp://www.it.co.kr/news/mediaitNewsView.php?nSeq=2272133

사진 10. http://www.youtube.com/watch?v=OiTiKOy59o4

사진 11. http://leluxemannequin.blogspot.kr/2012/11/coca-cola-light-designer-bottles.html

사진 12. http://www.kjclub.com/kr/exchange/photo/read.php?tname=exc_board_53&uid=10645&fid=10645&thread=1000000&idx=1&page=2&number=7996

사진 13. http://www.anywherefireplaces.com/

사진 14. http://blog.joins.com/media/folderlistslide.asp?uid=naki&folder=11&list_id=13124281

참고문헌

김 난도 (2014), "트렌드코리아 2014"미래의창, pp. 287~301 유튜브(2012), "I'm amazing", https://www.youtube.com/watch?v=L8kvGPiEIVU

이상훈(2012), "할리우드가 반한 기술, 돌비애트모스", http://www.it.co.kr/news/mediaitNewsView.php?nSeq=2272133

정현영 (2013), "유통업계에 콜라보레이션바람이 분다" 한국경제 2013년 08월 25일 http://www.hankyung.com/news/app/newsview.php?aid=201308233380g

통통한 생각 (2012), "중소기업 협업사례", http://geconomy.tistory.com/236

SCOTOSS(2012), "오프라인 프로모션을 온라인에서"http://scotoss.com/archives/2860#.Ux1Q5j9_vM8

한국패션협회(2012), "유니클로와 스타벅스의 코브랜딩", http://koreafashion.org/_Html/information/fa_story_view.asp?cataldx=803&boardld=story&clientldx=266&num=227&pageNum=1&SrchItem=&SrchWord, http://www.it.co.kr/news/mediaitNewsView.php?nSeq=2272133

Accenture (2011) "Cross-industry collaboration: Creating the enablers for disruptive models", http://www.slideshare.net/wimdecraene/cross-industry-collaboration

Anywhere fireplace (2014), "Fireplaces", http://www.anywherefireplaces.com/

Duggan, William (2013), "제7의 감각, 전략적 직관," 비즈니스 맵, 윤미나 옮김, pp. 177, p255

Malcom Gladwell (2011), "CreationMyth, New Yorker, 2011년 5월 16일

http://www.newyorker.com/reporting/2011/05/16/110516fa_fact_gladwell#ixzz1N0B5iP4a

Sebastian Antony (2011), "How Steve Jobs acquired the mouse and GUI (video)"http://www.extremetech.com/computing/104661-how-steve-jobs-stole-the-mouse-and-gui-video

소상공인의 마케팅
핸디캡 메치기
핸디캡 마케팅

Chapter_**4**

POST의 법칙

입소문 마케팅에 마침표를 찍어라

●●● 핸디캡 마케팅 커뮤니케이션 개론

■ **요즘, 누구나 방송국 하나쯤은 가지고 있다**

　마케팅 공화국시절, 쿠데타를 일으켰던 사나이들은 방송국 장악을 기본 메뉴에 포함했었다. 그 당시에는 방송국을 장악하면 민중의 지지를 얻기가 쉬웠다. 대개, 쿠데타를 일으켜도 성공할 만한 나라에는 방송국이 많지 않았다. 사람들이 가장 즐겨 이용하는 방송국 하나만 장악하면 게임 종료였다. 왜냐하면, 약소국에선 방송이 절대 권력인 경우가 많았기 때문이다. 방송을 장악하면 쿠데타를 미화시키고 기존 정권을 악의 축으로 포장할 수 있는 대민선전을 할 수 있다.

　지금, 이 방법으론 어림도 없다. 방송국을 접수해도 효과가 예전 같지 않기 때문이다. 언론의 주인장이 바뀌었기 때문이다. 이제는 나와 당신이 언론의 주인이다. 개개인의 손에 들려진 스마트한 전화기는 이제 카메라가 되고 방송국이 되었다. '아랍의 봄'에서 우리는 확인했다. 튀니지의 한 젊은 남성의 트위터에서 촉발된 '아랍의 봄'은 수십 년을 철옹성처럼 지켜온 중동의 독재정권들을 여럿 무너뜨렸다.

　마케팅 공화국시절, 모든 마케팅 권력은 매스미디어에서 나왔다. 당연히, 기득권 기업들은 대중 매체들과 합세하여 그들의 영지를 통치했다. 그러나 지금, 마케팅 공화국은 이빨 빠진 호랑이다. '시장의 봄'이 왔다. 소비자들이 카카오 스토리에서, 블로그에서, 트위터에서, 페이스북에서 수십 년을 철옹성처럼 지켜온 기득권 기업들의 마케팅 전략을 무너뜨리고 있다. 이미 스마트 기기로 무장을 끝낸 소비자들은 이제 더 이상 기득권 세력들 앞에 줄을 서지 않는다. 그들은 이미 신화에 등장했던 신보다 더 막강한 파워를 가졌기 때문이다.

누구도 상상 못했던 시대가 왔다. 소시민이 언론의 막강한 힘을 가질 수 있는 시대가 온 것이다. 언론 춘추전국시대를 넘어 온국민 언론 시대가 온 것이다. 지난 60년 이상을 지탱해 온 마케팅 권력이 무너지고 있다. 소비자들은 개인 언론으로 무장했고. 지구 곳곳에서 무장봉기를 감행하고 있다. 한반도도 예외는 아니다. 두메산골에서 소설을 쓰는 것을 본업으로 하는 노인이 트위터상에선 대통령이다. 30대 배불뚝이 가수가 유튜브에선 글로벌 슈퍼스타다. 페이스북에선 김대리가 우리 회사 회장이다. 지금, 새로운 마케팅 헌법이 제정되고 있다.

■ **호모포스티쿠스…… 누구냐, 넌?**

위의 내용대로라면, 예전처럼 소비자들을 줄 세운다는 것은 상상도 못 할 일이다. 그런데 정말 믿을 수 없는 일들이 벌어졌다. 콩가루처럼 흩어진 것 같던 대중들이 공화국 시절보다 더 일사불란하게 움직이는 것이다. 이제는 천만 관객의 영화가 자주 등장한다. 김연아의 아이스쇼는 판매 시작과 동시에 완판이다. 슈퍼스타 K라는 대국민 오디션에 2백만이 넘는 참가자가 몰린다. 누가 이들을 움직였을까?

자신도 모르게 언론을 손에 쥐게 된 공화국 백성들은 모두 본능적으로 기자가 되었다. 그들은 밤낮없이 스토리를 올리고 있다. 자신이 올린 스토리에 지인들이 댓글로 반응한다. "좋아요"라고 영혼 없는 칭찬도 한다. 그럴 때마다, 그들은 자가발전을 한다. 자신의 지위가 높아진 것 같다. 사람들이 올려준 엄지 손가락 그림에 권력의 달콤한 내음도 맡는다. "권력은 중독성이 높다"고 누가 이야기했던가? 그렇다, 그들은 중독됐고 투쟁까지 감행한다.

이제, 우리들은 '본능적으로 뭔가를 공유하고자 이야기를 올리는 인간'으로 진화했다. '호모포스티쿠스Homoposticus'라 부르는 신인류가 등장한 것이다. 호모포스티쿠스는 인간을 의미하는 Homo와 올린다는 뜻의 Posting을 결합하여 만든 신조어이다. 소셜미디어를 즐기는 자들, 블로그나 카페에 글을 올리는 자들, '카톡' 소리가 나는 전화기를 가진 자들, 지하철이나 버스에서 고개를 수그리고 스마트기기에 열중하는 수그리족들, 이들은 우리가 쉽게 만나는 호모포스티쿠스들이다. 어쩌면, 이 글을 읽고 있는 당신이 바로 호모포스티쿠스일지도 모른다.

호모포스티쿠스들의 활약은 대단하다. 이들은 웬만한 맛집은 촬영장으로 만들어 버린다. 이제, 맛집을 가면, 전화기에서 나오는 가녀린 셔터 파열음에 익숙해져야 한다. 소녀시대 티파니가 공항에 매고 나간 핸드백에는 공항 패션이란 요상한 수식어가 붙는다. 이 수식어가 붙는 순간, 그 백을 파는 매장은 대기자 명단을 준비해야 한다. 학교 앞 햄버거집에서 아르바이트 하는 이쁜 여학생은 이젠 더 이상 인간이 아니란다. 여신이라 불러야 맞는단다. 호모포스티쿠스들은 이렇게 마술처럼 세상을 바꾸고 있다. 왜 인간들은 이와 같이 무언가를 올리고 공유하는 행위에 집중하게 된 것인가?

김난도와 동료들은 "판 2.0의 시대2014"란 키워드를 통해 사람들의 공유 현상을 설명했다. "아이디어, 상품, 기술, 사람이 한데 모여 비즈니스 모델을 창출해 내던 시대가 판 1.0시대라고 하면, 그 판이 진화하여 최적화된 비즈니스 생태계가 활성화된 것을 판 2.0이라 한다. 기업이나 정부는 플랫폼만 제공하고 참여자 스스로가 그들의 세계를 만들어 가는 자생적인 세상을 의미한다. 예컨대, 핀터레스트Pinterest라는 이미지 기반의 SNS에서는 회원 스스로가 상품을 올리고, 올려진 상품에 대해 다른 회원들이 평가하거나 동조하는 '소셜쇼핑'이라는 개념이 새롭게 등장했다. 누가 시키지 않아도 스스로 글이 됐건 그림이 됐건 이야깃거리를 스스로 올리고 그 이야깃거리에 대해 스스로 의견을 달거나 퍼 나르는 것이 유행하고 있는 것이다. 이러한 현상에 대한 이유로 김난도와 동료들은 '호모임팍티쿠스'에 대해 말했다.

호모임팍티쿠스는 인간을 의미하는 Homo와 영향을 준다는 의미의 impact를 결합한 신조어로, '사회가 변화하도록 영향력을 미치는 것을 추구하는 인간'이란 뜻이다. 호모임팍티쿠스는 인간의 욕구 중 가장 높은 단계인 자아실현의 욕구에서 나온 것으로 소셜미디어가 발달하면서 사람들의 소통방식이 고도로 진화하면서 등장한 새로운 현상이다. 자발적인 봉사활동을 한다든지, 전문영역의 재능기부를 하는 '프로보노'와 같은 호모포스티쿠스들은 그들의 소셜미디어에 이야깃거리를 올리는 활동을 통해 긍정적 영향을 창출함과 동시에 개인의 자아실현 자존감 향상과 같은 내재적 만족을 추구한다. 이들의 삶 속에는 타인과 공유할 수 있는 가치를 추구하고자 하는 본능이 꿈틀대고 있는 것이다. 이때 판은 사람들이 세상을 바꾸기 위해 도전할 수 있는 가장 손쉬운 참여의 장이 되는 것이다.

호모포스티쿠스의 자발적인 이야기 공유에 대한 보다 구체적인 해답을 제시한 사람은 입소문 마케팅의 대가라 불리는 조나버거Jonah Berger, 2013다. 그는 특별하지 않은 인물이나 제품이 히트 친 비결을 연구했다.

 미국의 평범한 10대 소녀였던 리베카 블랙은 부모의 도움을 받아 금요일엔 마음껏 놀자는 내용의 '프라이데이Friday'라는 곡을 발표했다. 평론가들은 "사상 최악의 노래"라는 혹평을 쏟아냈지만 노래는 예상 밖 돌풍을 일으켰다. 특히 뮤직비디오는 3억 건 넘는 조회 수를 기록했다. "평단에서 최악의 노래라고 평가한 노래가 이처럼 인기를 끈 이유는 유튜브 조회 수를 분석해보면 알 수 있었다"고 한다. 노래 제목처럼 매주 금요일마다 조회 수가 치솟았던 것이다. "다른 요일에는 여전히 최악의 노래였지만 금요일은 프라이데이를 떠올리는 데 더할 나위 없이 완벽한 계기가 되었기에 큰 인기를 누린 것이다."라고 논술했다.

 더 재미난 사례는 블랜드테크Blend Tech다. 믹서기를 만드는 이 회사는 50달러 예산을 들인 유튜브 동영상 하나로 큰 성공을 거두었다. 버거가 소개한 많은 사례는 마케팅 비용을 많이 들이지 않고도 큰 성공을 일궈냈다. 버거는 이런 성공을 일궈낸 입소문이 퍼져나간 숨은 비밀에 대한 연구였다. 버거는 입소문이 퍼져나간 배경에는 다음 여섯 가지 법칙이 존재한다고 한다. 이 여섯 가지 법칙은 사람들이 "자발적으로 이야기를 공유하는 이유"에 대해 많은 설명을 하고 있다.

- **소셜 화폐의 법칙**Social Currency: 사람들은 타인에게 좋은 인상을 남기는 이야기를 공유한다.
- **계기의 법칙**Triggers: 사람들은 머릿속에 쉽게 떠오르는 것을 공유한다.
- **감성의 법칙**Emotion: 사람들은 마음을 움직이는 감성적 주제를 공유한다.
- **대중성의 법칙**Public: 사람들은 눈에 잘 띄는 것을 모방하고 공유한다.
- **실용적 가치의 법칙**Practical Value: 사람들은 타인에게 도움이 될 만한 유용한 정보를 공유한다.
- **이야기성의 법칙**Stories: 사람들은 흡인력 강하고, 흥미진진한 이야기를 공유한다.

버거의 소셜화폐의 법칙은 '호모임펙티쿠스'의 일면과는 유사하면서도 그 목적은 매우 다르다. 다른 사람들에게 영향력 행사를 추구한다는 면에서는 두 개념이 유사하나 호모임펙티쿠스가 자아실현의 욕구에서 나온 내재적 만족이라면, 소셜화폐의 법칙은 자신의 사회적 지위를 인정받고, 권위를 유지하기 위해 이야기를 공유한다고 설명한다.

계기의 법칙은 특정한 목적 없이도 습관적으로 이야기를 공유하고 싶어하는 호모포스티쿠스의 단면을 보여 설명했다. 어떤 계기가 생겼을 때, 생각이 나는 이야기를 공유한다는 것이다. 계기의 법칙은 사람들이 습관적으로 글을 올리고 퍼 나르는 현상에 대해 높은 설명력을 제공한다.

우리가 가장 선호하는 이야깃거리 중 하나가 감성을 건드리는 이야깃거리이다. 감성의 법칙은 사람들의 경외심을 자극할 정도로 감정이 움직이게 하는 이야기의 공유에 대해 논술했다. 감정공유는 일종의 '접착제 역할'을 하며, 사람들은 이를 통해 "인간관계를 돈독하게 하고자 한다"고 논술했다.

"인간이 타인을 모방하려는 습성이 있다"는 것은 이미 잘 알려진 사실이다. 관찰 가능성과 사회적 잔여는 사회적 증거를 남긴다. 사람들은 이 사회적 증거를 보고 모방하려 하기 때문에 이야기를 공유한다는 것이다. 버거의 대중성의 법칙은 사람들이 줄을 서 있는 식당, 조회수가 높은 동영상, 컨텐츠를 사람들이 공유하는 현상에 대해 설명했다.

실용성의 법칙은 소셜화폐의 법칙과 달리, 인간의 이타주의에 대해 논술했다. 사람들은 남에게 도움이 되는 이야기들을 남을 도울 목적으로 공유한다는 설명이다. 이는 위에서 말한 호모임펙티쿠스의 또 다른 일면을 설명한 것이기도 하다. 남에게 영향을 미치지만 그 목적이 영향을 받는 사람의 이익에 있다는 것이다.

이야기성의 법칙은 우리가 흔히 하는 잡담, 친구들의 이야기가 공유되는 현상에 대해 설명했다. 우리가 일상생활에서 나누는 대화들 중에 흡입력 강하고 흥미진진한 이야기들이 공유된다는 것이다.

호모임팍티쿠스의 의미와 버거의 연구는 호모포스티쿠스들이 자발적으로 아무런 대가도 받지 않고 이야기를 공유하는 현상에 대해 충분한 설명을 제공했다고 판단된다. 이런 현상을 마케팅 측면에서 이용하는 것이 입소문 마케팅이다. 그동안 입소문 마케팅은 바이럴 마케팅Viral Marketing, 에피데믹 마케팅Epidemic Marketing, 컨테이저스 마케팅Contagious Marketing 등의 많은 이름으로 소개가 되었다.

■ 포스트 때문에 포스팅하는 사람들

입소문 마케팅은 금전적 부담이 낮은 경우가 대부분이다. 그래서 입소문 마케팅은 핸디캡 마케터들에게 매우 유용한 마케팅 커뮤니케이션 도구라 할 수 있다. 앞에서 우리는 입소문이 나는 이유에 대해 알아봤다. 본 연구는 이와 같은 이유들을 배경으로 핸디캡 마케터들에게 유용하게 이용될 수 있는 입소문 마케팅 전략에 대해 알아보고자 한다.

버거의 연구는 입소문 마케팅 전략에 대해 많은 것을 알 수 있게 해주었다. 그러나 그의 연구를 핸디캡 마케팅에 그대로 가져다 사용하기에는 무리가 되는 부분들이 많았다. 버거의 연구는 일반 기업에 적용될 수 있는 마케팅 전략이지 핸디캡 기업에 특화된 전략은 아니기 때문이다.

핸디캡 마케터의 입소문 전략과 관련, 한 가지 더 생각해야 할 것은 현장성과 실천적 도구이다. 입소문 마케팅의 이론이나 개념의 소개는 핸디캡 마케터들에게 큰 도움이 되지 못한다. 왜냐하면 이들 대다수가 마케팅에 대한 전문 지식을 가지고 있지 않기 때문이다. 그래서 본 연구는 실천적 의미에서 포스팅 전략이란 표현을 사용한다. 입소문을 실행하기 위해서는 반드시 포스팅이 선행되어야 하기 때문이다. 입소문이 나는 과정속에 일어나는 모든 일은 포스팅에 의해 일어난다. 당신이 올린 메시지나 동영상을 퍼다 올리거나, 링크를 올리고, 카톡이나 메신저로 전송하고, 댓글을 올리는 행위를 우리는 포스팅이라 한다. 그래서 나는 핸디캡 기업의 입소문 마케팅 전략을 '포스팅 전략'이라고 표현하고자 한다.

버거의 연구가 입소문의 원인에 대한 개념정리라면, 본 연구는 이야깃거리를 사람들이 자발적으로 포스팅하게 되는 요인에 대해 알아보고 이를 전략적으로 활용할 수 있는 방안에 대해 알아본 것이다. 내가 연구한 핸디캡 기업의 포스팅 전략에는 다음의 네 가지 법칙이 있다.

Practical Value 실용적 가치의 법칙

실용성이 있는 정보는 누구라도 환영한다. 핸디캡 마케터는 실용성 있는 정보제공을 통해 자사의 브랜드 인지도 제고는 물론 상품에 대한 호의적인 이미지를 확보할 수 있다. 실용성 있는 이야기는 자신의 신분상승 욕구나 지위를 인정받으려는 욕구보다는 남을 먼저 생각하고 도우려는 이타심에서 출발하기 때문이다. 그리고 이야기를 포스팅 하거나 전달한 사람들의 입장에서도 다른 사람들이 어떻게 반응할 것인가에 대해 고민할 필요가 없다. 그래서 실용성 있는 이야기는 친분이 별로 높지 않은 사이에서도 공유가 가능하고 넓고 빠른 확산이 가능하다. 핸디캡 마케터는 실용성의 법칙을 시장확대를 위한 프로모션을 할 때 유용하게 사용할 수 있다.

Out of Struggle 투쟁의 법칙

사람들은 타인에게 인정을 받기 위해 투쟁한다. 이를 '인정투쟁'이라 한다. 우리 주변을 떠다니는 모든 글들에는 인정과 승인을 받고 싶어 하는 욕망이 내재되어 있다. 이를 위해 사람들은 비범성을 갖춘 스토리를 자발적으로 공유하기도 하며 자신이나 타인을 엿보는 스토리를 포스팅하기도 한다. 또한 사람들에게 계급을 부여하면 더 자발적인 인정투쟁이 발현된다. 인간이 스스로 사회적 지위 Social Status를 부여받고자 하는 심리를 자극하면 핸디캡 기업은 쉽게 입소문을 낼 수 있다.

Social Evidence 사회적 증거의 법칙

버거가 주장한 대중성의 법칙은 핸디캡 기업들에게도 시사하는 바가 많다. "인간에게는 타인을 모방하려는 습성이 있다. 사람들은 불확실성에 직면하면 타인을 관찰해서 모방한다. 타인의 관찰에서 사람들은 '사회적 증거'를 찾게 되고, 이 증거가 지시하는 대로 판단하는 것이다." 이 사회적 증거를 잘 보여 주는 방법으로 버거는 '관찰 가능성과 행동적 잔여의 중요성'을 강조했다. 이 두 가지 모두 핸디캡 기업들이 현장에서 실천할 수 있는 방법들이다. 그러나 재무적 자원이 부족한 핸디캡 마케터는 한 가지를 유념해야 한다. 시장을 자신의 능력에 맞게 제한해야 한다는 것이다.

Touching Experience 감동적 경험의 법칙

사람들은 마음을 움직이는 감동적인 주제를 공유한다. 감동적인 스토리를 공유하면 친밀감이 높아지기 때문이다. 입소문이 많이 난 핸디캡 기업들 중에는 고객들에게 감동을 전달한 경우가 많다. 정직한 제품으로 친절한 서비스로 착한가격으로 감동이 전달될 때 고객들은 자신이 받았던 감정을 다른 사람들과 공유하고 싶어 하는 것이다.

이 네 가지 법칙의 영어 첫 글자를 따면, POST가 된다. 핸디캡 마케팅에 성공하려면 "호모포스티쿠스가 자발적으로 포스트의 법칙에 따라 포스팅하게 하라!" 이것이 바로 핸디캡 마케팅 커뮤니케이션 전략이다.

요약

마케팅공화국 시절, 모든 마케팅 권력은 매스미디어에서 나왔다. 당연히, 기득권 기업들은 대중 매체들과 합세하여 그들의 영지를 통치했다. 그러나 지금, 마케팅공화국은 이빨 빠진 호랑이다. 그리고 누구도 상상 못했던 시대가 왔다. 소시민이 언론의 막강한 힘을 가질 수 있는 시대가 온 것이다. 언론 춘추전국시대를 넘어서 온국민 언론시대가 온 것이다. 자신도 모르게 언론을 손에 쥐게 된 공화국 백성들은 모두 본능적으로 기자가 되었다. 그들은 밤낮없이 스토리를 올리고 지인들은 댓글로 반응한다. 우리들은 '본능적으로 뭔가를 공유하고자 이야기를 올리는 인간'으로 진화했다. '호모포스티쿠스Homoposticus'라 불리는 신인류가 등장한 것이다.

호모포스티쿠스의 자발적인 이야기 공유에 대한 구체적인 해답을 제시한 사람은 입소문 마케팅 의 대가라 불리는 조나버거Jonah Berger, 2013다. 그는 특별하지 않은 인물이나 제품이 히트친 비결을 연구했다. 버거는 입소문이 퍼져나간 배경에는 'STEPPS'로 약칭한 여섯 가지 법칙이 존재한다고 했다. 이 여섯 가지 법칙은 사람들이 "자발적으로 이야기를 공유하는 이유"에 대해 많은 설명을 한다. 그러나 그의 연구를 핸디캡 마케팅에 그대로 가져다 사용하기에는 무리가 있다. 핸디캡 기업에 특화된 전략은 아니기 때문이다

그리고 버거의 연구가 입소문의 원인에 대한 개념정리라면, 본 연구는 이야깃거리를 사람들이 자발적으로 포스팅하게 되는 요인에 대해 알아보고 이를 전략적으로 활용할 수 있는 4가지 방안에 대해 알아본 것이다. 그 네 가지 법칙이란 Practical Value실용적 가치의 법칙, Out of Struggle인정투쟁의 법칙, Social Evidence사회적 증거의 법칙, Touching Experience감동적 경험의 법칙이다.

Practical Value •••
실용적 가치의 법칙

■ 마구잡이 요리로 뜬 남자

당신은 제이미 올리버Jamie Oliver라는 영국의 요리사를 알고 있는가? 올리버는 2006년에 퍼포먼스 방식의 요리프로그램을 통해서 한국에 알려졌다. 1999년 '네이키드 쉐프Naked Chef'라는 영국 TV프로로 알려지기 시작한 올리버는 영국의 국위를 선양한 공로로 2003년 여왕으로부터 대영제국훈장을 받았으며, 2012년 런던올림픽에서는 삼성전자가 런던 올림픽 홍보대사로 위촉할 정도로 유명한 요리사이다.

그림 1. 축구경기장에서도 판매하게 된 제이미 올리버 음식

또한, 2013년 11월부터 한국의 이마트와 롯데마트에서는 올리버의 주방용품 판매가 인기리에 진행되고 있다. 한국사람들이 영국 축구 프리미어리그Premier League에 열광하는 것은 오래된 일이지만, 이 요리사는 무슨 매력이 있어서 한국사람들에게도 이렇게 지속적인 입소문과 인기를 끄는 것일까? 그뿐만이 아니다. SNS라는 개념조차 없었던 2000년대 초부터 한국의 열혈팬들은 올리버의 일거수일투족에 관심을 가지고 있었다. 사람들은 올리버의 요리방식뿐만 아니라, 일상생활까지 관심을 가지고 입소문을 내고 있었던 것이다.

 올리버의 요리프로그램을 한 번이라도 본 사람들은 왜 올리버가 다른 요리사들과 다른지 금방 알 수 있다. 올리버는 요리할 때, 다른 요리사들과는 확실히 다른 한 가지를 일관성 있게 보여 준다. 그것은 바로 전문 요리를 아주 짧은 시간에 간단하고 쉽게 만든다는 것이다. 실제로 요리 중에 향신료가 필요할 경우는 옆의 화분에서 뜯어서 씻은 뒤 적당히 넣기도 한다. 모든 양념이나 재료들도 소위 한국식 눈대중으로 첨가하며, 가장 자주 하는 말은 "계량기 쓰지 마세요. 먹어보고 더 넣으면 되죠" 등등의 말이다.

 또한, 프로그램 중간중간에 자신의 친구들이나 친척들을 등장시켜서 자신의 요리를 도와주게 한다. 얼핏 보면 마치 너무나 비전문가적인 모습으로, 전문적인 요리를 쉽게 쉽게 만들어가는 것이다. 일반인들이 집에서 요리를 하듯이, 짧은 시간 안에 간소한 방식으로 만드는 방법만을 대중들에게 선보이는 것이다.

 이는 엄격함과 정확함을 가장 중요하게 말하고 있는 국내외 음식명장들에게서는 찾아볼 수 없는, 실용적인 요리스타일이다. 그렇게 해서 알려지기 시작한 레시피가 올리버의 '15분 레시피', '30분 레시피' 등이다. 대중들은 올리버의 요리과정을 보면서, 번거롭고 힘들었던 요리가 이렇게 쉽고 재미있어질 수도 있다는 점에 즐거워한다. 결국, 가장 큰 차별점은 복잡하고 어려운 레시피들을 간단한 도구들로 쉽게 만든 실용적 레시피에 있는 것이다.

그리고 요리과정 자체는 간단하고 실용적이지만, 그 결과물은 큰 차이가 없기 때문에, 대중들은 올리버의 요리과정을 보면서, 더욱 더 실용적인 요리법이라고 열광하고 있다. 그래서 이 동영상이나 프로그램을 본 사람들은 전 세계에 열성적으로 동영상과 입소문을 퍼뜨리게 되는 것이다.

■ "니들에게 봄날을 돌려주마!"

그런데 한국에는 올리버보다 훨씬 더 폭발적인 인기를 누리며, 지금도 그 열기가 식지 않는 화제의 인물이 있다. 그 사람은 바로 피트니스 트레이너 정다연 씨다. 2003년 11월, 인터넷 매체 딴지일보에는 재미난 동영상이 연재되기 시작했다. 어떤 몸짱 아줌마가 올린 피트니스 동영상이었다. 제목이 압권이었다. "니들에게 봄날을 돌려주마!" 그녀는 "봄날 오후 식곤증으로 축 늘어져 있는 아줌마들에게 '몸짱'이라는 새로운 단어를 제시하고자 했다."고 한다. 그리고 얼마 안 있어서 그녀의 믿지 못할 비포, 애프터 사진 두 장이 매스컴을 탔다. 한 장에는 두 아이의 엄마이자 70kg에 육박하는 펑퍼짐한 몸매의 보통 아줌마가 있었고, 다른 한 장에는 정말 섹시한 20대처럼 보이는 아가씨가 있었다. 이 두 사진 속의 인물은 동일 인물로, 한 장은 운동 전, 한 장은 운동 후 사진이란다. 이 사진이 나오는 순간, 게임은 끝났다. 이 사진의 주인공은 대한민국 모든 아줌마들에게 '몸짱 신드롬'을 앓게 만든 것이다.

바로, 일산의 봄날 아줌마, 몸짱 아줌마로 아직도 명성을 떨치고 있는 정다연 씨 스토리다. 그녀는 인생을 뚱뚱한 보통 아줌마로 끝내기 싫어서 운동을 시작했다고 한다. 그래서 그녀는 '꾸준한 운동'을 했다. 5년간 꾸준하게 자신과의 약속을 지켜나갔다. 그녀는 "5년 동안, 일어나는 시간과 밥 먹는 시간, 운동하는 시간을 가급적 정확하게 지키려고 노력했어요."라고 했다. 5년 뒤 그녀는 다른 여자가 되어 있었다. 그녀는 운동으로 25kg을 감량하고, 20대 모델 뺨치는 환상적인 몸매로 변신했다. 변신에 성공한 그녀는 5년간의 노력이 아까웠다. 그래서 자신의 운동 노하우를 동영상으로 만들어, 한 인터넷 매체에 그녀의 피트니스 강좌를 연재했을 뿐이다.

연재를 하면서, 정 씨는 자신의 몸으로 얻은 경험을 조곤조곤하게 어드바이스 하는 것도 잊지 않았다. "운동을 시작한 지 3개월 정도 지났을 때에는 체중이 줄어드는 재미에 푹 빠졌어요. 다만 피부가 좀 늘어지는 느낌이 들어서 몸을 만들어야겠다고 생각을 한 거에요. 많은 사람들이 운동을 하다가 힘든 순간을 버티지 못하고 포기하잖아요. 그걸 극복해야 해요." 자신의 동영상을 보고 시기하는 사람들에는 "제가 수술한 몸매라고요? 아닙니다. 운동은 삶을 바꿉니다. 의심하지 마세요"라고 충고하기도 했다.

반응은 폭발적이었다. 그녀가 올린 다이어트 운동 동영상은 아줌마들 사이에 무차별로 노출되었다. 정다연 씨는 운동 동영상 연재로 하루 아침에 CF 모델로 캐스팅까지 되는 '쭘마렐라'가 됐다. 이로 인해서, 2003년에 대한민국에는 '몸짱'이라는 신조어가 탄생되었고, 정다연을

'원조 몸짱'이라 부르게 된다. 몸짱 신드롬은 2003년 '대한민국 10대 뉴스'에 선정될 정도로 사회적 파장을 일으켰다.

정다연으로 인해 생겨난 몸짱 이라는 신조어는 일시적인 유행어에 그치지 않고 보통명사가 되어 널리 사용되었으며, 정다연의 다이어트 방식은 2006년 '대한민국의 고등학교 과학교과서'에도 소개가 되었다. 한반도에서 '몸짱 신드롬'을 일으킨 정 씨는 이제, 일본과 대만, 중국에서도 몸짱 아줌마로 유명세를 떨치고 있다.

2007년도에 일본에서 발간된 그녀의 저서 '몸짱 다이어트 프리미엄'은 아마존 집계 일본 전체 서적 베스트셀러 1위에 올랐고, 2009년도에는 그녀가 고안한 '피규어로빅스figurerobics'를 DVD로 출시하여 같은 해 일본 다이어트 DVD 분야 판매 순위 1위의 기록을 세웠다. 또한, 2010년에는 일본에서 출간된 그녀의 서적 3종이 일본 전체 베스트셀러 1, 2, 3위를 차지하는 진기록을 세우기도 하였다.

이제, 정다연 씨는 연예인 못지않은 방송출연과 CF 촬영 등으로 바쁜 나날을 보내고 있다. 엄청난 부도 거머쥐었다. 얼마 전, 방송에 나와서는, 그녀의 다이어트 관련 컨텐츠와 상품, 모델 수입으로 연간 1천억원 정도의 매출을 올린다고 했다. 정다연 씨의 스토리는 소셜미디어나 스마트폰이 나오기도 전인 2003년도 이야기다. 만일, 이 스토리가 지금 나왔더라면 더 큰 반향을 일으켰을 것이다.

왜 대한민국 아줌마들은 열풍을 일으킬 정도로 정다연 씨의 피트니스 동영상을 폭발적으로 공유했을까? 2003년부터 딴지일보에 연재된 글을 보면 "니들에게 봄날을 돌려주마 1탄, 2탄"이라는 형식으로 구성되어 있다. 내용 또한 피트니스센터처럼 여러 가지 복잡한 운동을 제안하는 것이 아니라, 바로 집에서 당장 할 수 있는 간단한 동작들을 중심으로 설명하고 있음을 알 수 있다. 정다연 씨는 운동은 작심하고 해서는 안 된다고 말하고 있으며, 집안일을 마치고 간단하게 할 수 있는 실용적 자세들과 구체적인 스트레칭 등을 중심으로 설명해 주고 있었다.

그동안 대한민국의 주부들은 운동을 하고 싶어도 시간과 수고스러움 때문에 대부분 포기하고 있었다. 그런데 이렇게 집에서도 즉시 실행할 수 있는 실용적 동작들로 구성된 내용과 그러한 노력들로 이루어진 25kg감량 이라는 결과물이 "나도 해볼 수 있겠다"는 마음을 불러일으킨 것이다. 그래서 자신과 비슷한 여건에 놓여있는 친구 주부들에게 자발적으로 입소문을 내게 만드는 요인이 된 것이다.

위의 두 가지 사례를 통해서 우리는 실용적 가치가 있는 정보는 사람들이 서로서로 자발적으로 공유하고 퍼뜨린다는 사실을 알 수 있다. 그렇다면, 우리는 일반적으로 어떤 것들을 실용적 가치가 있다고 생각하는 것일까?

실제 우리 주변에서 흔히 접하게 되는 상품이나 서비스들 중에서 "실용적인 가치가 있다."라고 여겨지는 것들의 공통점을 살펴보고, 이를 통해서 실용적 가치가 갖춰야 할 조건들에 대해서 살펴보기로 하자.

■ 실용적 가치의 의미

버거는 "실용적 가치는 정보수용자의 입장을 우선적으로 생각하며, 상대방의 시간이나 돈을 아끼거나 기분 좋은 경험을 할 수 있도록 돕는 것"이라고 말하고 있다[Berger, 2013]. 하지만 이 정의를 통해서 실용적 가치의 법칙을 발견해 내는 것은 매우 모호한 일이다. 왜냐하면 정의 자체가 구체적이지 않기 때문에 이 정의에 기반해서 사례들을 분석한다면, 결론도 모호해질 수 있기 때문이다.

따라서 본 연구에서는 실용적 가치의 범위를 '생활에 즉시 도움이 되는 유용한 가치'로 한정한다. 왜냐하면, 위의 두 가지 사례에서 본 것처럼, 실용적 가치의 강점은 처음 보는 사람들에게까지 바로 도움이 되는 가치를 주는 것에 있기 때문이다. 또한, 실용적 가치는 정보를 받게 되는 사람이 즉시 적용해서 사용할 수 있어야 한다. 시간이 어느 정도 투입된 다음에 그 가치를 얻게 되는 것은 실용적 가치라고 보기 어렵다. 일상생활에서 즉시 적용하기 어려운 가치는 그 자체로 가치는 있을 수 있어도 실용적인 가치를 가졌다고 보기는 어렵기 때문이다.

즉, 실용적 가치란 기본적으로, '일상적인 상황에서 즉시 문제를 해결할 수 있는 가치'를 말하는 것이다. 이와 같은 정의를 가지고, 먼저 국내외 기업들의 문제해결형 광고사례를 분석해 보고 그 안에 담겨있는 공통된 원칙들 중에서 핸디캡 기업에게 적용 가능한 원칙들을 정리해 보도록 하자.

그림 2. 동원 캔 연어광고

위 광고는 동원의 캔 연어 제품 광고이다. 이 광고는 연어의 맛과 장점에 대해서 바로 설명하지 않는다. 그 대신, 일상생활에서 누구나 겪을 수 있는 문제상황을 제시하고, 그에 대한 간단한 해결책으로 통조림에 든 연어를 제시하고 있다. 반면에, 후발 주자인 CJ 알래스카 연어는 제품 자체가 "무첨가 100% 자연산 연어이며, 붉은 색소 걱정이 없다"라는 점을 주요 메시지로 해서 제품 자체의 강점을 제시하고 있다. 이러한 CJ 알래스카 연어의 광고는 실용적 가치의 법칙을 적용하고 있다기보다는 제품 본연의 장점을 강조함으로써 자사제품은 색소 등이 첨가되지 않은 캔 연어라는 방향으로 차별화 하고 있는 것이다.

다음 광고는 2011년에 인기를 끌었던 축구선수 차두리의 "간 때문이야" 광고다. 이 광고 역시 우루사의 실용적 가치를 극대화하기 위해서, 직장인이 피곤한 상황들을 먼저 여러 가지 단어들로 화면에 제시하고 있다. 그리고 나서 원인에 해당하는 간 문제를 해결책인 우루사로 간단하고 편리하게 관리하라는 메시지를 전달한다. 이 광고는 실용적 가치를 강조하면서 동시에, "간 때문이야" 로고송을 등장시켜 크게 히트친 광고였다.

그림 3. 2011년 우루사 광고

그렇다면, 최근 우루사 광고는 실용적 가치를 어떻게 보여주고 있을까? 2013년 우루사 광고는 피곤해서 생기는 다양한 문제 상황들을 개별적으로 보여주고 있다. 그리고 스타가 아닌 국내 외 일반인 모델들을 등장시키고 있다. 즉, 일상에서 문제 해결이 필요한 상황들을 좀 더 다양하고 구체적으로 보여주는 것에 집중함으로써, 더 이상 스타마케팅과 로고송 제작 없이, 우루사의 실용적 가치를 어필하고 있는 것이다.

그림 4. 2013년 우루사 광고

이 광고들은 핸디캡 기업들이 실용적 가치의 법칙을 적용하고자 할 때 무엇에 집중해야 하는지에 대해 시사하고 있다. 자사 상품이 해결할 수 있는 문제상황들을 구체적으로 보여줄수록 적은 비용이 들게 되는 것이다. 또한, 구체적 문제 상황들에 집중할수록, 소비자들은 내 주위 사람들이 어떤 상황일 때 이 메시지를 말해주어야 할지 쉽게 알 수 있게 된다.

다음에 살펴볼 예는 섬유탈취제인 페브리즈 광고다. 2013년 겨울에 '페브리즈 겨울코트편'으로 방송된 이 광고 역시 문제 상황에 대한 설명으로 시작한다. 다른 사람들에게 창피함을 당할 수 있는 상황을 제시한 것이다. 그리고 나서, 페브리즈로 문제 상황을 간단하게 예방하라는 쪽으로 실용적 가치를 소구하고 있다. 마지막 광고 멘트 역시, "냄새엔 베란다보다 페브리즈!"라고 하면서 다시 한 번 실용적 가치를 강조한다.

그림 5. 2013년 페브리즈 광고

이처럼 실용적 가치의 법칙에 충실하게 어필하고 있는 페브리즈는 2013년 1월 17일에 위 광고보다 더 실감나는 방법으로 자사 제품의 실용적 가치를 알린 적이 있다. '페브리즈 비치형' 제품 홍보를 위해 진행한 '리얼 후각 실험' 광고다. 페브리즈는 이 실험에 일반 시민들을 참여시켰다. 미리 준비한 방안에 10일 동안 집안에서 생길 수 있는 모든 불쾌한 냄새들을 모아놓고, 24시간 동안 페브리즈 비치형을 놔둔 것이다. 그리고 일반인 참여자들의 눈을 가리고, 방에 들어가 냄새를 맡게 한 것이다. 참여한 사람들은 모두 "상쾌하고, 탁 트인 느낌을 받았다", "불쾌한 냄새가 나지 않았다"며 놀라운 반응을 보였다.

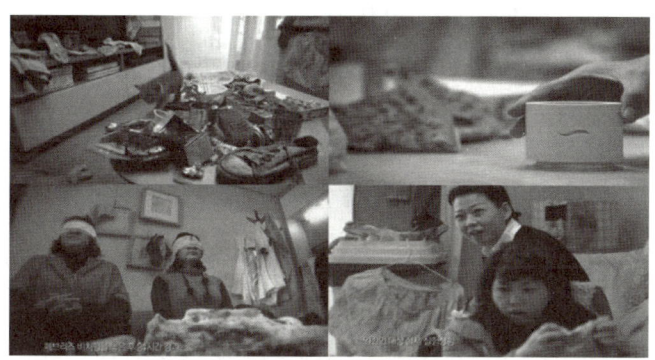

그림 6. 2013년 페브리즈 비치형 광고

이 동영상이 흥미로운 것은, 앞에서 살펴본 사례들처럼, 일상생활에서 생길 수 있는 다양한 문제 상황들을 간접적으로 보여주는 것이 아니라, 기업이 현실공간에서 문제 상황을 직접 연출하고 일반인들을 실험대상자로 참여시켜서 실용적 가치를 입증했다는 점이다.

페브리즈는 입소문 마케팅을 여기서 멈추지 않고, 소비자들의 개인적 공간을 공개하고 응모시키는 방향으로 확장한다. '리얼 후각 실험' 동영상을 배포하고 상쾌함이 필요한 공간의 사진을 사연과 함께 올리면 추첨을 통해 경품이 주어지는 이벤트를 진행한 것이다. 이러한 이벤트를 통해 소비자들이 자기 집안의 화장실과 부엌 등 생활 곳곳의 지저분한 공간들을 공유하도록 함으로써, 좀 더 페브리즈를 입소문 낼 수 있는 계기를 제공한 것이다. 이처럼, 실용적 가치를 적용해서 커뮤니케이션하는 방법은 한가지 형태로만 가능한 것이 아니라, 다양한 형식으로 확장되어 적용할 수 있다.

위의 사례들처럼, 상품의 실용적 가치를 효과적으로 표현하려면, 먼저 일상생활에서 발생하는 다양한 문제상황들 중에서 자사상품과 직접 관련 있는 상황을 먼저 설정하고, 그 다음에 그 문제 상황을 가장 쉽고 빨리 해결할 수 있는 것이 자사상품이라는 것으로 이야기하는 것이 효과적이다. 그렇다면, 실용적 가치를 전달하기 위해서, 왜 먼저 특정 상황이 주어져야 할까? 그것은 바로 실용적 가치는 쓸 데가 있다는 것을 중점적으로 알리는 과정에서 생기기 때문이다. 따라서 이 상품이 어떤 상황을 해결하는데 도움을 준다는 구체적 메시지를 줄수록, 사람들은 이 메세지를 좀 더 책임감 있게 전달하게 된다. 왜냐하면, 이와 같은 문제해결 방법을 필요한 사람에게 전해 줘야겠다는 동기가 부여되기 때문이다.

일상에 쫓기며 사는 사람들이 마케팅 메시지마저 생각하고 해석해야 이해할 수 있다면, 해당 메시지를 다른 사람에게 전달할 가능성은 낮아진다. 그렇기 때문에, 해당 상품이 어느 상황에서 실용적으로 쓰이는지 구체적으로 알려준다면, 메시지를 본 대중들은 꼭 필요한 사람을 찾아내어 전달할 수 있을 것이다. 그렇게 되면, 마치 추적레이더가 달린 미사일처럼, 입소문 마케팅의 효과를 극대화해줄 수 있다.

■ 우리 몸속엔 '네트워크 DNA' 가 있다.

한국사람들이 자주 쓰는 말 중에 "쓸데없는 말 하지마"가 있다. 말을 많이 하는 사람들이나 듣기 싫은 말을 하는 사람들, 주변머리가 없어 아무 말이나 마구 던지는 사람들에게 핀잔을 줄 때 사용하는 말이다.

우리나라 사람들은 정말 '쓸데없는 말', 바꾸어 말하면, '유용하지 않은 이야기'를 정말 싫어하는 것 같다.

사실, 우리나라 사람들만큼 유용한 정보에 목숨을 거는 민족이 없다. 대한민국 사람들은 유용한 정보를 접하면 매우 일사불란하게 움직인다. 마치 한 점을 보고 수렴하는 것 같다. 우리의 사업문화 중에 '방' 문화가 그렇다. 과거, 노래방이 좀 된다고 소문이 나니 전국에 노래방이 쫙 생겼다. PC방 때도 그랬고, 얼마 전에는 골프방이 그랬다. 커피 전문점이 돈이 좀 된다고 하니 한 집 건너 커피 전문점이 생겼다. 치킨 집도 마찬가지였다. 오죽하면 미국의 유력 경제분석가가 한국 경제의 가장 큰 리스크로 '치킨리스크'를 언급했을까? 한국사람들은 왜 이렇게 유용한 정보라고 판단되면 본능적으로 수렴하는 것인가?

여기엔 분명한 이유가 있다. 우리나라는 정말 너무 불안한 지정학적 위치에 있다. 위로는 중국과 러시아가 아래로는 일본이 떡 하니 자리 잡고 있다. 우리나라는 세계 3대 강대국의 중심에 위치하고 있는 것이다. 그러다 보니, 우리는 항상 주변국의 침략에 시달려야 했다. 5천 년 역사 동안 2만 번이 넘는 침범을 당했다고 역사가들은 이야기한다. 침략자들은 항상 자비를 베풀지 않았다. 눈에 띄면 무조건 죽이고 약탈했다. 그러다 보니, 생존의 최우선 방법은 "침략자들이 온다"는 정보를 들었을 때 얼른 짐을 싸고 피하는 것이었다. 그래서 우리 민족은 누군가의 말에 항상 귀를 기울여야 했다. 누군가가 "쳐들어온다!"라고 외치면 바로 보따리를 싸야 살아남을 수 있었으니까.

생각을 해 보라. 5천 년간 우리 민족은 누군가가 외쳐주는 유용한 정보 "쳐들어온다!"에 목숨을 부지하면서 살아온 것이다. 이 외침을 들을 수 없었던 '왕따'는 죽음을 의미했다. 그래서 우리들에게는 오늘날에도 왕따에 대한 스트레스가 다른 어떤 민족보다도 큰 것 같다. 이렇듯, 유용한 정보는 바로 생명줄이었다. 그러다 보니 우리에게는 유용한 정보가 생기면 바로 전달해서 남을 구하자는 본능이 생겼다. 이 본능은 우리의 유전자 속에 각인되었다. 바로 '네트워크 DNA'가 생긴 것이다.

■ 실용적 가치화

그런데 위에서 소개한 사례들은 실용적 가치의 표현이 비교적 쉬운 것들이다. 그렇다면, 일상생활의 문제 해결과 자주 연결되지 않는 상품들은 어떻게 해야 실용적 가치의 법칙을 이용해 입소문을 낼 수 있을까?

여기엔, 두 가지의 방법이 있다. 첫째는 '상황의 긴급성 강조'다. 일상에서 자주 발생하지 않는 상황이라도 해당 제품 및 서비스로 해결할 수 있는 구체적인 상황을 찾아내서 해결방안을 주는 것이다. 두 번째 방법은 '정보의 실용성 강조'다. 상품정보의 문제 해결능력을 효율적으로 알려 주는 것이다. 이 말은 상품이 꼭 필요한 상황들이나 그 상품을 통해 얻을 수 있는 정보의 필요성을 구체적으로 제시하면 상품이 지닌 실용적 가치를 극대화해서 알릴 수 있다는 것이다. 이와 같은 방법들을 이용해 실용적 가치를 어필하는 과정을 '실용적 가치화'라 한다.

첫 번째 방법의 보다 명확한 이해를 돕기 위해서 데이비드 오길비 David Ogilvy의 표현을 인용해 보겠다. 오길비는 실용적 가치화를 위한 '상황의 긴급성 강조'에 대해 "소화기를 팔려거든 먼저 불을 질러라."라고 비유해서 표현했다. 소화기는 불이 났을 경우에만 유용한 제품이다. 그러나 우리가 일상에서 화재사고를 직접 겪는 것은 매우 드물다. 그래서 오길비의 비유처럼 자사의 제품이나 서비스가 일상적이지 않은 경우에는 소비자의 마음에 먼저 불(문제상황)을 질러야 하는 것이다.

스웨덴의 AVISTA라는 어학원은 실용적 가치화를 이용해서 인상적인 광고를 만들었다. 어항에 담긴 금붕어를 향해 고양이가 살금살금 다가간다. 고양이가 다가올수록 금붕어는 생명의 위협을 느낀다. 마침내 고양이가 어항 앞까지 오고, 금붕어는 위기를 맞이한다. 이때 갑자기 금붕어가 고양이에게 "멍! 멍!"하고 강아지 소리를 크게내서 고양이를 쫓아버린다. 카피는 단 한 줄, "다른 언어를 배우세요Learn another language."

그림 7. 2000년 AVISTA 어학원 광고

해외관련 업무를 하거나 외국계 회사에 다니는 사람이 아니면 외국어를 매일 쓸 상황은 드물다. 그래서 AVISTA는 광고에서 실용적 가치화를 의도한 것이다. 아찔한 상황을 벗어나기 위해 외국어를 사용해야만 하는 상황을 가정하여 외국어 학습의 실용적 가치를 어필한 것이다.

이번에는 다른 예를 들겠다. 당신이 알고 있는 상품들 중에서 가장 비실용적인 것들은 무엇인가? 만약 누군가가 당신에게 복권이란 상품을 가지고 실용적 가치화를 하라고 요구한다면, 당신은 어떻게 할 것인가? 당신은 "요행을 바라고 구입하는 복권에 대해 어떻게 실용적 가치화를 할 수 있느냐"고 황당해하면서, "복권에 도대체 실용적인 면이 어디 있느냐"고 목소리를 높일지도 모른다. 그러나 조금 더 생각해 보면, 복권 구매로 조성되는 '복권기금'에서 복권의 실용성이 있음을 알 수 있다.

나눔로또 광고영상들은 필자의 이런 추론의 결과물이다. 2013년, 나눔로또는 문제상황 제시보다는, 소외된 이웃들에 대해 소개하고 그들의 어려움을 복권기금이 도와준다는 메시지를 전달했다. 그러나 이 광고는 대중들에게 크게 어필하지는 못했다. 사람들은 복권기금에 대한 이해가 부족했기 때문에, 이 광고로는 복권기금의 실용적 가치를 쉽게 인식하지 못했다.

그림 8. 2013년 나눔로또 광고

그런데 2014년, 복권기금의 광고는 문제상황을 보다 구체적으로 제시하고, 복권기금을 통한 해결까지 보여줌으로써, 복권의 실용적 가치를 보다 설득력 있게 보여준다.

아래 광고에 나오는 남자교사는 2010년 불의의 사고로 양쪽 다리를 못 쓰게 된 장애인 김대선 씨이다. 김대선 씨는 매일 아침 일어날 때와 자동차로 출근할 때마다 휠체어와의 1m도 안 되는 거리와 사투를 벌인다. 간신히 학교에 온 뒤에도 휠체어에 앉은 채로 학생들을 가르치기는 보통 어려운 일이 아니다. 이런 김대선 씨의 어려움을 구체적으로 해결해 주기 위해 복권기금은 '보조공학기기 지원사업'을 한다고 말한다. 서서 작업할 수 있는 특수의자와 높낮이 조절이 가능한 작업 테이블 등의 보조공학기기를 지원해 주고 있다는 사실을 광고를 통해 전달하고 있다.

나는 입원하신 어머니 간병을 하면서, 병원 내에서도 휠체어를 탄채로 이동하는 것이 얼마나 어려운지를 매번 절감한 적이 있다. 걸을 수만 있으면 가볍게 내려갈 수 있는 한층 아래의 검사실도 휠체어를 탄 상태로는 엘리베이터에 휠체어 공간이 생길 때까지 어머니와 기다려야 했기 때문이다. 아마도 나눔로또의 1m 사투로 표현되는 구체적 문제상황의 제시는 장애가 있어서 불편하신 분들뿐만 아니라, 필자처럼 간병 경험이 있는 사람들에게는 더 큰 공감을 주었을 것이다.

이처럼, 가장 실용적이지 않게 인식되고 있는 복권조차도, 구체적인 문제상황에 대입하여 실용적 가치화를 할 수 있다. 특히, 이 사례는 실용적 가치화의 확장된 형태라고 할 수 있다. 왜냐하면, 복권의 직접적인 구매자가 만나게 되는 문제상황을 제시하고 해결해주는 것이 아니라, 복권 구입을 통해 간접적으로 형성되는 복권기금을 통해, 간접적으로 혜택을 받게되는 소외된 이웃들의 문제 상황들을 해결해주고 있기 때문이다.

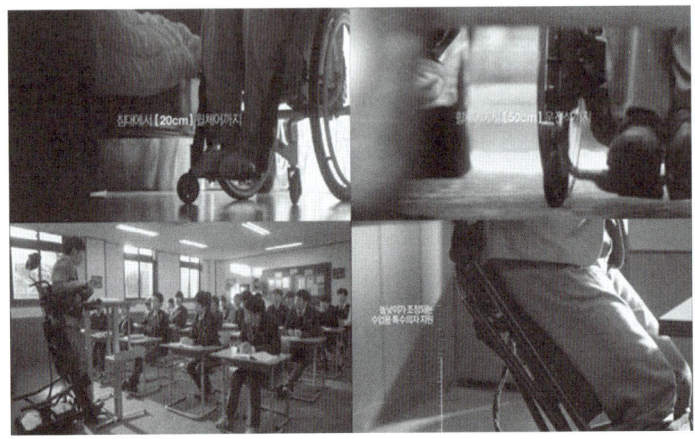

그림 9. 2014년 나눔로또 광고

위의 사례에서 흥미로운 사실은 구체적 문제상황에 집중하지 않은 2013년 광고에는 탤런트 이상윤 씨를 등장시키는 스타마케팅을 했지만, 구체적 문제 상황에 집중해서 실용적 가치화를 하고 있는 2014년 광고에는 장애의 어려움을 가지고 있는 김대선 씨와 일반인 학생모델들만 등장한다는 점이다.

즉, 실용적 가치의 법칙으로 입소문 마케팅을 할 때, 구체적인 문제상황에 집중하면 집중할수록, 스타모델이 없어도 실용적 가치가 효율적으로 전달될 수 있다는 것이다. 이것은 앞서 예를 든 우루사 광고에서도 발견되었다. 2011년에는 차두리 선수로 스타마케팅을 했지만, 2013년에는 피로 때문에 생기는 다양한 문제상황들에 집중하면서, 일반인 모델들이 등장했다.

이와 같이, 실용적 가치의 법칙은 첫 번째 방법인 '상황의 긴급성 강조'를 통해 일상적이지 않은 다양한 제품과 서비스에도 적용할 수 있다. 그리고 구체적 문제 상황에 집중할수록 스타 마케팅이 필요하지 않다. 이와 같은 사실은 핸디캡 기업들의 입소문 마케팅에 시사하는 바가 크다고 할 수 있다. 그렇다면, 핸디캡 기업은 이러한 실용적 가치화를 어떻게 이용해서 입소문을 내고 있을까?

세계 최초 스마트폰 배터리 공유 서비스인 '만땅'을 운영하는 스타트업 기업 '마이쿤'의 사례를 살펴보자. '만땅'은 사람들이 주유소에 가서 차에 기름을 가득 채워 달라고 할 때 쓰는 은어다.

그림 10. 마이쿤의 형제 창업자들

'만땅'은 잔량이 낮은 스마트폰 배터리를 완충된 배터리로 바꿔주는 서비스다. 연년생 형제 두명이 사무실도 없이 홍대 앞에서 처음 시작한 이 서비스는 스마트폰 충전 수요가 많은 저녁 6시~새벽 5시까지 3,000원의 교환비용을 지불하면 완충된 배터리로 교환해 준다. 하지만, 교환 받게 되는 배터리가 믿을 만한 배터리인가에 대한 고객들의 불안감을 해소해 주기 위해서, 손님이 배터리 교체를 요청하면 배부름

현상, 외관, 시리얼넘버 훼손 등 배터리 불량 여부를 체크해 A급일 경우 3,000원에 바꿔주고, 기준에 못 미치면 배터리를 판매한다.

현재 홍대와 강남 인근 등 서울 50여 곳을 포함해 전국 70여 개 가맹점에서 서비스를 제공하고 있으며, '만땅 앱'을 통해서 가까운 '만땅 서비스' 가맹점들을 알려주고 배터리관리 프로그램도 제공하고 있다. 2012년 12월 창업한 마이쿤은 3개월 만에 손익분기점을 돌파하고, 매월 두 자리 수 이상의 이용자 증가율을 보이면서 성장하고 있다.

기존에 없던 공유경제 모델을 제시했고, 이용자 수가 빠르게 늘고 있는 점 등, 성장 가능성을 인정받아 2013년 5월 본엔젤스벤처스에서 2억 원의 초기 투자를 받았으며, 같은 해 11월 IDG벤처스코리아에서 3억 원, 본엔젤스벤처스에서 1억 원 등 4억 원의 후속 투자까지 유치했다. '3분 내 완충된 배터리로 교환완료'라 홍보한 만땅 서비스는 입소문을 위해 자사의 홈페이지 메인 화면에 아래와 같이 실용적 가치화를 입힌 메시지를 노출하고 있다.

그림 11. 마이쿤 홈페이지 메인화면

이처럼, 마이쿤은 배터리 방전 때 발생할 수 있는 문제 상황들을 먼저 구체적으로 제시하고, 이러한 문제 상황들의 해결책으로 만땅 서비스를 제시, 실용적 가치화를 하고 있다.

실용적 가치화의 두 번째 방법은 '정보의 실용성 강조'다. 예를 들어 보겠다. 당신은 N서울타워에 어떤 실용성이 있다고 생각하는가? N서울타워의 본래 용도는 실용적인 것과는 거리가 있다고 할 수 있다. N서울타워는 탁 트인 서울 전경을 제공해 줌으로써, 데이트나 모임시에 즐거움을 준다. 하지만, 이것은 일상생활에서 반복되는 문제를 해결해주는 실용적 가치와는 무관하다.

그런데 최근 N서울타워를 통해서 실용적 가치를 얻고, 입소문을 내는 사람들이 늘어나고 있다. 대체 N서울타워에는 무슨 일이 일어나고 있는 것일까?

2014년 조선비즈 기사에 따르면, N서울타워는 봄나들이에 앞서 미세먼지 농도를 실시간으로 확인할 수 있는 대기정보를 제공하고 있다. 2011년부터 서울시와 양해각서를 체결, 매일 일몰 후부터 자정까지 서울시 대기 정보를 조명으로 표현, 누구나 쉽게 대기정보를 알 수 있도록 해준다는 내용이다.

N서울타워에 파란색, 연두색, 붉은색의 조명을 밝혀줌으로써 서울 어디에서도 당일 밤의 미세 먼지 정보를 쉽게 알 수 있게 해준 것이다. 서울 공기가 미세먼지 농도 $45\mu g/m^3$ 이하인 날에는 파란색 조명인데, 서울 공기가 제주도와 같은 공기 청정도를 가진 맑은 날이라는 의미다. 이것은 미세먼지 예보 등급 중 '보통'(하루 평균 $31~80\mu g/m^3$)에 해당한다. 조명이 연두색 혹은 붉은색이면 미세먼지 농도가 $45\mu g/m^3$를 초과했음을 뜻한다. 붉은색이 되면, 외출 시 마스크를 착용해야 할 정도로 주의를

필요로 하는 대기상태라는 것을 의미한다.

그리고 N서울타워에 불빛이 없는 경우는 '에너지의 날' 등의 국가 차원의 소등행사가 있을 경우에 조명 소등을 통해 적극 참여하는 경우이다. 당신은 내가 실용적 가치화의 두 번째 방법의 설명을 위해 왜 N서울타워를 살펴보았는지 이제 알 수 있을 것이다.

현재, N서울타워에는 층별로 다양한 유료 서비스가 제공되고 있다. 구체적으로는 타워 5층의 프랑스식 레스토랑, 3층의 전망대와 2층의 이탈리안식 레스토랑과 다양한 부대시설 등이 갖추어져 있는 것이다. N서울타워가 비싼 돈을 들여가면서 알리고 있는 다양한 서비스들은 대중들의 자발적 입소문에 큰 도움이 되지 않는 반면, 2014년부터 제공되고 있는 조명빛깔을 통한 미세먼지 농도 표시 서비스는, 서울시민들의 자발적 입소문을 지속적으로 유도하고 있다.

수익사업이 아닌 미세먼지 농도에 관한 정보제공에 대한 입소문이 퍼지고 있는 것은 N서울타워에 손해를 주는 것일까? 당연히 그렇지 않다. 서울시민들은 밤마다 N서울타워를 바라보면서 N서울타워가 제공하는 미세먼지 농도 정보를 소비한다. N서울타워가 제공하는 실용적인 정보를 소비하는 그 과정에서 서울 시민들은 계속해서 N서울타워에 대한 좋은 이미지를 갖게 된다. 이처럼, 이제는 상품이 가진 실용적 문제 해결뿐만 아니라, 해당 상품을 통해 제공되는 실용적 정보를 대중들에게 제공하는 것이 입소문 원천이 된다.

이러한 실용적 가치화는 핸디캡 기업뿐만 아니라, 불리한 조건을 가지고 경쟁에 뛰어든 취업 희망자들에게도 도움을 준다. 다음은 평범한 일반시민이, '정보의 실용성 강조'를 통해 유명해져서, 서울시장의 표창을 받고 언론 인터뷰도 하고, 대기업에 스카우트까지 받게 된 사례다.

'화살표 청년'이란 말을 들어본 적이 있는가? 있다면, 당신은 아마도 지하철보다는 버스를 주로 이용하는 사람일 가능성이 높다. 화살표 청년이란 2011년부터 서울시내 버스 정류장들에 있는 노선도들에서 방향 표시가 빠져있는 노선도에 빨간색 화살표 스티커로 방향을 표시하기 시작한 이민호 씨에게 네티즌들이 붙여준 애칭이다.

이 씨는 직접 스티커를 구입한 후, 자전거를 타고 다니면서 노선도들에 방향을 표시했다. 누구나 불편을 느끼는 방향 표시 없는 버스 노선도가 그냥 방치되고 있어서, 직접 개선에 나서기로 했다고 한다. 이와 같은 이민호 씨의 실용적 가치화의 꾸준한 실행은 점점 더 큰 입소문을 만들었고, SNS를 타고, 박원순 서울시장에게까지 알려지게 되었다.

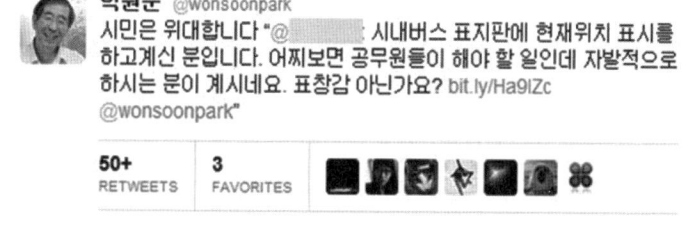

그림 12. 박원순 시장이 자신의 트위터에 올린 화살표 청년

박원순 서울시장은 자신의 트위터에 올린 글처럼, 시민의 대중교통 이용 편의에 기여한 점을 높이 사, '화살표 청년' 이민호 씨에게 표창장을 주었다.

그림 13. 화살표를 붙이고 있는 화살표 청년 이민호 씨

이 씨는 "하루에 80개~100개 정도의 화살표를 붙였으며, 주말에는 하루 8시간까지 돌아다닐 때도 있었다"고 한다. 서울 시민들이 생활에서 매일 느끼는 문제상황을 정보의 실용화를 통해 해결한 이 씨에 대한 입소문은 그에게 대기업 취업이라는 보상까지 안겨 주었다. 2013년 초 현대자동차는 이 씨에게 일자리를 제공했다. 현대차가 국내외에서 진행하는 각종 사회공헌사업에 이씨가 적임자로 보인 것이다.

또 다른 예를 들어 보자. 실용적 가치화를 이용, 성공적인 입소문 마케팅을 실시하고 있는 '스트라입스'라는 기업이 있다.

그림 14. 스트라입스 홈페이지 메인화면

스트라입스는 위에 적힌 설명처럼 내 개성과 몸에 꼭 맞는 셔츠를 입고 싶지만, 양복점을 찾을 시간이 없거나, 번거로워하는 직장인들의 문제를 해결해주는 벤처 양복점이다.

이들은 고객이 편한 장소라면 어디라도 찾아가 무료로 치수를 재준다. 방문 시, 신체 치수만 재는 것이 아니라, 스타일 상담을 통해 자사의 다양한 정보를 알려줌으로써 입소문의 동기를 유발한다. '스트라입스' 역시 고객이 번거로운 문제라고 느낄 만한 상황들과 구체적인 해결방안을 제안해서 입소문을 내고 있는 것이다. 매장이 없는 대신에 고객 방문상담은 패션을 전공한 스타일리스트가 담당하며, 셔츠 제작은 30년 이상 경력의 전문가가 맡고 있다고 한다.

또한, 직접적인 고객인 직장인들의 문제만 해결해주는 것이 아니라, 고객들과 관련되어 있는 부모, 부인, 여자친구에게도 자신들의 제품과 서비스의 실용적 가치를 제안하는 프로모션을 진행하고 있다.

그림 15. 스트라입스 어버이날 스타일 프로모션

위 어버이날 프로모션은 2013년 4월 서비스 런칭 후 바로 진행했는데, 핵심 타깃인 직장인들뿐만 아니라, 그들의 부모님들에게도 해결방안을 제안하고 있다. 그리고 2013년 11월부터 제안한 남자친구와 남편에게 선물하는 방법에 대한 메시지에도 실용적 가치화가 적용되었다. 여자친구들과 부인들이 선물고르는 일에 어려움을 느낀다는 구체적인 상황을 토대로 그들이 관심을 가질 수 있는 구체적인 방법으로 실용적 가치화를 전달하고자 노력했다.

이처럼, 홈페이지와 블로그 모두, 실용적 가치화에 집중한 '스트라입스'의 메시지는 집중적인 입소문 효과를 일으켜 서비스를 오픈한 뒤에 한 달 만에 매출이 9배나 상승하는 결과를 낳았다(안수영, 2013). 스트라입스는 1년 동안 5천여 명의 고객을 방문해서 서비스를 제공했으며, 기업차원의 방문 서비스를 신청한 사례도 200여 건이 된다고 한다(남해현, 2014)

'스트라입스'는 블로그와 페이스북을 통해 자사의 매출에는 기여하지 않지만, 구매자들에게 유용한 셔츠 관련 정보들을 TPO에 맞게 정리하기도 한다. '정보의 실용적 가치화'도 실행하고 있는 것이다. 앞에서 본 N서울타워의 실용적 가치화 사례처럼, 스트라입스 역시 자사의 제품과 서비스와 관련된 정보를 지속적으로 블로그와 페이스북을 통해 제공, 고객들과 잠재고객들이 자사에 관한 정보를 소비하도록 유도하고 있는 것이다.

'스트라입스'가 제공하고 있는 실용적 정보들 중에서 가장 입소문이 쉽게 퍼질 수 있게 준비된 정보는 다음의 메시지다.

그림 16. 스트라입스의 소개팅 성공을 위한 코디전략 정보

위 메시지는 남자 직장인들이 고민할 만한 구체적 문제상황을 '스트라입스'가 먼저 고민하고 나서 구체적 해결방안을 제안하는 실용적 가치화의 방법을 그대로 따르고 있다. 오길비의 말처럼, 소화기를 팔기 위해서 고객들의 마음에 불(소개팅, 연애라는 문제상황)을 지르고 있는 것이다.

다음은 '자라다남아미술연구소'의 사례다. '자라다남아미술연구소'는 좀 특별한 미술학원이다. 보통 미술학원은 어린 여자아이들이 주 고객인데, 이곳은 독특하게 남자아이만 고객이 될 수 있다. 그리고 미술학원은 보통 동네사업인 경우가 많은데, 2011년 처음 문을연 이 연구소는 3년이 채 되지 않아 본점인 일산 외에 이미 부산·대전·인천·송도 등 여러 곳에 분점을 냈다. 이 미술학원은 2013년 8월 14일에 KBS 아침뉴스에 소개되었으며, 연구소 소장인 최민준 씨는 '세상을 바꾸는 시간 15분'이라는 방송프로그램에도 출연해서 강연할 정도로 유명해졌다.

'자라다남아미술연구소'의 입소문 성공비결은 남자아이를 둔 어머니들의 고민을 해결해주는 실용적 정보를 제공하는 것에 있다. 미술학원이 남자아이전문 미술학원으로 컨셉을 잡았다면, 남자아이 미술만 잘 가르치면 되는 게 아닐까? 젊은 창업가인 최민준 연구소장은 그렇게 생각하지 않았다. 입소문이 나기 위해서는 실제 아들의 교육 여부를 결정짓는 어머니들이 자신의 아들에 대해서 갖고 있는 다양한 고민들을 실용적 정보들로 먼저 해결해 주어야 한다고 생각한 것이다.

그래서 '자라다남아미술연구소'의 홈페이지를 방문하면, 다음과 같은 전문가 칼럼이 2011년 오픈 때부터 연재된 것을 볼 수 있다.

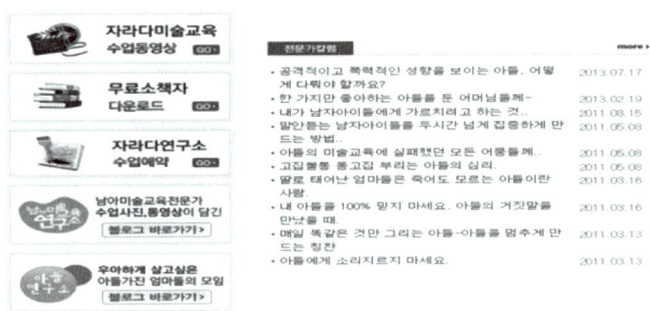

그림 17. 자라다남아미술연구소 전문가 칼럼

연구소는 오픈 시점부터 매출을 올려야 하는 미술교육과 관련된 정보보다는, 아들을 둔 어머니가 가진 고민들에 대한 해결방안들을 올리기 시작한 것이다. 이처럼, 상품과의 관계가 약해도, 고객들에게는 직접적인 도움을 줄 수 있는 아들과의 문제에 대한 실용적 정보들은 '우아하게 살고 싶은 아들 가진 엄마들의 모임' 카페를 통해서 더 자세히 제공되었다.

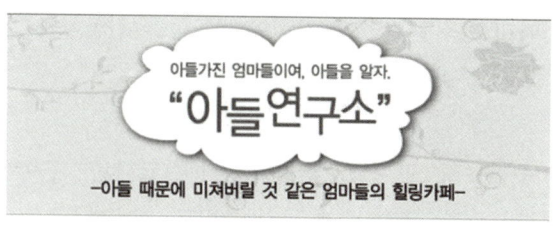

그림 18. 자라다남아미술연구소 카페 메인화면

카페의 메인 페이지를 보면, 이 연구소가 어머니들에게 어떤 실용적 정보를 제공해 주고자 하는지 한눈에 알 수 있다. 카페의 이름이 남아미술연구소가 아니라 아들연구소이다. 한술 더 떠서 부제는 '아들 때문에 미쳐버릴 것 같은 엄마들의 힐링 카페'다.

또한, 메인 홈페이지와 소책자에서도 아들 가진 어머니들에게 실용적으로 도움이 될 수 있는 정보부터 제공하고 있다.

이처럼 아들 둔 어머니들이 아들과 겪게 되는 일상적인 문제에까지 도움이 될 수 있는 실용적 정보를 제공해 준다는 입소문이 나면서, '자라다남아미술연구소'는 어머니들 사이에 유명한 미술 학원으로 자리잡기 시작했다.

물론, 이렇게 어머니들에게만 입소문이 나고, 정작 교육받을 남자아이들에게는 도움이 되지 못한다면, 연구소에 대한 입소문은 중간에 멈추었을 것이다. 하지만, 최민준 소장은 오픈 전부터 본격적으로 미술이 아닌 남자아이들을 연구했다고 한다. 최민준 소장은 '남자아이' '아들' '소년'이 들어간 책은 모두 찾아 읽고 저자들을 찾아가 조언을 구하기도 했으며, 2011년 학원을 내기 전까지 남자아이 약 1,000명을 만났다고 한다. 아마도 최민준 소장 자신이 교육학을 전공하지 않았기 때문에 더 깊이 있게 준비하고자 했는지도 모른다.

그 결과, 공감능력, 탐구력, 몰입도, 자기주도 성향, 승부욕, 인정욕구, 스토리텔링 능력, 관심 주제 등 범주별로 데이터를 모집했고, 남자아이에게 맞는 교육이 어떤 것인지 분석했다고 한다. 그래서일까? '자라다남아미술연구소'의 교육풍경은 일반 미술학원과는 매우 다르다. 최민준 소장은 "아이들에게 미술학원이라고 말하지 않아요.", "대신 여기는 비밀연구소고, 너희들은 연구원이라고 말하죠. 너희들이 하고 싶은 것을 마음대로 해. 여기 있는 재료를 마음대로 사용할 수 있어. 단 한 시간밖에 못 있어." 라고 말한다고 한다. 남자아이들은 한 시간 동안 미술이라는 단어에 얽매이지 않고, 자기들이 원하는 것을 실컷 만들고 즐기고 나가는 것이다.

■ 첩첩산중에서 들은 전기밥솥 이야기

내가 강원도에 있는 치악산을 등산했을 때의 일이었다. 산이 너무 높고 험준해 등산하는데 "치가 떨리고 악 소리가 난다"고 해서 치악산이란다. 매우 힘들게 정상을 정복하고 내려오는 길은 즐거움이 더해진다. 신나게 산을 내려오다가 우연히 나와 하산 속도가 비슷한 두 사람의 뒤를 한동안 걷게 되었다. 힘든 산행을 마무리하는 하산 길이라서 그런지 그 두 사람은 즐겁게 대화를 하고 있었고 나는 조용한 산속에서 들려오는 그 두 사람의 이야기를 본의 아니게 엿듣게 되었다.

그들은 수상한 이야기를 하고 있었다. 산이나 아름다운 자연하고는 동떨어진 이야기였다. 한 남자가 친구인듯한 다른 남자에게 새로 산 전기압력밥솥을 사용했던 이야기를 하고 있었다. 한 남자는 그 밥솥에 닭백숙을 만들어 먹었는데 "끝내주더라"라는 내용을 시작으로 전기압력밥솥의 새로운 사용법에 대해 설파를 하고 있었고, 다른 한 남자는 매우 존경스런 어조로 그의 무용담에 진지하게 추임새까지 넣어 반응하며 이야기를 듣고 있었다. 전기압력밥솥으로 만드는 닭백숙 조리법은 앞으로 네이버 밴드에서 상세히 포스팅할 것이라고 약속하며, 그들의 이야기는 하산 길에 있는 맛집 이야기로 넘어갔다. 그들은 무엇 때문에 첩첩산중에서 전기압력밥솥의 사용법으로 화제의 꽃을 피우고 있었을까?

위의 물음에 대한 답변은 의외로 간단하다. 사람들은 유용하고 실용적인 이야기를 공유하는 것을 좋아한다. 사람들은 남에게 도움이 되는 이야기는 시간과 장소를 가리지 않고 공유한다. 다른 사람들에게 필요할 것이라고 생각되는 이야기는 언제라도 화두가 될 수 있는 것이다. 정다연 씨의 동영상은 아줌마들에게 '몸짱'이라는 새로운 희망을 전달했다. 어떤 여자가 아름다워지는데 관심이 없으랴? 아줌마들은 정씨가 제공한 유용한 정보를 주변에 적극적으로 퍼트렸던 것이다. 이제는 전기압력밥솥 이야기를 산에까지 와서 화젯거리로 삼는 사람들에 대해서도 이해가 되었을 것이다. 우리들은 실용적인 정보에 대해 그 가치를 인정하는데 그치지 않고 다른 사람들과 공유하는 것을 즐긴다는 것을 알 수 있다.

요즘 같이 각박한 사회에선 다른 사람을 직접 도울 기회가 거의 없다. 아파트 같은 층에 살아도 서로 누군지 모르는 경우가 많다. 가족도 떨어져 살면 남보다 못한 경우가 많다. 서로 얼굴을 맞대고 정을 나누는 것이 쉽지 않다. 우리는 점점 더 정에 굶주려 가고 있는 것이다. 이럴 때 유용한 정보는 쉽고 빠르게 남에게 도움을 줄 수 있다. 인터넷이나 모바일을 통하면, 직접 찾아가지 않아도 된다. 유용한 정보를 나누게 되면 서로 얼굴을 보지 않아도 관계가 돈독해진다. 다이어트를 하는 친구에게 새로운 운동법을 알려주고, 요리가 취미인 친구에게 새로운 요리법을 공유하면 우정이 더욱 돈독해진다. 내가 먼저 마음을 열고 도움을 주려고 하면, 상대방도 마음을 열어 우리의 마음은 따뜻해진다. 유용한 정보의 공유는 친밀한 인간관계를 만들어 준다.

요즘은 유용한 정보제공을 마케팅에 응용하는 사람들이 많다. 이 방법은 돈이 거의 들지 않기 때문이다. 핸디캡 마케팅의 방법론으로 더할 나위 없이 좋다. 당신도 실용적인 가치를 당신의 마케팅 메시지에 더할 방법은 없는지 한번 고민해 볼 필요가 있다. 사람들이 당신의 메시지가 유용하다고 판단하는 순간 당신의 상품은 바로 인기몰이를 시작할 수 있기 때문이다.

우리는 지금까지 실용적 가치의 법칙에 해당하는 다양한 사례들을 살펴보았다. 그런데 당신은 내가 챕터 초반부에 설명한 '실용적 가치의 정의'를 기억하는가? 나는 실용적 가치의 법칙을 발견해 내기 위해 실용적 가치란 기본적으로, '일상적인 상황에서 즉시 문제를 해결할 수 있는 가치'라고 정의했다.

그렇다면, 실용적 가치의 법칙에서 해결하고자 하는 '문제'란 무엇인가? 당신이 지금까지 나온 사례들을 주의 깊게 보았다면, 이제 실용적 가치의 법칙이 해결하고자 하는 문제의 범위를 알 수 있을 것이다. 그것은 바로, 시간, 돈, 수고스러움, 어려움, 곤란함, 불편함 등을 아끼거나 줄일 목적에서 파생되는 문제들이다.

그런데 이런 일상의 문제들 중에서 사람들이 가장 즉시 관심 있어 하는 문제는 무엇일까? 그것은 바로 비용을 아낄 수 있는 실용성이라고 할 수 있다. 재미있는 사실은 소비자가 지불해야 하는 비용은 결국 기업의 가격정책에 의해 정해지는 것인데, 가격은 기업 입장에서도 역시 실용적 가치가 있다는 점이다.

이게 무슨 말일까? 유필화와 Simon과 Fassnacht는 마케팅의 요소들 중에서 가격이 가지고 있는 독특한 특성에 대해서 다음과 같이 말하고 있다. "가격 결정은 회사가 취할 수 있는 여러 가지 마케팅 조치 중에서 실행에 옮기는데 시간이 가장 적게 걸리며, 변경하는데 큰돈이 들지 않고, 회사 내 자금 사정이 좋지 않을 때도 상황에 가장 알맞은 전략을 쓸 수 있다"(유필화, Simon and Fassnacht, 2012).

지금부터는, 바로 이러한 가격의 실용적 가치에 대해서 구체적으로 알아보도록 하자.

■ **배추장사로 대박 난 백화점**

서울 대치동의 롯데백화점 자리에는 과거에 '그랜드백화점'이 있었다. 주변의 현대나 롯데에 비해선 동네 백화점 수준이었다. 규모가 작다 보니 브랜드 구색이 충분치 않아 영업이 잘되지 않았다. 그 백화점과 유사한 규모의 영동백화점이 2Km 정도 떨어진 논현동에 있었는데, 그곳도 같은 이유로 장사가 잘 안됐다. 그런데, 80년대 후반의 어느 김장철, 그 백화점은 일약 메이저 백화점으로 급부상을 했다. 그 해 김장철에는 장마로 인해 배추 파동이 일어났다. 배추 한 포기가 2천 원을 넘은 것이었다. 그런데 그랜드백화점 주변에 사는 사람들에게 뿌려진 신문 전단에는 재미난 문구가 떴다. '배추 한 포기에 5백 원.' 그리고 그 옆에 조그맣게 "한 사람당 두 통까지만 사실 수 있습니다"라고 적혀 있었다.

사람들의 이타심이 작용하기 시작했다. 배추가 금값이라고 '금배추'라 부르던 사람들은 우선 가까운 친척과 지인들에게 이 사실을 알렸다. '배추 한 포기가 오백 원'이라는 이 유용한 정보는 삽시간에 서울 전역에 퍼졌다. 배추 판매가 시작된 날, 그랜드 백화점 앞의 교통은 마비가 되었다. 백화점에 진입해 배추 두 통을 만나는 길은 너무나도 험난했다. 이렇게 고생을

그림19. 그랜드백화점 강남점 배추 할인

하면서 온 사람들은 그 백화점 안에서 다른 상품들도 구매했다. 배추 할인 판매가 시작된 이후, 그랜드 백화점은 최고의 매출을 매일 갱신해 나갔다. 배추 할인 판매가 많은 사람들에게 화젯거리가 되면서 그랜드는 유명 백화점의 반열에 올랐다. 파격적인 가격이라는 유용한 정보의 입소문이 보여준 멋진 한 판이었다.

유용한 이야기 제공은 정보수용자의 입장을 먼저 고려하는 '착한' 이야깃거리 공유이다. 정보전달자의 입장에서 자신의 신분상승을 위해 비범한 이야기를 포스팅하는 것과는 정반대의 접근 방법이다. 우리는 실용적 가치를 공유하는 것을 '조언'이라 표현하기도 한다. 우리는 아플 때 연세 많으신 분들의 조언을 들었다. 재테크를 잘하는 방법에 대해

선배의 조언을 듣기도 한다. 혼자 사는 친구에게 간단한 요리 레시피가 나와 있는 사이트를 알려 주기도 한다. 그런데 이 모든 것들이 포스팅 되어 입소문을 완성하진 않는다. 그렇다면, 입소문이 만들어질 정도의 수준이 되려면 실용적 가치가 어느 정도 되어야 하는지 알아봐야 하지 않을까?

■ **할인에 숨은 엄청난 비밀**

실용적인 가치를 가진 정보를 말하라 하면, 우리는 가장 먼저 가격을 떠올린다. 정가보다 매우 저렴하거나 같은 가격에 많이 준다고 하면, 우리는 실용적인 정보라고 생각한다. 요즘 수조 원의 매출을 일으키며 몸집을 불려 나가는 사업들이 있다. 바로, 소셜커머스이다. 소셜커머스 초기에 그루폰이나 리빙소셜은 그들이 제공하는 모든 상품을 대폭 할인된 가격에 제공했다. 그리고 그 할인 정보는 소셜 네트워크를 통해 많이 퍼져나갔다. 그래서 소셜커머스라는 명칭이 붙은 것이었다. 사실, 소셜커머스의 인기는 가격할인 전략의 성공에 기인했다. 그들은 어떻게 가격할인을 제공했기에 승승장구하고 있을까?

사실, 할인을 무기로 삼는 곳들은 많지만, 그 모두가 입소문이 나지는 않는다. 그렇다면, 어느 정도 할인을 해야 사람들이 실속 있는 할인이라 판단하고 이 할인이 필요한 사람들에게 알려주고 싶은 충동을 느끼게 될까? 위의 사례에서 소개했던 그랜드백화점의 파격적인 할인 정보는 많은 사람들이 실속 있는 할인이라 생각했을 것이다. 그러면 입소문을 내고 싶은 충동을 느끼게 하는 할인의 기준은 무엇일까?

바로 할인율이다. 할인해주는 금액이 높을수록, 할인율이 높을수록 그 상품은 인기를 얻게 되고, 다른 사람들에게도 그 할인 정보를 공유하고 싶은 충동을 느끼게 될 것이다. 그렇다면, 어떻게 해야 사람들이 가격할인율이 높다고 느낄 것인가?

버거Berger, 2013는 가격할인과 관련하여 매우 재미난 실험을 했다. 그의 실험을 여러분들이 이해하기 쉽게 우리나라로 무대를 옮겨와 설명하겠다. 버거의 실험은 두 가지 할인상황을 설문했다. 첫 번째 시나리오는 5만 원짜리 청바지를 3만 2천 원에 할인판매 하는 것이었고, 두 번째 할인 시나리오는 똑같은 청바지를 원래 4만 원인데 3만 1천 원에 판다고 하는 것이었다. 답변자들은 어떤 시나리오가 더 좋은 할인조건을 제시한다고 생각했을까? 버거는 100명의 사람들을 대상으로 설문을 한 결과, 75명이 첫 번째 시나리오가 더 매력적인 할인조건이라는 답변을 얻었다고 한다. 당연한 결과라 생각하는가? 그런데 버거는 분명히 두 제품이 동일한 제품이라 설명했었다. 그렇다면 두 번째 경우가 선택되어야 하는 것 아닌가? 왜냐하면 두 번째 경우가 가격이 더 저렴하기 때문이다. 그런데 사람들은 왜 압도적으로 첫 번째 경우를 선택했을까?

마케팅에서 가격전략에 대해 논하면 단골처럼 등장하는 이론이 '조망이론prospect theory'이다. 인간이 갖는 직관적인 판단과 선택에는 '제한적 합리성bounded rationality'이 존재한다는 것을 밝혀 노벨 경제학상을 수상한 이론이다. 이 이론을 쉽게 설명하면, 사람들은 "항상 이성적인 판단에 의해 최적의 선택을 하지 못한다"는 것이다Tversky and Kahneman, 1979.

조망이론의 핵심은 "사람들이 절대적인 기준이 아니라 '참조점 reference point'이라 부르는 상대적인 기준에 의거해 사물의 가치를 판단한다"는 것이다. 동일한 할인금액도 참조점에 따라 다르게 보일 수가 있다. 단적인 예를 들어 보겠다. 10만 원짜리 청바지를 2만 원 할인하는 경우와 5만 원짜리 청바지를 2만 원 할인하는 경우를 생각해 보자. 둘 다 2만 원을 할인하는 것이지만 원래 가격이 두 배의 차이가 남으로 후자가 훨씬 더 파격적인 할인이라 느끼게 된다는 것이다. 참조점은 가격뿐만 아니라 수량에도 적용된다. TV 홈쇼핑 상품들은 참조점을 적절하게 잘 이용하고 있다. 다음의 예를 보자.

"자~ 오늘 대박찬스. 남성용 등산복 세트, 20만 원짜리 구성이 10만 원, 이뿐만이 아닙니다. 지금 전화 주시면 여성용 한 세트를 더 드립니다. 무려 두 세트를 드리는 겁니다. 이뿐만이 아닙니다. 오늘은 특별히 근거리 산행에 필수품 소형 배낭을 사은품으로 드립니다."

요즘 자주 등장하는 등산복 홈쇼핑 방송내용이다. 점퍼, 티셔츠, 바지, 등산화로 구성된 남성용 등산복을 사면, 여성용 등산복 한 세트를 더 준다는 메시지다. 이뿐 아니다. 오늘은 특별한 날이라서 배낭도 덤으로 준단다. 이 TV 홈쇼핑 방송은 수량을 참조점으로 잡았다. 등산복 세트를 10만 원이면 사는 것도 횡재라 생각했는데, 여기다 여성용 한 세트를 더 준단다. 맙소사 그뿐만이 아니다. 멋진 배낭도 보너스로 딸려온단다. 이 홈쇼핑을 본 소비자는 세 번의 강 펀치를 연타로 맞게 되는 것이다. 할인전략은 연극의 대본을 쓰는 것과 같다. 어떤 참조점을 이용해서 가장 극적인 효과를 고객들에게 제공해 줄 것인가를 생각해야 한다.

할인의 매력도를 높이는 또 다른 전략으로 한정거래 전략이 있다. 필자의 집사람은 P 패션브랜드의 VVIP고객이다. 왜 VVIP가 됐는지 잘 모르겠지만 일 년에 한두 번 특별한 초대를 받는다. 일반 세일에 들어가기 전에 먼저 상품을 고를 수 있는 '특전'을 제공받는 것이다. 이 특전을 받고 싶어 애타는 고객이 많단다. 그래서 집사람은 특전을 받을 때마다 P브랜드에 엄청난 매출 안겨준다. 친구, 친지들까지 모두 함께 가기 때문이다. 희소성과 배타성으로 P사의 재고 소진전략은 대성공을 하고 있는 것 같다.

타이밍도 할인에 중요한 전략이다. 요즘 '타임세일'이라는 것으로 화제가 된 편집숍이 있다. 신사동 가로수길에 있는 작은 편집숍 A는 웹사이트를 통해 매일 오후 2시마다 한정 수량의 제품을 90%까지 할인 판매하는 파격적인 타임세일을 벌이고 있다. 이 편집숍은 매출을 달성하려는 목표보다는 높은 할인율과 극소량 판매라는 마케팅적 전략을 바탕으로 웹사이트 방문 고객 수를 높이고 사이트 내 타제품 구매로 이어지는 데 의도를 두었다. 앞에서 소개한 그랜드 백화점과 같은 '로스리더loss leader 전략'이다. 덕분에 이벤트 시작 두 달 만에 A편집숍은 온라인 매출만 335% 고공 성장했으며, 웹사이트 가입 회원 수도 190% 증가했다.

할인이 입소문을 타려면 빈도도 매우 중요하다. 최근 뉴스에 믿기 힘든 광경이 비쳐졌다. 수많은 사람들이 백화점 문앞에서 문을 열기만 기다리고 있는 것이었다. 요즘 같은 불황에 정말 진풍경이 아닐 수 없었다. 그들이 줄을 선 이유는 곧 밝혀졌다. 그날 사람들을 모은 행사는 일 년에 한 번 있는 행사로 백화점에서 100가지 넘는 명품을 70%까지 세일한다고 했다. 그 날이 아니면 절대로 명품을 그렇게 낮은 가격에 만날 수 없을지도 모른다는 생각이 사람들의 애간장을 녹인 것이다. 내가 사는 동네의 한 패션점은 365일 내내 50% 세일을 한다는 표시가 붙어있다. 대단한 할인이지만 이 가게를 필자의 지인들에게 알려줄 마음은 별로 없다. 아마도 내가 그 가게에서 상품을 구매한다면 모든 상품가격의 참조점은 50%할인된 가격에 있을 것이다.

많은 소매상들이 할인율을 표시할 때, 최대 할인율을 크게 걸어 놓는다. 80% 엄청나다. 그런데 80이라는 숫자의 앞을 자세히 들여다보면 조그만 숫자로 'up to'라고 적혀있다. 일부 비양심적인 소매상은 'up to'를 아예 적어 놓지도 않는다. 그러나 가게 안으로 들어가 진열된 상품들을 보면 80%짜리는 별로 없다. 대개 다른 곳과 가격차이가 별로 나지 않는다. 80%를 할인하는 상품들을 보니 모두 악성재고 냄새가 풀풀 난다. 낡였다. 소비자들이 해당 매장을 들어갈 때 그들의 마음속에는 80% 할인이라는 참조점이 자리를 잡고 있다. 그런 사람들에게 70% 세일인들 눈에 들어오겠는가? 입소문? 어림도 없다.

가격할인이 입소문을 타려면 표현방식도 매우 중요하다. 컵에 물이 반쯤 남았을 때, "반이나 남았네"라고 하는 것과 "반밖에 안 남았네"라고 표현하는 것의 차이에서 '메시지의 틀'이 의미하는 바를 쉽게 알 수 있다. 동일한 가격할인도 '표현되는 형태'에 따라 소비자의 판단에 영향을 줄 수 있다.

당신은 지금 10만 원짜리 청바지에 대한 할인 메시지를 준비하려고 한다. 이 경우 당신은 두 가지 선택을 할 수 있다. 당신은 할인율(30% 할인)로 표시를 할 수 있고, 할인가격(3만원 할인)으로 표시를 할 수도 있다. 둘 중에 어떻게 표현하는 것이 더 좋은 조건처럼 보일까? 대답하기 힘들다면 좀 더 극단적인 경우를 예로 들겠다.

5천만 원 하는 자동차가 있다. 연말이라 재고처리를 하기 위해 20% 할인 판매를 하려고 한다. 그러면 '1,000만원 할인'이라고 표현하는 것과 '20% 할인'이라 표현하는 것 중 한 가지를 선택해야 한다. 이 경우, 당신은 어떤 메시지에 더 끌리는가? 당연히 금액 할인 쪽이다. 한 가지 예를 더 들어 보겠다.

마트에서 5천원짜리 우유를 40% 할인하고 있다. 이 경우에도 할인에 대해 표상되는 형태는 '40% 할인'과 '2,000원 할인'의 두 가지가 있다. 당신이라면 어떤 표현이 더 유리한 조건을 제공한다고 느낄 것인가? 이 경우에는 당연히 할인율 쪽이다.

가격이 높은 경우 구체적으로 참조 가격과의 차액을 제시하는 쪽이 더 좋은 조건처럼 보인다. 그러나 금액이 낮은 경우 할인율을 제시하는 경우가 더 유리한 조건처럼 보일 수 있는 것이다. 그런데 애매한 경우가 있다. 만일 가격이 10만원이라면 3만원 할인과 30% 할인 중 어떤 것이 더 매력적으로 보일 것인가? 이 질문에 대한 답은 나도 잘 모르겠다. 이 경우에는 주변사람들을 상대로 간단한 설문을 하는 것이 좋다. 상품에 따라 10만원이 높은 금액으로도, 또는 낮은 금액으로도 판단될 수 있기 때문이다.

요약

 실용적 가치의 법칙이란, 실용적 가치가 있는 이야기는 사람들에 의해서 자발적으로 공유되고 전파된다는 법칙을 말한다. 사람들은 남에게 도움이 되는 이야기는 시간과 장소를 가리지 않고 공유하려고 하기 때문에, 언제라도 입소문의 화제로 쓰일 수 있게 된다. 또한, 사람들이 실용적 가치를 나눌수록, 멀리 떨어져 있어도 소셜미디어 등을 통해 관계가 가까워질 수 있다. 이 방법은 돈이 거의 들지 않기 때문에, 핸디캡 마케팅의 방법론으로 적합하게 쓰일 수 있다.

 여기서 실용적 가치란, '일상적인 상황에서 즉시 문제를 해결할 수 있는 가치'를 의미한다. 중요한 점은 메시지의 초점이 구체적인 문제상황에 집중될수록, 세 가지가 가능해진다는 점이다. 첫째, 구체적인 문제상황에 집중할수록, 더 적은 비용으로 실용적 가치의 전달이 가능해진다. 둘째, 구체적인 문제상황에 집중할수록, 메시지를 전달할 사람이 더 큰 책임감을 가지고 전달할 사람을 찾게 된다. 셋째, 구체적인 문제상황에 집중할수록, 상품의 실용적 가치가 가장 필요한 사람에게 전해질 가능성이 높아지게 된다.

 그런데 모든 기업의 제품과 서비스가 일상적인 문제상황들과 자주 연결되는 것은 아니다. 그래서 일상생활에서 문제상황을 찾기 힘든 상품들은 실용적 가치화의 방법을 통해서 자신의 실용성을 강조해야 한다. 실용적 가치화의 방법은 크게 두 가지로 나누어지는데, 첫째 방법은 '상황의 긴급성 강조'이고, 둘째 방법은 '정보의 실용성 강조'이다. '상황의 긴급성 강조'는 상품이 꼭 필요한 문제 상황들을 구체적으로 제시함으로써 상품의 필요성을 인지시키고, 입소문을 유발하는 것이다. 오길비는 이것을 "소화기를 팔려거든 불을 질러라."와 같은 표현으로 비유했다. '정보의 실용성 강조'는 해당 상품과 연관되는 다양한 실용적 정보를 제공함으로써, 사람들이 해당 정보의 소비과정을 통해 인지된 내용으로 입소문을 유발하게 만드는 것이다.

우리가 실용적 가치의 법칙에서 해결하고자 하는 '문제'는 바로, 시간, 돈, 수고스러움, 어려움, 곤란함, 불편함 등을 아끼거나 줄이고자 하는 것에 있다. 이러한 일상의 문제들 중에서 사람들이 가장 즉시 관심 있어 하는 문제는 바로 '비용을 아낄 수 있는 실용성'이라고 할 수 있다. 일반적으로, 정가보다 매우 저렴하거나 같은 가격에 많이 준다고 하면, 우리는 매우 실용적이라고 생각하기 때문이다.

입소문을 내고 싶은 충동을 느끼게하는 가격의 기준은 할인율이다. 할인해주는 금액이 높을수록, 할인율이 높을수록 그 상품은 인기를 얻게 되고, 다른 사람들에게도 그 할인 정보를 공유하고 싶은 충동을 느끼게 되는데, 사람들이 가격할인율이 높다고 느끼게 하려면 가격 전략이 필요하다.

가격에 관한 전략에 대해 논할 때 자주 등장하는 이론이 '조망이론 prospect theory'이다. 이 이론을 쉽게 설명하면, 사람들은 "항상 이성적인 판단에 의해 최적의 선택을 하지 못한다"는 것이다. 조망이론의 핵심은 "사람들은 절대적인 기준이 아니라 '참조점 reference point'이라 부르는 상대적인 기준에 의거해 사물의 가치를 판단한다"는 것이며, 이로 인해서 "동일한 할인금액도 참조점에 따라 다르게 보일 수가 있다"는 것이다. 할인전략은 연극의 대본을 쓰는 것과 같기 때문에, 어떤 참조점이 고객들에게 가장 극적인 효과를 줄 것인가를 생각해야 한다. 이러한 할인의 매력도를 높이는 중요 요소로는 한정거래, 타이밍, 빈도, 표현방식 등이 있다.

> 자료출처

그림 1. 축구경기장에서 판매하게 된 제이미 올리버의 음식 http://www.mcfc.co.uk/News/Club-news/2013/July/Fabulous-Fan-Fayre

그림 2. 동원 캔 연어광고
https://www.youtube.com/watch?v=3o8oVvnV2Qs

그림 3. 2011년 우루사 광고
http://www.youtube.com/watch?v=IVk5RnXXG00

그림 4. 2013년 우루사 광고
http://www.youtube.com/watch?v=b4G9w9cgBrA

그림 5. 2013년 페브리즈 광고
http://www.youtube.com/watch?v=2gLZ86ToDhM

그림 6. 2013년 페브리즈 비치형 광고
http://www.tagstory.com/video/100461473

그림 7. 2000년 AVISTA 어학원 광고
http://www.youtube.com/watch?v=zLSoxZyhau8

그림 8. 2013년 나눔로또 광고
https://www.youtube.com/watch?v=b34tUzoweHY

그림 9. 2014년 나눔로또 광고
https://www.youtube.com/watch?v=qjM5rYTUTV8

그림 10. 마이쿤의 형제 창업자들
http://www.hankyung.com/news/app/newsview.php?aid=2014012635321

그림 11. 마이쿤 홈페이지 메인화면 http://www.mycoon.co.kr

그림 12. 박원순 시장이 자신의 트위터에 올린 화살표 청년

http://www.mt.co.kr/view/mtview.php?type=1&no=2012032715535078050&outlink=1

그림 13. 화살표를 붙이고 있는 화살표 청년 이민호씨
http://www.mt.co.kr/view/mtview.php?type=1&no=2012040215111731048&outlink=1

그림 14. 스트라입스 홈페이지 메인화면 https://stripes.co.kr

그림 15. 스트라입스 어버이날 스타일 프로모션
https://stripes.co.kr/blog/history-%ec%96%b4%eb%b2%84%ec%9d%b4%eb%82%a0-2013-05-08

그림 16. 스트라입스의 소개팅 성공을 위한 코디전략 정보
https://stripes.co.kr/blog/blinddate

그림 17. 자라다남아미술연구소 전문가 칼럼 http://www.jarada.co.kr

그림 18. 자라다남아미술연구소 카페 메인화면 http://cafe.naver.com/boyedu

그림 19. 그랜드백화점 강남점 배추할인 http://www.google.com

참고문헌

김보영 (2014), "'마이쿤', 사업 꿈꾸던 형제…대기업 사표내고 창업," 한국경제신문, 2014년1월26일, http://www.hankyung.com/news/app/newsview.php?aid=2014012635321

나눔로또 광고 (2013), https://www.youtube.com/watch?v=b34tUzoweHY의 화면캡처

나눔로또 광고 (2014), https://www.youtube.com/watch?v=qjM5rYTUTV8의 화면캡처

남해현 (2014), "올해 주목해야 할 국내 유망 스타트업 8선, 지디넷코리아-벤처투자사, 성장가능성 있는 스타트업 선정," ZDNET, 2014년 2월2일, http://www.zdnet.co.kr/news/news_view.asp?artice_id=20140129092952

동원 캔 연어 광고 (2013), https://www.youtube.com/ tch?v=3o8oVvnV2Qs의 화면캡처

류동연 (2014), "미술학원에서 소외 당하던 남자아이들이 마음껏 꿈을 펼칠 공간을 만들다," 조선일보 top class, 2014년 3월호, http://topclass.chosun.com/board/view.asp?catecode=J&tnu=201403100026

마이쿤 홈페이지 (2014), http://www.mycoon.co.kr의 화면캡처

박지환 (2014), "N서울타워, 미세먼지 45㎍/㎥ 이하 파란색 조명 알려줘," 조선비즈, 2014년3월7일, http://biz.chosun.com/site/data/html_dir/2014/03/07/2014030702479.html

손경호 (2013), "준비된 형제의 배터리 공유서비스 '만땅'," ZDNET Korea, 2013년9월19일, http://www.zdnet.co.kr/news/news_view.asp?artice_id=20130918134635

스트라입스 블로그 (2014), https://stripes.co.kr/blog/blinddate의 화면 캡쳐

스트라입스 홈페이지 (2014), https://stripes.co.kr의 화면캡쳐

스트라입스 홈페이지 (2014), https://stripes.co.kr/blog/history-%ec%96%b4

%eb%b2%84%ec%9d%b4%eb%82%a0-2013-05-08 의 화면캡쳐

AVISTA 어학원 광고 (2000), http://www.youtube.com/atch?v=zLSox Zyhau8의 화면캡쳐,

안수영 (2013),"남성 맞춤패션 서비스 '스트라입스', 출시 1달만에 매출 9배," IT 동아, 2013년6월10일, http://it.donga.com/14807/

양정민 (2012), "버스정류장 '화살표'시민… 박원순 감동," 머니투데이, 2012년 3월 27일, http://www.mt.co.kr/view/mtview.php?type=1&no=2012032715535078050&outlink=1

양정민 (2012), "박원순 감동 '버스 화살표男' 따라가보니…," 머니투데이, 2012년 4월5일, http://www.mt.co.kr/view/mtview.php?type=1&no=2012040215111731048&outlink=1

우루사 광고 (2011), http://www.youtube.com/watch?v=IVk5RnXXG00의 화면캡쳐

우루사 광고 (2013), http://www.youtube.com/watch?v=b4G9w9cgBrA의 화면캡쳐

유필화, Hermann Simon, Martin Fassnacht (2012) "가격관리론", 박영사, p13

자라다남아미술연구소 카페 (2014), http://cafe.naver.com/boyedu의 화면캡쳐

정다연 (2014), http://jungdayeon.com/m1_2_2.php

정다연 (2013), "니들에게 봄날을 돌려주마 1탄!" http://blog.naver.com/momjjang001

페브리즈 광고 (2013), http://www.youtube.com/watch?v=2gLZ86ToDhM의 화면캡쳐

페브리즈 비치형 광고 (2013), http://www.tagstory.com/video/100461473의 화면캡쳐

한국경제 (2013), "페브리즈, 리얼후각 실험으로 놀라운 효과를 경험하다," 한

국경제, 2013년1월17일, VPR(Video Press Release)동영상보도자료, http://www.hankyung.com/news/app/newsview.php?aid=2013011797277

Berger, Jonah (2013), "Contagious: Why Things Catch on," Simon & Schuster

Kahneman, Daniel, and Amos Tversky (1979), "Prospect Theory: An Analysis of Decision Under Risk," Econometrica 47, pp263~91.

Nieldy MCFC (2013), "Jamie Oliver's Fabulous Fan Fayre is coming to the Etihad Stadium," 23, July, 2013, http://www.mcfc.co.uk/News/Club-news/2013/July/Fabulous-Fan-Fayre

Ogilvy, David, Parker, Sir Alan (2012), "Confessions of an Advertising Man," Southbank Publishing

인정투쟁의 법칙
Out of Recognition Struggle

　철학자 헤겔Wilhelm F. Hegel은 '인정투쟁recognition struggle'을 "사람은 자신의 존재를 인정해 주기를 욕망하며, 이는 상호간의 치열한 투쟁으로 발전한다."는 것으로 정의했다. 이런 인정투쟁을 위한 치열한 전투가 밤낮없이 벌어지는 곳이 있다. 바로, 사이버 공간이다. 전선戰線은 SNS, 블로그, 카페다. 사람들은 남들이 모이는 공간이면 바로 전의를 불태운다. 그래서 사이버 공간에는 타인들로부터 인정받고 싶어 하는 개인의 사적인 글로 넘쳐 흐르고 있다. 인정투쟁은 남의 시선 끌기로 시작된다. 시선이 모아지면, 남의 시선을 의식하고 이를 즐기는 심리가 생긴다. 이런 과정속에 인정투쟁이 불붙는다.

■ 인정투쟁의 무기-비범성

　인정투쟁 방법 중 대표적인 것은 스토리포스팅이다. 사람들은 신분상승을 해준다고 믿는 이야기를 무기로 삼아 인정투쟁을 한다. 이를 '신분상승 스토리의 법칙'이라 하는데, 이 법칙에 의하면, 사람들은 자신의 사회적 가치를 높여주는 것을 자발적으로 퍼뜨림으로써 그 과정에서 자신의 사회적 신분이 상승했다고 느낀다고 한다. 조나 버거Jonah Berger는 "명품가방이나 명품 옷을 착용한 사람들이 멋져 보이듯이 비범한 화제를 꺼내는 사람은 비범해 보이기 때문에 사람들이 자발적으로 퍼뜨리는 동기를 부여한다"고 주장하면서, "자사 제품이나 서비스를 다른 제품과 서비스와 비교해서 남다른 차별성을 찾아내는 것을 내적 비범성을 찾는 과정"이라고 정의하고, "이것이 제품과 서비스에 비범성을 부여한다"고 보았다Berger, 2013.

그런데 나는 버거의 '내적 비범성'에 더하여 '외적 비범성'도 인정투쟁에 있어 매우 중요하다고 본다. 약간은 다른 각도에서 비범성이라는 의미를 해석해 보자.

당신의 쉬운 이해를 위해서, 인지도가 약한 핸디캡 기업들을 '뜨거운 연애를 하고 싶지만 외형상 평범한 남자대학생'이라고 비유하겠다. 보통 키에 평범한 얼굴을 가지고 있고, 대중교통을 이용하는 이 남자 대학생은 핸디캡 기업이다. 그리고 180cm가 넘는 큰 키와 훈남 얼굴에 고급 승용차까지 몰고 다니는 또 다른 남자대학생은 외형만으로도 관심을 끌 수 있는 대기업들이다.

캠퍼스 안에서 미녀들이 빠른 걸음으로 지나간다고 상상해 보자. 미녀들과 데이트하고 싶은 마음은 두 학생 모두 뜨겁겠지만, 현실에서 평범한 남자가 미녀들의 주목을 받을 가능성은 낮아 보인다. 평범한 남학생이 내면적으로는 더 깊은 사고력과 더 멋진 내면, 더 비범하고 재미난 이야기를 할 수 있다 하더라도, 일단 미녀들의 시선을 끌지 못한다면, 미녀들은 고급 승용차를 몰고 다니는 키 큰 훈남에게 관심을 보일 가능성이 훨씬 높기 때문이다. 즉, 외적 비범성이 갖추어지지 않으면 내적 비범성을 보여줄 기회조차 주어지지 않게 되는 것이다. 그렇다면, 평범한 남학생에 해당하는 핸디캡 기업은 어떻게 해야 하는 것일까? 핸디캡 기업은 대기업과 같은 마케팅 커뮤니케이션을 할 수도 없고, 그렇게 할 능력도 없다. 하지만, 핸디캡 기업들은 핸디캡 극복 전략을 사용할 수 있다. 핸디캡 극복 전략이란, 커뮤니케이션 전투를 하기 전에 "대기업들과 환경과 상황과 시간들이, 지금까지 대중들의 머릿속에 구축해 놓은 브랜드 지형지물의 힘을 빌려 써야겠다"라고 생각하는 것이다. 나는 이와 같은 사고방식을 '핸디캡 사고'라고 정의한다.

자, 그럼 우리는 핸디캡 사고를 이용해서 어떤 브랜드 파워를 빌려와야 할까? 만약, 미녀들이 좋아하거나 관심 있는 브랜드들 중에서, 평범한 우리에게 예상하기 어려운 브랜드를 빌려 온다면 시선을 끌 가능성이 높지 않을까? 거기다 당신의 깊은 관심으로, 그들 중에 한 명이 애완동물에 관심이 깊다는 것까지 알고 있다면? 한 마리당 1천만 원을 호가한다는 사막여우가 좋겠다. 당신이 애완동물에 관심이 있다면, 들어본 적이 있을 것이다. 이미 반려견 브리더처럼 사막여우 브리더라는 명칭까지 생겼을 정도니까. 희귀한 사막여우를 미리 빌려와서 5분만 품에 안고 있어보자.

이제 여러분은 내가 무슨 이야기를 하고 싶어하는지 알 수 있을 것이다. 실전 마케팅 커뮤니케이션에서는, 대중들에 해당하는 미녀들을 멈추게 하기 위해서 사막여우를 빌려올 필요가 없다. 왜냐하면 우리는 우리가 원하는 고객들의 머릿속에 있는 브랜드 지형지물과 요즘 관심사만 생각하면 되기 때문이다. 즉, 당신이 고객으로 만들고 싶은 사람들이 잘 알고 있거나, 좋아하고 있는 브랜드 이미지들 중에서 당신의 상품과 가장 연상되기 어려운 브랜드 이미지를 함께 연결시켜서 대중들에게 예상치 못한 놀라움을 주면 강렬한 주목을 받을 수 있다는 것이다. 이것이 바로 내가 말하고자 하는 외적 비범성이다.

- **데페이스망 Depaysement**

그렇다면, 이제 이 외적 비범성을 연애가 아닌 독특한 미술작품으로 비유해서 설명해 보도록 하자. 당신은 혹시 르네 마그리트Rene Magritte 라는 덴마크 출신의 초현실주의 화가를 알고 있는가? 알고 있다면, 당신은 미술 전공자이거나 영화 '매트릭스Matrix, 1999'의 워쇼스키 형제 감독을 좋아하는{정정, 이제는 남매 감독이 됨. 형인Larry Wachowski가 성전환 수술을 해서Lana Wachowski가 되었음} 열혈 팬일 수 있다. 또는 일본 애니메이션 영화인 '하울의 움직이는 성Howl's moving castle, 2004'의 미야자키 하야오Hayao Miyazaki 감독을 좋아하거나 페이스북Facebook 본사 사무실의 복도에 걸린 그림 이야기를 들어봤을 가능성이 있다.

왜냐하면, 마그리트가 그린 그림 중에서 '겨울 비Golconde, 1953' 는 매트릭스에 등장하는 스미스 요원들이 나오는 장면들의 모티브가 되었고, '피레네의 성Le chateau des Pyrenees, 1959'은 미야자키 하야오 감독의 애니메이션 '하울의 움직이는 성'에 영감을 주었기 때문이다위키백과, 2014.

그림 1. 마그리트의 그림, 겨울비 / 그림 2. 영화 매트릭스의 포스터

그림 3. 마그리트의 그림, 피레네의 성 / 그림 4. 영화 하울의 움직이는 성

또한, 마크 주커버그Mark Zuckerberg는 페이스북 본사 복도에 마그리트의 그림인, Son of man을 배경으로 붙여놓고 다음과 같은 물음을 던지고 있다. "우리는 기술 회사인가?Is this a technology company?"

그림 5. 페이스북 본사의 복도에 걸린 Son of Man

위의 사진은 미국 캘리포니아주 실리콘밸리에 있는 페이스북 본사에 걸린 슬로건이며, 페이스북 직원의 설명에 의하면, "사무실을 오가다가 늘 마주칠 수밖에 없는 곳에 회사가 지향하는 가치와 고민을 담은 문

구를 걸어둔 것"이라고 한다.

"이 물음의 배경이 초현실주의 화가 르네 마그리트의 그림이라는 점은 이채롭다. 벨기에 출신인 마그리트는 논리만으로는 설명할 수 없는 상상의 세계를 즐겨 표현한 대표적인 초현실주의 화가이다. 이처럼 페이스북을 기존의 유사 서비스 업체들과 근본적으로 구분하는 것은, 바로 논리를 넘어선 '상상의 세계'를 지향하면서 기술 회사라는 정체성을 뛰어넘으려는 노력에 있다."(구본권, 2011)

미국과 일본의 유명감독과 전 세계가 다 아는 페이스북의 주커버그, 그리고 현대미술의 팝 아트와 그래픽 디자인까지 마그리트의 그림들이 영향을 주는 이유는, 마그리트의 그림들이 보는 사람으로 하여금 상상력을 자극하기 때문이다. 그리고 이러한 상상력들은 외적 비범성을 극대화해서, 대중들로 하여금 메세지의 자발적 전파를 가능하게 해줄 수 있기 때문에 작은 비용으로도 실행할 수 있다. 이러한 마그리트의 작품특징을 미술계에서는 '데페이스망Depaysement'이라는 용어로 정의하고 있다.

이처럼, 보는 사람들의 예상을 완전히 깨뜨리는 데페이스망적인 기법으로 마케팅 메시지를 구성한다면, 사람들이 다른 사람들에게 주목받기 위한 인정투쟁의 무기로 쓰일 확률이 매우 높아지게 된다. 그렇게 될 때, 대중들은 이 새롭고 놀라운 조합의 메시지를 입소문 내고 공유함으로써, 핸디캡 기업의 입소문 마케팅을 도울 수 있다.

정리하자면, 나는 외적 비범성은 소비자들이 제품이나 서비스를 사용하기 전에 외견상 주목을 끌기 위한 비범성이며, 내적 비범성은 제품이나 서비스를 사용하거나 사용 소감을 접하면서 알게 되는 편익들을 보다 더 각인시키는 비범성이라 정의한다. 따라서 보는 즉시 소비자들의 주목을 끄는 외적 비범성은 보다 직관적인 이야기로 설계되어야 하고, 일단 멈춰선 소비자들에게 제품과 서비스를 사용하게 해주는 내적 비범성은 보다 논리적으로 이야기가 설계되어야 한다.

그렇다면, 데페이스망적인 메시지가 어떻게 설계되어야, 인정투쟁에 사용되고 입소문을 만들어 낼 수 있을까? 이 질문에 대한 답을 찾기 위해 스마트 전단지 앱인 '배달의 민족'의 성공사례를 분석해 보겠다.

■ 넉가래를 준다고? 와! 대박

'배달의 민족'은 2010년에 스타트업으로 출발했다. 바꿔 말하면, 온라인상의 소상공인이라고 할 수 있다. 하지만, 이제는 성공한 중견기업이 되었다. 2013년 기준으로 연 매출 100억 원을 달성했고, 주요 투자자들로부터 120억 원대의 투자를 받았으며, 2014년 3월 기준, 총 누적다운로드 수가 1,000만 건이 넘는 기업이 되었기 때문이다. (김효진, 2014), (안지영, 이재은, 2014), (임광복, 2014).

그렇다면, '배달의 민족'이 초기에 구사한 마케팅 커뮤니케이션의 특징을 외적 비범성과 내적 비범성의 측면에서 분석해보도록 하자.

그림 6. 배달의 민족의 넉가래 프로모션

'배달의 민족'은 기존에 종이로 버려지던 배달 전단지들을 모바일로 통합해서, 자신의 주변에서 가장 빨리 주문할 수 있는 배달업체 정보를 제공해주는 기업이다. 그런데 사업 초기, 핸디캡 기업이던 배달의 민족은 그들이 만든 빠르고 간편한 배달 서비스를 알릴 홍보 비용이 충분치 않았다. 그래서 고민에 고민을 거듭한 끝에 재미난 이벤트를 올렸다. 그런데 이 이벤트는 배달 애플리케이션과 직접 연관성이 없어 보이는 기발한 것이었다. 바로 "리뷰review 달고 넉가래 받자"는 이벤트였다.

당시 배달관련 경쟁 앱들의 프로모션은 배달 음식 할인 이벤트가 대부분이었다. 그런데 배달의 민족은 당시 할인을 해줄 여력도 되지 않았고, 홍보에 쓸 돈도 없었다. 그래서 내리는 눈 때문에 배달이 늦어질 수도 있는 상황을 해결해 줄 수 있는 눈 치우는 넉가래를 이벤트 상품으로 떠올리게 되었다. 이 이벤트 내용을 처음 본 독자는 아마 이렇게 반문 할지도 모른다. "배달음식 관련 앱이라면서 뭐라고? 이벤트로 넉가래를 준다고?"

결과는 어땠을까? 넉가래 이벤트는 폭발적인 반응을 이끌어 냈고, 이로 인해 '배달의 민족'은 앱 출시 초기부터 충성도 높은 고객들을 확보할 수 있게 되었다. 넉가래를 준다는 이야기의 외적 비범성이 고객들 간의 '인정 투쟁'을 촉발시켰기 때문이다. 여기서, 재미있었던 점은 실제 당첨된 고객들에게 넉가래를 받아가라고 전화를 했는데, 단 한 명도 상품을 받아가지 않았다고 한다. 이유를 물어보니까 "이런 참신한 이벤트에 참여한 것만으로도 충분한 재미와 보상을 받았다"는 것이었다. 이미 '가치 마케팅'이 실현된 것이다.

이것이 끝이 아니었다. '배달의 민족'은 연타석 홈런을 쳤다. 그들은 스타트업 마케터들 사이에서 큰 화제를 불러일으킨 또 하나의 이벤트를 하는데, 바로, 소녀시대 마케팅이다. 핸디캡 기업인 '배달의 민족'이 어떻게 소녀시대 마케팅을 할 수 있었을까? 이 역시 기발했다. '배달의 민족'은 실제 소녀시대를 모델로 기용한 것이 아니라 소녀시대가 인쇄된 상품을 이용한 것이다. 당시 '비타 500'이라는 광동제약의 비타민 음료에는 소녀시대 멤버들 9명이 병 레이블마다 다르게 인쇄되어 있었다. 그런데 10개들이 한 박스를 구입해도 일부 멤버의 얼굴밖에 살 수 없었다. 그래서 소녀시대 팬들이 9명의 멤버를 모두 모으는 것에는 노력이 필요했다. 이를 알아챈 '배달의 민족'은 박스를 재구성해서 모두의 얼굴이 들어가는 시중에 존재하지 않는 새로운 리마커블 한 경품을 만들어 낸 것이다.

이 이벤트 역시 처음 보는 사람들은 이렇게 반문했을 것이다. "배달 음식 앱이라면서? 그런데 소녀시대를 모아준다고?"

그림 7. 배달의 민족의 소녀시대 프로모션

이처럼, 앱 출시 초반부터 아주 적은 비용으로 폭발적인 입소문과 열광적 팬들을 순식간에 만들어낸 배달의 민족 이벤트들에서 나타난 외적 비범성과 데페이스망에 대해 좀 더 알아보자.

핸디캡 기업들은 창업 초기부터, 까다롭고 변덕이 심한 미녀군단으로 비유되는 대중들의 관심을 빠르고 뜨겁게 모으기 위한 외적 비범성이 필요하다. 그리고 이러한 외적 비범성을 만들 수 있는 가장 간단하고 효과적인 방법이 바로 기존에 서로 관계가 없었던 이미지의 조합을 실행하는 데페이스망기법이라고 할 수 있다.

"나에게 있어 회화는 형태를 병렬하는 예술이며, 이런 방식을 통해 형태는 실제적인 의미를 상실하고 대신 영감을 받은 사유를 드러내게 한다." 르네 마그리트Rene Magritte, 1898~1967

먼저 "리뷰 달고 넉가래 받자"라는 이벤트의 외적 비범성을 분석해 보자. 여기서 핵심포인트는 출시된 지 얼마 되지도 않은 배달의 민족이라는 앱이 넉가래라는 물건을 이벤트 상품으로 제안했다는 점이다. 이러한 넉가래 이벤트는 당시에 배달관련 어플리케이션 업계뿐만 아니라, 일반적인 상품들의 수많은 홍보 이벤트들 경쟁 속에서도 단연 눈에 띌 수밖에 없었다. 왜냐하면, 넉가래를 주는 이벤트는, 배달 앱이라는 말을 보거나 들을 경우에 바로 연상하기 어려웠던 신선한 조합이었기 때문이다.

이처럼, 보고 듣는 사람들의 예상을 완전히 무너뜨리는 것을 인지심리학에서는 "예측기제를 망가뜨린다"고 표현한다. 이것이 주는 가장 큰 강점은 바로 놀라움이다. 즉, 순간적으로 발걸음을 멈추게 하고 마우스 클릭을 멈추게 하는 순간을 만들어 주는 역할을 해주는 것이다. 그리고 이 같은 리마커블함이 고객들을 인정투쟁의 장으로 내몰았고 수많은 포스팅을 유도한 것이다.

또한, 이 이벤트 안에는 핸디캡 사고가 적용되어 있다. 즉, 배달 앱에서는 바로 연상되지 않는 브랜드를 빌려왔지만, 아무 브랜드나 빌려오지는 않았다. 대중들이 당시 매일 겪고 있는 겨울이라는 상황 속에서 머리에 계속 연상되고 있는 눈이라는 브랜드와 넉가래라는 브랜드를 빌려와서, 그 쌓인 눈들이 실제 지금 배달 앱의 이벤트를 하는 시즌에 어떤 연관이 있는지를 커뮤니케이션하고 있는 것이다.

그렇다면, 배달의 민족의 두 번째 이벤트인 소녀시대 이벤트는 어떤 외적 비범성을 가지고 있을까? 이것 또한 외적 비범성 이전에 핸디캡 사고에서 출발했음을 알 수 있다. 즉 자신이 현재 돈, 인력, 시간 모두 부족한 철저한 약자라는 사실을 잊지 않기 때문에, 그동안 대중들의 머릿속에 이미 구축되어 있는 브랜드들 중에서 자신의 브랜드와 가장 데페이스망적인 브랜드를 빌려와서 조합했다고 볼 수 있는 것이다.

배달의 민족 앱이 두 번째로 실행한 소녀시대 이벤트는 2단계 구조를 가지고 있다. 즉, 당시 광동제약이라는 대기업은 자사의 비타500이라는 상품을 프로모션 하기 위해, 소녀시대를 모델로 기용한 이벤트를 하고 있었다. 이러한 첫 번째 단계는 자본력을 갖춘 대기업만이 할 수 있는 마케팅 커뮤니케이션 전략이다.

그림 8. 광동 제약 비타500의 소녀시대 광고라벨

그런데 배달의 민족은 광동제약이 10개들이 비타500 한 박스마다 소녀시대 멤버 9명 얼굴 중에서 일부만 포함되도록 상품을 구성했다는 점을 적극적으로 빌려온 것이다. 그 결과, 이미 대중들의 머릿속에 깊이 자리 잡고 있던 비타500과 소녀시대라는 두 가지 유명 브랜드들을 통한 후광 효과hallo effect를 누리게 된 것이다.

이와 같은 기발한 프로모션에서 배달의 민족이 들인 비용과 노력은 핸디캡 마케팅 커뮤니케이션의 교과서와 같았다. 그들은 소녀시대 멤버 9명의 얼굴이 모두 골고루 포함된 10개들이 한 상자들로 재구성하는 적은 비용과 적절한 노력만을 투입해서 성공적인 마케팅을 수행할 수 있었던 것이다.

주: 데페이스망dépaysement
'예기치 않은, 엑조틱exotic한, 비일상적인, 장면의 변화, 새로운 지평'이라는 용어로 사전적 의미는 '추방하는 것'이란 뜻. 초현실주의에서 쓰이는 말로, "일상적인 관계에서 사물을 추방하여 이상한 관계에 두는 것을 뜻함. 있어서는 안 될 곳에 물건이 있는 표현을 의미한다. 그 결과 합리적인 의식을 초월한 세계가 전개된다."라는 비교적 추상적인 내용이다. 이를 쉽게 설명하자면 "있어야 할 곳에 있는 것들이 없고, 없어야 할 것들이 있는 것이다." 예를 들어, 마그리트의 그림을 보면, 사람의 눈 속에 동물이 있고, 구름을 와인잔이 받치고 있는 비일상적인 장면으로 새로운 인식의 세계를 전달해 준다.

■ 대기업 마케팅 커뮤니케이션의 특징

 광동제약이 비타500에 소녀시대의 건강한 이미지를 나란히 배열한 것에 외적 비범성이 있을까? 대중들은 소녀시대의 많은 연예 활동들을 통해 이미 밝고 건강한 걸그룹의 이미지를 가지고 있기 때문에, 비타500을 소녀시대와 함께 소구하는 것은 어울리는 조합이기는 하지만, 데페이스망적인 의외의 놀라움을 줄 수는 없다.

 그렇다면, 광동제약 비타500의 소녀시대 스타 마케팅은 효과를 보지 못했을까? 그렇지 않다. 데페이스망적 효과와 스타마케팅은 다른 개념이다. 소녀시대를 기용한 광고는 선풍적인 인기를 끌면서 광동제약 전체 매출에 큰 기여를 했고, 광동제약의 브랜드도 좀 더 젊고 건강한 이미지로 만드는데 기여했다. 하지만, 이러한 효과는 마케팅 공화국시대의 TV-산업간 연대의 범주를 크게 벗어나지 않는다.

 따라서 데페이스망적인 놀라움이 없을 경우에, 기업은 광고 효과에 상응하는 많은 마케팅비용을 지불해야 하는 것이다. 그렇다면, 대기업들의 마케팅 커뮤니케이션에서는 왜 데페이스망적인 외적 비범성을 찾아보기가 어려운 것일까? 그것은 대기업들은 굳이 모험을 감행하지 않아도 될 만큼, 자사 제품과 서비스를 알릴 수 있는 대안들을 많이 보유하고 있기 때문이다. 스타마케팅이 언제든 가능할 정도의 충분한 재정적 능력과 그것을 전문적으로 실행할 수 있는 마케팅 전문인력들, 그리고 마케팅 커뮤니케이션 효과를 기다릴 수 있는 시간이 있는 대기업들이라면 굳이 파격적인 방법으로 위험을 감수할 필요가 없다. 또한 기업의 규모가 커질수록 의사결정 속도가 느려져 창의적이고 파격적인 아이디어가 나오더라도 그것이 최고의사결정자에게 전달될 가능성이 매우 낮다. 그래서 무난하고 안전한 아이디어가 항상 우선순위를 차지하는 것이다.

핸디캡 기업은 이와 정반대다. 핸디캡 기업에겐 리스크 감수가 기회를 만든다. 핸디캡 기업일수록 데페이스망적인 방법을 사용한 외적 비범성으로 대중들에게 신선한 놀라움을 주어야만 이를 소재로한 고객들의 인정투쟁이 유발된다. 이 인정투쟁이 자발적인 입소문 홍보로 가는 문을 열어 주는 것이다.

이번에는 다른 기업에서 소녀시대 멤버 중 한 명인 '윤아'를 모델로 2014년에 진행한 마케팅커뮤니케이션 활동을 분석해 보자. 샌드위치 전문기업인 서브웨이SUBWAY의 프로모션은 광동제약의 케이스와는 다른 기법이다. 서브웨이는 윤아가 탤런트 이범수와 함께 주연을 맡았던 '총리와 나'라는 드라마와 제휴마케팅을 실시하였다. 서브웨이는 그 드라마에 간접광고PPL Product Placement를 했다. 그래서 드라마에는 윤아가 서브웨이 샌드위치를 먹는 간접광고 장면이 나온다. 이 내용을 후광으로 삼아서 프로모션을 한 것이다.

이 프로모션 역시, 좋은 프로모션이지만 인정투쟁 무기로 사용할 정도의 이야기는 제공하지 못했다. 왜냐하면, 총리와 나에서 서브웨이 샌드위치가 등장하는 장면은 우울해하는 다정(윤아 분)을 위해 총리 수행과장인 인호(윤시윤 분)가 위로해주는 장면이기 때문이다. 그런데 위 프로모션은 해당 장면의 주인공인 윤아와 윤시윤이 아닌, 윤아와 이범수를 주인공으로 하고, 해당 장면의 대형 샌드위치도 프로모션에 적극적으로 반영하지 않음으로써 그 맥락을 이어가지 못하고 있다.

또한, 소녀시대 윤아와 서브웨이 샌드위치가 어울리는 조합인 것은 맞지만, 놀라움을 줄 만큼 전혀 예상할 수 없던 조합은 아니기 때문이다. 즉, 쉽게 연상되거나 예상할 수 있는 조합이기 때문에 예상치 못할 정도의 큰 놀라움을 주지 못하는 한계점이 있다. 하지만, 일반 서브웨이 샌드위치가 아닌, '자이언트 써브Giant sub'라는 대형 샌드위치와 윤아의 조합을 시도한 것은 데페이스망 적인 효과에 가까워질 수 있는 여지가 있었다고 할 수 있다.

따라서 '총리와 나'라는 드라마에서 서브웨이 샌드위치가 데페이스망 적인 외적 비범성을 제공하려면, 해당 모델인 윤아와 서브웨이 샌드위치가 전혀 연관될 수 없는 장면에서 등장하거나, 샌드위치가 주인공 윤아에게 전혀 예상치 못한 역할을 하면서 등장하는 쪽이 좀 더 데페이스망적인 외적 비범성을 부여할 수 있다고 볼 수 있다. 이처럼, 위의 PPL 전략은 스타마케팅으로는 적절했지만, 데페이스망 전략 측면에서 보았을 때는 미흡했다고 할 수 있다.

■ 내적 비범성의 가치

인정투쟁을 유발시키려면, 외적 비범성과 동시에 내적 비범성도 완성시켜야 한다. 외적 비범성은 앞에서 비유한 것처럼, 미녀에게 말을 걸 수 있는 '주목유인기재attention getting mechanism'를 제공할 뿐이다. 멈춰선 미녀를 내 여자로 만들기 위해서는 내 안에 갖추고 있어야 하는 내적 비범성이 최소한 한 가지 이상은 있어야 하는 것처럼, 핸디캡 기업도 최소한 한 가지 이상의 가치를 전달해야 고객을 획득할 수 있다. 앞의 케이스에서 배달의 민족은 어떤 내적 비범성을 가지고 있었을까?

배달의 민족은 초기에 배달업체들의 배달제품 정보를 얻기까지 많은 어려움을 겪어야만 했다. 왜냐하면, 기존의 배달업체들에게는 오랫동안 사용해온 전단지라는 판촉수단이 있었기 때문이다. 비록 전단지의 효과가 낮더라도 당시에 기존 배달업체들에게는 스마트폰 앱을 통해서 배달업체의 홍보수단을 만들어 주겠다는 이야기가 훨씬 더 이상하게 들렸을 것이다. 어디에서도 동네별로 정리된 배달업체 정보를 구하지 못한 배달의 민족 김봉진 대표는 결국, 배달업체가 배포한 전단지들을 일일이 직접 수거하는 방식을 택하게 된다. 아마도 그 과정에서 포기하고 싶었던 적도 많았을 것이다. 아파트나 주택의 우편함에서 구하지 못한 배달업체의 전단지들을 직원들을 총동원해서 쓰레기통과 길바닥과 골목을 뒤지면서까지 수집했다고 하니, 그 과정이 얼마나 힘들고, 번거롭고, 지루했을지 상상할 수 있을 것이다. 심지어는 어떤 벤처캐피탈과의 투자유치 미팅 전에는 해당 벤처캐피탈 주위의 배달가능 음식점 전단지를 더 샅샅이 수집하고 업데이트해서, 실제 VC들이 앱을 실행할 때 정확도를 더 실감할 수 있도록 준비했다고 한다.

그런데 문제는 전단지를 수집하는 과정에만 있지 않았다. 수거된 전단지를 촬영해서 앱에 올리고 정보를 입력하는 과정에서 선명하지 못한 화질과 완전하지 못한 가격정보 등이 지속적인 장애물이 되었다고 한다. 하지만, 동네마다 구석구석을 발로 뛰는 열정과 배달업체들과의 끊임없는 커뮤니케이션을 통해서 점진적으로 해결했다고 한다. 그 과정에서 위치기반의 검색서비스가 업그레이드 되었고, 고객들은 배달주문 시 배달의 민족 앱을 통한 인터넷 전화를 통해 통신비 부담 없이 주문할 수 있게 되었다. 배달업체들 또한 배달의 민족 앱을 통한 매출 증가를 점점 더 체험하게 되었는데, 배달의 민족앱은 '콜멘트call ment' 서비스를 추가해서, 앱을 통해 배달업체에 주문전화가 갈 때는 "배달의 민족 앱을 통한 주문전화입니다"라는 말이 먼저 들리도록 해서 고객인지도와 선호도를 제고했다. 이런 과정을 통해서 배달의 민족 앱은 쉽고 빠른 앱 전단지라는 내적 비범성이 생기고 지속적으로 강화된 것이다.

 하지만, 배달의 민족이 외적 비범성을 통한 마케팅 커뮤니케이션 없이, 자신들의 발품과 열정을 통해 얻은 정보와 기술적 강점으로 구성된 내적 비범성만을 마케팅 커뮤니케이션 수단으로 사용했다면, 초창기부터 폭발적인 인지도와 입소문으로 광팬들을 얻을 수 있었을까? 아마, 힘들었을 것이다.

■ 마케팅 비용 50달러로 글로벌기업이 되다!

 입소문만으로 유튜브에서 3억 회 이상의 조회수를 기록하고 마케팅에 성공한 핸디캡 기업이 있다. 블렌드텍Blendtec이라는 믹서기 제조 소기업은 1999년에 톰딕슨Tom Dickson이 설립한 회사이다. 딕슨은 믹서기의 기본에 충실했다. 그래서 블렌드텍의 모터와 칼날은 못 가는 것이 없을 정도로 강력했다. 그런데 문제는 인지도였다. 이 고성능 믹서기는 알아주는 사람들이 없어서 그저 그런 믹서기로 생을 마감해야 할지도 모를 위기에 처해있었다.

 그런데 기적이 일어났다. 블렌드텍의 인지도가 급상승하고 매출이 승수 배로 올라가는 믿지 못할 일이 일어난 것이다. 그 기적은 2006년 딕슨의 대학동기 조지 라이트George Wright를 마케팅 책임자로 영입하면서 일어났다. 라이트는 합류하자마자 돈에 대한 고민부터 해야 했다. 블렌드텍의 전체 매출이 자신의 전 직장 광고예산도 안 되는 정도였으니 앞이 막막했다. 핸디캡 기업이라면 누구나 다 갖고 있는 고민에 빠진 것이다. 핸디캡 마케팅의 개념은 없었지만 뭔가 방법이 있을 것이라고 열심히 탈출구를 모색하던 어느 날, 라이트는 딕슨이 내구성과 분쇄력을 더 향상시키기 위해 매일 믹서기에 재미난 물건들을 갈아보는 실험을 하는 모습을 보았다. 여기서 아이디어 하나가 번개처럼 라이트의 뇌리에 스쳐 갔다.

당신은 믹서기 안에 놓일 수 있는 사물들 중에서 가장 관계가 없는 것이 어떤 것이라고 생각하는가?

일반적으로 믹서기 안에서 갈리는 사물들은 모두 인간들이 먹을 수 있는 것일 것이다. 그런데 대표의 실험은 기발한 그림을 연출하고 있었던 것이다. 바로 이거다. 라이트는 우선 골프공, 쇠갈퀴, 구슬 등을 준비했다. 그리고 대표에게 입힐 흰 가운을 한 벌 샀다. 그리고 라이트는 대표에게 흰 가운을 입고 지금까지 그가 한 것처럼 분쇄력 실험을 하게 했다. 그런데 놀랍게도 직경 1cm가 넘는 유리구슬 50개부터 골프공까지 믹서기 안에서 밀가루처럼 곱게 갈리는 것을 보게 되었다.

라이트는 이 과정을 동영상으로 촬영하여 유튜브에 올렸다. 결과는 엄청났다. 이 특이한 동영상은 단숨에 인기 동영상이 되었고, 사람들의 인정경쟁이 시작되었고, 그 결과 입소문이 퍼져나갔다. 결국, 일주일만에 조회수가 600만 회를 돌파하게 되었다고 한다. 이에 힘을 얻은 딕슨과 라이트는 이 동영상을 시리즈물로 제작하기로 했다. 재미나고 이슈가 되는 물건들을 차례로 갈아 보이는 것이다. 그 당시 유튜브 스타 저스틴비버Justin Bieber의 CD, 아이폰, 아이패드, 삼성갤럭시폰 등도 모조리 믹서기에 넣고 갈아버렸다. 그러면서 한 마디, "이것도 갈릴까요? 라는Will it blend?" 이 시리즈 동영상들은 팬덤까지 형성할 정도로 인기를 끌었고 매출은 2년 만에 700%나 증가했다. 데페이스망의 마법이 블렌드텍에 기적을 선사한 것이었다.

그림 9. 블렌드텍의 유튜브 동영상 화면

사진을 보면 더 명확히 알 수 있다. 데페이스망 기법에 충실하게 함께 연상되지 않는 두 가지 물건, 믹서기와 아이폰이 함께 있다. 이것은 대중들로 하여금 "뭐라고, 믹서기 안에 유리구슬을 넣는다고? 믹서기 안에 아이폰을 넣는다고?"라는 심리적 환기를 일으켰다. 그 결과로 만들어진 리마커블 한 동영상은 사람들의 인정투쟁 도구로 안성맞춤이었다. 마구 포스팅하고, 퍼가고 업로드 되면서 포스팅의 네트워크 효과가 일어난 것이다.

블렌드텍은 자신도 모르는 사이에 데페이스망의 마법이 작동, 외적 비범성이 생겨났고, 실제로 강력한 내구성과 분쇄력이라는 차별적 강점인 내적 비범성이 뒷받침 되어서 믹서업계의 전설이 된 것이다.

■ 미국 타임지까지 보도된 강남의 한 성형외과

2014년 1월에 '강남의 성형외과'라는 키워드를 뜨겁게 달군 사건이 있었다. 바로 '턱뼈 탑' 사건이다. 턱뼈 탑? 듣도 보도 못한 신조어임은 틀림없는 것 같다. 인터넷상에서는 너도나도 이게 뭘 의미하는지 알아보느라 한동안 소동이 벌어졌다. 이 소동은 병원 홈페이지에 있던 사진 한 장을 네티즌이 SNS에 올리면서 시작되었다.

당신은 아래 사진을 처음 보고 유리기둥 안에 쌓인 것이 무엇인지 바로 알 수 있을까? 놀랍게도 직경 60cm크기의 유리기둥 안에 담겨 있는 것은 그동안 '오인성형외과'라는 곳에서 환자들의 수술 후 절제한 실제 턱뼈들을 보관한 것이라 한다. 이 성형외과는 홈페이지에 "수술 후 절제한 뼈를 확인하실 수 있도록 직접 보여 드립니다"라는 문구와 함께 위의 사진을 올려놓았다. 병원의 취지는 논리적이있지만 보는 사람들한테는 충격이었다. 이 그로테스크한 사진이 네티즌들의 SNS를 타고 빠른 속도로 퍼져나갔고, 그로 인해 대중언론들이 턱뼈 탑을 핫뉴스로 다루게 되었다.

이 턱뼈 탑에 대한 네티즌들의 반응은 주로 어떠했을까? 당신도 아마 매우 놀랐을 것이다. "비호감적이다"라는 반응이 많았다. 일반인들 사이에서는 "역겹다. 구토가 날 것 같다. 무슨 머리 가죽이나 귀만 잘라서 전리품으로 모으는 식인종들도 아니고, 이해할 수 없다" 라는 등의 부정적 반응들이 많이 나왔다.

그림 10. 오인성형외과 홈페이지에 있던 턱뼈 탑 사진

그런데 뜻밖에도 실제 턱 성형을 고려 중인 예비 고객들은 "믿음이 간다. 상당히 많은 수술을 한 것 같아서 처음 알게 된 성형외과지만 방문해 보고싶다"라는 반응이 많이 나왔다고 한다. 주요 언론에서 약 1,000여 명의 환자 턱에서 절제한 턱뼈들로 보인다는 기사까지 나왔기 때문이다.

또한, 언론에서 턱뼈 탑에 관한 기사가 나간 후, 동아일보에서 내보낸 성형외과 관련 특집기사 하단을 보면 이런 내용이 있다. 이번에 턱뼈 탑으로 물의를 빚었던 성형외과를 두고 "과태료를 좀 내겠지만 돈 주고 못할 홍보 효과를 누렸다"며 병원 홍보가 아쉬운 원장들이 농담 반 진담 반으로 부러워했다고 말이다.(조동주, 2014)

이 사건은 곧바로 사법처리 되었다. 강남구청은 이 성형외과에 턱뼈 탑 철거명령과 함께 의료 폐기물법 위반으로 300만 원의 과태료를 부과했다. 왜냐하면, '턱뼈'는 현행 폐기물관리법 2조 5항의 의료폐기물에 해당한다. 해당 조항을 보면 의료폐기물은 '보건·환경보호상 특별한 관리가 필요하다고 인정되는 폐기물로 인체조직 등 적출물摘出物을 예로 들고 있기 때문이다.

그런데 사건은 여기서 그치지 않았다. 한국 언론과 네티즌들 사이에서 퍼져나간 입소문은 미국 타임지까지 관심을 갖게 되었다. 아래 그림과 같이, 타임지는 턱뼈탑 사진과 함께 스토리를 전달했다. 오인 성형외과는 무료로 타임지에 홍보를 한 것이다.

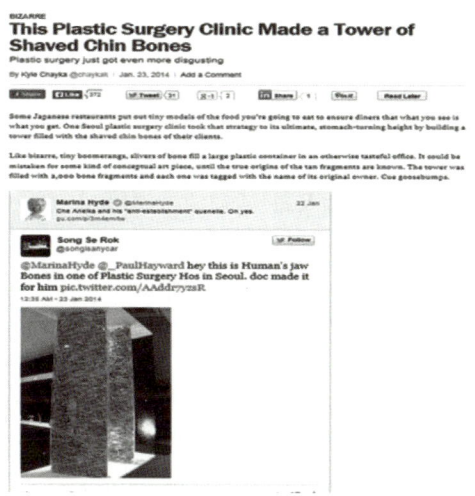

그림 11. 타임지에 실린 턱뼈 탑 기사 사진

그렇다면 네이버 검색어에는 턱뼈 탑 관련해서 어떤 연관 검색어가 만들어져 있을까? 자동 완성되는 키워드들을 보면, 턱뼈 탑, 턱뼈 탑 성형외과 어디, 턱뼈 탑 성형외과 이름, 강남 성형외과 턱뼈 탑 등이 노출되는 것을 알 수 있다. 이처럼, 자동 완성되는 단어들을 보면, 얼마나 많은 네티즌들이 턱뼈 탑이 있는 성형외과가 어디인지 궁금해 했음을 알 수 있다. 마지막으로 이 강남 성형외과의 홈페이지를 살펴보도록 하자.

홈페이지의 소개 부분을 보면, 다른 강남의 성형외과 홈페이지와 비교해 보았을 때, 전혀 차별점도 외적 비범성도 내적 비범성도 찾아볼 수가 없다. 그렇다면, 미국까지 입소문이 폭발적으로 퍼지게 된 것은 다름 아닌 데페이스망적으로 설계된 외적 비범성 덕분이었다.

■ 인정의 검투장이 된 '옆동네 르네상스'

흥미로운 이야기는 포스팅의 1번 타겟이다. 사람들은 자신이 올린 스토리에 다른 사람들이 재미있어하는 모습에 큰 보람을 느낀다. 핸디캡 기업은 자신의 사업이나 상품과 관련해서 재미난 스토리를 만들어낼 수도 있지만, 더 좋은 것은 고객들이 자발적으로 자신에 대해 재미난 스토리를 포스팅하게끔 하는 것이다.

재미 중에는 남을 엿보는 것만큼 큰 재미가 없다. 요즘 '옆동네 르네상스'라는 말이 뜨고 있다. 가로수길, 이태원 길, 홍대 앞이 가장 핫한 플레이스라는 것은 널리 알려진 사실이다. 그런데 이 핫플레이스의 바로 옆 동네인 세로수길, 경리단길, 홍대를 지나 연남동이 더 핫플레이스로 뜨고 있다는 것이다. 기존 상권들이 대중화, 상업화하면서 거리 고유의 색깔이 흐릿해지자, 한적하고 특색있는 공간을 찾아 나선 이들을 겨냥한 작은 가게들이 이웃 동네에서 생겨났다는 설명이 지배적이다. 그런데 이 설명으로는 부족하다. 이들은 원래 핫플레이스보다 훨씬 더 재미난 것을 가지고 있다.

그림 12. 세로수 길의 노천카페

그것은 바로 엿보기peeping다. 이 길들의 작은 가게들은 노천에 의자를 내놓고 영업을 하는 곳들이 많다. 이 때문에, 이 길을 지나가는 사람들은 노천에 앉은 사람들을 엿볼 수 있는 것이다. 반면 앉아 있는 사람들은 지나가는 사람들을 엿보는 것이다. 지나가는 사람들이나 앉아 있는 사람들의 개인적인 활동이 관음의 대상이 되어 리얼리티쇼를 펼치고 있는 것이다. 이 리얼리티 예능은 결국 자신의 존재를 타인의 거울에 비추어 구축하려는 일종의 '거울 자아심리looking glass self'를 증폭시켜준다. 결국, 옆 동네 길들은 이러한 치열한 인정투쟁을 할 수 있는 검투장을 마련해 준 것이고 이 검투장에서는 매일같이 많은 포스팅 활동이 일어나고 있는 것이다. 그러니 검투장을 제공하고 있는 작은 가게들이 입소문을 타는 것은 너무나도 당연한 일이다.

■ **감투는 고래도 춤추게 한다**

사람들에게 계급을 부여하는 마케팅 방법이 있다. 인정투쟁을 하는 사람들에게 계급이란 가장 효율적으로 신분상승 욕구를 채워갈 수 있게 만들어 주는 방법이다. 자신이 굳이 먼저 입을 열어서 비범성 있는 화제를 꺼내는 것이 아니라, 기업들이 자사의 상품을 이용하는 고객들에게 눈에 보이는 계급표시를 부여해서 만들어준 위계질서를 통해 자신을 인정해 줄 것을 요구할 수 있는 것이다.

사람들은 왜 기업이나 대중들이 만들어 주는 새로운 계급들을 화제로 삼으며, 민감하게 반응하는 것일까? 그것은 바로, 기존에 전통적으로 사회에서 인정받는 계급들을 획득하기 위해서는 너무 많은 시간과 노력이 필요하고, 실제적으로 달성할 확률도 높지 않기 때문이다. 다시 말하면, 우리는 이미 너무 많은 사회적 계급들로 서로를 평가하고 평가받으며 살고 있기 때문에, 기존의 달성하기 어려운 계급들 보다는 좀 더 빠른 시간 안에 좀 더 적은 노력과 비용, 그리고 좀 더 높은 확률로 다른 사람들보다 우위에 설 수 있는 계급에 관심을 가지고 거기서 자신의 정체성과 가치를 높게 평가받고 싶어하기 때문이다.

그렇다면, 대중들이 '사회적 계급'이라는 주제에 대해 얼마나 관심이 있는지를 인터넷 검색을 통해 확인해 보도록 하자. 검색 창에 '계급도(階級圖, 계급을 나타내는 그림)'라는 검색어를 입력해 보면 여러 종류의 계급도가 나온다. 다양하게 검색되는 연관 검색어들 중에서 2011년에 인터넷을 강타했던 계급도를 먼저 살펴보도록 하자. 바로, 2011년 수도권 땅값 기준 계급도로 알려진 '수도권 구별 계급도'이다. 지금 2014년 현재 기준으로는 각 구별로 위치에 변화가 있겠지만, 당시 '디시인사이드 dcinside'라는 포털의 부동산 갤러리에서 만들어진 이 계급도는 너무나 뜨거운 반응으로 인해서 일간지에 기사로 보도 되는 일까지 생기게 되었다.

당시, 한국경제와 머니투데이 등에 올라온 기사 제목들은 다음과 같다.

"강남은 왕족, 강북은 노비?" 부동산 계급표 등장
'수도권 계급표' 화제 네티즌 재미 VS 비난
총 8단계의 계급으로 나눈 '수도권 계급표' 화제
내가 노비였어? 씁쓸한 '현대판 계급표'

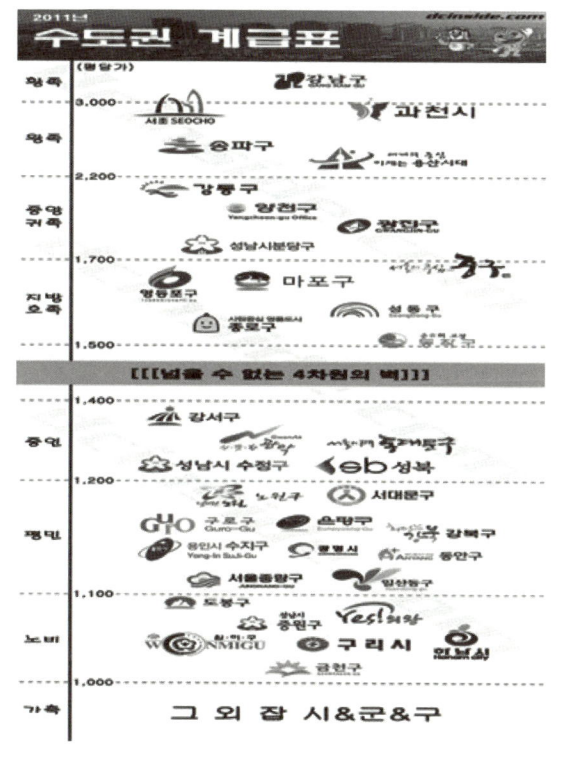

그림 13. 수도권 땅값 기준 계급도

왼쪽의 실제 계급도 사진을 보면 누구든지 자기가 살고 있는 구가 계급도상 어디에 위치하는지부터 찾아보고 싶어질 것이다. 누군지 알 수도 없는 네티즌이 디시인사이드라는 부동산 갤러리에 올린 컨텐츠라는 것을 알면서도 말이다.

이처럼 우리는 서로를 비교하고 누가 우위에 위치하고 있는지 항상 확인하고 싶어하는 욕구를 가지고 있다. 그런데 평범한 시민이 위의 계급도를 기준으로 계속 상위 계급으로 올라가려면, 현실적으로 너무나 많은 비용, 시간, 노력이 필요할 것이다. 그래서 일반 대중들은 이렇게 현실적으로 올라가기가 매우 어려운 계급표 대신에 어느 정도의 비용과 어느 정도의 시간과 어느 정도의 노력만 있으면 달성할 수 있는 계급표에 더 관심을 두게 된다.

그렇다면, 다음으로는 집보다는 좀 더 획득하기 쉬운 자동차를 기준으로 만들어진 계급도를 살펴보도록 하자. 재미있는 것은 집과는 달리 자동차 계급도는 가격이 주 기준이 아닌 연비를 주 기준으로 계급이 배열되어 있다는 점이다. 즉, 좀 더 적은 비용으로 우위에서 평가 받고 싶은 네티즌들의 현실적 욕구가 반영된 계급도라고 할 수 있을 것이다.

헤럴드경제신문 2013년 2월 17일 기사에 따르면, 자동차 커뮤니티를 중심으로 정부가 새로 정한 기준인 복합연비까지 반영한 '신연비 자동차 계급도'가 인기를 끌고 있다고 한다. 2013년에 도심 연비와 고속도로 주행 연비에 각각 55%, 45%의 가중치를 부여한 새로운 복합연비 기준으로 계급이 나뉘어져 있으며, 그중에서 연비왕은 리터당 17km를 자랑하는 기아차의 모닝이 차지한 것으로 나와 있다. 2등은 한국GM 스파크, 3등은 15km/L의 연비를 보인 르노삼성 SM3가 차지했다. 이 계급도에서는 친절하게 경차, 준중형차, 중형 세단 기준으로도 각각 연비 1등을 뽑아서 그 결과를 함께 보여주고 있다.

그렇다면 자동차보다 조금 더 적은 비용과 노력으로 가질 수 있는 물건은 어떤 것이 있을까? 여러 가지가 있을 수 있지만, 최근에 대중들이 공통적으로 가장 많이 구매하고 있는 상품을 기준으로 본다면 역시 스마트폰이라고 할 수 있다. 역시, 네티즌들이 몇 년 전부터 스스로 스마트폰 계급도를 만들어서 인터넷상에서 퍼뜨리고 있으며, 최근에는 전문적인 포토샵 기능을 사용해서 특정 디자인 업체에서 작성한 계급도까지 나오고 있다. 재미있는 점은 2014년 현재까지도 스마트폰 기종이 새로 나올 때마다 계속해서 업데이트된 버전으로 스마트폰 계급도가 만들어지고 있다는 점이고, 네티즌들도 업데이트되는 몇 년 동안 꾸준히 열광적이고 자발적으로 이 계급도를 화제로 삼고 있다는 점이다.

지금까지, 네티즌들이 자발적으로 만들어서 퍼뜨리는 상품 계급도들 중에서 구별 땅값 기준 계급도, 자동차 연비기준 계급도, 스마트폰 계급도 등을 살펴보았다. 그렇다면 스마트폰 보다 적은 비용과 적은 노력으로 가질 수 있는 상품 중에서 최근에 남녀노소 가릴 것 없이 대중적으로 가장 빠르게 유행되고 있는 상품은 어떤 것이 있을까?

그건 바로 주 5일제 근무와 웰빙, 힐링 등의 키워드와 함께 성장한 아웃도어 브랜드 옷이라고 할 수 있다. 그중에서 구스다운 아웃도어 브랜드 계급도가 있다. 다음 포털의 한 카페에서 만든 것으로 출처가 명시되어 있는 해당 계급도는, 구스다운 아웃도어 브랜드에 대해서 회사별로 제품군 별로 흩어져 있는 정보들을 모아서 재미로 한 장의 계급도에 정리했다고 밝히고 있다. 이 계급도 역시 자료의 정확성보다는 자신이 입고 있는 구스다운 아웃도어 브랜드가 어느 정도의 계급에 위치하고 있는지에 대한 궁금증을 채워주는 역할을 하고 있으며, 네티즌들에 의해서 계속해서 입소문과 함께 퍼져 나가고 있다.

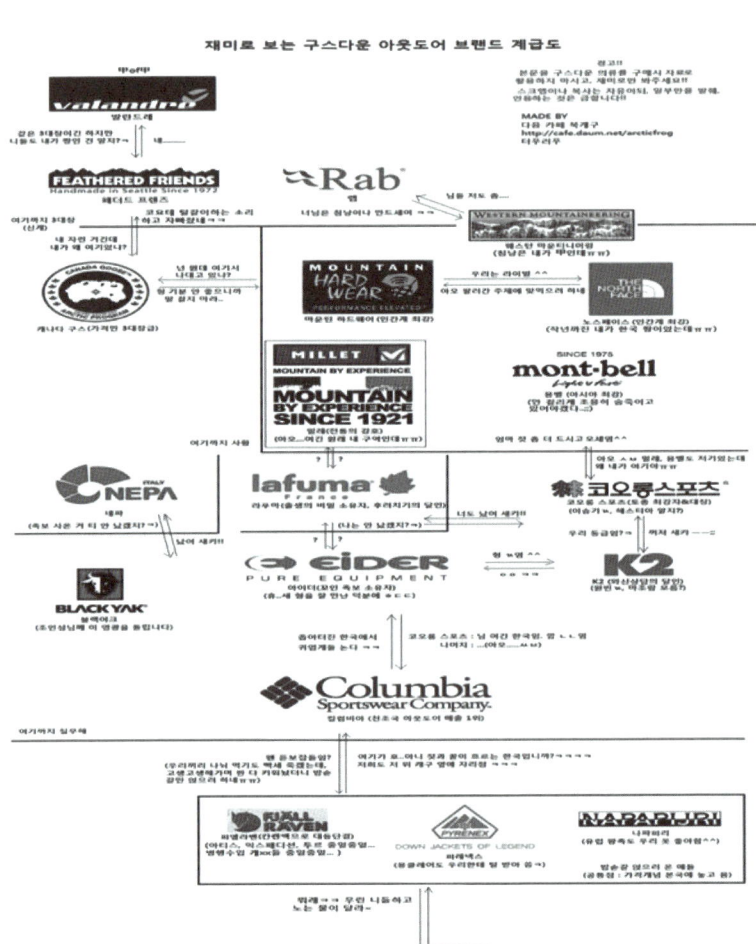

그림 14. 구스다운 아웃도어 브랜드 계급도

특히, 아웃도어 브랜드의 경우에는 남녀노소 모두 착용하는 상품으로 소비층이 넓어지면서, 중고등학생들에게도 자신들의 주요 제품군에 대한 계급도가 따로 만들어지기도 한다. 아래는 중고등학생들이 즐겨 입는 브랜드인 노스페이스의 각 제품군별 계급도이다. 그야말로 부모님들의 등골을 휘어지게 하는 '등골 브레이커'라는 별명까지 생긴 노스페이스 제품들이다.

그림 15. 노스페이스 브랜드 계급도

이 외에도 2014년도에는 설날을 맞이해서 서로 인사 나누는 설날 선물들로 만든 계급도까지 등장하고 있다. 재미있는 점은 내가 아래 사진의 오른쪽 상단에 노란 원으로 표시한 부분의 내용이다 '찜질방 아주머니들의 FGI를 통해 재미로 만든 계급도 by 아홉수'라는 이름이 붙어 있다. FGI는 소비자 조사방법으로 자주 쓰이는 표적집단 면접법Focus Group Interview를 말하는 것으로 보인다. 이처럼, 네티즌들이 만드는 다양한 계급도는 자료의 정확성보다는 상품을 통해 자신의 계급이 새롭게 만들어지는 것을 즐기고 자신의 위치를 확인해 보는데 그 목적이 있다는 것을 알 수 있다.

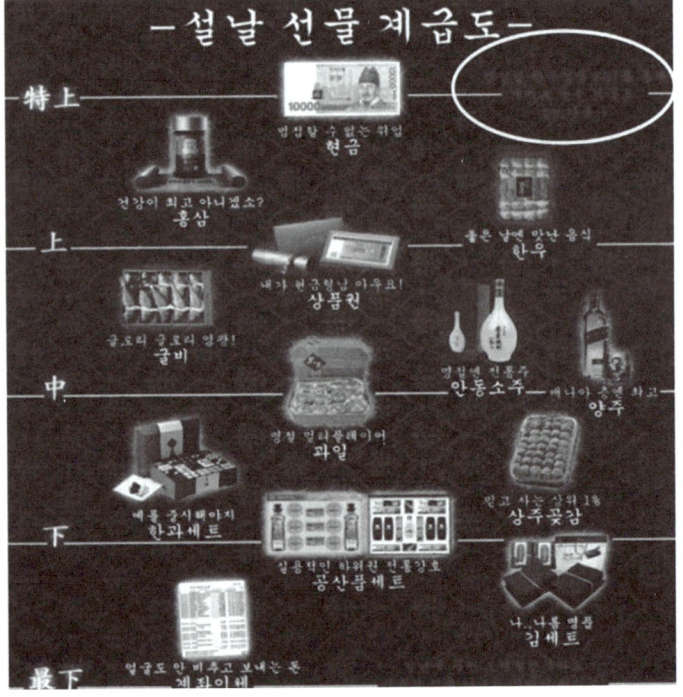

그림 16. 설날 선물 계급도

지금까지의 사례들만 살펴보아도, 계급도 열풍은 특정 영역을 가리지 않고 신드롬처럼 발생한다는 것을 확인할 수 있다. 우리는 이러한 현상들을 통해서 대중들이 특정 상품들에 대해서 스스로 계급도를 만들고 스스로 계급을 부여해서 인터넷상에서 적극적으로 퍼뜨릴 정도로 계급에 대한 욕구가 강하다는 것을 알 수 있다.

그렇다면, 우리는 핸디캡 기업의 마케팅 커뮤니케이션 입장에서 어떻게 이러한 대중들의 계급 욕구를 활용할 수 있을까? 먼저, 대기업 중심의 계급장치 사례들을 살펴보고, 그 다음으로 소상공인들과 스타트업들의 마케팅 커뮤니케이션에 쓰이고 있는 새로운 계급 장치 사례들을 분석하면서 좀 더 깊이 알아보도록 하자.

■ 계급도의 한계와 시사점

먼저 지금까지 살펴본 계급도에 대해서 분석해보자. 위에서 살펴본 계급도들에 나온 상품들을 순서대로 적어보면, 거주지역, 자동차, 스마트폰, 아웃도어 브랜드, 설날 선물이 있었다. 각각의 계급도는 모두 흥미로운 정보들이 담겨 있지만, 각각의 자료는 해당 기업이 만든 자료가 아닌 불특정 네티즌들이 만든 자료들이라는 공통점을 가지고 있다.

즉, 우리 핸디캡 기업들이 자사의 마케팅에 쓰기 위해서 동종업계 타 상품들과의 계급 관계도를 직접 상업적으로 만드는 것은 적합한 방법이 아니라는 뜻이다. 생각해 보면 당연한 이야기다. 불특정 다수가 재미로 만들었다고 하면 누구도 할 말이 없겠지만, 특정 기업이 동종업계 상품들 중에서 우위를 점하기 위해 계급도를 만들어서 배포한다면, 어느 누가 그 계급도를 순순히 받아들이겠는가? 나오는 즉시, 모든 동종

업계 기업들이 자사제품에 유리한 새로운 기준들을 이야기하면서, 법적소송까지도 불사하는 사태가 벌어지게 될 것이다.

하지만, 우리는 위의 계급도 사례들을 보면서 아주 재미있는 사실을 파악할 수 있다. 대중들은 상품 서열화를 위해서 객관적 정보를 근거로 사용하지만, 실제 상품 계급도에는 대중들의 주관적인 기준들도 상당 부분 포함되어 있다는 점이다. 즉, 상품들을 서열화하고 브랜드 별로 고유한 의미를 부여하는 과정에 주관적인 비교 기준들이 크게 작용한다는 점이다.

이것은 대기업 브랜드들이 마케팅 커뮤니케이션을 통해 전달하고 있는 자사의 브랜드 아이덴티티가 자신들이 의도한 대로만 전달되고 있지는 않으며, 오히려 구매자 자신들의 마음이 편해지는 방향으로 왜곡되고 재구성되어서 기업들이 원한 것과는 다른 모양의 브랜드 지형지물을 만들고 있다는 현실적 증거로 볼 수 있을 것이다.

왜 이런 현상이 나타나는 것일까? 그것은 대중들이 자신이 사용하는 제품에 부여되는 계급을 자기 자신을 계급화하는 것에 적용하고 일체화하고 있기 때문이다. 즉, 내가 쓰는 제품을 낮추어 보는 것은 나를 낮추어 보는 것과 같으므로, 어떻게든 내가 쓰는 제품의 가치가 부각될 수 있도록 자신이 느낀 주관적 만족도를 계급 서열화에 적극적으로 적용해서 내가 쓰는 제품이 보다 더 높은 계급에 위치할 수 있도록 만들기 때문이다.

따라서 우리는 이러한 계급도들을 통해서 중요한 포인트를 찾아낼 수 있다. 사람들은 자신을 효율적, 효과적으로 드러내고 표현하기 위해서, 제한된 예산 안에서 최대한 자신을 좋게 담아낼 수 있는 특정 상품을 찾고, 그것과 자신을 동일시하며 애정을 쏟는다는 것이다. 뿐만 아니라, 자신이 선택한 상품과 동종업계 상품들을 끊임없이 비교 평가하고, 그 결과물들을 하나의 계급도로 표현할 정도로 강한 계급 욕구를 가지고 있음을 알 수 있다.

그런데 위에서 살펴본 계급도의 특징은 특정 기업이 만든 것이 아니라, 사람들이 임의적으로 자유롭게 만들었다는 것이다. 또한, 기업이 위와 같은 자사상품과 타사상품을 계급화하는 계급도를 만드는 것은 적합한 방법이 아님을 이미 말한 바 있다. 그렇다면, 대중들의 이와 같은 강력한 계급욕구를 핸디캡 마케팅에 활용하려면 대체 어떻게 해야 하는 것일까?

핸디캡 기업이 이러한 대중들의 계급욕구를 활용하기 위해서는 먼저 계급화를 하기 위한 비교 평가 대상을 바꾸어야 한다. 즉, 위에서 살펴본 계급도처럼 자사상품과 타사상품의 비교를 통한 계급화가 아니라, 자사상품을 구매하고 사용하는 고객들간의 비교평가를 통한 계급화를 먼저 해야 한다는 것이다.

그렇다면, 자사 상품과 사용자들간의 계급만 정해주면, 서로간의 계급일체화는 저절로 강화되는 것일까? 그렇지 않다. 당신이 대중들의 계급욕구를 활용해서 자사 상품과 고객들 간의 계급 일체화를 긴밀하게 만들기 위해서는 처음부터 다음의 세 가지가 필요하다.

첫째, '기존에 계급이라고 생각하지 못했던 것을 계급화'하는 것이 필요하다. 즉, 전통적인 계급과 연관성이 없을수록, 대중들은 기존 전통적 계급들이 채워줄 수 없는 종류의 욕구를 채울 수 있기 때문이다. 또한, 기존계급과의 연관성이 크면, 차별화된 계급으로 인식되지 않으므로 관심을 끌기 어렵다.

둘째, '다수의 대중이 일상에서 쉽게 참여가 가능한 주제'여야 한다. 기존에 계급이라고 생각하지 못했던 주제를 계급꺼리로 찾았다고 할지라도, 일반 대중이 쉽게 반복적으로 참여하기 어려운 주제라면, 지속적인 관심을 불러일으킬 입소문 계기가 자극되기 어렵기 때문이다.

셋째는 '색다른 비교평가 기준의 제시'가 필요하다. 이 비교평가 기준은 너무 달성하기 어려워도 곤란하지만, 너무 달성하기 쉬워도 안 된다. 왜냐하면, 달성하기 어려우면 '여우와 신포도'의 우화처럼 새로운 계급에 대해서도 무의식적 포기와 무관심을 갖기 때문이다. 그리고 달성하기 쉬우면 갖고 싶을 정도의 계급적 가치가 부여되지 않을 것이기 때문이다. 대중들은 해당 비교평가 체계 안에서 자신의 계급이 상승할수록 입소문을 만들어 낼 꺼리가 많아지므로, 지나치지도 모자라지도 않은 비교평가 기준이 필요한 것이다.

만약, 핸디캡 기업이 자사의 제품이나 서비스에 대해서 위와 같은 세 가지 필요조건을 충족시킬 수 있는 흥미로운 계급체계를 만들 수 있다면, 대중들은 각각의 계급들을 얻기 위해서 자발적으로 노력하고 경쟁하면서 입소문을 낼 것이다. 또한, 이렇게 노력하고 평가받는 과정들을 통해, 대중들은 점점 더 기업이 구성한 비교평가 체계 안에서 부여받은 계급을 자신의 계급으로 받아들이게 된다. 즉, 자신과 계급이 일체화되는 것이다.

따라서 처음에는 자사 제품과 서비스를 사용하는 고객들 간의 비교평가로 시작하지만, 자사 고객들이 자사 상품과 점점 더 계급 일체화될 수록, 고객들은 스스로 자신의 머릿속에 동종업계 다른 제품과의 주관적 비교평가를 자발적으로 실행하게 될 것이다. 또한, 계급 일체화가 깊어진 뒤에 이 과정이 반복된다면, 대중들은 앞에서 살펴본 계급도들 처럼 당신의 제품과 서비스에 대한 애정과 충성도를 주관적 기준에서 좀 더 높게 평가하여 입소문을 일으키게 될 것이다.

■ **새로운 계급 부여를 위해 필요한 색다른 비교평가**

그렇다면, 대중들의 계급에 대한 욕구와 정열을 자사의 마케팅 커뮤니케이션에 활용하기 위해서는 좀 더 구체적으로 어떠한 순서와 방법론이 필요할까? 이를 알아보기 위해서, 먼저 기존 대기업들의 계급 마케팅 커뮤니케이션 사례를 분석해보도록 하자.

기존에 삼성카드가 장악하고 있던 신용카드 시장에 12년이나 늦게 후발주자로 뛰어든 현대카드는 2005년 당시 대중들에게 새로운 기준을 제시했다. 당시 신용카드 업계의 VIP급 사용자들은 자신들의 정체성과 수준을 상징하고 표현해 줄 수 있는 새로운 계급을 의식적, 무의식적으로 찾고 있었다. 왜냐하면, 90년대 중반 이후 premium신용카드의 상징이었던 platinum카드는 2000년대 초 발급 기준의 완화, 연회비 저가화 및 면제 등으로 premium카드의 가치를 스스로 포기했고, 이로 인해서 사람들은 프리미엄 고객들의 정체성을 대표해주던 VIP 카드 계급대신, 다른 새로운 계급을 원하고 있었기 때문이다.

그래서 현대카드는 2005년에 우리나라 시장에는 없던 VVIP라는 새로운 계급을 만들고 해당 계급이 되기 위한 새로운 비교 평가 기준을 마련했다. '더 블랙the black'으로 출시한 이 카드는 premium신용카드의 가치를 단순한 고액 연회비 신용카드가 아닌 새로운 계급으로 대중들에게 제시하였다. 이전의 VISA카드가 심플하게 "부자 되세요~"라는 슬로건으로 대중들에게 어필한 것과는 달리 현대카드는 후발주자로서 삼성카드와의 경쟁에서 승리하기 위해서, 이전에 없던 새로운 기준을 선보이면서, 사람들의 마음을 사로잡은 것이다.

현대카드는 또한 VVIP라는 새로운 계급을 구분해주는 비교평가 체계도 새롭게 제시하게 된다. 이른바 '칼라마케팅 커뮤니케이션'이 그것이다. 이전까지 삼성카드가 장악하던 신용카드 업계에서는 고객 간의 비교평가를 주로 VIP 등을 관리하기 위한 내부용으로 활용해왔다. 따라서 고객 간에는 서로 자신의 위치를 손쉽게 알기 위한 장치를 마련하지 않았다. 하지만, 후발주자인 현대카드는 누가 봐도 꺼내는 즉시, 사용자의 카드 사용 등급을 인지할 수 있는 칼라를 제시했던 것이다.

즉, 새로운 계급인 VVIP에 해당하는 고객들이 현대카드로부터 평가 받고 있는 레벨을 주위에 쉽게 보여줄 수 있게 해준 것이다. 또한 현대카드는 광고를 통해서도 VVIP라는 새로운 카드계급을 가지는 것에 대한 욕구를 자극함으로써 다양한 화제를 만들어 냈다.

한국경제 기사에 따르면, 더 블랙에 대한 VVIP들의 반응이 워낙 뜨겁다 보니, 현대카드가 2005년 발급 초기 100만 원이었던 연회비를 2009년에는 2배로 올렸는데도, 회원을 탈퇴하거나 불만을 제기하는 사람이 없을 정도라고 한다. 또한, 현대카드는 자신들이 만든 새로운 계급의 가치를 유지하기 위해서 경제적, 사회적으로 엄격한 자격 기준을 제시하고 이에 합당한 사람에게만 더 블랙 회원자격을 부여하고 있다고 한다. 따라서 회원모집은 철저한 자격 기준에 의거해 현대카드가 예비 고객을 초청하는 방식으로 이루어지는 것이다. 말 그대로 신청한다고 가입할 수 있는 계급이 아니라, 현대카드가 자신들의 비교평가 기준에 맞는 고객들에게만 기회를 준다는 뜻이다. 또한, 현대카드 관계자에 따르면, "최대 9,999명에게 한정 발급한다는 이 블랙카드의 회원들은 월평균 사용액이 900만 원을 넘고, 연체율이 0%에 가깝기 때문에 연체나 휴면회원 관리비가 전혀 들지 않는다"고 한다(이태훈, 2009).

현대카드는 2005년 시작부터 이 같은 마케팅 커뮤니케이션의 성공으로 폭발적인 대중들의 반응과 인지도를 만들어 가게 되었으며, 이에 힘입어 2006년에는 '더 퍼플the purple'이라는 또 다른 신용카드 계급을 선보이게 된다. 즉, 더 블랙이 상위 0.05%의 기업체 CEO들과 경륜이 높은 전문직을 위해 만들어진 새로운 계급이라면, 더 퍼플은 현대카드 더 블랙의 차상위 브랜드로서 상위 5%내의 대기업/외국계기업, 차·부장급이상과 전문직 종사자들을 위한 새로운 계급으로 마케팅 커뮤니케이션을 이어갔던 것이다.

당시 광고카피들은 모두 철저하게 해당 카드의 혜택이 아닌 대중들의 계급욕구만을 겨냥해서 커뮤니케이션 하고 있으며, 위의 카피 외에 대표적인 더 퍼플 카피의 내용들은 다음과 같았다.

- 어느 시대, 어떤 지역에서든 지배자는 '귀한 것'을 얻었다.
- 그래서 왕과 종교지도자들은 보라색 옷을 즐겨 입었다.
- 보라색은 오직 왕과 귀족만이 소유할 수 있었다.
- 당신은 보라색을 감당할 수 있겠는가?

그런데 당신은 한 가지 의문이 들것이다. 핸디캡 기업은 돈 없고, 사람 없고 시간 없는데 위와 같은 대기업의 마케팅 커뮤니케이션 사례가 어떤 도움이 되느냐고 말이다. 맞는 말이다. 내가 위의 사례로 여러분에게 말하고 싶은 포인트는 위의 방법론을 적용하라는 것이 아니다. 왜냐하면, 위의 케이스는 막대한 미디어 비용이 사용되었으며, 광고 제작

비용도 굉장히 큰 금액으로 집행되었기 때문이다.

그림 17. 현대카드 더 퍼플 광고

또한, 현대카드 사례는 일반 사용자가 자신의 반복구매나 반복 사용 등의 노력을 통해서 비교 평가받고, 낮은 계급에서 높은 계급으로 이동하면서 제품과 자신을 일체화하는 과정을 거치는 것이 아니라, 가입조건 자체가 이미 사회적 경제적으로 성공한 고객층만을 가입조건으로 내세우고 있기 때문이다. 따라서 내가 위의 케이스 분석을 통해 말하고 싶은 것은 실제 대중들이 얼마나 기존의 계급(ex-platinum서비스 등)에 대해서 빨리 식상해하며, 항상 자신을 대신해서 자신의 계급을 새롭게 드러낼 수 있는(ex-the black, the purple서비스 등) 제품과 서비스들을 갈망하는지 보다 명확히 보여주기 위해서이다.

그렇다면, 위와 같은 대기업 사례도 아니면서, 대규모 마케팅 커뮤니케이션 비용이 들지도 않고, 가입조건 자체가 일반 대중들에게 열려있는, 핸디캡 기업에 적용 가능한 사례와 방법은 어떤 것이 있을까? 먼저, 대중들에게 기존에 없었던 새로운 계급과 색다른 비교평가 체계를 만들어 줌으로써, 특별한 광고비 없이 입소문으로 성공한 포스퀘어four square 사례를 분석해 보도록 하자.

■ 미국의 봉이 김선달

포스퀘어four square라는 서비스를 쉽게 표현한다면, '위치기반의 땅따먹기 SNS서비스'라고 할 수 있다. 즉, 사용자는 스마트폰을 통해서 자신이 현재 위치한 곳에 (체크인check-in: 특정 장소에 자신이 있음을 알리는 행위)을 할 수 있다. 체크인하면서 사진과 메시지 등을 남길 수가 있는데, 재미있는 것은 매번 체크인을 할 때마다 포스퀘어가 사용자에게 포인트를 주거나 다양하고 특별한 배지badge를 준다는 점이다. 또한, 자신이 체크인한 곳에서 체크인 횟수가 가장 많아지면 해당 방문장소에 대해서 사용자에게 '시장Mayor' 지위를 부여한다.

그렇다면, 포스퀘어가 배지를 사용해서 얼마나 다양한 비교평가 체계를 갖추어 놓았는지 간략히 살펴보도록 하자.

Newbie : 최초 체크인하면 받는 기본 배지
Adventurer : 다른 장소 10곳을 체크인하면 받는 기본 배지
Explorer : 다른 장소 25곳을 체크인하면 받는 기본 배지

Crunked : 하룻밤에 4번 이상 체크인하면 받는 기본 배지
Bender : 4일 밤 연속적으로 체크인하면 받는 기본 배지
Super User : 한 달 동안 30번 이상 체크인하면 받는 기본 배지

그림 18. 포스퀘어 배지 계급

 이 외에도 포스퀘어에는 다양한 배지 체계가 만들어져 있는데, 여기까지만 살펴보아도, 포스퀘어가 배지의 체계를 얼마나 구체적으로 세분화해서 준비해 놓고 있는지 알 수 있다. 그렇다면, 이와 같은 배지는 포스퀘어 사용자들에게 어떤 의미를 주고 있는 것일까? 한국을 예로 든다면, 비록 가상이지만 잠실야구장, 강남역, 신라호텔, 가로수길 특정 점포 등에 주인이 될 수 있는 것이다. 또한, 해당 장소에 방문하는 다른 사람들과 계속 방문 경쟁을 하게 되어서, 시장이 된 뒤에도 다시 지위를 빼앗기거나, 뺏어올 수 있는 비교평가 체계를 가지고 있는 것이다.

 별것 아닐 수도 있는, 이러한 스타트업의 어플서비스가 새로운 계급과 비교평가 체계를 제시해서 얻게 된 효과는 정말 놀라웠다. 특별한 광고 없이, 전 세계 사용자들의 입소문을 통해서 폭발적인 가입자 증가와 방문기록 경쟁을 만들었기 때문이다.

전 세계 유저들은 자신의 계급이 전혀 새로운 기준에 의해서 올라가고, 경쟁상황과 비교평가가 공개 되는 것에 대해 열광했고, 그로 인해서 약 4천 5백만 명의 유저들이 남겨놓은 특정 방문 장소의 숫자는 6천만 개가 넘어가고 있으며, 그동안 사용자들이 체크인을 한 횟수는 50억 번 이상이라고 한다.

이처럼 전 세계 사용자들이 자신의 새로운 계급을 획득하기 위해서 경쟁하는 과정에서 포스퀘어는 점점 더 인지도를 확대하게 되었다. 또한, 더 많은 위치정보들과 장소추천 효과를 가지게 되었고, 작년 12월 말 기준으로 공식적으로 받은 투자금액만 총 1억 달러를 넘어서게 되었다.

게다가, 2014년 2월 초에는 마이크로소프트사가 포스퀘어에 1천5백만 달러를 투자하게 됨으로써, 다시 한 번 전 세계의 주목을 받고 있다. 월 스트리트 관련 기사를 살펴보면, 마이크로소프트사는 이번 투자를 통해서 포스퀘어 이용자들의 데이터를 빙bing지도에 연동해서 위치기반 맞춤형 광고를 제작할 수 있게 되었다고 말하고 있다.

또한, 5일(현지시간) 주요 외신은 오는 3월 11일 탄생 5주년을 맞는 포스퀘어가 작년 한 해 동안 600% 성장했고 올 1분기 역시 작년 1분기와 비교했을 때 500% 성장했다고 밝혔다. 실제 포스퀘어의 작년 매출은 1,400만 달러, 올 1분기 매출은 2,100만 달러로 지난 2012년 매출이 200만 달러에 불과했던 것에 비추면 폭발적 성장세라고 할 수 있다.(신지은, 2014), (신지혜, 2014), (황치규, 2014)

포스퀘어를 창업한 데니스 크라울리Dennis Crowley는 아래와 같은 표현으로 포스퀘어의 가치를 말하고 있다. "포스퀘어를 이용하는 사람들은 마치 구글의 웹 크롤러가 인터넷 세상의 정보를 수집하듯, 세상의 정보를 수집해주고 있습니다."

앞에서 본 현대카드 마케팅과 비교해 보았을 때 스타트업인 포스퀘어는 기존에 없었던 계급기준을 스마트하게 제공했다. 현대카드의 계급 마케팅은 기존에 이미 존재한 프리미엄 고객들의 플래티넘 카드계급을 더 블랙, 더 퍼플 등의 새로운 계급으로 대체하는 정도였다. 하지만, 포스퀘어는 일반 대중들이 평소에 자주 방문하는 단골 장소가 있다는 사실에 착안, 해당 장소에 대한 점착력stickiness을 평가해주는 새로운 계급을 탄생시킨 것이다. 또한, 그 계급을 높여가고 주위에 보여줄 수 있는 새로운 비교평가 기준 및 상징들을 제공해서 특별한 홍보비용을 들이지 않고도 사용자들 간의 경쟁과 입소문을 통해 인기를 누리게 된 것이다.

■ 돈까스로 만든 계급장에 열광하는 사람들

그렇다면, 이번에는 기존에 없던 새로운 계급을 만들고, 방문 고객들간의 비교평가와 경쟁경험을 제공함으로써, 방송국들이 오히려 취재요청을 오게 만들고 입소문 마케팅에 성공한 소상공인의 사례를 알아보도록 하자.

이 소상공인은 포스퀘어 같은 기술력이나 비교체계 없이, 새로운 계급과 비교체계 및 공유만을 통해 입소문 마케팅에 성공했다. 여러분은 혹시 최근에 '온누리에 돈까스'의 '매운 돈까스'라는 메뉴를 들어본 적이 있는가? 이제는 TV와 언론에 너무 많이 소개되어서 모방 점포들이 늘어났기 때문에, 원조 매운 돈까스집이 아닌 모방점포를 통해서도 한 번 정도는 들어 봤을 수 있다.

그림 19. 온누리에 돈까스에 줄서있는 사람들
그림 20. 온누리에 돈까스점의 매운 돈까스

매운 돈까스는 기존에 바삭바삭하게 구운 돈까스에 일반인은 먹기 어려울 정도의 매운 소스를 얹은 돈까스를 말한다. 여기서 재미난 것은 돈까스집 사장이 제한 시간들을 정한 것이다. 여러 가지 제한 시간을 정한 뒤, 매운 돈까스를 먹을 수 있는 계급들과 먹지 못하고 포기한 사람들의 계급을 나누고 각각에 대해 상과 벌을 준다. 그리고 각각의 제한 시간 내에 도전에 성공한 고객들에게는 다양한 보상을 제공하고, 성공 사진을 점포 내에 전시하고 있다.

그림 21. 온누리에 돈까스 메뉴 도전 시간
그림 22. 온누리에 돈까스 중에서 매운 돈까스 성공한 사람들 사진

그런데 이 돈까스 식당을 유명하게 만든 메뉴는 매운 돈까스만이 아닙니다. 일반인이 도저히 제한 시간 내에 먹기 어려운 양으로 제공되는 '대왕돈까스'라는 메뉴도 있다. 이 두 가지 메뉴는 모두 20분 안에 먹지 못할 경우, 15,000원의 벌금을 내야 한다. 사람들의 도전이 너무 재미있고, 돈까스를 도전하지 못할 정도로 맵게 만든 주인장의 솜씨와 대왕 돈까스라는 추가 경쟁을 유발시킨 구성이 대단하다.

그림 23. 온누리에 돈까스의 대왕돈까스와 매운 돈까스의 홍보문구
그림 24. 온누리에 돈까스의 대왕돈까스

또한, 2010년에 입소문을 통해 이 매장을 알게 된 국민일보는 온누리에 돈까스 사장이 자신의 미니 홈피에 직접 올린 '미모의 여성도전자 대왕돈까스 도전 성공기'를 기사화하게 된다. 거의 8인분 분량으로 나오는 대왕 돈까스를 제한 시간 20분보다 훨씬 빠른 16분 만에 돌파했다는 내용을 기사로 올리고 돈까스 사장과의 인터뷰도 진행했다.

그림 25. 먹보 얼짱 대왕돈까스 女

당시 국민일보 기사에 따르면 온누리에 돈까스 송중원(38) 사장은 "이 씨는 내 눈앞에서 다른 도전자와 똑같은 양의 돈까스와 공기밥을 모두 먹어 치웠다"고 말했다. 송 사장은 이어 "처음에는 마르고 곱상한 이 씨의 외모만 보고 도저히 성공할 수 없으리라 생각했는데 도전이 시작되자 믿을 수 없는 정도의 괴물 같은 식성을 보였다"며 "이 씨를 우리 돈까스집 전속모델로 채용할까 고려 중"이라고 전했다. 또한 2009년 11월 20일 첫선을 보인 이후 알음알음 알려지기 시작한 대왕 돈까스 시식대회는 전라도와 부산지역인들도 상경해 도전하는 등 인기를 끌고 있으며, 일부에서는 '네티즌이라면 죽기 전에 꼭 도전해봐야 할 일'로 칭하기도 한다는 내용을 전하고 있다.

이뿐만이 아니다. 얼마나 입소문의 열기가 뜨거웠는지, 온누리에 돈까스는 국내 언론뿐만 아니라 해외 언론에까지 그 이름을 떨치게 된다. 뉴스엔 기사에 따르면 한국 및 아시아 문화를 소개하는 CNN go는 2012년에 특집으로 '한국에서 가장 매운 음식 5가지'를 선정해 소개했다. 여기서 온누리에 돈까스는 한국에서 가장 매운 음식 1위를 차지하면서, 해외에까지 알려지게 되었다

그림 26. 한국에서 가장 매운 음식으로 CNN에 소개된 온누리에 매운 돈까스

이와 같은 사람들의 지속적인 도전과 열띤 관심을 취재하기 위해 공중파 방송사들이 모두 자발적으로 찾아와서 촬영했다. 온누리에 돈까스는 입소문 마케팅의 성공과 그로 인한 방송사와 언론사의 계속된 취재로 인해서, 인기와 인지도가 계속 높아져서, 이제는 분점도 만들고 이름도 '온정돈까스'로 바꿔서 점점 더 매장을 확장하고 있다.

온누리에 돈까스는 도전할 수 있는 매운돈까스와 대왕돈까스 메뉴 외에 호기심에 찾아오는 일반고객들의 니즈도 고려해서 일반 돈까스 메뉴 역시 다양하게 준비해 놓고있다. 이들은 자신은 도전하지 않지만, 다른 사람들의 도전을 훔쳐보면서, 계급 게임에 동참하고 있다. 온누리에 돈까스는 사람들이 계급이라 상상하지 못했던 재미난 계급을 만들어 입소문 마케팅에 성공한 것이다.

요약

 철학자 헤겔은 '인정투쟁recognition struggle'이라는 개념을, "사람은 자신의 존재를 인정해 주기를 욕망하며, 이는 상호 간의 치열한 투쟁으로 발전한다."는 것으로 정의했다. 남의 시선 끌기로 시작되는 인정투쟁은 현대사회에서는 SNS 등을 통해서 치열하게 행해지고 있다. 그래서 버거는 자사제품이나 서비스의 남다른 차별성을 내적 비범성으로 정의하고, 이러한 비범한 화제를 꺼내는 사람은 명품 옷을 입은 것처럼, 비범해 보이기 때문에 사람들이 자발적으로 퍼뜨리는 동기를 부여해 줄 수 있다고 보았다.

 하지만, 아무리 내적 비범성이 갖추어져 있다고 해도, 보여줄 기회를 얻지 못한다면, 그 내적인 가치를 대중들이 알 수 없다. 따라서 데페이스망 개념을 적용한 외적 비범성이 먼저 갖추어져 있을 때, 인정투쟁 욕구를 활용한 입소문이 보다 더 효과적으로 퍼질 수 있다. 왜냐하면, 데페이스망적인 개념이 적용된 마케팅 메시지는 예상되지 못한 이미지들의 조합으로 사람들의 예측기제를 무너뜨려서 놀라움을 주기 때문에, 인정투쟁의 경쟁 무기로 쓰일 확률이 매우 높기 때문이다.

 그리고 이러한 데페이스망 개념을 적용한 외적 비범성은 대중들의 자발적 입소문 경쟁으로 인해, 작은 비용으로도 큰 효과를 얻을 수 있다. 또한, 외적 비범성은 보다 직관적인 이야기로 설계하고, 내적 비범성은 보다 논리적인 이야기로 설계됨으로써 상호 보완적인 효과를 가질 수 있기 때문에 어느 한쪽만이 아닌 함께 작동할 때, 보다 지속적인 입소문 유발 효과를 만들 수 있다.

그런데 이러한 외적 비범성을 만들어 내기 위해서는 먼저 마케팅 커뮤니케이션 측면에서 핸디캡 사고가 필요하다. 핸디캡 사고란, 커뮤니케이션 전투에 임하기 전에 대기업, 환경, 상황, 시간 등이 지금까지 대중들의 머릿속에 구축해 놓은 브랜드 지형지물의 힘을 빌려 쓰겠다는 사고를 말한다. 자신이 돈, 인력, 시간이 모두 부족한 핸디캡 기업임을 인지하기 때문에, 자사 상품만의 브랜드로 커뮤니케이션하는 것이 아니라, 대중들의 머릿속에 미리 구축되어 있는 브랜드들을 빌려와서 조합한 브랜드로 커뮤니케이션을 하겠다는 사고인 것이다.

인정투쟁의 무기로 쓰일 수 있는 다른 방법으로는 계급을 부여하는 방법이 있다. 사람들에게 계급이란 비범성보다 효율적으로 인정투쟁 욕구를 채워갈 수 있는 방법이다. 왜냐하면, 자신이 굳이 먼저 입을 열어서 비범성 있는 화제를 꺼내지 않아도, 기업들이 만들어 준 계급 표시로 인한 위계질서를 보여주는 것으로 자신을 인정해줄 것을 요구할 수 있기 때문이다.

일반 대중들은 기존의 전통적 계급들을 가지기가 쉽지 않기 때문에, 보다 가지기 쉬운 새로운 계급들에 대한 욕구를 가지고 있다. 따라서 핸디캡 기업이 이러한 대중들의 계급욕구를 채워줄 수 있는 새로운 계급체계를 제공해줄 수 있다면, 입소문의 효과를 만들어 낼 수 있다. 그런데 대중들에게 새로운 계급체계로 인정받기 위해서는 3가지 필요조건을 갖추어야 한다. 첫째, '기존에 계급이라고 생각하지 못했던 것을 계급화', 둘째, '다수의 대중이 일상에서 쉽게 참여가 가능한 주제', 셋째, '색다른 비교평가 기준의 제시'가 그 세 가지이다. 이와 같은 조건들이 갖추어진 계급체계를 제공해줄 수 있다면, 처음에는 자사상품을 사용하는 고객들간의 비교평가로 시작되겠지만, 점점 더 고객들이 자사

상품과 일체화됨으로써, 고객들 스스로가 동종업계 타사 상품들과의 주관적 비교평가를 통한 애정과 충성도 강화가 이루어져서, 더 경쟁적인 입소문 효과를 기대할 수 있게 된다.

자료출처

그림 1. 마그리트의 그림, 겨울비 http://www.mt.co.kr/view/mtview.php?type=1&no=2010052809308167780&outlink=1

그림 2. 영화 매트릭스의 포스터 http://movie.naver.com/movie/bi/mi/photoView.nhn?code=31464#

그림 3. 마그리트의 그림, 피레네의 성 http://article.joins.com/news/blognews/article.asp?listid=13222727&cat=

그림 4. 영화 하울의 움직이는 성 https://www.youtube.com/watch?v=CrFleoQQMV0

그림 5. 페이스북 본사의 복도에 걸린 Son of Man http://www.hani.co.kr/arti/economy/it/459218.html

그림 6. 배달의 민족의 넉가래 프로모션 https://www.youtube.com/watch?v=mQzVqlbeD3g

그림 7. 배달의 민족의 소녀시대 프로모션 https://www.youtube.com/watch?v=mQzVqlbeD3g

그림 8. 광동 제약 비타500의 소녀시대 광고라벨 http://www.mt.co.kr/view/mtview.php?type=1&no=2011030211470982734&outlink=1

그림 9. 블렌드텍의 유튜브 동영상 화면 http://news.heraldcorp.com/view.php?ud=20101121000039&md=20101121132909_BC

그림 10. 오인성형외과 홈페이지에 있던 턱뼈 탑 사진 http://news.chosun.com/site/data/html_dir/2014/01/25/2014012500861.html

그림 11. 타임지에 실린 턱뼈 탑 기사 사진 http://newsfeed.time.

com/2014/01/23/this-plastic-surgery-clinic-made-a-tower-of-shaved-chin-bones/

그림 12. 세로수 길의 노천카페 http://google.com

그림 13. 수도권 땅값 기준 계급도 http://www.mt.co.kr/view/mtview.php?type=1&no=2011021118581337499&outlink=1

그림 14. 구스다운 아웃도어 브랜드 계급도 http://cafe.daum.net/arcticfrog

그림 15. 노스페이스 브랜드 계급도 http://www.fnnews.com/view?ra=Sent1201m_View&corp=fnnews&arcid=111218133955&cDateYear=2011&cDateMonth=12&cDateDay=18

그림 16. 설날 선물 계급도 http://blog.naver.com/lupin813sec?Redirect=Log&logNo=90188945644

그림 17. 현대카드 더 퍼플 광고 http://www.youtube.com/watch?v=X-QBpKn8NIE

그림 18. 포스퀘어 배지 계급 http://www.betanews.net/article/532942

그림 19. 온누리에 돈까스에 줄서있는 사람들 http://blog.naver.com/ha_tak?Redirect=Log&logNo=70142485290

그림 20. 온누리에 돈까스점의 매운 돈까스 http://blog.naver.com/ha_tak?Redirect=Log&logNo=70142485290

그림 21. 온누리에 돈까스 메뉴 도전 시간 http://blog.naver.com/ha_tak?Redirect=Log&logNo=70142485290

그림 22. 온누리에 돈까스 중에서 매운 돈까스 성공한 사람들 사진 http://blog.naver.com/hyuny4858?Redirect=Log&logNo=70186387733

그림 23. 온누리에 돈까스의 대왕돈까스와 매운 돈까스의 홍보문구 http://blog.naver.com/hyuny4858?Redirect=Log&logNo=70186387733

그림 24. 온누리에 돈까스의 대왕돈까스 http://www.cyworld.com/kdm0928/3889836

그림 25. 먹보 얼짱 대왕돈까스 女 http://news.kukinews.com/article/view.asp?page=1&gCode=all&arcid=0003607587&cp=nv

그림 26. 한국에서 가장 매운 음식으로 CNN에 소개된 온누리에 매운 돈까스 http://www.newsen.com/news_view.php?uid=201207131352032310

참고문헌

괴도신사 블로그 (2014), "설날 선물 계급도, 어떤 선물이 가장 맘에 드세요?," http://blog.naver.com/lupin813sec?Redirect=Log&logNo=90188945644의 화면캡쳐

구본권 (2011),"사람에 대한 관심이 기술을 완성한다," 한겨레 신문, 2011년 1월 17일 http://www.hani.co.kr/arti/economy/it/459218.html

김광현 (2012), "月5억 버는 앱 '배달의 민족'…이젠 맛집 순위 매긴다," 한국경제, 2012년 10월22일 http://www.hankyung.com/news/app/newsview.php?aid=2012102254211

김명룡 (2011), "광동제약, 올해 비타500 광고모델은 소녀시대," 머니투데이, 2011년 3월2일 http://www.mt.co.kr/view/mtview.php?type=1&no=2011030211470982734&outlink=1

김상기(2010), '16분만에 8인분 꿀꺽, 먹보얼짱 대왕돈까스女 인터넷 인기폭발," 국민일보, 2010년 4월15일 http://news.kukinews.com/article/view.asp?page=1&gCode=all&arcid=0003607587&cp=nv

김종효(2012), "한국 매운음식 5 선정, 짬뽕 불닭마저도 무릎꿇은 공포의 음식은?," 뉴스엔, 2012년 7월13일 http://www.newsen.com/news_view.php?uid=201207131352032310

김효진 (2014), "배달앱 '배달의민족', 업계 최초 1000만 다운로드 돌파," 한국경제, 2014년 3월13일 http://www.hankyung.com/news/app/newsview.php?aid=201403139012g

네이버영화 (2003),"The Matrix, Reloaded," http://movie.naver.com/movie/

bi/mi/photoView.nhn?code=31464#

문희철(2011), "광동제약, 소녀시대를 마셔봐요," 매경이코노미 2011.03.16 http://news.mk.co.kr/newsRead.php?year=2011&no=164886

박선영 (2010), "익명의 도시인, 그들의 삶과 소외에 대해," 머니투데이 머니위크, 2010년 6월 6일 http://www.mt.co.kr/view/mtview.php?type=1&no=2010052809308167780&outlink=1

배달의 민족 (2013), 배달의 민족 facebook, 2013년 11월27일 https://www.facebook.com/smartbaedal/photos/pb.168955389794447.2207520000.1396076250./652478474775467/?type=3&theater

북극개구리님의 구멍가게 (2013), "재미로 보는 구스 다운 계급도," 다음카페, 2013년 11월14일 http://cafe.daum.net/arcticfrog

솔박이 블로그 (2014), "대왕돈까스 & 매운돈까스로 유명한 온누리에 돈까스 (돈까스 맛집 추천)," 2014년 3월19일 http://blog.naver.com/sol88915?Redirect=Log&logNo=20207175047

신지은 (2014), "포스퀘어 한 해 600% 성장..마이크로소프트에 인수되나?," 뉴스토마토, 2014년 3월6일 http://www.newstomato.com/ReadNews.aspx?no=449671

신지혜 (2014), "마이크로소프트, 위치기반 SNS 포스퀘어에 거액 투자," 전자신문, 2014년 2월5일 http://www.etnews.com/201402050440

안지영, 이재은 (2014), "풀뿌리 창조경제① 쓰레기통 속 전단지에서 대박 건진 '우아한 형제들'," 조선비즈, 2014년 3월 11일, http://biz.chosun.com/site/data/html_dir/2014/03/11/2014031101655.html

SBA CEO TOK (2013), "국민앱 '배달의 민족' 성공시킨 ㈜우아한 형제들, 김봉진 CEO," CEO TOK 16회, 2013년 10월 7일 https://www.youtube.com/watch?v=mQzVqlbeD3g의 화면캡쳐

위키백과 (2014), http://ko.wikipedia.org/wiki/%EB%A5%B4%EB%84%A4_%EB%A7%88%EA%B7%B8%EB%A6%AC%ED%8A%B8

유윤수 (2011), "포스퀘어 배지 인증도 '전략'이 필요하다?," betanews, 2011년 2월14일 http://www.betanews.net/article/532942

이성수 (2011), "광동제약, 소녀시대 3집 성공에 '싱글벙글'," ebn, 2011.10.24 http://www.ebn.co.kr/news/view/521378

이태훈 (2009), "상위 0.05% 고객만을 위한 카드…연회비 200만원…국내 첫 VVIP용," 한국경제, 2009년 12월3일 http://www.hankyung.com/news/app/newsview.php?aid=2009120192051

이혜미 (2010), " '믹서기에 갈고 불에 굽고' 아이폰의 수난사," 헤럴드경제, 2010년 11월21일 http://news.heraldcorp.com/view.php?ud=20101121000039&md=20101121132909_BC

임광복(2014), "우아한 형제들 120억 규모 투자 유치," 파이낸셜뉴스, 2014년 2월28일 http://www.fnnews.com/view?ra=Sent0301m_View&corp=fnnews&arcid=201402280100313780016250&cDateYear=2014&cDateMonth=02&cDateDay=28

전예진 (2011), " 강남은 왕족, 강북은 노비? 부동산 계급표 등장," 머니투데이, 2011년 2월12일 http://www.mt.co.kr/view/mtview.php?type=1&no=2011021118581337499&outlink=1

조동주 (2014), "토요뒷談서울 강남 성형외과에선 무슨 일이," 동아일보, 2014년 1월25일 http://news.donga.com/3/all/20140124/60392241/1

조선닷컴 이슈팀 (2014),"턱뼈탑 미국 타임지 보도로 전 세계 알려져…'국제적 망신'," 조선닷컴 2014년 1월25일 http://news.chosun.com/site/data/html_dir/2014/01/25/2014012500861.html

조인스블로그 (2013), " 마그리트의 '석기시대' 대표작 – 피레네의 성," 중앙일보, 2013년 9월 11일 http://article.joins.com/news/blognews/article.asp?listid=13222727&cat=

초팽이의 맛집탐방 & 낚시여행 블로그(2014) "동작구 신대방동 온누리에 돈까스 본점," 2014년 3월9일 http://blog.naver.com/hyuny4858?Redirect=Log&logNo=70186387733

파이낸셜 뉴스온라인 편집부 (2011), "빨간 패딩=대장?…'노스페이스 계급도' 씁쓸," 파이낸셜 뉴스 2011년 12월 18일, http://www.fnnews.com/view?ra=Sent1201m_View&corp=fnnews&arcid=111218133955&cDateYear=2011&cDateMonth=12&cDateDay=18

하울의 움직이는 성(2004), https://www.youtube.com/watch?v=CrFleoQQMV0의 화면캡쳐

하텍의 인생 따위 블로그 (2012), "신대방 온누리에 돈까스: 디진다 돈까스를 실제로 봤어요!," 2012년 7월17일 http://blog.naver.com/ha_tak?Redirect=Log&logNo=70142485290

헤럴드 라이프 (2013), "2013 신연비 자동차 계급도 내차는 어디에?," 헤럴드경제, 2013년 2월17일 http://news.heraldcorp.com/view.php?ud=20130217000091&md=20130220004800_BC

현대카드 더 퍼플(2009), http://www.youtube.com/watch?v=X-QBpKn8NIE의 화면캡쳐

황치규 (2014), "MS, 위치기반 SNS 포스퀘어에 투자," ZDNETKOREA, 2014년 2월5일 http://www.zdnet.co.kr/news/news_view.asp?artice_id=20140205080901

K.D.M.'S Funny land 블로그 (2014), "신대방 온누리에 돈까스 대왕돈까스 도전기," 2014년 3월18일 http://www.cyworld.com/kdm0928/3889836

Kyle Chayka (2014), "This Plastic Surgery Clinic Made a Tower of Shaved Chin Bones," Time, Jan. 23, 2014 http://newsfeed.time.com/2014/01/23/this-plastic-surgery-clinic-made-a-tower-of-shaved-chin-bones/

Jiyeon Lee (2012), "Don't say we didn't warn you: Korea's 5 spiciest dishes," CNN Travel, 29 May, 2012 http://travel.cnn.com/seoul/eat/search-spiciest-dish-korea-245114

사회적 증거의 법칙
Social Evidence

그림 1. EBS에서 방송한 인간의 두 얼굴 중에서 하늘바라보기 실험

여러분은 위 사진이 무엇을 의미하는지 알 수 있을까? 눈치 빠른 독자라면, 원으로 표시된 세 사람이 이 상황을 만든 주인공들임을 알 수 있을 것이다. 일명 '하늘 바라보기'로 불리는 이 실험은 예일대학교의 '스탠리밀그램Stanley Milgram'이라는 세계적인 사회학자가 1969년에 실험했던 것을 2008년 EBS 프로그램에서 재현해 본 것이다.

즉, 위의 장면은 2008년에 방송되어 큰 호평을 받은 EBS 다큐프라임 '인간의 두 얼굴-상황의 힘'에 나오는 한 장면이다. 내용은 다음과 같다. 사람이 많이 다니는 횡단보도 중간에서 먼저 실험맨 한 사람이 하늘을 가리키며 저게 뭐지? 라고 소리친다. 2명으로 실험맨이 늘어도 반응하지 않던 시민들은 실험맨이 3명 투입되어서 동시에 저게 뭐지? 라고 소리치자 약속이나 한 듯 상당수의 시민들이 하늘을 바라보면서 뭐가 보이는지 찾고 있다.

1969년 당시에 밀그램이 했던 '하늘 바라보기' 실험에서는, 연구자들이 집단의 크기가 어느 정도일 때 개인들이 집단을 따라 하는지 동조 현상을 살펴보고자 했다. 이 실험에서 2명보다는 5명일 때, 5명보다는 8명일 때, 즉 집단의 크기가 커질수록 하늘을 바라보는 행동에 동조하여 따라 하는 사람들의 수가 증가했다. 그것이 아무런 의미가 없는 행동임에도 말이다.

2008년 큰 호응을 불러일으켰던 이 방송 프로그램은 위와 같은 총 15가지 종류의 인간행동 실험에 내용을 모르는 450명의 참가자를 참여시키고 허락받는 방식으로 촬영을 진행하였다. 또한, 12명의 국내외 사회 심리학자들이 실험 영상을 분석하고 설명해 줌으로써 시청자들의 이해를 도왔다. 위의 하늘 바라보기 실험 외에도 다양한 상황이 주어지는 인간행동 실험이 방송되었는데, 다양한 실험들에 대한 국내외 심리학자들의 의견은 대체로 다음과 같았다.

그림 2. EBS에서 방송한 인간의 두 얼굴 중에서
상황의 힘에 대한 국내외 전문가들의 의견

이처럼 국내외 사회 심리학자들은 오랫동안 인간행동에 대해서 깊고 다양하게 연구해 왔다. 그 결과 마케팅 커뮤니케이션 측면에서도 이러한 대중심리의 현상을 적극 활용하고자 관심을 가지게 되었는데, 이에 관련한 법칙들 중에 하나가 바로 사회적 증거의 법칙이다.

사회적 증거의 법칙이란 무엇인가? 세계적인 베스트셀러인 '설득의 심리학'을 쓴 사회심리학자 '로버트 치알디니Robert Cialdini'는 사회적 증거의 법칙이란 다수 사람들이 행동하는 무언가는 좋아보이고 옳게보이며, 따라서 자신도 모르게 그것을 모방해서 따라 한다는 법칙이라고 말하고 있다. 버거는 이러한 사회적 증거의 법칙에서 관찰 가능성이라는 점을 특별히 강조하고 있다. 즉, 인간은 자신이 볼 수 있는 것들만 모방할 수 있으며, 보지 못하면 다수가 행동했어도 따라 할 수 없다는 것이 주요 내용이다. 즉, 마케팅 커뮤니케이션 측면에서는 다수의 사람들이 행동하게 만드는 것만 중요한 것이 아니라, 다수의 행동이 눈에 보여야만 계속적인 모방이 발생할 수 있게 된다는 뜻이다.

■ 쉽게 관찰되는 사회적 증거의 법칙

그렇다면, 우리가 일상적인 생활에서 발견할 수 있는 사회적 증거의 법칙의 사례에는 어떠한 것들이 있을 수 있을까? 먼저, 너무나 유명해진 N서울타워 사랑의 자물쇠부터 살펴보도록 하자.

"남산타워 꼭대기에 빙글빙글 돌아가는 레스토랑 있잖아. 거기서 저녁 먹고싶어. 소원 빌고 열쇠 걸고싶어" 얼마 전 종영한 '별에서 온 그대' 16회에서 천송이가 도민준에게 한 말이다. 30%에 가까운 시청률로 한국뿐만 아니라, 중국까지 전지현 열풍을 불러온 '별 그대' 드라마에도 나오는 남산 '소원 자물쇠'는 대체 어떻게 유명해졌을까? 여기에도, 사회적 증거의 법칙이 작동되었다.

그림 3. N서울타워의 철망에 걸려있는 수많은 자물쇠들

N서울타워에 가보지 않은 사람들이라면 위 사진을 금방 이해할 수

없을 수도 있다. 사탕처럼 보이는 알록달록한 모양의 꾸러미들은 모두 많은 나라의 언어가 표면에 쓰여있는 자물쇠들이다. 오른쪽의 좀 더 넓게 촬영된 사진을 보면 얼마나 많은 자물쇠가 N서울타워 광장 주위의 철망을 뒤덮고 있는지 확실히 알 수 있을 것이다.

자물쇠는 외부로부터 무엇인가를 보호하고 안전하게 지키기 위한 도구이다. 그런데 언제부터인가 연인들은 N서울타워 광장까지 올라와서 돈을 주고 자물쇠를 산 뒤에 연인과 함께 사랑의 문장을 자물쇠에 쓰고 철망에 걸어서 잠근 뒤에 철망 밖으로 열쇠를 던져 버리기 시작했다. 자물쇠를 잠근 행동이 자신들의 사랑을 굳게 지켜주고, 열쇠를 던져버렸기 때문에 그들은 헤어지지 않는다고 의미부여를 한 것이다.

한국 연인들이 시작한 열풍은 이제 한국을 방문하는 많은 나라 연인들의 필수코스가 되었다. 이곳에 들려 자물쇠를 사서 다양한 언어로 사랑의 표현을 쓰고 철망에 잠그고 열쇠는 던지는 행위를 따라하고 있다. 누구도 비용을 들여서 프로모션하지 않았고, 강요하지 않았지만, 입소문을 타고 퍼지기 시작한 이 N서울타워 자물쇠 열풍은 오늘도 이어지고 있다.

처음에는 소수의 사람들만 자물쇠에 의미를 부여하고 N서울타워 철망에 자물쇠를 잠그기 시작했을 것이다. 그러한 행동을 한 사람들의 선택결과들이 모여서 다수가 행동하는 사회적 증거가 되었고, 이러한 누적된 결과물들을 방문하는 다른 사람들이 언제든 볼 수 있었기 때문에 관찰 가능성이 지속적으로 유지된 것이다. 점점 더 많은 사람들이 이를 모방하면서 자물쇠를 구매하고 잠그게 된 것이다. 이제는 너무 많은 연인들이 이 행동을 모방하고 따라하다 보니, 철망에 자물쇠를 채울자리가 없을 정도가 되었다고 한다. 재미있는 사실은 N서울타워에 이런 자물쇠가 있다는 걸 모르고 올라온 연인들도 이 자물쇠들을 보고나면 아무리 잠글 자리가 없어도 어떻게든 자리를 찾아내서, 자물쇠를 사고 잠그고 열쇠를 버리는 일을 따라한다는 것이다.

사회적 증거의 법칙이 이렇게 오랫동안 작동되었기 때문에, '별에서 온 그대'에서 전지현과 김수현의 데이트장소로 촬영될 정도로 영향력을 가지게 되는 것이다. 핸디캡 기업들에게 이와 같은 사회적 증거가 만들어질 수 있다면, 얼마나 신나는 일이겠는가? 핸디캡 기업들에게는 위의 사례처럼 비용을 들이지 않았는데도 대중들의 입소문에 의해서 사회적 증거가 만들어지고, 그로 인해 고객들이 자발적으로 참여하는 마케팅 전략이 필요하다.

그렇다면, 이러한 사회적 증거의 법칙은 오프라인상에서만 관찰되는 것일까? 그렇지 않다. 이번에는 2014년 1~2월에 걸쳐서 인터넷과 카카오톡을 뜨겁게 달군 '고라파덕' 현상에 대해 살펴보도록 하자.

■ 조류독감 보다 빨리 퍼졌다는 고라파덕

만약, 여러분이 '고라파덕'이라는 용어가 낯설다면, 30대 이상일 가능성이 높다. 왜냐하면, 나도 '고라파덕'을 다른 사람들의 카카오톡 프로필 사진들을 통해서가 아니라, 네이버의 실시간 급상승 검색어를 통해서 먼저 알게 되었기 때문이다. 주로 10~20대 남녀들에게 급속도로 퍼져나간 고라파덕 현상은 지금도 네이버 검색창에 '고라파덕'을 입력하면 나오는 검색페이지뷰가 수십 페이지를 넘어 갈 정도로 열기를 유지하고 있다.

2014년 1월, 2월에 걸쳐서 카카오톡 프로필 사진들을 자발적으로 한 가지 종류의 사진들로 대체하게 만든 '고라파덕' 현상이란 과연 무엇인가? 2014년 초부터 카카오톡에는 다음과 같은 퀴즈가 퍼져나가기 시작했다.

그림 4. 고라파덕 퀴즈 내용과 고라파덕 사진

위의 그림에서 프사는 카카오톡의 프로필 사진을 말한다. 퀴즈를 풀지 못했을 경우에 자신의 소중한 프로필 사진 자리는 오른쪽과 같은 우스꽝스러운 '고라파덕' 사진으로 바꾸라는 미션인 셈이다.

여기서 잠깐, '고라파덕' 퀴즈를 처음본 분들이 있다면, 물어보고 싶다. 여러분들은 과연 이 넌센스 퀴즈와 우스꽝스러운 미션에 몇 명이나 참여했을 것이라고 생각하는가? 여러분 모두가 알다시피 이 미션은 강제조항이 없다. 그야말로 참여자의 양심에 맡기는 미션인 셈이다. 그런데 놀랍게도 이 퀴즈에 참여한 사람들은 대부분 자발적으로 자신의 프로필 사진을 3일간 '고라파덕'이라는 골치 아파 보이는 오리 사진으로 바꾸었으며, 아무런 보상이 없는 이러한 과정을 즐기고 점점 더 많이 참여하게 되었다.

이처럼 대중들이 '고라파덕' 미션에 적극적으로 참여했던 이유는 바로 사회적 증거의 법칙이 작동할 수 있게 만드는 핵심 요인인 관찰 가능성 때문이었다. 다음 사진을 보게 되면 이 말이 무슨 말인지 알 수 있을 것이다. 인터넷 커뮤니티에 올라온 어느 카카오톡 사용자의 친구 리스트 캡쳐 사진이다. 카카오톡을 쓰는 분들은 바로 알 수 있겠지만, 친구들의 프로필 사진이 거짓말처럼 고라파덕 사진으로 전부 통일 되어 있다.

이 때문에 카카오톡 사용자들 중 고라파덕 유행을 모르고 있던 사용자들은 갑자기 늘어나는 골치 아픈 오리사진들 때문에 자신의 카카오톡이 해킹된 줄 알았다는 말까지 나왔을 정도였다. 사회적 증거의 법칙을 작동시키는 관찰 가능성이란 이만큼 놀라운 것이다.

그림 5. 카카오톡 친구 프로필이 모두 고라파덕 사진으로 바뀐 모습

관찰 가능성이란 말을 질문으로 바꿔보면 다음과 같다. 우리는 매일 어디를 반복적으로 쳐다보는가? 이 질문 안에 고라파덕 확산의 성공요인이 담겨 있다. 고라파덕 퀴즈는 읽어보면 알겠지만, 맞든 틀리든 벌칙을 수행해야 한다. 이점이 중요하다. 하지만 더 중요한 게 있다. 바로, 그 벌칙을 수행하는 장소가 자신의 카카오톡 프로필 사진인 것이다.

뒤집어서 말하면, 대부분의 국민들이 하루 중에서 가장 많이 쳐다보는 스마트폰에서도 가장 자주 확인하는 카카오톡의 메시지 창에 위치한, 가장 쉽게 지인들의 근황을 느낄 수 있는 카카오톡 프로필 사진이 노랑오리들로 채워지는 효과를 겨냥한 것이다.

이 때문에 자고 일어날 때마다 늘어나는 노랑오리를 보고 퀴즈와 상관없이 자신도 오리로 바꾸는 사람들까지 있었다고 하니, 다수의 대중들이 선택하는 행동에 대해서 인간은 얼마나 무의식적이고 비이성적으로 모방하고 참여하고 싶어지게 되는지 알 수 있다.

그렇다면, 이와 같은 고라파덕 열풍은 스마트폰에서만 확대되어 나갔을까? 그렇지 않다.
노랑오리 열풍이 너무 폭발적이었기 때문에 주요 일간지와 지상파 방송에서까지 다음과 같은 헤드라인으로 고라파덕 프로필 사진을 이슈화해서 보도했다

고라파덕 문제 답 '넌 아니? 카톡프사 고라파덕 도배된 비밀은? – SBS funE

고라파덕 프로필 사진, 노란물결에 정일우도 당했다 "3일씩이나? 헉" 폭소
　　　–한국경제TV

고라파덕 프로필 사진, 카톡 친구란을 점령하다, 이유 살펴봤더니 – 조선일보

고라파덕 프로필 사진, "이것이 모바일 후폭풍!" – 동아일보

고라파덕 프로필 사진, "묻지도 따지지도 말고 그냥 바꿔" – OSEN

고라파덕 프로필 사진, "내 친구들 플필이 이상해요" – 스포츠 동아

그림 6. 네이버에 고라파덕 검색 시 나오는 자동검색어들

대체 골치 아픈 오리사진 한 장이 뭐가 그리 대단한 걸까? 아니다. 고라파덕이 중요해서가 아니라, 많은 사람들이 하고 있다는 것을 계속 볼 수 있게 해주었다는 점이 중요한 것이다.

다음은 이와 같은 사회현상이 아닌 마케팅 커뮤니케이션의 측면에서 수익을 늘리기 위해서 쓰이고 있는 사회적 증거의 법칙 사례들을 알아보기로 하자.

■ **주문에 걸린 듯 방문하고 주문하게 되는 사회적 증거장치들**

청계천 천변에 위치하고 있어서 수많은 사람들의 발길을 붙잡고 있는 JS텍사스바는 전 세계 맥주를 맛볼 수 있다는 병맥주 전문점이다. 이 병맥주집은 들어가면서부터 압도적인 인테리어에 주목하게 되는데 그 인테리어는 다른게 아니라, 손님들이 그동안 열심히 마시고 비운 형형색색의 맥주병들로 꾸민 인테리어이다.

그림 7. Js texas bar의 입구와 내부 사진]

 사진에서 보이듯이 이 술집은 수많은 빈 병들을 작은 산맥처럼 쌓아 놓고 있다. 이런 광경은 처음 오는 손님이나 단골손님 모두에게 항상 이야깃거리를 제공하고, 우리가 지금 마신 병맥주는 언제 저기에 전시될지를 화제로 삼게 해준다. 이것이 바로 술집 안에서 사회적 증거들이 만들어질 때마다 누적된 선택의 결과물들을 관찰 가능성이 높은 곳에 위치시켜서 나중에 선택하는 사람들로 하여금 더 많은 모방행동을 만들어 내게 하는 장치인 셈이다.

 즉, 셀 수도 없이 많은 병맥주들의 산을 보면서, 처음 온 손님이건 단골손님이건 모두 얼마나 많은 손님이 계속 이 술집을 방문해서 술을 마시는지 반복적으로 느끼게 되는 것이다. 그래서 분위기만 보려고 들어온 손님들도 발길을 돌리지 못하고 앉아서 주문부터 하게 된다. 산처럼 쌓인 빈 병맥주들이, 반복적 모방을 유발시켜서, 대부분의 손님들이 먼저 선택하고 행동한 것들에 자극받고 반복적으로 따라하고 싶게 해주는 것이다. 그러므로 먼저 선택하고 결정한 사람들의 결과물들을 눈에 잘 보이게 계속 모아놓는 것만으로도, 많은 사람들이 동참하게 만드는 사회적 증거의 효과가 만들어지게 된다.

 스타쉐프는 예약 없이는 가기 힘들 정도로 유명한 도곡동에 위치한 술집이다. 처음 생긴지도 벌써 7년이 넘어가는 것 같은데, 지금도 블로거들이 열심히 포스팅하는 것을 확인할 수 있다. 그런데 이 술집은 외관도 특별하지 않고, 골목 구석에 위치하고 있으며, 내부도 그리 넓은 곳은 아니다.

그림 8. 스타쉐프 술집 입구와 내부사진

퓨전중식 타입으로 안주가 나오는 이 술집의 주인은 신라호텔에서 20년 이상의 경력을 가진 분으로 알려져 있다. 이점은 강점이라고 할 수 있다. 하지만, 도곡점과 청담점 두 곳에 위치한 장소적 특징을 보았을 때, 주변의 맛집들도 역시 만만치 않은 요리 경력을 가진 분들이 많은 것이 사실이기 때문에 완전히 차별적인 강점이라고 보기는 어렵다.

그런데 이 술집에 가면 특이한 광경을 볼 수 있다. 바로, 너도나도 경쟁하듯이 봄베이사파이어라는 술을 주로 올려놓고 퓨전중식과 함께 즐기고 있는 것이다. 즉, 여기서는 거의 대부분의 손님들이 파란빛깔 병으로 반짝거리는 봄베이 사파이어를 탁자 위에 올려놓고 있기 때문에, 마치 이상한 나라의 엘리스에 온 것처럼 처음 오는 손님도 일단, 봄베이사파이어를 마셔봐야 할 것 같은 느낌을 받게 되는 것이다.

더구나, 이 술집은 문을 열고 들어오면 정면에 매우 특이한 인테리어를 하고 있다. 고급 양주를 파는 술집도 아닌데 위의 사진처럼, 봄베이사파이어를 조금이라도 남긴 손님을 위해서 이름을 붙인 뒤 하나하나 키핑keeping을 해주고 있고, 그걸 바로 정면에 위치시켜서 인테리어 효과까지 내고 있는 것이다. 그것뿐이 아니다. 이 집은 마치 봄베이사파이어만 특별대우하는 것처럼, 봄베이사파이어 칵테일 메뉴를 준비해서, 처음 오는 손님이건 자주 오는 손님이건 서빙하는 분이 가장 맛있게 봄베이 칵테일을 만드는 법을 보여주고 그대로 마시게하는 퍼포먼스를 계속 보여준다.

이것 역시 앞의 청계천 JS텍사스 병맥주 술집과 마찬가지로, 사회적 증거의 관찰 가능성을 극대화하려는 장치라고 볼 수 있다. 즉, 손님들이 술집에 들어올 때 가장 먼저 보게 되는 정가운데에 키핑된 봄베이사파이어 술병들을 집중적으로 모아서 전시해 놓음으로써 봄베이사파이어라는 술을 모방적으로 선택하게 만드는 효과가 생기기를 바라는 것이다. 다음으로는 위의 사례들보다 더 쉽고 자주 관찰되는 사회적 증거의 법칙 사례를 살펴보도록 하자.

내가 용산에 있는 SBA청년창업센터에 출강을 시작한 첫날이었다. 오전 오후 수업이 다 있는 날이라 점심을 센터 주변에서 해결해야 했다. 첫 수업 날은 모든 것이 낯설었고 모든 사람들이 처음 만나는 사람들이다. 단 한 사람을 제외하고. 그곳에서 내가 아는 유일한 사람은 강의를 도와주는 매니저다. 점심시간이 되었다. 그런데 오전 수업이 20분 정도 늦게 끝났다. 첫 수업이라 시간을 맞추는 것에 익숙하지 않았다. 운영사무실에 가서 매니저를 찾으니 그녀는 이미 나가고 없다. 운영사무실에 가는 동안 학생들도 모두 점심식사를 위해 나갔다. 혼자 점심

식사를 해결해야 했다. 그래도 맛있는 것을 먹고 싶었다. 그래야 혼자 먹는 외로움을 보상받을 수 있으니까……

낯선 곳에서 맛집을 찾는 것은 누구에게나 큰 모험이다. 그래서 사람들이 가장 자주 쓰는 전략이 있다. 바로, 사람들이 바글거리는 식당을 찾는 것이다. 사람들이 대기표를 들고있거나 줄을 서 있는 곳은 더욱 확실하다. 나도 그 전략을 사용했다. 센터 주변을 살핀 결과 한 곳을 발견했다. 긴 줄이 늘어선 식당이었다. 나도 그 대열에 합류했다. 거의 20분을 기다렸을까? 드디어 차례가 왔다. 메인 메뉴는 단, 한 가지. 육개장에 칼국수를 넣어 먹는단다. 이름은 '육칼', 육개장의 '육'자와 칼국수의 '칼'자를 결합해 만든 무지막지한 이름이었다. 정말로 맛있었다. 재야의 고수를 만난 기분이었다. 아니나 다를까 나중에 알고 보니 그 집이 바로 그 유명한 '문배동 육칼'이란다. 맛집 중에 맛집이란다. 그날 점심은 대성공이었다. 내가 본능적으로 사람들이 북적이는 집을 찾은 이유는 무엇일까?

사람들로 북적이는 식당을 찾는 것은 바로 모방심리에서 비롯된다. "인간은 타인을 모방하려는 습성이 있다"는 것은 누구도 부인할 수 없는 공리다. 그래서 유행이라는 것이 생긴다. 사람들은 비슷하게 옷을 입고, 비슷한 헤어스타일을 한다. 방송 오락프로그램에 방청객의 웃음소리를 들려주는 것도 바로 이 모방심리를 이용한 것이다. 모방심리가 나타나는 이유는 우리가 불확실성에 직면할 때, 타인의 선택을 참고자료로 사용해 결정을 내리기 때문이다.

이와 같이 '대중들이 인정하는 것을 의심 없이 받아들이는 것'을 '사회적 증거의 법칙 law of public proof'라고 부른다.

지하철역 계단에서 항상 만나는 거지의 동냥 그릇에는 항상 천 원짜리 지폐가 담겨있다. 돈이 담겨 있지 않다면, "나도 돈을 넣을 필요가 없겠구나" 하고 지나치겠지만, 돈이 들어 있다면, "나도 돈을 넣어야 하나보다"하고 느끼는 사람들이 많아지기 때문이다. 더욱이 천 원짜리 지폐를 넣어 두는 이유는 천 원짜리 지폐나 최소 500원짜리 동전을 동냥 받을 확률이 높아지기 때문이다. 이와 같은 전략은 온라인이나 모바일 마케팅에서도 자주 사용된다.

■ 온라인상에서의 다양한 키핑 흔적 장치들

우리가 스마트폰으로 가장 많이 접속하는 앱이 카카오톡이라면, 우리가 웹상으로 가장 많이 접하는 사이트는 바로 네이버일 것이다. 네이버는 다음커뮤니케이션의 후발주자로 시작했지만, 우리나라에서만큼은 구글이 넘보지 못할 포털업계 1위 기업으로 그 위치를 굳건히 하고 있다. 이와 같이 대중들의 사랑을 받고 있는 네이버 포털 안에서는 어떠한 사회적 증거들이 제시되고, 계속적으로 고객들의 모방을 유도하고 있을까?

그림 9. 네이버 메인 화면에 보이는 실시간 급상승 검색어 창

먼저 네이버 홈페이지를 살펴보면, 사회적 증거의 법칙이 어디에서 적용되고 있는지는 달리 설명이 필요 없을 정도다. 화면 오른쪽에 내려와 있는 실시간 급상승 검색어는 네이버에 접속하는 모든 네티즌들이 가장 먼저 관심을 가지고 클릭해 보는 정보들 중에 하나일 테니까 말이다.

일명 실검(실시간검색)리스트로 불리우는 이 검색어 순위는 흥미로운 확장구조를 가지고 있다. 즉, 처음에 조금이라도 더 많은 사람들이 클릭한 키워드는 그 자체가 사회적 증거가 되어버린다. 그래서 누군가가 집중적인 검색으로 관찰 가능성만 극대화시키면, 이 키워드가 가치 있는 키워드인지, 의미 있는 키워드 인지에 대한 이성적 필터링 없이 계속 모방하는 대중들에 의해 선순환적으로 상위를 유지하게 된다는 점이다.

이처럼, 네이버의 실시간 급상승 검색어 순위는 다른 사람들이 지금 실시간에 어떤 키워드를 가장 많이 검색하고 있는지를 계속 관찰할 수 있도록 보여줌으로써, 접속자들의 무의식적인 클릭을 유도하고 있다.

결국 사람들은 다른 사람들이 많이 보고 있다는 사실 때문에 자발적으로 클릭하는 것이다. 그래서 어떤 방식으로든 일단 실검 순위의 10위권 안에 올라갈 경우 관찰 중인 수많은 네티즌들이 일정기간 무의식적 모방클릭으로 순위를 유지해 준다는 점을 활용하는 사업까지 등장했다. 아르바이트생들을 동원해서 인위적으로 검색순위를 한 번만 급상승 시켜주는 서비스다.

여기서 사회적 증거라는 것은 다른 사람들이 반복적으로 많이 검색했다고 표시되는 키워드들이 될 것이다. 관찰 가능성은 메인화면 내에서도 ID와 비밀번호를 입력하는 가장 가시성이 높은 곳에 위치시킴으로써 극대화하고 있다. 다음으로 네이버 메인 홈페이지에서 네이버 카페 창을 열어보도록 하자.

그림 10. 네이버 카페 메인 화면

카페 메인 홈의 아래에는 현재 9,573,714개의 카페에서 633,299,417명의 멤버가 참여하고 있다고 보여주고 있다. 이것 역시 사회적 증거의 법칙을 적용하고 있다. 실용적 측면에서 본다면 이 정보는 접속자에게 아무런 가치가 없다. 네이버 카페가 현재 몇 개고, 6억 명이 넘는 멤버가 참여하고 있다는 점이 나에게 줄 수 있는 실용적인 가치는 없기 때문이다.

 하지만, 이 숫자들은 네이버를 처음으로 가입하고 접속한 유저들이나, 오랫동안 네이버를 사용하고 있는 유저들 모두에게, "많은 사람들이, 네이버 카페를 만들어서, 활발하게 활동하고 있구나"라는 사회적 증거를 암묵적으로 전달하고 있다. 이 암묵적인 사회적 증거는 모방심리를 자극한다. "많은 사람들이 나보다 먼저 이런 많은 선택을 했는데, 나도 카페 참여를 해볼까"라는 마음이 들게 해주는 것이다.

 다음으로는, 네이버에 특정 검색어를 입력했을 경우에 보여지게 되는 사회적 증거의 발현방식을 분석해보자. 올해 초, 네이버에서 가장 hot했던 키워드는 바로 피겨스케이트 선수 '김연아'다. '김연아'를 검색 창에 입력해 보기로 하자.

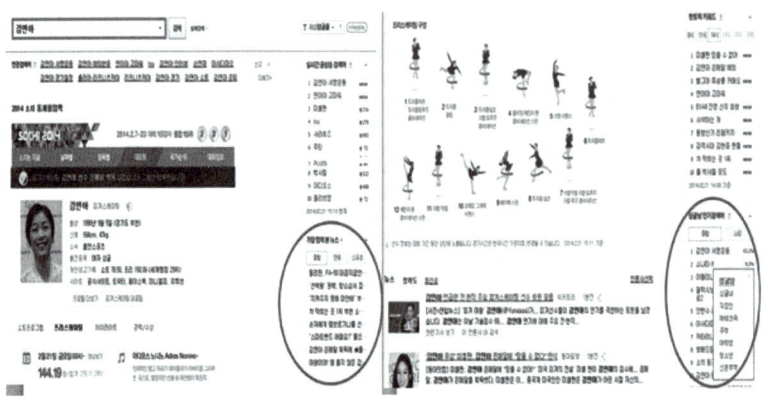

그림 11. 네이버에 김연아를 검색한 결과화면

 오른쪽 옆에 따라 나오는 창들을 보면 '가장 많이 본 뉴스'와 '싱글남

인기검색어', 그리고 14시 현재 '핫토픽 키워드' 등이 보이고 있다. 이것은 김연아 선수 검색결과와는 상관없는 내용이다.

하지만, 사람들은 김연아를 검색한 후 나오는 화면을 볼 때, 김연아 선수에 대한 검색 결과만 보는 것이 아니라, 무의식적으로 다른 사람들이 나보다 먼저 많이 본 분야별 뉴스도 클릭해서 보게 된다. 여기서도 역시 다른 사람들이 많이 검색해 보았다는 바로 그 사실을 모아서 보여주는 것이 사회적 증거로 작동하게 되고, 관찰 가능성이 높아지면서 자발적 모방 클릭을 유도하게 되는 것이다.

그런데 여러분은 여기서 한 가지 의문이 들지 않을까? 위의 사례들에 담겨있는 공통적 전개 과정은 바로 사회적 증거가 만들어지고, 관찰 가능성이 높아지면 대중들의 모방심리가 자극되어서 지속적인 반복행동이 유발된다는 것이다. 그렇다면, 사회적 증거의 관찰 가능성만 높아지면, 그 다음부터 대중들이 따라하게 되는 모방행동의 속도와 강도는 다 같다고 할 수 있을까? 바로, 이러한 질문에 대해 고민하고 연구한 심리학자 중에 한 명이 앞에서 언급했던 치알디니다.

■ **불확실성과 유사성**

치알디니는 자신의 저서 '설득의 심리학'에서 이처럼 대중들의 모방심리가 작동을 시작할 경우에 그것을 중요하게 만들어 줄 수 있는 요인이 크게 2가지가 있다고 말하고 있다. 그것은 바로 '상황의 불확실성'과 '상황의 유사성'이다. 상황의 불확실성이란 무엇인가? 바로 인간이 정보와 시간이 부족한 상황에서 어떤 선택이나 결정을 내려야 할 경우에 더욱더 다수의 타인들이 먼저 선택한 결정을 따라 하게 된다는 것이다.

그렇다면, 일반적으로 보았을 때 정보와 시간이 부족한 상황에서 계속 결정을 내려야 하는 상황에 가장 많이 놓이게 되는 사람들은 어떤 사람들일까? 직업군으로 본다면, 매일매일 경영 관련해서 수 없는 결정을 내려야 하는 각 회사의 대표 CEO들과 매일매일 금융 흐름에 관한 수 없는 결정을 내려야 하는 펀드매니저들이 대표적인 직업군에 속하는 사람들이라고 할 수 있다.

이들이 매우 부족한 정보와 매우 제한된 시간 안에서 매일매일 수 없는 선택과 결정을 내려야 하는 이유는 바로 이 두 가지 직업군이 시장의 변화 속도와 흐름에 대한 가장 많은 책임을 지고 있는 직업군이기 때문이다. 실물시장과 금융시장 모두 매일 매시간 변화무쌍하게 살아 움직이기 때문에, 충분한 시간과 충분한 정보가 모일 때까지 기다린 뒤에 내리는 결정은 운영하는 회사나 운용하는 펀드에 치명적인 손실을 입힐 수도 있기 때문이다. 필자 역시 펀드매니저로서의 일상을 돌아보면, 항상 불확실성의 압박감 속에서 계속해서 빠른 결정을 내리는 것이 주된 업무였던 기억이 난다.

하지만, 인터넷 시대가 이제 하이퍼넷시대로 넘어가고, 스마트폰의 LTE시대가 열리고, 전 세계의 미래산업이 사물인터넷을 넘어선 만물인터넷과 빅데이터로 가속화되면서, 전 세계 일반대중들도 이러한 회사의 대표 CEO와 펀드매니저들처럼 선택의 피로와 압박감에 노출되게 되었다. 더구나 제품과 서비스를 제공하는 기업들도 니치마켓을 더 니치화 해서 더욱 더 개인화된 상품과 서비스를 제공하고 있다는 점도 대중들의 선택에 관한 피로를 증가시키고 있다.

따라서 지구 어느 곳에 있든지, 스마트폰이나 인터넷만 연결되어 있으면, 이제 대중들도 전 세계의 수 없는 정보의 홍수에 직접적으로 노출되고 연결되는 시대가 되었고, 동시에 기업들이 점점 개인화된 시장을 만들어가면서 대중들은 너무 다양화된 선택지 앞에서 어쩔 줄을 모르게 된 것이다. 이러한 현상은 결과적으로 모든 산업에서 개개인에게 맞는 큐레이션 서비스가 스며들도록 자극하고 있으며, 이런 상황에서 대중들이 추가적인 노력 없이 가장 쉽고 빠르게 자신의 선택과 결정에 대한 불확실성을 낮출 수 있는 방법은 바로 더 많은 사람들이 나보다 먼저 선택한 것을 선택하는 방법인 것이다. 그러므로 앞으로 상황적 불확실성은 점점 더 가속화 되어가고, 이로 인해 대중들이 사회적 증거의 법칙에 의존하고 모방하는 속도는 더욱 빨라질 가능성이 높아지게 되는 것이다.

한편, 치알디니가 주장한 두 번째 요인인 상황의 유사성은 이미 광고업계에서 자주 사용해온 원칙 중에 한 가지 이다. 즉, 대중들은 다른 사람들의 행동을 따라 할 때 그 대상이 자신과 얼마나 유사성이 있는 사람들인지를 중요하게 생각한다는 것이다.

광고업계에서는 이와 같은 요인을 적극 활용해서 스타가 아닌, 대중들과 유사한 평범한 사람들을 모델로 기용하는 미디어 광고들을 많이 늘려가고 있다. 즉, 평범한 대중들에게 제품과 서비스를 판매하려면 다른 평범한 사람들이 그 제품을 즐겨 사용하는 모습을 보여주는 것이 가장 효과적이라는 것을 광고에 반영하고 있는 것이다.

한국에서 최근에 방송 중인 광고 중에서 이러한 유사성을 참신하게 적용한 광고가 있다. 그것은 바로 웅진코웨이 정수기의 물 프로젝트이다. 기존의 가정용 제품들의 광고는 보통 결혼한 스타 연예인을 모델로 기용해서, 자사의 가정용 제품의 가치를 알리거나 평범한 일반인들을 모델로 기용해서 제품의 가치를 전달하는 방식을 많이 사용해 왔다.

그런데 웅진코웨이의 이번 정수기 캠페인으로 사용되고 있는 물 프로젝트는 유사성의 대상을 가정주부가 아닌 가정에서 주부들이 가장 신경 쓰고 사랑하는 시기에 놓인 중고교 자녀들과 유사성을 가진 모델들을 쓰고 있다. 대중들의 열띤 호응과 반응을 이끌어 냈으며, 결과적으로 2013년 대한민국광고대상 통합미디어캠페인 대상을 받은, 기존과 다른 사용자들을 설정하고 관련 유사성을 극대화한 광고이다.

■ 행동적 잔여의 필요성

우리는 지금까지 사회적 증거가 어떻게 만들어지고, 그것의 관찰 가능성이 얼마나 중요한지와 이로 인해 발생하는 대중들의 모방심리를 극대화하기 위한 두 가지 원칙인 불확실성과 유사성에 대해서 다양한 사례를 통해 분석해 보았다.

그런데 여기서 위의 분석 사례들에 대해서 두 가지의 질문이 필요하다. 위에서 분석한 사회적 증거의 법칙 사례들은 모두 다음의 두 가지 중 한 가지 이상의 한계점들을 가지고 있다. 한가지는 바로, 만들어진 사회적 증거들이 특정 장소에 머무르는 대중들에게만 직접적으로 관찰될 수 있다는 점이고, 다른 하나는 바로 관찰 가능성을 높이기 위한 오프라인이나 온라인 장소 자체가 우리 같은 핸디캡 기업들이 제품이나 서비스를 위치시키기에는 너무 많은 비용이 소요될 수 있다는 점이다.

즉, 우리 핸디캡 기업들은 광고나 홍보에 큰 비용을 사용할 수 없는 상태이기 때문에 가급적 최소한의 비용만을 사용한 후에 대중들의 힘을 항상 빌려야 한다. 그래서 입소문 마케팅이 이렇게 집중적인 관심을 받는 것이다. 그런데 이렇게 누적되어 만들어진 사회적 증거들이 자신의 매장이나 자신의 앱에 방문한 사람들에게만 관찰될 수 있다면, 그

파급효과는 효율적인 면에서 낮을 수밖에 없을 것이다.

보다 효율적인 방법이란 바로, 우리 핸디캡 기업들의 제품이나 서비스를 선택한 고객들이 우리의 제품이나 서비스를 상징하는 그 무엇을 계속 몸에 지니고 다니면서 다른 대중들에게 노출시켜주는 것이다. 그런데 과연 이러한 방법이 가능할까? 물론이다. 가장 단순한 방법으로, 모든 사람들이 알고 있듯이 제품이나 서비스를 표시하기 위한 로고를 제품의 쇼핑백에 크게 노출 시킴으로써 구매고객이 들고 다니는 내내 다른 고객들이 관찰할 수 있도록 홍보해주는 방법이 있다. 버거는 바로 이러한 점들을 다양한 방식으로 실행해 나가고 있는 기업들의 마케팅 커뮤니케이션 움직임들을 바로 행동적 잔여를 만든다고 표현하고 있다.

행동적 잔여를 만든다는 것은 무슨 말인가? 위의 쇼핑백 사례처럼 어떠한 방식으로든 바로 제품이나 서비스 자체에 관련한 상징적인 장치를 소비자가 소비행동을 하거나, 하지 않거나 관련 없이 계속 몸에 지니고 노출할 수 있게 만드는 것을 의미한다. 쇼핑백이나 포장지에서 로고나 특징만을 강조해서 눈에 띄게 하는 케이스는 너무 흔해서 대중들에게 이미 충분히 식상해진 상태이므로, 이번에는 일본의 색다른 햄버거 포장지를 살펴보도록 하자.

아래 사진은 햄버거를 먹을 때 크게 입을 벌려 먹는 것이 불편한 여성을 위한 햄버거 포장지로 일본의 한 햄버거 업체에서 내놓은 것이다. 여성 고객들 사이에서 큰 인기를 끌어 해당 업체는 이 포장지를 사용한 햄버거 매출이 200% 가까이 증가한 것으로 알려졌다. 포장지에는 입을 꼭 다문 여성의 얼굴이 인쇄되어 있어 이 포장지에 싸인 햄버거를 먹을 때는 크게 입을 벌리고 마음껏 먹을 수 있도록 디자인됐다

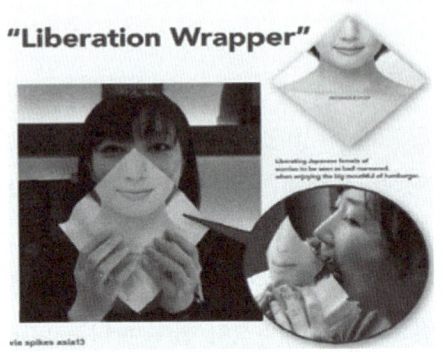

여성들이 입을 크게 벌려서 햄버거를 먹기 불편한 마음을 고려해서, 미소 짓는 여성의 입가 사진을 포장지에 프린트한 것이다. 그런데 이와 같은 포장지를 사용한 행동적 잔여는 햄버거를 다 먹고나면 사라진다. 그래서 애플 CEO 스티브 잡스는 자사의 애플 컴퓨터를 사용할 때마다 항상 행동적 잔여가 작동할 수 있도록 애플의 상징을 색다른 방식으로 노트북에 집어넣는 방법을 사용하였다.

그림 12. 여성들을 위한 일본의 햄버거 포장지

원래 애플 노트북의 초창기 로고위치는 다음과 같다. 해당 장면은 미국 인기 드라마 섹스앤더시티의 주인공이 애플노트북을 사용하고 있는 장면이다

그림 13. 미국 인기 드라마 섹스앤더시티의 한 장면

애플에서 잡스와 함께 9년간 근무했던 '조 모레노Joe Moreno'의 이야기에 따르면 애플 사내 시스템 중에는 'can we talk'라는 것이 있었다고 한다. 사원 누구라도 의문점에 대해서 토론할 수 있는 공간이었는데, 모레노와 동료들은 "왜 노트북을 열면 로고가 거꾸로 보이게 만들어 놓은 것인가?" 라고 질문했다고 한다.

휴먼 인터페이스를 연구하던 디자이너그룹은 이렇게 답했다고 한다. "로고 배치에 대해서 여러 가지로 연구했는데 이것은 매우 까다로운 문제다. 왜냐하면, 노트북을 열었을 때 로고가 똑바로 배치된다면 닫았을 때 유저가 볼 때는 로고가 거꾸로 보이게 되기 때문이다." 즉, 닫았을 때 로고가 거꾸로 된 상태라면 많은 유저들이 노트북이 열리지 않는 반대방향으로 열려고 할 것이기 때문에 결정하기가 쉽지 않은 문제였던 것이다.

그래서 초기에는 잡스 역시 최상의 고객 경험 제공을 위해서 로고가 거꾸로 된 배치가 반드시 필요하다고 생각했다고 한다. 하지만, 최근 카페에서 애플노트북 사용자들을 보면 알 수 있듯이 몇 년 후에 잡스는 로고에 관한 생각을 바꿨다. 왜 그랬을까? 유저가 노트북을 제대로 된 방향으로 여는 데는 잠깐의 불편함만 겪게 하면 되지만, 열린 상태에서 거꾸로 보여지는 애플 로고는 사용시간 내내 수많은 사람들에게 관찰되기 때문이었다.

이 이야기의 핵심은 오랫동안 고객경험가치를 최우선 순위로 놓았던 잡스의 생각마저 바꾼 것이 사회적 증거의 법칙을 유지시켜 줄 수 있는 행동적 잔여가치였다는 사실이다. 이처럼, 잡스의 의사결정에 절대적 영향을 준 행동적 잔여는 큰 비용이 드는 것이 아니므로, 핸디캡 기업들의 의사 결정에도 시사하는 바가 크다고 할 수 있다.

당신이 스타벅스나 커피빈과 같은 젊은이들이 애플 노트북을 많이 쓰고 있는 장소에 갔을 때, 서로 모르는 여러 명의 카페 이용자들의 탁자 위에서 약속이나 한 듯이 함께 빛나고 있는 애플로고를 본적이 있다면, 이 말이 의미하는 바를 정확히 알 수 있을 것이라고 생각한다.

■ 관찰 가능성을 작은 비용으로 높이는 방법

다음으로 위에서 언급한, 사회적 증거법칙을 핸디캡 기업에게 적용할 경우에 발생할 수 있는 두 가지 현실적 어려움 중에서 관찰 가능성의 현실적 한계점에 대해 분석해 보도록 하자.

사회적 증거의 법칙을 핸디캡 기업에게 적용하려 할 때 현실적으로 가장 많이 비용이슈가 발생할 수 있는 단계는 관찰 가능성의 단계이다. 왜냐하면, 사회적 증거가 만들어진다해도, 온라인, 오프라인상에서 그것이 보다 많은 대중들에게 관찰 가능한 상태에 놓이게 하지 못하면, 대중들의 모방 심리를 자극할 수 없게 되기 때문이다.

예를 들어서, 네이버에서 사회적 증거가 노출될 수 있는 공간이 다양하게 제공되어도 너무 많은 비용이나 시간이 든다면 핸디캡 기업들은 해당 공간에 노출하기가 어려워지기 때문이다.

이럴 때 핸디캡 기업들은 어떤 방법으로 관찰 가능성을 높여야 하는 것일까? 생각해 보자. 당신은 핸디캡 기업이다. 이것은 현재 당신 기업의 역량이 한국 전체 소비자들에게 공급 가능한 수준이 아니며, 따라서 너무 큰 시장에 대한 노출은 실질적인 의미가 적다는 것을 의미한다.

다시 말하면, 우리 핸디캡 기업들에게 중요한 것은 사회적 증거를 만들고 그것의 관찰 가능성을 높이는 것이지, 처음부터 대한민국 전체에 노출될 수 있는 온/오프라인상의 관찰 가능 위치를 고민할 필요가 없다는 뜻이다.

따라서 우리는 대기업들보다 훨씬 작은 시장에서 극소수의 사람들을 대상으로 해서, 보다 더 세밀하고 색다르게 반영된 사회적 증거를 만드는 것이 중요한 것이다. 그리고 그렇게 만든 사회적 증거가 소수의 사람들과 소규모의 시장에 확실히 자리 잡게 되면, 그다음 관찰 가능성의 상승은 우리 상품을 사용한 소비자들의 마음과 행동에 더 크게 달려 있다는 뜻이다.

결론적으로 말하면, 우리는 대기업들 목표시장과는 전혀 다른 소규모 시장에서 아주 작은 부분이라도 상위 리스트에 있다는 것을 만들어 내고, 그것을 반복적으로 알려 주는 것이 중요한 것이다.

즉, 핸디캡 기업들은 시장의 범위를 좁히는 동시에 우리가 생각하는 사회적 증거들을 보다 제한된 수준에서 높은 레벨로 완성시켜야 한다. 그러면, SNS 등을 통한 대중들의 모방 효과에 힘입어서, 마치 우리동네의 점포가 우리동네 안에서는 네이버 검색어 1순위에 해당하는 것과 같은 높고 지속적인 관찰 가능 효과를 가질 수 있게 되는 것이다.

속담으로 비유한다면, 초기 핸디캡 기업들은 처음부터 용 꼬리로 알려지려 하지 말고, 지금 우리 핸디캡 기업이 특정 범위 안에서는 뱀의 머리라는 사회적 증거를 만들고 찾아내고 그것을 알려야 한다는 뜻이다. 그렇다고 미리 실망할 필요는 없다. 동물인 뱀의 머리는 평생 뱀의 머리로 머물겠지만, 인간은 노력 여부에 따라 뱀의 머리로 시작해서

용의 꼬리를 거쳐서 결국, 용의 머리가 되는 경우도 있을 수 있기 때문이다.

■ **네이버 말고 랭키닷컴**

'전국순위자랑'

'전국노래자랑'을 잘못 쓴 것 아니냐고? 아니다. 여기선 '전국순위자랑'이 맞다. 왜 이야기를 하는지 말하려면 다음 질문을 해야 한다. 자, 당신은 다음 기업들을 아는가?

이사센스
퍼스트드림 부업/재택알바
커프티커피
매드포스타디
와플러스

나는 이중, 단 한 개의 기업도 모른다. 그런데 이들은 각자 랭키닷컴 rankey.com 1위 기업이라고 홍보한다. 랭키닷컴은 분야별 인터넷 순위 사이트이다. 온라인 사이트들을 카테고리별로 순위를 정해주는 사이트이다. 많은 네티즌들이 자신의 관심분야별로 인기 사이트를 랭키에서 찾는다. 순위가 높은 사이트를 이용하면 시간이 절약되고 믿을 수 있다고 생각한 것이다. 이 랭키는 요즘 위의 기업들처럼 홍보를 위한 참조처 reference로 많이 이용된다. 랭키의 높은 순위는 손님이 줄 서는 맛집처럼 사회적 증거의 역할을 할 수 있기 때문이다. 그러나 위의 기업들이 적극적으로 랭키 1위 사실을 홍보하지 않았다면 그들은 나와 같은 사람들에겐 그저 그런 기업들로 지나쳐 버렸을 가능성이 높다. 이렇게 홍보를 하는 것은 바로 자신이 갖고 있는 사회적 증거에 대한 '노출 가능성'을 만들기 위함이다.

핸디캡 마케터들에게 이와 같은 '관찰 가능성'은 사회적 증거 다음으로 중요하다. "인간은 자기가 관찰한 행동만 모방할 수 있기 때문이다(Berger, 2013)."

필자의 지인, K대표는 얼마 전 모바일 게임을 개발해서 큰 성공을 거두었다. 사실, 이 게임은 모바일 게임을 한때 휩쓸었던 '애니팡'을 변형해 만든 게임이었는데, 애니팡과 유사하지만 색다른 재미를 주는 게임이어서 초기에 애니팡 팬층의 많은 관심을 받았다. 게임을 런칭하고 일주일은 지속해서 이용자 수가 증가했다. 그런데 딱 일 주일이 지난 후, 정체기가 찾아왔다. 자칫하면 정체의 늪에서 그대로 사장되는 수도 있는 상황이었다.

그런데 예기치 않았던 행운이 찾아왔다. 친구의 권유로 아무 생각 없이 TV드라마의PPL, Product Placement을 구매한 적이 있었는데, 그때 마침 드라마 주인공이 그 게임 앱을 가지고 즐기는 에피소드가 방영된 것이었다. 드라마의 주인공이 코믹스럽게 연기한 그 장면은 시청자들의 페이스북과 트위터를 통해 빠른 속도로 퍼져나갔고, K대표의 게임은 구글 앱스토어 게임 부문에서 2위에 등극하게 되었다. 갑자기 순위가 치솟은 것이다. 이와 같은 급작스런 순위상승을 보고 더 많은 게임 유저들이 참여했다. 순위상승이 일종의 사회적 증거로서 역할을 한 것이다. 마침내, K대표의 게임은 1위가 되었고, 큰 성공을 거두게 된 것이다.

K대표의 성공에는 두 가지 사회적 증거의 법칙이 작용했다. 첫 번째는 드라마에서 스타가 보여준 행동을 통해 사회적 증거가 발현된 것이

다. 사실, 모든 PPL이 이렇게 강력한 사회적 증거를 보여 주기는 매우 어렵다. 시청자들은 드라마 내용에 집중하는 것이지, 극중인물들이 사용하는 물건들에 집중하는 것이 아니기 때문이다. 그런데 이 게임의 경우는 좀 달랐다. 운좋게도 드라마 주인공이 게임을 즐기는 모습이 명장면으로 등록될 만큼 재미난 장면이었던 것이다. 그래서 재미의 법칙으로 해당 장면은 입소문을 타기 시작했고, 대중성의 법칙으로 더 강한 입소문 마케팅 효과를 내게 된 것이다.

두 번째 사회적 증거는 '급격한 순위 상승'이었다. 순위 높은 게임정보에 민감한 모바일게임 유저들은 이 게임의 순위가 급격하게 상승을 한 것을 보고 그 게임의 재미에는 의심할 여지가 없다고 생각한 것이다. 자신의 모든 것을 투자해 게임을 개발했던 핸디캡 기업가 K대표는 사회적 증거의 법칙으로 성공의 반열에 오르게 된 것이었다.

그러나 여기서 중요한 사실은 모든 핸디캡 기업들에게 K대표처럼 행운이 찾아오지 않는다는 점이다. K대표의 경우 우연히도 PPL이 들어간 에피소드가 명장면이었기 때문에 자연스레 큰 입소문의 기회를 갖게 된 것이었다. 이와 같은 상황이 아니었다면 사회적 증거가 생겼다고 하더라도 성공적인 입소문 마케팅까지 가는 것이 쉽지 않았으리라 본다.

즉, K대표의 게임은 우연히도 자사 제품이 보여진 드라마의 장면이 명장면이 되는 바람에 노출가능성이 극대화된 것이다. 그렇지 않았다면, K대표는 드라마 장면을 열심히 알리는 작업을 했어야 할 것이다. 또한, 이러한 상황이 적절했기 때문에 해당 게임 앱은 많은 유저들의 스마트폰에 설치되어서 유저들이 게임 하는 모습 자체가 다른 사람들에게 지속적 행동적 잔여의 노출 효과를 누리게 해준 것이다.

요즘 동네 맛집들 중 전국 맛집이 되어 더 큰 성공을 거두는 식당이 많이 늘어나고 있다. 과거에는 맛집 앞의 대기 행렬은 그 지역에 사는 사람들이 아니면 관찰될 수가 없었다. 그러나 요즘은 맛집 앞에 줄 서 있는 모습이 스마트폰으로 촬영되고 SNS를 통해 급속도로 공유된다. '관찰 가능성'이 지역에서 전국으로 확대된 것이다.

■ **자, 털어보자, 먼지라도 나올지 몰라.**

그런데 우리 핸디캡 기업이 랭키닷컴이나 PPL을 사용해서 관찰 가능성을 높일 비용도 없고, 딱히 사회적 증거라고 말할만한 기존 고객들의 많은 방문도 없는 상태라면 어떻게 해야하는 것일까? 모바일 마케팅 앱을 개발한 P대표는 영업이 되지 않아 밤에 잠이 잘 오지 않았다. 이 솔루션이 성공하려면 이름있는 기업들이 참여를 많이 해주어야 하고, 이 앱을 사용하는 유저층도 확대해야 했다. 입소문 마케팅을 하고 싶었지만 입소문을 낼 이야깃거리가 아무리 찾아봐도 없었다. 그렇다고 개발한 앱 자체가 화제의 중심이 될 정도로 대단한 것은 아니었다. 그러던 어느 날, 새로운 아이디어 하나가 전광석화처럼 P대표의 뇌리를 스쳤다. P대표는 이 앱으로 얼마 전 서울시산업통상진흥원(SBA) 지원사업을 따냈던 적이 있었다. 이 앱을 소개할 때, SBA지원사업을 참조처로 하면 좋겠다는 생각이 든 것이었다. 그때부터 P대표는 이 앱을 소개하는 글을 올릴 때마다 SBA지원사업으로 제작된 앱이라는 사실을 함께 올렸다.

P대표의 전략은 적중했다. 이렇게 알리는 내용을 업그레이드한 이후, 이름 있는 기업들과의 미팅이 쉬워졌다. 유저들도 빠른 속도로 증가했다. SBA지원사업이라는 사회적 증거가 P대표의 앱에 결합되면서

입소문이 더 빨라진 것이다.

 핸디캡 기업의 마케팅 커뮤니케이션에 있어 사회적 증거가 있고 없고는 큰 차이가 있다. 그러나 사회적 증거를 마련하는 것은 결코 쉬운 일이 아니다. 그래도 잘 찾아보면 핸디캡 기업은 전혀 예상치 못한 곳에서 사회적 증거를 찾을 수 있다. 우리가 '가치 참조처value reference'라고 하는 것도 매우 좋은 사회적 증거가 된다. 가치 참조처는 핸디캡 기업이 대기업이나 공공사업에 제품을 납품하면 생긴다.

 예를 들어 삼성전자에 제품을 납품하면, '삼성전자에 납품한 제품'이라는 가치 참조처가 생기는 것이다. 방송 출연을 사회적 증거로 이용하는 식당들도 많다. 방송에 한 번이라도 소개가 된 적이 있는 식당들에선 의례 현수막이 붙는다. 방송에서 맛집으로 다룰 정도로 맛있는 식당이라는 메시지를 전달하는 것이다. 그래서 식당의 방송출연을 섭외해주는 브로커들도 활개를 친다고 한다.
 하지만, 대기업이나 공기업에 납품할 수 있을 정도의 기회를 가지는 중소기업들이나 스타트업들은 그렇게 많지 못한 것도 현실이다. 이처럼 대기업이나 공공사업에 납품을 통한 가치 참조처를 만들지 못하는 핸디캡 기업들에게는 어떤 방법이 있을 수 있을까? 그것은 바로 현재 시장을 경쟁자들보다, 더 작게 쪼개서 자신들이 지금 가진 역량으로 경쟁자 없이 가장 빠르게 1등해 볼 수 있는 시장을 찾는 것이다. 그런데 여기서 이러한 마이크로 니치시장을 찾는 목적을 명확하게 할 필요가 있다.

 핸디캡 기업들이 가치 참조처를 만들기 위해 마이크로 니치시장을 쪼개서 찾아내고 판매를 하려 할 때의 목적은 매출이 아니라는 점이다. 물론 매출이 기대 이상으로 폭발적으로 나와 주면 좋겠지만, 1차 목표는 그게 아니라, 자신이 극소 단위로 잘게 쪼개서 만든 마이크로 니치마켓의 소수 고객들에게 1등 평가를 받아서, 가치 참조처의 시작점으로 삼는 것이 목표인 것이다. 연예인을 예로 들어본다면 좀 더 쉽게 이해할 수 있을 것이다. 예능프로그램에 나온 연예인들이 데뷔 전 시절에 대해서 자주 하는 이야기 중에 "저는 중학교 때 4대 얼짱으로 유명했어요.", "H대학교 롯데리아 햄버거매장 아르바이트 때부터 여신 별명이 있었어요.", "전 OO동네 대표 얼짱이었어요.", 등등의 이야기 들이 있다. 이처럼, 먼저 자신의 주변에서 먼저 1등 평가를 받는 것이 중요한 시작점이 될 수 있는 것이다.

좀 더 구체적인 예를 들어 보기로 하자. 여러분의 상상력을 동원하면 된다. 우리가 신촌 대학가에서 볼펜을 파는 대표라고 해보자. 그렇다면, 당장 매출적으로는 크게 기여하지 못해도 위에서 언급한 대로 자기만의 가치 참조처를 만들기 위해서 시장을 쪼갠다면 어떤 시장들이 만들어질 수 있을까? 내가 먼저 상상을 해볼까?

- 특정 대학교 한곳의 특정학과 학생들만 가장 사랑하고 가장 많이 구매하는 볼펜을 만들고 즉시 1등 평가를 받는다면?
- 신촌에 위치한 대학에 다니는 왼손잡이 미국 여자 대학생들을 위해서만 특화된 볼펜시장 만들고 즉시 1등 평가를 받는다면?
- 이번 달에 신촌에 위치한 대학에 다니다가 신촌에서 헤어진 연인들을 위한 볼펜시장 만들고 즉시 1등 평가를 받는다면?
- 이번 달에 신촌에서 처음으로 고백받은 여자들만을 위한 볼펜 시장 만들고 즉시 1등 평가를 받는다면?

내가 하고 싶은 말이 무엇인지 알 것이다. 위의 시장에는 경쟁자도 없지만, 대신 충분한 수요도 없을 것이다. 따라서 매출을 목표로 하지 말고, 해당 마이크로 시장의 극소수 고객들에게만 인정받은 뒤 그것을 핸디캡 기업 자신의 가치 참조처로 삼으라는 뜻이다. 기존의 마케팅 STP에서의 segmentation과 같아 보이지만, 목적이 다른 것이다. 수익을 위해서 세분화를 하는 것이 아니라 자신의 가치 참조처로 만들기 위한 시작점으로 세분화하라는 뜻이다. 여러분들이 당장 1등 할 수 없는 시장에서의 가치 참조점을 얻기 위해서 돈과 시간을 낭비하지 말고, 여러분이 당장 1등 할 수 있는 마이크로 시장에서 극소수 고객들에게 가치 참조처부터 받아 보자.

■ **사회적 증거는 외부로부터만 만들어지는 것이 아니다.**

"며느리도 몰러," 그런데 시어머니는 더 몰러!

순창고추장이던가? 몇 년 전 방영된 고추장 광고였다. 신당동 떡볶이 원조 집에서 찍었는데, 모델로 등장한 마복림 할머니가(떡볶이 양념고추장의 비밀은) 아무도 몰러, 며느리도 몰러라는 멘트를 해서 대히트를 쳤다. 우리가 자주 듣는 우스갯소리, "며느리도 몰러"는 거기서 유래됐다. 소문난 맛집들은 각자 자기만의 고유한 레시피가 있다. 그 레시피는 "가족들에게도 잘 공유하지 않는다"고 한다. 그런데 그 레시피를 가지고 있는 장본인도 모르는 본인 식당의 비밀이 있다.

나는 30년 넘게 서울 강남의 논현동에 있는 추어탕 집의 단골이다. 이곳은 30년 동안 언제 가도 손님이 가득 찼다. 줄을 안 서고 자리를 차지하려면 점심시간보다 30분 일찍 가거나 오후 2시가 다 돼서 가야 한다. 간단한 산술계산만 해도 이 집이 그간 벌어들인 돈은 거의 준재벌 수준일 것이다. 그런데 이 집은 30년 넘게 동일한 인테리어(사실 인테리어를 개선했을 수도 있는데 내가 느끼지 못했을 수 있다), 매우 낡은 식기, 수수한 외관을 고집하고 있다. 한번은 주인 할머니에게 물어봤다. "할머니, 이제 좀 그럴듯한 건물과 시설에서 깨끗한 그릇으로 장사하실 때도 되지 않았어요?" 그러자 할머니는 펄쩍 뛰며 한 마디로 대답했다. "그러면 망혀."

이런 막무가내 대답이 어디 있나? 그래서 왜 망하는지 이유를 묻자 할머니는, "나도 몰러. 그냥 그러면 안 돼"라고 잘랐다. 주인 할머니가 왜 그러면 안 되는지를 모르는 것은 확실한 것 같았다.

나는 마케팅을 연구하는 것이 직업이라 그 이후에도 여러 오래된 맛집의 주인들에게 똑같은 질문을 했고, 거의 비슷한 대답을 얻었다. 그들은 그저 본능적으로 깔끔하고 규모 있는 식당으로 변모하면 장사가 안될 것 같다는 생각을 하고 있다. 전주의 소문난 콩나물해장국 달인은 "그렇게 방정 떨면, 부정 타서 장사가 안돼"라고 대답했다. 내가 보기엔 오래된 맛집 주인들은 본능적으로 거의 비슷한 생각을 하고 있는 것 같았다. 그런데 식당에 돈을 들이면 정말 장사가 안될까?

정말로 그렇다. 그분들은 가게를 너무 표시 나게 고치면 안 된다. 식기를 새것으로 바꿔도 안 된다. 갑자기 너무 친절해져도 안 된다. 업장을 다른 곳으로 옮기는 것은 더욱이 위험하다. 그 이유는 바로 사회적 증거의 법칙이 그 맛집들을 도와주고 있기 때문이다. 수십 년 동안 한 자리를 지켜 온 맛집들은 낡은 모습에서 풍겨져나오는 포스가 대단하다. 그런 집들을 보면 우리는 낡았다는 생각보다는 "얼마나 맛있으면 그 오랜 세월 동안 한 자리에서 저렇게 장사를 하나?"라는 경외심을 갖는다. 맛에 대한 믿음을 갖는 것은 말할 것도 없다. 그런 생각을 갖고 들어 오는 손님에게 실제로 맛있는 음식을 대접하면 당연히 만족도는 배가 될 수밖에 없다.

오랜된 맛집에서 사용되고 있는 낡은 그릇들도 사회적 증거다. 그릇이 낡았다는 것은 그 식당이 오랫동안 성공적으로 장사를 해 왔다는 것이고, 그 배경에는 훌륭한 맛이 있을 것이라고 직관적으로 생각할 수 있다. 그런 맛집들은 대개 별로 친절하지 않다. 그릇들을 소리 내어 서빙 하기도 하고, 물을 달라는 말도 몇 번은 해야한다. 어떤 곳은 손님에게 욕설도 한다. 그래도 우리들은 아무렇지도 않다. "얼마나 맛있으면 저렇게까지 거만하게 장사할까?" 하고 감사하며 즐긴다. 이렇게 무례한 서비스, 심지어는 욕설까지 사회적 증거가 되는 것이다.

스마트폰 시대. 이런 사회적 증거들은 스마트기기들에 의해 채집되고 공유된다. 맛집 사진을 올리고, 그 집의 낡은 식기들을 진귀한 보물처럼 올린다. 욕쟁이 할머니의 구수한 욕을 토씨 하나 틀리지 않고 올리면 더 재미있다. 그래서 이런 증거들은 마구 퍼가고 돌려진다. 이래서 대박집은 더 대박이 나는 것이다.

비단, 위의 오랜된 낡은 그릇들과 허름한 벽면뿐만이 아니라, 우리는 해당 점포의 오랜 노력과 시간이 묻어있는 도구들을 보면 다른 사람들이 줄 서 있지 않아도 방문하고 싶어지게 된다. 우리는 방송이나 인터넷상의 사진에서 작은 일식집 등에서 대를 물려서 내려온 닳은 회칼을 아직도 갈아 쓰는 대표를 보거나, 찌그러지고 낡은 양은냄비를 수십 년간 보물처럼 닦아가며 음식을 담아 내온 대표들을 보게 된다. 그런데 우리는 그분들이 다른 지역에서 새로 점포를 내서, 다른 사람들의 선택 결과들이 모여있지 않고 볼 수 없어도 그 점포를 선택하게 된다. 대표의 노력이 묻어있는 도구들 자체가, 우리에게 제공하는 제품과 서비스를 만드는 과정에서 행해진 노력을 증명해주는 더 큰 사회적 증거의 역할을 해주기 때문이다.

■ 인간은 사회적 증거에 지배받지만, 무시하기도 한다.

여러분은 내가 이 사회적 증거의 법칙의 맨 처음에서 언급한 하늘 바라보기 실험을 기억할 수 있나? 좀 더 관찰력이 있는 독자들은 3명이 동시에 하늘을 바라보며 외칠 때, 아예 신경을 쓰지 않는 시민들도 있었음을 알 수 있었을 것이다.

사회적 증거의 법칙도 마찬가지다. 인간의 모방심리를 자극하고, 무의식적인 모방행동을 하게 만드는 법칙이지만, 항상 모든 사람들에게 100% 적용되지는 않는다. 이 이야기가 의미하는 것은 무엇일까?

사회적 증거의 법칙이 작동하는 가장 근본적인 이유는 불확실성이 심해진 현실에서 대중들이 가장 효율적으로 손실을 회피하고 안전을 유지하고 싶은 심리에서 시작하는 것이다. 그렇기 때문에, 자신이 분석하기보다는 많은 사람이 선택한 결론을 무의식적으로 따르면서 자신을 보호하려고 하는 것이다.

그런데 생각해보자. 우리가 항상 다른 사람들이 줄 서 있는 맛집만 찾아가는 것은 아닐 것이다. 마찬가지로, 다른 사람들이 다 좋다고 해도 하지 않는 것들도 많다. 그때 우리는 왜 그런 선택과 결정을 했을까? 그것은 먼저 다녀간 사람들의 선택과 결론보다는 해당 점포를 운영하는 사장이나 해당 스타트업의 대표들 그 자체에 믿음이 간 경우일 것이다. 제품이나 서비스를 제공하는 사람 그 자체가 우리의 불확실성을 확실하게 해줄 증거로 작동한 것이다. 따라서 많은 사람들의 결론인 사회적 증거가 없을 경우에는 대표 자신이 줄 수 있는 노력과 신뢰를 사회적 증거로 만들어서 계속해서 보여줘야 한다. 그렇게 된다면, 해당 핸디캡 기업들은 보다 빠르게 초기 과정과 일명 캐즘 구간을 빠르게 돌파할 수 있게 될 것이다.

동대문 의류도매 상가에는 이런 속설이 있다고 한다. 동대문에서 의류매장을 성공시키려면 두 번은 망해야 하는데 그중 한 번은 자기 힘으로 일어설 수 없을 정도로 망하게 된다고 말이다. 그때 주위의 도움을 받을 수 있는 대표들은 평소 사회적 증거나 매출이 없어도, 대표 그 자체의 신뢰감이 쌓여있는 경우라고 한다.

또한, 이제 막 시작한 소상공인이나 스타트업 대표인 경우에는 오랜 노력이 묻어나는 회칼이나 낡은 탕 그릇, 또는 많은 댓글과 후기가 달린 홈페이지나 앱도 없을 수 있다. 하지만, 우리 핸디캡 기업들이 매일 고객들의 무언가를 해결하기 위해서 진정으로 고민하고 혁신하고 있다면, 우리 안에는 우리의 마음이 만드는 심리적 잔여가 쌓이게 될 것이다.

그걸, 고민 에너지로 부르든, 개선의 에너지로 부르든, 그것 역시 무조건 관찰 가능성을 높여주어야 할 것이다. 대중들은 행동은 볼 수 있어도 핸디캡 기업들의 생각을 볼 수는 없기 때문이다. 눈에 보이지는 않지만, 고객들을 위해서 무언가 증거들이 만들어지고 있는 것이니까.

그리고 그러한 심리적 잔여는 어떤 제품이나 어떤 서비스를 만들더라도 자부심으로 제품과 서비스에 입혀지게 될 것이다. 그렇게 된다면, 다음과 같은 슬로건도 길거리에 부끄러움과 거짓 없이 걸 수 있게 될 것이다. '채널 A 착한 식당에 곧 나올 맛집', '방송 3사 맛집 프로그램에 곧 나올 맛집', '중소기업청 선정 성공 스타트업에 곧 선정될 스타트업.'

요약

　사회적 증거는 우리가 생각하는 것보다 훨씬 더 강한 힘을 가지고 있다. 사회학자와 심리학자들은 오랜 기간 동안 상황에 반응하는 인간행동에 대한 연구를 진행해 왔다. 그 결과 마케팅 커뮤니케이션 측면에서도 이를 적극 활용하고자 관심을 가지게 되었는데, 이에 관한 법칙들 중에 한 가지가 바로 사회적 증거의 법칙이다.

　치알디니는 사회적 증거의 법칙이란 '다수 사람들이 행동하는 무언가는 좋아 보이고 옳게 보이며, 따라서 자신도 모르게 그것을 모방해서 따라 하는 법칙'이라고 말하고 있다. 그런데 버거는 이러한 사회적 증거의 법칙에서 관찰 가능성이라는 점을 추가로 강조하고 있다. 즉, 인간은 자신이 볼 수 있는 것들만 모방할 수 있으며, 보지 못하면 다수가 행동했어도 따라 할 수 없다는 것이 주요 내용이다. 따라서 마케팅 커뮤니케이션 측면에서 이 사회적 증거의 법칙을 적용하려면, 많은 사람들의 선택과 행동을 계속 볼 수 있게 만들어야 계속적인 모방행동이 발생할 수 있다.

　그렇다면 사회적 증거의 관찰 가능성만 높여주면, 많은 사람들이 보고 따라 하게 되는 모방의 속도와 강도는 차이가 없는 것일까? 치알디니는 대중들의 모방심리가 작동할 경우에 그것을 중요하게 만들어 줄 수 있는 요인으로 다음의 두 가지를 언급하고 있다. 첫째는 '상황의 불확실성'이고 둘째는 '상황의 유사성'이다. 즉, 정보와 시간이 부족해서 선택해야 할 '상황의 불확실성'이 높아지거나, 자신과 유사성이 높은 사람들이 많이 선택한 것을 보게 되어서 '상황의 유사성'이 높아지면 사람들은 사회적 증거의 법칙에 더 의지해서 선택하고 행동하게 된다고 말하고 있다.

그런데 핸디캡 기업에게 있어서 사회적 증거를 만들고, 관찰 가능성을 높이는 것은 간단한 일이 아니다. 왜냐하면, 핸디캡 기업들은 아직 낮은 인지도와 소수의 고객들만을 가지고 있고, 온/오프라인상에서 사람들에게 많이 관찰되는 공간은 높은 비용을 요구하고 있기 때문이다. 따라서 핸디캡 기업들이 사회적 증거를 만들고 관찰 가능성을 높이기 위해서는 핸디캡 기업만의 방법이 필요하다. 이 방법에는 크게 세 가지가 있다.

첫째는 '행동적 잔여'를 만들어주는 것이고 둘째는 '가치 참조처'를 만드는 것이며, 셋째는 '대표 자신의 증거화'를 실행하는 것이다. 행동적 잔여를 만든다는 것은 처음부터 온/오프라인의 특정 공간을 사용하지 않고, 대중들의 힘을 빌려서 관찰 가능성을 높이는 것이다. 즉, 핸디캡 기업들이 자사 상품에 행동적 잔여를 만들어 놓고, 대중들로 하여금 몸에 지니고 다니면서, 다른 사람들이 그것을 자주 볼 수 있게 만들어 주는 것이다. 이렇게 대중들이 특정 기업의 상품에 담긴 행동적 잔여를 항상 자신의 몸에 지니고 노출할 수 있게 해준다면, 핸디캡 기업들은 추가비용 없이 구매고객들이 행동하는 모든 공간에서 노출 가능성을 극대화 할 수 있게 된다. 그리고 그러한 노출 가능성의 극대화는 자연스러운 입소문 효과를 만들어 줄 수 있게 된다.

두 번째 방법은 가치 참조처를 만들어서 자신의 사회적 증거로 사용하는 것이다. 이것은 처음부터 대중들의 힘을 빌리는 것이 아니라, 시장을 작게 쪼깨는 것으로 시작하는 것이다. 즉, 단시간 내에 소규모 평가기관이나 소규모 시장의 고객들에게 상위평가를 받아서 그것을 자신의 가치 참조처로 삼고, 계속해서 대중들에게 알려주는 것을 말한다. 네이버가 아닌 랭키닷컴의 상위랭킹에 포함되도록 하거나, 경쟁자도 없지만, 충분한 수요도 없을 정도의 마이크로 시장을 선택한 후에, 그 안에서 상위 평가를 받도록 힘을 기울이는 것이다. 중요한 점은 핸디캡 기업이 이 방법을 실행할 경우에는 매출이 목적이 아닌, 가치 참조처를 만드는 것을 목적으로 해야 한다는 점이다. 시장의 크기를 극소화해서, 작은 비용으로 짧은 시간 안에 가치 참조처를 만들어야만 대중들에게 그것을 사회적 증거로 반복해서 보여주고 알려나갈 수 있기 때문이다.

세 번째 방법은, 회사 대표 자신이 사회적 증거가 되는 것이다. 즉, 소상공인이나 스타트업의 대표 자신이 반복되는 노력과 고민의 행동적/심리적 잔여를 고객들이 볼 수 있도록 가시화하고 표현하는 것이다. 대중들의 힘을 빌리기도 어렵고, 시장을 작게 쪼개서 가치 참조처를 만드는 것도 어려울 때는 대표 자신이 사회적 증거가 되어야 한다. 소상공인들의 경우에는 손때 묻은 오래된 탕 그릇이나, 일식집의 낡은 회칼처럼, 대표의 반복된 노력이 담긴 물건들을 고객들이 볼 수 있게 해주고 유지하는 것이 그 방법이 될 수 있다. 스타트업들의 경우에는 고객들의 댓글이나 구매후기가 쌓이기 전에, 자신이 고객들을 위해서 얼마나 준비하고 노력하는지 그 과정이 담긴 기록들과 정보들을 지속적으로 노출하는 것이 그 방법이 될 수 있다. 왜냐하면, 대중들은 핸디캡 기업의 행동은 볼 수 있어도 핸디캡 기업의 생각을 볼 수는 없기 때문이다. 눈에 보이지 않았던 증거들을 고객들을 위해서 가시화 하는 것이 필요하다.

자료출처

그림 1. EBS에서 방송한 인간의 두 얼굴 중에서 하늘바라보기 실험 http://www.youtube.com/watch?v=hqF7WwFETx4

그림 2. EBS에서 방송한 인간의 두 얼굴 중에서 상황의 힘에 대한 국내외 전문가들의 의견 http://www.youtube.com/watch?v=hqF7WwFETx4

그림 3. N서울타워의 철망에 걸려있는 수많은 자물쇠들 http://tournote.net/20183322639

그림 4. 고라파덕 퀴즈 내용과 고라파덕 사진 http://en.seoul.co.kr/news/newsView.php?id=20140205500065

그림 5. 카카오톡 친구 프로필이 모두 고라파덕 사진으로 바뀐 모습 http://www.ajunews.com/view/20140205092637982

그림 6. 네이버에 고라파덕 검색 시 나오는 자동 검색어들 www.naver.com

그림 7. Js texas bar의 입구와 내부 사진 http://blog.naver.com/kaie1011?Redirect=Log&logNo=30168993485

그림 8. 스타쉐프 술집 입구와 내부사진 http://blog.naver.com/papa282?Redirect=Log&logNo=110176601156, http://blog.naver.com/act0629?Redirect=Log&logNo=100203416729

그림 9. 네이버 메인화면에 보이는 실시간 급상승 검색어 창 www.naver.com

그림 10. 네이버 카페 메인 화면 http://section.cafe.naver.com

그림 11. 네이버에 김연아를 검색한 결과화면 http://search.naver.com/search.naver?where=nexearch&query=%EA%B9%80%EC%97%B0%EC%95%84&sm=top_hty&fbm=1&ie=utf8

그림 12. 여성들을 위한 일본의 햄버거 포장지 http://news.khan.co.kr/kh_news/khan_art_view.html?artid=201311041825151&code=970211

그림 13. 미국 인기 드라마 섹스앤더시티의 한 장면 http://isao76.egloos.com/viewer/2316353

참고문헌

경향신문 디지털 뉴스팀 (2013), "여성을 위한 햄버거 포장지 '독특한 아이디어', " 2013년 11월4일, http://news.khan.co.kr/kh_news/khan_art_view.html?artid=201311041825151&code=970211

네이버에 고라파덕 검색 시 나오는 자동검색어들 (2014), www.naver.com

네이버 메인 화면에 보이는 실시간 급상승 검색어 창 (2014), www.naver.com

네이버 카페 메인화면 (2014), http://section.cafe.naver.com

네이버에 김연아를 검색한 화면 (2014), http://search.naver.com/search.naver?where=nexearch&query=%EA%B9%80%EC%97%B0%EC%95%84&sm=top_hty&fbm=1&ie=utf8

서울신문 연예팀 (2014), "고라파덕 프로필 사진, 문제 맞혀도 강제로 바꿔야 하는 이유 '멘붕'," 서울신문, 2014년 2월5일, http://en.seoul.co.kr/news/newsView.php?id=20140205500065

Sweet honey, sweet story 블로그 (2014),"도곡동 맛집-스타쉐프," 2013년 9월25일, http://blog.naver.com/papa282?Redirect=Log&logNo=110176601156

승순이의 주부놀이 블로그 (2014), "스타쉐프 + 봄베이 사파이어," 2014년 1월 11일,http://blog.naver.com/act0629?Redirect=Log&logNo=100203416729

EBS 다큐프라임 (2008), Docuprime, 인간의 두 얼굴 제1부 상황의 힘, 2008년 8월11일, http://www.youtube.com/watch?v=hqF7WwFETx4의 화면캡쳐

Egloos의 블로그 (2012), "왜 옛날 애플노트북의 로고는 뒤집어진 모양이었을까?," 2012년 5월, http://isao76.egloos.com/viewer/2316353

최승현 (2014),"고라파덕 프로필 사진 점령 '하룻밤 사이에 이게 무슨 일'?," 아주경제, 2014년 2월5일, http://www.ajunews.com/view/20140205092637982

Tournote 블로그 (2013), "남산N서울타워 사랑의 자물쇠/남산 순환버스노선,"

2013년 3월22일, http://tournote.net/20183322639의 화면캡쳐

행복한 사람 블로그 (2013)," 청계광장 맛집 JS텍사스바(칵테일, 맥주)," 2013년 5월31일, http://blog.naver.com/kaie1011?Redirect=Log&logNo=30168993485

Berger, Jonah (2013), "Contagious: Why Things Catch on," Simon & Schuster.

Cialdini, Robert B (2008)," Influence: Science and Practice," Allyn & Bacon.

감동적 경험의 법칙
Touching Experience

그림 1. 스티브 잡스

"Make a dent in the Universe. 우주에 흔적을 남기자."

스티브 잡스Steve Jobs가 애플 초기부터 직원들에게 반복해서 말했던 비전이다. 이 짧은 문장 하나가 애플 직원들의 마음에 불을 붙이고, 한 곳으로 힘을 모으게 해주었다. 이처럼 감동을 주는 커뮤니케이션은 이성적 분석과는 달리 사람들로 하여금 직접적인 행동을 이끌어낸다. 잡스는 이와 같은 감동을 주는 커뮤니케이션을 대기업 사장의 애플 영입에도 사용하였다.

1983년 28세였던 잡스는 당시 펩시콜라 사장이던 존 스컬리John Scully를 영입하려고 몇 달 동안 쫓아다녔다. 끈질긴 노력에도 불구하고 대기업 사장 스컬리가 관심을 갖지 않자, 잡스는 이렇게 마지막 승부수를 띄운다.

"남은 인생을 평생 설탕물이나 팔면서 살 겁니까? 아니면 나와 함께 세상을 바꾸겠습니까?"

이 한마디로 마음이 크게 움직인 스컬리는 애플에 합류하게 되고 애플 초기 마케팅에 큰 기여를 하게 된다. 이처럼 사람들은 논리적 분석보다 감동적인 경험을 했을 때 행동으로 실행하는 경우가 많이 있다.

그렇다면, 사람들은 왜 감동적 경험을 통해 즉각적인 행동을 일으키게 되는 것일까? 이에 대한 분석을 위해서 먼저 한 가지 질문을 하고 싶다. 당신은 감동과 감정이라는 단어의 차이를 아는가? 감동적 경험의 법칙에 대한 정확한 이해를 위해, 먼저 두 단어의 차이를 정확히 알아야 한다. 사전적 의미부터 보겠다.

감동(感動) - 크게 느끼어 마음이 움직임
감정(感情) - 어떤 현상이나 일에 대하여 일어나는 마음이나 느끼는 기분.

감동은 감정이 선행되는 종합적인 결과다. 사람들은 한 가지 감정에 자극받아서 감동에 이르기도 하지만, 두 가지 이상의 감정에 복합적으로 자극받아서 감동에 이르기도 한다. 감동적 경험의 법칙은 사람들은 언제 어떠한 감정을 느끼는가에 대한 감동적 커뮤니케이션의 연구이다.

우리는 언제 감정을 느끼는가? 일상적 표현을 통해서 그 시작점을 살펴보자. 우리는 "감정이 살아 있다. 감정이 상했다. 감정표현을 좀 해라. 넌 참 감정표현을 잘한다. 감정적으로 말하지 말아라. 넌 너무 감정적이야" 등의 표현에 감정이라는 단어를 사용한다. 이렇게, 우리는 자신이 소중히 여기는 대상에 자극이 가해졌을 때 감정이 생성되고, 그것을 위의 예문들과 같이 표현하거나 감추거나 적극적으로 주위에 전달한다. 우리의 감정은 우리가 소중히 여기는 내면의 그 무엇에 대한 것과 항상 연결되어서 작동한다고 볼 수 있는 것이다.

우리는 어떤 것들을 소중하게 생각하고 있을까? 우리가 소중히 생각하는 것은 물질적인 것도 있지만, 그보다는 정신적인 가치나 신념 등의 내면적 가치들도 있다. 우리는 성실, 노력, 약속, 도전, 용기, 혁신, 정직, 인내, 극복, 사랑, 착함, 나눔, 정, 소통, 공정함, 소망, 희망, 가족 등의 내적인 가치를 소중하게 생각한다.

예를 들면, 우리는 남녀노소 국적을 불문하고 스포츠를 즐긴다. 선수들의 도전에는 이윤추구가 아닌 순수한 내면적 가치가 있다고 믿기 때문이다. 그래서 특별한 홍보가 없어도, 스포츠 선수들의 관련기사는 많이 공유되는 분야 중 하나다. 그리고 스포츠를 '각본 없는 드라마'라고 생각하기 때문에 승부 조작 같은 부정이 밝혀지면 더 큰 배신감과 분노를 느끼는 것이다.

사람들은 이윤추구를 기본으로 하는 기업들에게는 가치공유에 대해 큰 기대를 안 한다. 기업들은 성장을 목표로 경영을 하며, 과정보다는 효율을 중시하기 때문에, 소비자들의 내면적 가치를 고려한 마케팅에 소홀했기 때문이다. 그러나 최근에 글로벌 기업부터 커다란 변화의 바람이 불고 있다. 마케팅의 주도권이 고객들에게 이전되면서 편익 위주의 소구만으로는 고객들의 마음을 얻기가 힘들어졌기 때문이다.

본 저술이 핸디캡 기업을 위한 마케팅 지침서이긴 하나, 나는 감동적 경험의 법칙에 대한 빠른 이해를 돕고자 글로벌 기업들의 감동 마케팅 사례를 먼저 소개하고자 한다. 그다음, 핸디캡 기업들에서 감동의 법칙이 어떻게 적용되는지 살펴보겠다.

■ Google, 소년의 꿈을 들어주다.

구글은 모두가 알고 있듯이 글로벌 초일류 IT기업이다. 검색 서비스로 세계인의 사랑받고 있으며, 최근에는 로봇산업, 웨어러블 컴퓨팅, 자동차분야에까지 진출하면서 '사물인터넷IoT, Internet of Things'를 넘어 '만물 인터넷IoE Internet of Everything' 분야의 주도권을 강화하고 있다. 구글의 사업들은 IT에 기반을 두고 확장되어 나가고 있으며, 이런 이유로 구글의 제품과 서비스들은 다소 이성적인 소구에 적합한 태생적 특징을 갖고 있다. 그럼에도 불구하고 구글은 자신들의 강점을 활용한 감동적 경험 전달을 위해 노력하고 있다.

2013년 6월, SBS SNBC 기사에 따르면, 오클랜드 어슬레틱스 대 뉴욕 양키스의 메이저리그 경기 시구는 캔자스시티에 사는 14세 소년 '닉 르그랜드Nick LeGrande'가 하기로 되어 있었다. 닉으로선 평생 소원인 '메이저리그 시합에서 시구'를 현실화하는 뜻 깊은 자리였다. 그런데 닉은 경기장에 올 수 없었다.

닉은 '재생불량성 빈혈aplastic anemia'을 앓고 있는 희귀병 환자로, 면역체계가 약했다. 이 때문에 그는 경기장은 물론 집 밖에 나가는 것조차 불가능했다. 더구나 그가 살고 있는 캔자스시티와 오클랜드 콜리시움 야구장은 2,900km나 떨어져 있었다.

닉의 소원을 우연히 들은 구글은 닉을 위해 나섰다. 구글은 그들이 개발한 원격조정 '투구로봇pitching machine'을 닉에게 맞춰 주었다. 이 로봇을 이용하면, 닉이 집에서 행한 투구와 동일하게 야구장에 갖다 놓은 로봇이 공을 던지는 것이었다. 경기 당일, 닉은 실제 야구 마운드와 똑같이 연출된 집안에서 공을 던졌다. 공을 던지는 매 순간, 닉의 투구의 모든 물리적 변수가 실시간으로 입력되어 이를 전송받은 야구장의 시구로봇은 닉과 똑같은 동작, 속도, 궤적으로 공을 던졌다. 마치 닉이 구장에서 던지듯이.

이 장면은 유튜브를 타고 전 세계로 퍼져 나갔다. 닉에게는 소원을 들어준 이벤트였지만 구글에게는 돈으로도 살 수 없는 좋은 기업이미지를 안겨 주었다. 차갑게 느껴질 수 있는 IT 기업에도 따뜻한 피가 흐르고 있다는 감동을 전달한 성공적인 이벤트였다.

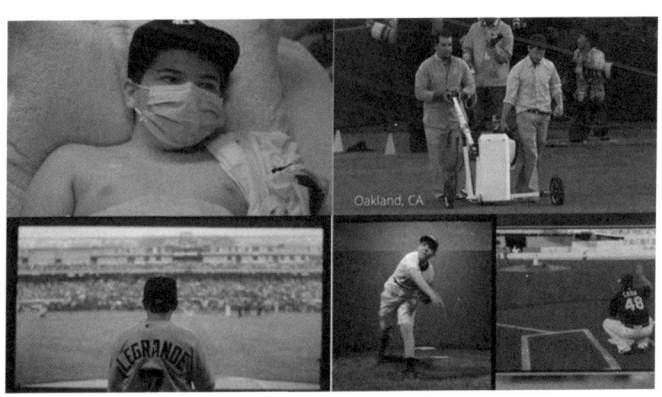

그림 2. 구글의 도움을 받은 닉의 시구 모습

구글이 전달한 감동은 소년의 내면적 가치를 도우며 구현된 것이다. 불치의 병으로 집 안에서만 살아야 하는 불쌍한 어린 소년이 이루고 싶던 내면적 가치는 소망, 용기, 도전, 소통이었을 것이다. 이러한 다양한 내면적 가치들이 구글의 로봇 기술과 접목하여 현실적 제약들을 극복해 낸 것이다. 이 과정은 사람들의 다양한 감정들을 자극했고, 사람들은 함께 감동하고 열광한 것이다.

구글은 이러한 감동 마케팅을 통해서 최첨단 IT기업이라는 기술 선도적 이미지를 더욱 강화했음은 물론, 인간이 소중하게 생각하는 가치를 먼저 생각하는 기업이라는 사회적 공헌 이미지까지 높일 수 있었을 것으로 생각한다.

■ 아~ 잡스

이제는 고인이 된 잡스. 아직도 전 세계에는 그를 기리는 팬들이 있다. 나도 그중 한 사람이다. 잡스가 세상을 떠나던 날, 나는 한국의 한 네티즌이 올린 댓글을 아직도 기억한다. "잡스, 세상과 log off 하다." 잡스의 생을 고스란히 담고 있는 댓글이었다. 잡스는 사람들의 마음속에 끊임없는 혁신과 도전의 아이콘으로 감동과 기쁨을 주었다. 잡스는 어떻게 우리의 우상이 되었을까?

잡스가 사람들에게 전달해 준 것은 컴퓨터나 스마트폰만이 아니다. 잡스는 자신의 제품을 통해서 혁신과 도전이라는 인간의 내면적 가치를 전달했던 것이다. 잡스가 전달한 인간의 내면적 가치는 우리 마음속에 다양한 감정을 불러일으켜서 큰 감동을 주었다. 이를 통해 사람들은 애플과 잡스를 평범한 글로벌 기업이자 기업인이 아닌 도전과 혁신의 상징으로 여기게 된 것이다.

잡스의 감동마케팅은 애플의 첫 광고부터 시작되었다. '조지오웰 George Orwell'의 1984를 풍자한 애플의 광고는 1984년 1월 슈퍼볼 시간에 1분 동안 단 1회 광고했음에도 불구하고, 이후 모든 뉴스들이 반복적으로 방영했을 정도로 큰 반향을 일으켰다. 컴퓨터 광고이지만, 컴퓨터의 특장점이나, 사용시 소비자가 느끼게 되는 편익들에 관한 이야기는 단 1초도 등장하지 않는다. 소비자들의 감정에만 호소한 것이다.

당시 컴퓨터업계의 시장 지배자 IBM을 마치 소비자들을 장악하는 빅브라더로 묘사하고, 애플의 매킨토시는 혁신과 변화의 아이콘으로 소개하는 광고였다. 1984년, 획일화, 통제된 사회에서 매킨토시는 인간의 본성을 회복시켜 주고 사고의 자유를 준다는 강한 메시지가 실렸다. 마지막에 자막으로 한 말을 의역해 보면, "1월 24일 매킨토시가 당신을 만납니다. 그러면 당신은 우리가 살아가는 1984년이 왜 조지 오웰이 이야기한 '1984년'과 다른지를 아실 수 있습니다."

그림 3. 애플의 매킨토시 1984년 1월 광고

이처럼 2013년 6월의 구글의 로봇시구 마케팅과 애플의 1984년 1월 매킨토시 광고는 30년 가까운 시간적 거리를 가지고 있음에도 불구하고, 두 기업 모두 제품의 특장점 또는 구매자가 얻게 될 편익은 전혀 언급하지 않고, 오로지 사람의 내면적 가치만을 자극함으로써 감동 마케팅에 성공한 것이다.

■ 니네들 광고 맞니?

최근에는 한국에서도 소비자들의 내면적 가치만을 겨냥한 감동마케팅을 자주 볼 수 있다. 이 광고들은 광고라기보다는 하나의 감동적인 스토리를 보는 것 같아 나올 때마다 채널을 돌리지 않게 된다. 그런데 필자 개인적으로는 위에서 언급한 구글의 시구로봇 광고보다, 2013년 현대자동차의 '더 브릴리언트 사운드the brilliant sound' 프로젝트 영상 광고에서 더 많은 감동을 받았다. 현대차의 광고는 청각장애 학생인 방대한 군의 실화를 바탕으로 제작되었다.

'4분 28초의 기적'이라는 이름으로 진행된 이 TV CF는 귀가 들리지 않는다는 것을 주위 사람들이 알지 못하게 하기 위해서 하루 종일 헤드폰을 끼고 다니는 사춘기 학생의 이야기다. 모든 것에 예민할 나이 사춘기. 방군은 주변 사람들이 자기가 청각 장애인이라는 것을 아는 게 싫었다. 그래서 하루 종일 소리도 나지 않는 빈 헤드폰을 끼고 다녔다. 이 소년을 위해서 자동차 기업이 해줄 수 있는 것은 과연 무엇이었을까?

현대자동차는 서강대학교 영상대학원 송은성 박사와 함께 청각장애인들도 진동만으로 음악을 들을 수 있게 해주는 '터처블 뮤직시트

touchable music seat'를 개발했던 것이다. 칠판에 쓰여진 글을 보고 대한이는 음악실로 찾아가게 되는데, 거기에는 쏘나타 터처블 뮤직시트와 아버지, 그리고 친구들과 개발진이 함께 자리하고 있었다. 대한이는 아버지의 권유로 자신의 숨겨진 아픔인 헤드폰을 벗고 의자에 앉게 된다.

그림 4. 현대자동차의 '4분 28초의 기적' 광고

의자에 앉아 헤드폰을 벗은 대한이는 태어나서 처음으로 음악의 아름다움을 느낀다. 아버지는 수화로 말한다. "들리니?", "대한아, 그게 음악이라는 거야." 이 광고는 여기서 더 나아가 더 많은 농아학교에 쏘나타 터처블 뮤직시트를 설치해 주기 위한 켐페인을 전개했다.

그림 5. 현대자동차의 쏘나타 브릴리언트관 선물 이벤트

그렇다면, 현대자동차의 감동마케팅을 통해서 우리는 어떤 내면적 가치를 자극받고 다양한 감정들을 느끼게 되는 것일까? 위 광고는 우리들에게 극복, 도움, 나눔, 등의 내면적 가치를 자극해 주고 그로 인한 감정적 효과와 감동을 만들어 냈다고 할 수 있다. 이처럼 인간의 내면적 가치들을 다양하게 자극해서 감정을 불러일으키는 감동마케팅은 또 다른 고유한 강점을 가지고 있다. 그것은 바로, 메세지를 접하는 사람들로 하여금, 다양한 감정을 갖게 해줌과 더불어 다양한 해석을 가능하게 해준다는 점이다.

최근 현대자동차는 '더 브릴리언트 사운드 the brilliant sound' 프로젝트 영상 광고를 중심으로 소비자들에게 감동을 주는 다양한 감동마케팅을 지속적으로 실행하고 있다. 위의 광고를 직접 제작한 현대자동차 국내 광고팀 유지영 차장은 '세상을 바꾸는 시간, 15분'이라는 TV 프로그램을 통해서 감동마케팅 광고를 제작하게 된 과정과 의미를 직접 설명하고 있다. 필자의 분석처럼 광고를 직접 제작한 유지영 차장 역시, 우리가 보여주고 싶은 자동차가 아니라, 사람들이 자동차를 통해서 느끼고 싶은 감정에 초점을 맞추어 제작했다는 의견을 발표하였다. 이것은, 이제 소비자들이 다양한 감정을 자극해서 감동을 만들어 줄 때 가장 빨리 행동을 하고 싶어 하기 때문일 것이다.

이번에 살펴볼 아시아나 항공의 'FLY to 깨달음'이라는 광고 역시 이와 같은 소비자들의 감정 이입에 성공한 사례다.

"당신은 무엇을 찾기 위해 떠나 십니까?"라는 카피만 담겨있는 이 'FLY to 깨달음' 광고는 네티즌들의 뜨거운 호응을 얻었다. 왜냐하면, 이 광고는 인간의 내면적 가치들 중에서 두 가지를 집중적으로 조명함으로써 여러 가지 감정을 불러일으키고 있기 때문이다

그림 6. 아시아나 항공의 FLY to 깨달음 광고

즉, 인간이라면 소중히 여기는 여러 가지 내면적 가치 중에 두 가지인 용기, 독립심이라는 내면적 가치를 집중적으로 자극함으로써 그와 관련된 감정들을 불러일으키고 있다.

늘 누군가와 함께하는 게 익숙했고
늘 누군가에게 기대는 게 편했습니다.
하지만, 혼자 떠나 보니 이제야 알 것 같습니다.
나는 내가 생각하는 것보다 씩씩한 사람이란 걸

그런데 아시아나 항공은 2013년에도 '다짐'이란 주제의 광고로 감성을 소구 했지만 'FLY to 깨달음'처럼 감동을 주지는 못했다. 그것은 2013년 광고 안에는 내면적 가치를 자극하는 감정의 요소가 부족했기 때문이다. 2013년 CF에 쓰인 멘트를 자세히 비교해서 살펴보면, 어떤 차이가 있는지 알 수 있다.

"안녕하십니까?", "안녕히 가십시오."
저희가 고객분들께 가장 많이 하는 말입니다.
언제나 그 의미를 생각하며 정성을 다하겠습니다.

두 광고 모두 감정을 향해 소구하는 광고지만, 2013년 광고는 항공사 서비스 중 정성이라는 키워드 하나를 다짐하겠다는 방향으로 소구했다. 하지만, 2014년 FLY to 깨달음 광고는 인간의 내적인 가치들을 모두 겨냥해서 각각이 불러일으키는 다양한 감정들로 감동을 전달하고자 한 것이다.

같은 회사의 같은 감동마케팅인데, 2013년 광고와 2014년 광고의 가장 큰 차이점은 무엇일까? 그 차이점은 바로 아시아나 항공이 여러 언론을 통해서 밝힌 2014년 광고 모토에 담겨있다. "아시아나 항공은 '고객이 듣고 싶어하는, 고객이 공감할 수 있는 광고'를 모토로, 여행 자체의 경험을 감성적으로 전달하기 위해서 'FLY to' 캠페인을 실시하고 있다."

즉, 큰 틀에서 볼 때 아시아나 항공의 'FLY to 깨달음'의 광고는 앞에서 언급한 현대자동차 국내 광고팀 유지영 차장의 발표내용과 공통점이 많다는 것을 알 수 있다. 유지영 차장 역시 "우리가 보여주고 싶은 자동차가 아니라, 사람들이 자동차를 통해서 느끼고 싶은 감정에 초점을 맞추어 제작했다"는 의견을 밝혔기 때문이다. 그러므로 이제 기업의 마케팅 커뮤니케이션은 기업이 자사의 상품에 대해 생각하고 있는 것에 초점을 맞추는 것이 아니라, 소비자가 상품을 통해서 느끼고 싶은 감정에 초점을 맞추어야 하는 시대가 된 것이다.

그렇다면, 예전에는 이와 같은 감동마케팅을 적용한 마케팅 커뮤니케이션이 없었을까? 그렇지 않다. 우리는 오래전부터 상품 자체의 장점보다는 인간의 내면적 가치를 강조하는 광고들을 보아왔다. 동아 제약의 박카스는 여자친구의 '밤 10시 통금시간'을 지키기 위해, 여자친구 손을 잡고 뛰어서 집에 바래다주는 광고를 보여주었다. 박카스는 상품에 집중하지 않고, 약속과 신뢰라는 인간의 내면적 가치에 집중한 것이다. 또한, 러시아의 국민 간식이 된 초코파이는 상품에 '정'이라는 가치 부여를 했다. 그래서 나눔과 소통이라는 인간의 내면적 가치를 자극함으로써, 다양한 감정들을 전달하고 큰 성공을 한 것이다.

가까운 일본에서는 폭풍으로 인해 유명해진 사과가 있으니, 바로 합격사과이다. 1991년 일본 아오리현은 잇따른 폭풍으로 인해서 재배한 사과의 90%를 버려야 하는 상황에 놓이게 된다. 그런데 모두가 포기하고 있던 그 순간에도, 나뭇가지에서 떨어지지 않고 끈질기게 매달려 있는 10%의 사과를 팔아보려는 농부가 한 명 있었다. 이 농부는 폭풍처럼 엄청난 상황 속에서도 떨어지지 않고 끈질기게 매달려 있던 사과와 인간의 내면적 가치 중에서 끈기를 연결시켜서 대중들에게 새로운 감정을 불러일으켰다.

이 사과들은 합격사과로 재포장되어 수험생들에게 판매되었다. 합격사과는 엄청난 입소문과 내재된 의미에 힘입어 일반사과보다 훨씬 높은 가격에 팔려나갔고 농부는 태풍의 손실을 보전하고도 남을 만큼의 큰 수익을 얻었다. 이 합격사과는 입소문에 입소문을 타고, 우리나라에도 전해졌고 이제는 우리나라에서도 매년 수능 시즌에 태풍을 이겨낸 한국산 합격사과가 판매되고 있다.

그림 7. 한국까지 입소문이 퍼진 합격사과

'칩 히스와 댄 히스Chip Heath and Dan Heath'는 '스틱made to stick'에서 "대중들이 기업의 상업적 메시지를 각별하게 여기도록 하려면, 인간이 오래전부터 소중히 여기고 있는 내면적 가치들과 철저히 연결해서 감정을 자극하라"고 했다(Heath, 2007). 그들은 "욕구와 가치에 관한 매슬로우 욕구 5단계설은 심오하고 통찰력이 넘치지만, 인간의 가치와 욕구를 계층으로 규명하는 실수를 저질렀다"고 주장했다.

"매슬로우는 낮은 단계의 욕구를 채우는 데는 단계적 순서가 있다고 보았지만, 후속 연구들을 살펴보면 인간은 이러한 가치욕구들을 동시에 만족시키고 싶어하며, 가치욕구들 간에는 겹치는 구간들이 있다"는 것이다.

'스틱'에서 사례로 나온 것처럼 병사들의 생리적 욕구인 식사를 책임지는 식사담당자도 "나는 병사들의 사기를 책임지는 서비스를 제공한다"라고 생각함으로써 더 감동적인 입소문 메시지를 만들 수 있다. 이 주장이 핸디캡 마케터에게 중요한 이유는, 자사의 제품이나 서비스를 이전보다 더 높은 차원의 가치욕구와 연결함으로써, 사람들이 핸디캡 기업의 메시지를 더 각별하게 여기고 행동으로 옮기게 할 수 있다는 것을 의미하기 때문이다.

또한, 이승일은 "우리가 진짜로 상품과 서비스를 통해 소비하는 것은 점점 감정적 가치로 가고 있다"고 언급했다. 그는 이를 '감정 가치화'라고 하면서, "미래에는 감정 경험이 상품가치를 결정할 가능성이 높기 때문에, 미래 상품가격은 소비자가 경험하는 긍정적 경험의 총합이 될 것"이라고 정의했다(이승일, 2014).

이와 같은 시대의 변화는 핸디캡 마케터들에게 새로운 기회를 제공한다. 이제는 소비자들이 자신의 내면적 가치를 존중해주는 마케팅을 원하고 있기 때문이다. 대기업들은 이미 막대한 비용을 투입해서 대중들의 머릿속에 감동마케팅의 고속도로를 설치하고 있다. 핸디캡 기업들은 이렇게 잘 정비된 감정의 고속도로를 적극적으로 활용해야 한다. 그렇게 하기 위해서는 먼저, 자신의 상품과 연결 가능한 인간의 내면적 가치들을 다양하게 찾아내야 한다. 그래야, 그것이 불러일으키는 감정들을 대기업들의 고속도로를 빌려서 소구함으로써, 고객들과 자사 상품들을 더 효과적으로 연결할 수 있게 되는 것이다.

■ '착한 식당'으로 지정하는 것을 거부합니다.

닭갈비가 맛있어 봤자 얼마나 맛있을까? 한 블로거는 반신반의 하면서 파주의 한 닭갈비 집을 찾았다.

그는 얼마 전 지인의 SNS에서 파주에 있는 한 닭갈비 집에 대한 이야기를 접했다. 이 집은 그냥 닭갈비 집이 아니란다. 정말로 좋은 국산 재료만 사용하고, 특히 MSG를 전혀 사용하지 않는단다. 이 집이 전국적으로 입소문이 난 이유는 얼마 전 먹거리 X파일의 착한 식당으로 지정하겠다는 제의를 거절하고 나서란다. 이유인 즉, 방송에 나가면 사람들이 너무 많이 오게 되고 그러면 서비스가 나빠질까 봐 그랬단다.

블로거는 방송을 거부해서 유명해진 이 집이 너무나도 궁금했다. 얼마나 맛있길래? 아니면 근자감인가? 그가 맛집을 갈 때는 한 가지 원칙이 있다. 점심이나 저녁 시간을 약간 비껴서 가기, 그래야 오래 기다리지 않는다. 밥때를 약간 늦추면 허기가 고조되어 음식의 한계효용도 올라가니 일석이조다. 파주 '춘천 정통 닭갈비'집을 찾는 데는 별로 어려움이 없었다. 워낙 유명한 집이라 여러 블로그에 가는 길이 잘 설명되어 있었다.

이 집은 첫 만남부터 비범함을 보여주었다. 긴 대기표. 점심시간이 훨씬 지났음에도 불구하고 그는 30분이나 기다렸다. 그렇지만 내심 설레였다. 기다림이란 진정한 맛집만이 가지고 있는 사회적 증거니까. 식사시간이 지났음에 불구하고 30분을 기다려야 한다는 것은 정말로 맛있다는 증거다. 드디어, 입장. 메뉴판 밑에 눈에 확 띄게 화학조미료를 사용하지 않는다고 써 놓았다. 닭갈비 양념에는 원래 발암가능물질로 알려진 캬라멜 색소가 들어간 콜라와 인공첨가물이 들어간 카레가루가 들어가야 맛이 난다. 여기에 감칠맛을 더해주는 MSG가 들어가면 맛이 완성되는 것이다. 그런데 이런 것들이 하나도 안 들어간단다.

2인분을 시키자 춘천에서 공수해 온다는 닭갈비 네 조각이 가스 불에 달궈지고 있는 무쇠 철판 위에 올려졌다. 올려진 닭갈비는 2일 동안을 숙성시켰단다. 닭고기가 어느 정도 구워지니 양념장과 양배추를 투입한다. 다른데선 고기와 양념, 야채 모두를 한 번에 투하해 볶는다. 이곳의 특징은 물과 기름을 사용하지 않고, 야채의 수분과 닭갈비에서 배어 나온 기름만으로 볶는 것이란다. 거의 다 볶아지면 그 위에 깻잎을 놓고 다시 한 번 더 볶아준다.

닭갈비부터 먹어봤다. 깻잎향이 은은하게 배어나와 첫 미각을 은은하게 자극하다가 매운 감칠맛이 입안을 황홀케 한다. 프라이팬에서 볶은 고기맛은 마치 석쇠에 구운 것처럼 담백하고 깔끔했다. 양배추는 숨이 안 죽을 정도로 볶아져 아삭한 맛이 살아있었다. 이런 느낌은 아마도 이곳의 독특한 조리법 때문인 것 같다. 대만족이었다.

이곳의 음식을 먹고 나니 정말로 정직한 재료로 좋은 음식을 제공하는 곳이라는 느낌이 확 들었다. 거기에 하나 더, 식당 종업원들의 정성 어린 서비스는 정말로 감동적이었다. 주인아주머니가 왜 방송을 거부

했는지 이해가 되었다. 블로거도 이 식당에서의 경험을 SNS에 공유했다. 나중에 물어보니, 필자에게 이 식당의 정보를 공유한 지인도 그와 유사한 감동을 느꼈다고 한다. 감동이 공유욕구를 자극한 것이다.

여기서 우리는 과연 어떤 내면적 가치를 자극받아서 감정들이 일어나고 결과적으로 다른 사람에게 전달하고 싶을 정도의 감동을 받게 된 것일까?

먼저, 이 맛집은 방송을 거부하고, 지금 오는 손님들의 수를 늘리지 않고 만족도를 유지하는 쪽을 선택한 식당이다. 이것은 인간의 내면적 가치 중에서 자기존중의 가치욕구 중 독립성의 가치를 보여준다. 다른 힘에 의존하지 않고도 품질을 지켜나가기 위해서 지금처럼 열심히 해나가겠다는 성실과 고집의 가치도 전달된다.

또한, 직접 음식을 먹고 나니 정말로 인공첨가물들을 쓰지 않는 정직한 재료라는 것을 확인할 수 있었기 때문에, 이 닭갈빗집은 약속을 지키는 정직이라는 가치와 신뢰라는 가치를 보여 준 것이다. 오랫동안 숙성시키는 닭갈비에서는 인내의 가치를 전달받고, 한꺼번에 투하하지 않는 재료는 번거롭지만 성실하게 운영되는 가치를 전달해준다.

이처럼, 우리는 정성이 담긴, 제대로 된 음식을 만나게 되면 그 안에서 이 음식을 만들고 지켜가는 주인의 내면적 가치들을 고스란히 전달받게 된다. 음식을 매개로 할 뿐 우리는 식사 시간 내내 주인과의 대화와 평가가 이루어지고 있는 셈이다. 우리는 닭갈비를 통해서 주인장이 지키고 실행하고 있는 내면적 가치들도 함께 맛보게 되는 것이다. 그래서 이러한 다양한 내면적 가치를 지켜가고 있다는 사실을 확인하면서 생기는 다양한 감정들은 결국 감동으로 종합되면서, 다른 사람에게 알려주어도 부끄럽지 않을 자랑스러운 감동적 경험을 만들어 주는 것이다.

마케팅 공화국에서 자주 사용했던 말은 고객만족이다. 그런데 요즘은 고객만족으로는 명함도 못 내민다. 풍요의 시대에서 살고 있는 고객들은 이미 제공되는 상품들에 대해 만족해 하고 있기 때문이다. 이제는 만족감으로는 사람들이 입소문을 내지는 않는다.

아무리 좋은 상품이라도 눈물이 핑돌 정도로 진한 감동을 줄 수는 없다. 고객만족은 제품에서 나오고 고객 감동은 사람에서 나오기 때문이다. 고객감동은 고객이 기대했던 것보다 뭔가를 좀 더 제공 했을 때 나온다. 앞에서 소개한 닭갈비 집에 사람들이 감동을 하고 입소문을 낸 이유는 닭갈비 맛이 전부는 아니다. 손님들에게 정성어린 서비스를 하기 위해 누구나 다 하고 싶어하는 방송출연과 '착한 식당' 타이틀을 거부하는 주인의 마음에 감동을 했기 때문이다.

사실, 어떤 종류의 감정이든 공유욕구를 자극할 수 있다. 감정을 공유하면 인간관계가 돈독해지기 때문이다. 때로는 미워하는 감정도 친한 관계를 만드는데 필요하다. 부부관계에 있어서도 자주 싸우는 부부보다 아예 싸우지 않는 부부의 이혼율이 더 높다고 하지 않는가? 감정을 공유하는 것은 서로간에 일종의 접착제와 같은 역할을 하는 것이다. 그렇기 때문에 감동적 경험을 줄 수 있는 마케팅은 핸디캡 기업의 입소문 마케팅에 큰 효과를 만들어 줄 수 있다.

- **입소문에는 스위치가 있었다.**

공유 욕구는 공유하려는 행동이 활성화되는 상태다. 공유 욕구가 올라가면 당장이라도 포스팅을 할 가능성이 높아진다. 이와 같은 현상을 버거(2013)는 '생리적 각성arousa'으로 설명했다. '생리적 각성이란 당장이라도 행동을 취할 준비가 된 상태'라고 설명했다. 이 상태가 되면 "뇌파의 주파수가 높아지고, 심장박동이 빨라지며, 혈압이 높아지는 등의 신체적 반응을 보인다."고 한다. "각성상태가 높은 감정은 감동과 즐거움, 분노, 불안이 있다"고 한다. 그리고 "만족감이 들거나 우울해 지면 각성상태가 낮아진다."고 한다.

버거의 주장에 의하면 각성상태가 낮아지면 공유하고자 하는 욕구가 낮아진다. 그래서 고객 만족이란 상태는 입소문이 생길 확률을 낮아지게 만드는 것이다. 반면에 감동이라는 생리적 각성은 공유 욕구를 자극하는 것이다. 결국 각성이 입소문을 켜고 끄는 스위치 역할을 하는 것이다.

2014년 초, 사람들은 한 베트남 게임개발자의 뉴스에 공유욕구의 스위치를 켰다. 전 세계적으로 가장 많은 모바일게임 앱 다운로드횟수를 기록한 인기 '플레피버드flappy bird'의 개발자 응웬하동이 앱을 자진해서 없앤 것이다. 하루 광고수입이 5천만 원을 넘는 황금알을 낳는 거위를 없애기로 한 결정은 단 한 가지, '너무 큰 중독성'이었다.

그림 8. 모바일 게임 앱 플레피 버드

응웬하동은 "원래 사람들의 머리를 식힐 용도로 가볍게 몇 분간 즐기는 게임을 만드는 것이 목적이었지만 본인의 바람과는 달리 사람들이 너무 게임에 깊이 빠져들어, 어쩔 수 없이 자진해서 없애야만 했다"고 말했다. 실제로 플레피 버드는 단순한 조작법과 달리 높은 난이도로 게임유저들의 도전 의식을 불러일으켰고, 기록갱신을 위해 몇 시간씩 게임에 몰두하는 사람들이 나타났다. 일부 유저들은 "스마트폰을 부숴버리고 싶을 정도로 어렵지만 중독성이 있다"고 말한다.

응웬은 "엄청나게 불편했다"며 "다시 평범한 삶으로 돌아갔으면 한다"고 했다. 그는 기사를 위한 사진 촬영도 거부했다. "당분간 휴가를 떠날 계획이며 언제 업무에 복귀할지는 정해지지 않았다"고도 했다. 플래피버드게임의 개발과 흥행을 통해 얻은 유일한 것은 '더 많은 게임을 만들 수 있는 자유와 자신감'이라고 응웬은 말했다. 성공을 통해 배운 점을 알려달라는 질문에 대해서는 "그냥 인내심을 갖고 기다리라just be patient"는 답이 돌아왔다고 월스트리트저널은 전했다.

응웬의 감동적인 스토리는 삽시간에 전 세계에 퍼져 나갔다. 플래피버드를 추가로 내려받을 수 없다는 이야기를 접한 일부 이용자들은 플래피버드를 내려받은 스마트폰을 온라인 경매사이트 이베이에서 팔기도 한다. 낙찰가가 13만 4295달러(약 1억4000만 원)를 호가할 정도라고 한다. 또한 응웬은 지금까지 내려받은 이용자들로부터 계속 광고 수입을 받을 수 있다. 또 앱 마켓에는 그가 만든 또 다른 게임 '닌자어설트 Ninjas Assault'와 '드롭릿 셔플droplet shuffle'도 인기를 끌고 있다. 베트남의 핸디캡 게임개발자 응웬은 이제 세계적으로 존경받는 게임개발자가 된 것이다.

분노 역시 각성상태를 높인다. 분노의 입소문 스위치가 커지면 어떻게 될까? 2013년 '갑을 관계'란 법률용어를 사회현상을 묘사하는 용어로 만든 사건이 있었다. 이 사건의 발단은 한 대기업의 직원이 대리점 사장에게 막말과 욕설을 한 녹음 파일이 소셜미디어를 통해 공개되고 퍼져나가면서 국민적 분노를 자아낸 사건이었다. 결국, 이 사건은 그 기업만의 문제가 아닌 우리 사회에 만연한 갑의 횡포에 대한 을의 반란으로 부각이 되면서 사회적제도 개선까지 촉발했다. 이와 같이 기업들은 항상 분노의 스위치가 커질 수도 있음을 항상 경계해야 한다. 이제는 언론의 칼자루가 호모포스티쿠스라는 대중들에게 넘어갔기 때문이다.

요약

사람들은 이성적 분석보다 감정적 경험으로 인해 행동을 결정하는 경우가 많다. 그래서 감동적인 커뮤니케이션은 사람들로 하여금 즉각적인 행동을 이끌어 낼 가능성이 높다. 이 같은 감동적 커뮤니케이션은 한 가지 이상의 감정이 복합적으로 자극을 받아서 생기게 되는데, 사람의 감정은 기본적으로 어떤 내면적 가치를 자극받았느냐에 따라 영향을 받게 된다. 그러므로 감동적 경험의 법칙은 "사람들이 느끼는 감정은 어떠한 내면적 가치의 자극을 통해서 발생하는가"에 집중하는 법칙이다.

대기업들은 그동안 소비자들의 내면적 가치를 고려한 마케팅보다는 이윤 추구에 집중한 효율적 경영을 실행해 왔다. 하지만, 마케팅의 주도권이 점차적으로 고객들에게 이전되면서, 기존의 편익 위주의 소구만으로는 고객의 마음을 얻기가 어려워졌다. 즉, 이제는 기업들이 자사 상품에 대해 보여주고 싶고 말하고 싶은 것에 초점을 맞춰서 커뮤니케이션 하기보다는, 소비자들이 특정 상품을 통해서 느끼고 싶은 가치와 감정에 초점을 맞춰서 커뮤니케이션 해야 하는 시대가 되었다는 것을 의미하는 것이다. 즉, 이제는 아무리 좋은 상품이라도 상품 자체만으로는 진한 감동을 주기 어렵게 된 것이다. 왜냐하면, 고객 만족은 상품에서 나오지만 고객 감동은 사람에게서 나오기 때문이다

이와 같은 시대의 변화는 핸디캡 기업에게 새로운 기회를 제공한다. 핸디캡 기업은 대기업이 막대한 비용을 투입해서 소비자들의 머릿속에 설치하고 있는 감동마케팅의 고속도로를 함께 사용해야 한다. 즉, 핸디캡 기업들은 인간의 내면적 가치들 중에서 자사 상품과 연결 가능한

가치들을 다양하게 발견하고, 그것이 불러일으키는 감정들을 효과적으로 커뮤니케이션 할 수 있는 준비가 필요한 것이다.

인간의 내면적 가치들을 다양하게 자극해서 감정을 불러일으키는 감동적 커뮤니케이션은 또 다른 고유한 강점을 가지고 있다. 그것은 바로, 메시지를 접하는 사람들에게 다양한 해석을 가능하게 해준다는 점이다. 즉, 감정을 자극하는 내용이 담긴 메시지는 그것을 접하는 사람들의 개인적 경험이 이입되기 때문에, 하나의 메시지로도 소비자 개개인 별로 조금씩 특화된 효과를 줄 수 있다. 이와 같은 감동적 커뮤니케이션의 효율성은 핸디캡 기업에게 직접적인 도움이 될 수 있다.

인간은 다양한 가치욕구들을 동시에 만족시키고 싶어하니, 이러한 가치 욕구들 간에는 겹치는 구간들이 있다. 따라서 핸디캡 기업은 자사 상품과 직접적 관계가 없다고 생각했던 고차원의 가치 욕구를 자사 상품과 연결시킴으로써, 일반적 상품에도 특별한 의미를 부여할 수 있다. 이와 같은 소구 방법은 사람들의 내면적 가치를 다양하게 자극하고 여러 가지 감정을 유발하는 것이다.

그런데 이와 같은 감동적 커뮤니케이션을 통한 공유 효과는 대중들의 공유 욕구가 활성화되었을 때 더 빠르게 이루어질 수 있다. 공유 욕구가 높을 때는 즉시 포스팅 할 가능성이 높아지기 때문이다. 이와 같은 현상을 버거는 '생리적 각성arousal'이라고 말하면서 '당장이라도 행동을 취할 준비가 된 상태'라고 설명했다. 이러한 각성상태는 만족 상태이거나 우울한 상태일수록 낮아지며, 감동, 즐거움, 분노, 불안의 상태일 경우에 높아진다고 말하고 있다. 각성이 입소문을 켜고 끄는 스위치 역할을 하는 것이다.

자료출처

그림 1. http://socialframe.kr/archives/696

그림 2. http://www.youtube.com/watch?v=2-aEPS5PTKs

그림 3. http://www.youtube.com/watch?v=VtvjbmoDx-I

그림 4. http://www.youtube.com/watch?v=UlpgNAjDzO8

그림 5. http://blog.hyundai.com/frontoffice/html/blogview.aspx?category=24&pidx=1458

그림 6. http://www.youtube.com/watch?v=39x06m8MCal

그림 7. http://news.naver.com/main/read.nhn?mode=LSD&mid=sec&sid1=101&oid=001&aid=0004740007

그림 8. http://www.playwares.com/xe/38993315

참고문헌

Nakotaku (2014), "2014년 2,3월 모바일 게임 리뷰," 2014년 3월21일, http://www.playwares.com/xe/38993315

Asiana airlines (2014), "아시아나 항공 TV-CF_FLY to 깨달음," http://www.youtube.com/watch?v=39x06m8MCal의 화면캡쳐

About Hyundai (2013), "쏘나타 더 브릴리언트 사운드 프로젝트", http://www.youtube.com/watch?v=UlpgNAjDzO8의 화면캡쳐

연합뉴스 (2010), "태풍도 이겨낸 합격사과 예약하세요!," 연합뉴스, 2010년 11월2일, http://news.naver.com/main/read.nhn?mode=LSD&mid=sec&sid1=101&oid=001&aid=0004740007

이승일 (2014), "소비의 미래: 소비를 알아야 미래가 보인다," 한스미디어, p. 39

Social frame 블로그 (2011), "서평 '천재'아닌 스티브잡스, 그는 어떻게 혁신을 일궈냈는가?" http://socialframe.kr/archives/696

현대자동차 블로그 (2013), "쏘나타 더 브릴리언트 사운드 프로젝트 참여하고 청각장애인에게 소리를 선물하세요," 2013년 5월13일, http://blog.hyundai.com/frontoffice/html/blogview.aspx?category=24&pidx=1458

Berger, Jonah (2013), "Contagious: Why Things Catch on," Simon & Schuster.

Google (2013), "Google Fiber: Nick's First Pitch," http://www.youtube.com/watch?v=2-aEPS5PTKs의 화면캡쳐

Heath Chip, and Dan Heath (2007), "Made to Stick: Why Some Ideas Survive and Others Die," Random House, p. 11

Kahneman, Daniel, and Amos Tversky (1979), "Prospect Theory: An Analysis of Decision Under Risk", Econometrica 47, pp. 263~91

Mac History (2013), "1984 Apple's Macintosh Commercial (HD)," http://www.youtube.com/watch?v=VtvjbmoDx-I의 화면캡쳐

소상공인의 마케팅
핸디캡 메치기
핸디캡 마케팅

Chapter_ 5

가격혁신 전략

가격정책에 대한 고정관념을 날려버려라

••• 핸디캡 기업들을 위한 가격혁신 전략

나는 2주에 한 번 정도는 대형마트에 간다. 다른 사람들도 마찬가지 겠지만 전통시장보다는 주차, 배달, 서비스, 포인트, 문화시설 등 편리하다는 것이 마트에 가는 주된 이유이다. 그런데 갔다오면 항상 개운치가 않다. 물가가 많이 오른 것인지, 물건을 많이 사는 것인지, 사고 나면 늘 비용이 많이 나간 것 같다. 특히 상품을 고를 때 많은 고민을 하게 하는 것들이 몇 가지 있다.

그림 1. 대형마트의 라면진열대 / 그림 2. 대형마트의 우유진열대

우유매장 앞에서 고민이 된다. 평소 같으면 A브랜드 우유를 사면되는데 옆의 B브랜드 1L짜리를 구매하면 200ml 우유를 샘플로 2개를 준단다. 가격은 동일한데 B브랜드를 사면 400ml를 더 준다고 하니 고민은 잠시, 당연히 덤을 준다는 상품을 카트에 담았다.

조금 더 가니, 시식코너가 있다. 시식코너, 그냥 지나칠 수 없다. 햄을 맛깔나게 구워 준다. 향이 좋다. 지금 사면 한 개를 더 준단다. 한 개의 가격에 2개를 살 수 있는 것은 흔치 않은 구매찬스다. 시식도 했겠다. 그냥 가기도 미안하니 한 개, 아니, 두 개를 샀다.

이번에는, 음료수 시음행사다. 복분자를 발효시킨 식초란다. 물에 타서 마셔도 되고, 우유에 타면, 요플레 맛이 난다고 한다. 여기에도 덤이 있다. 식상한 원 플러스 원이다. 발길을 돌리려 하니, 결정적인 말 한마디가 귀에 꽂힌다. 오늘이 행사 마지막 날이란다. 이런 기회는 다시 없단다. 결국, 식초 두 병을 카트에 담았다.

이번에 좀 더 강자를 만났다. 빙과류 코너다. 아이스크림을 5개 이상 사면 50% 할인, 10개 이상 사면 무려 70%나 깎아 준단다. 70%나 할인을 하다니...... 이건 횡재다 싶어 10개를 종류별로 카트에 담았다.

그때, 매장 방송에서 긴급한 목소리가 들린다. "지금부터 싱싱한 과일을 30분 동안만 초특가 할인을 합니다." 카트를 미는 발걸음이 빨라졌다. 열심히 청과 매대 쪽으로 가보니, 모든 과일을 50% 가격에 판다. 딸기, 사과, 바나나, 키위를 골고루 집었다.

쇼핑을 마치고 계산대로 왔는데, "20만 원 이상 사시면 1만 원 상품권을 준다"는 안내 문구가 보였다. 어림잡아 계산을 해보니 20만 원이 조금 안 되는 것 같다. 오래 두고 먹을 수 있는 것은 라면이 최고다. 다시 라면을 한 박스를 샀다. 1만 원이 그냥 생긴 것 같아 뿌듯하다.

■ **정말 쇼핑을 잘한 것일까?**

집에 와 냉장고를 열어보니 비집고 집어넣을 틈이 없다. 부엌 한구석에는 지난번에 사다 놓은 라면도 그대로 있다. 그날도 오버했다. 나는 또 한 번 마트에게 무릎을 꿇은 것이다.

　지금 생각해 보니, 그 날 내가 구매한 상품들은 모두 대기업에서 생산된 것들이었다. 그 대기업들은 필자에게 매우 다양한 할인 가격으로 접근했다. 그럼, 핸디캡 기업들도 이와 같은 할인 판매전략으로 성공할 수 있을까?

　대기업들의 소비자에 대한 할인 판매전략은 나름대로 그 이유가 있다. 유효기한에 쫓기는 재고를 처분하여 매출 손실을 방지하고 재고 유지비용을 줄이려고 하는 것으로 저녁 늦은 시간에 반짝 세일을 하는 이유가 여기에 있는 것이다. 이러한 전략적 접근을 하는 대기업의 가격을 따라잡기 위해 많은 핸디캡 기업들은 대기업보다 싸게 팔아야 성공할 수 있다고 생각한다. 그러나 이러한 생각은 매우 위험한 것이다. 왜냐하면 가격할인 정책은 대기업만이 선택 가능한 전략이기 때문이다.

　대기업에게는 '규모의 경제'란 엄청난 무기가 있다. 상품을 대량으로 구매하고 생산하기 때문에 원가 우위를 점유할 수 있다. 또한, 판매도 대량으로 하므로 할인판매를 하더라도 이익을 낼 수 있다. 반면에 자본력이 약하고 '규모의 경제'란 혜택을 받지 못하는 핸디캡 기업은 할인판매가 지속될 경우 이익감소가 누적되고, 자본이 금방 바닥나 기업의 생존이 위태로워진다.

　기업의 규모가 작을수록 제값 받고 판매하는 전략을 통해 확실히 이익이 나는 구조를 만들어야 한다. 그런데 과연 핸디캡 기업이 제값을 다 받고 팔아도 극한 경쟁시장에서 성공할 수 있는 방법이 있을까? 현재의 상황을 보다 분명히 알아야 한다.

- 능력 부족한 핸디캡 기업의 가장 쉬운 전략은 가격 할인, 그러나 가격할인은 대기업의 전략이지 핸디캡 기업의 전략이 아니다.
- 소비자는 더 이상 전통적인 방법으로 상품에 대한 대가를 지불하려 하지 않는다.
- 수익을 창출하는 방법을 바꾸려면 가치를 만들고 전달하는 방법부터 바꾸어야 한다는 것이다.

효과적인 가격정책은 기업의 포지션을 강화할 뿐만 아니라, 수익을 극대화한다. 가격정책은 상황이나 비즈니스 환경에 따라서 달라질 수 있다. 이는 상품 구매시의 시간, 장소, 고객에 따라서 나뉘어지며 무료, 에누리, 쿠폰, 리베이트, 덤, 분할 등 여러 형태로 나타난다. 가격혁신 전략에서는 기업과 소비자 모두에게 매우 민감한 가격 결정의 유형과 적용사례 중심으로 핸디캡 기업의 상황과 환경에 맞는 가격정책을 선택할 수 있는 아이디어를 제공하고자 하며 본 장에서 다루고자하는 내용의 구성은 아래의 표와 같다.

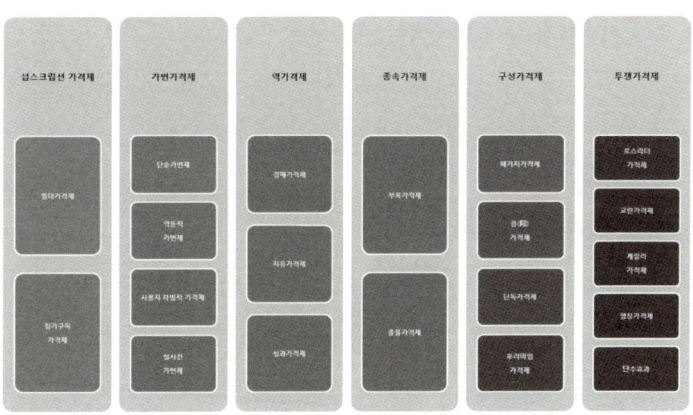

〈표1. 핸디캡 기업의 가격혁신 전략의 가격모델〉

••• 섭스크립션 가격제

섭스크립션 가격제subscription pricing란 신문, 잡지와 같이 일정기간 동안 제품이나 서비스를 이용하면서 비용을 지불하는 방식으로 임대 가격제와 정기구독 가격제가 있다.

■ 임대가격제

소유의 시대에서 대여의 시대로

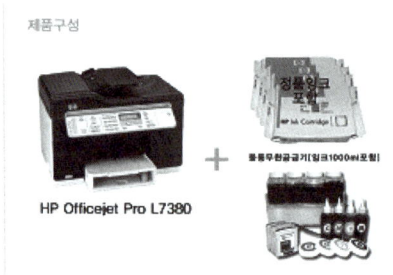

그림 3. 오픈마켓에서 판매하는 잉크무한제품

잉크젯 프린터를 사용하여 그림이 포함된 문서를 인쇄하면 썩 마음에 들지 않을 뿐만 아니라, 물기라도 묻으면 번져서 낭패를 겪는 일이 한두 번이 아니다. 그렇다고 킨코스Kinkos와 같은 인쇄출력 전문업소에 맡기면 레이저로 인쇄되어 품질은 좋으나 이동시간이 걸릴 뿐만 아니라 비용 또한 만만치 않아 3년 전부터 콤팩트한 칼라 레이저 프린터를 구매해서 사용하고 있다.

"양지가 있으면 음지가 반드시 있다"고 했던가? 2천장 출력이면 바꿔야 한다는 컬러 프린터의 카드리지를 교체할 때가 되면 가격 부담이 만만치 않다. 프린터기를 50만원 정도 주고 샀는데 한번 카드리지를 교환하려면 26만원이나 부담이 되는 것이다. 지금은 가격이 다운되어 프린터기는 20만원이 채 넘지 않는다. 그래서 잉크충전소를 찾아서 유사품을 사용도 해봤지만 신통치 않아 다시 싸들고 반품을 요청해야만 했다. 토너 재생서비스가 성업중인 것을 보면 나와 같이 프린터 사용이 많은 소기업들이 한둘이 아닌 것 같다. 잉크충전소는 수거한 순정 레이저 프린터 카드리지에 토너를 리필하거나 가지고 온 잉크젯 카트리지에 직접 잉크를 충전해 주는 곳을 말한다.

새로 등장을 한 것이 프린터기기와 잉크(토너)를 같이 임대해 주고 임대료를 받는 서비스이다. 잉크(토너)를 정기적으로 제공해 주고 정해진 기간마다 3~15만원의 서비스 구독료를 받는 것이다. 레이저는 일정 매수까지는 무료이고 초과 되는 양에 따라서 비용을 추가로 하는 방식이 있고, 잉크젯프린터는 무제한 잉크충전을 제공을 해주는 서비스 구독 방식이 있다.

충전소를 이용하기 위해서는 직접 가야 하고, 충전되는 시간 동안 기다려야 하는 번거로움이 있다. 반면에 프린터 임대방식은 레이저프린터의 경우에는 정기적으로 토너를 교체해주는 서비스가 있고, 잉크젯 프린터의 무제한 잉크 임대의 경우에는 소모품이 떨어질 때쯤 방문하여 충전된 카트리지로 바꿔주거나 잉크를 채워주고 거기에다가 프린터기도 점검을 해준다. 또한 일정 기간 사용해주면 프린터기를 아예 무상으로 준다. 신문, 잡지처럼 월간, 연간으로 서비스를 구독하지 않으면서 비용을 지불하는 구독가격제는 자본이 부족한 핸디캡 기업들에게도 매력적인 가격제일 뿐만 아니라, 새로운 제품이 출현하면 반품하고 교환할 수도 있으며 서비스에 대한 부담도 덜 수 있다는 측면에서 소비자의 입장에서도 부담 없는 가격제라 할 수 있다.

이와 같이 소비자의 니즈에 맞춘 임대상품은 우리 주변에 다양한 형태의 제품과 서비스로 존재한다. 가장 흔한 경우가 온라인 교육, Salesforce.com의 CRM 패키지 등이 있다. 심지어 링크인과 같은 SNS의 경우에도 정보를 이용할 수 있는 권한에 차등을 두고 있으며, 보다 많은 정보를 보기 위해서는 월간 또는 연간으로 서비스 구독요금을 부과하고 있다.

내 몸을 나보다 더 잘 아는 프렌드

그림 4. 바디 프렌드 광고

얼마 전 홈쇼핑에서는 추성훈 선수가 광고를 하는 '바디프렌드Bodyfriend'라는 상품을 선보였다. 바디프렌드는 고가의 안마의자이다. 전자동으로 움직이며 머리끝부터 발끝까지 안마를 해주는 제품이다. 격투기 선수로서 언제나 긴장상태를 유지하는 근육을 풀어주어야 한다는 것을 생각하면 "필요할 수도 있겠다"라는 생각이 든다.

집에 연로한 부모님께서 계시거나 육체적인 활동이 많은 소비자라면 백화점이나 마트에 전시되어 있는 안마의자에 앉아서 안마를 받아보았을 것이다. "좋기는 한데, 너무 비싸서……"라는 생각을 하며 일어난다. 몇십만원이 아니라 몇백만원에서 천만원을 넘는 가격의 제품들까지 있기 때문이다.

그런데 이번 홈쇼핑에서는 고가의 안마의자 바디프렌드가 임대방식으로 나왔다. 월 7만원대로 저렴하게 임대를 하니 가격적으로 부담을 느꼈던 사람들에게 좋은 기회가 되는 것이다. 39개월간 임대를 하여 사용하면 바디프렌드 안마의자 소유권도 양도해 준다. '바디프렌드'는 상호이자 제품의 명칭이기도 하다. 제품을 생산하는 ㈜바디프렌드는 2년간의 시장조사와 제품개발을 거쳐 2007년 설립된 회사로 불과 6년만에 헬스가전 부문에 있어서 세계 4위의 기업으로 올라섰으며, 2015년 세계 1위를 목표로 하는 국내기업이다. 금년 2014년 1월의 매출은 88억으로 전년 동월 대비 49% 성장했으며 제품군을 현미 도정기인 '맘스 밀' 등 주방가전으로 확장하고 있다. 핸디캡이 있는 중소기업이 새로운 시장으로 성공적으로 진입할 수 있었던 것은 가격혁신전략으로써 임대가격제를 도입했기 때문이다(이투데이, 2014. 02. 19).

임대방식으로 고가의 제품을 고객들에게 제공해줌으로써, 고객 입장에서는 초기에 비싼 비용을 들여서 구매하지 않아도 동일한 제품의 서비스를 이용할 수 있는 장점이 있다. 일상생활에서 많은 부분들이 렌탈되어있는 것을 볼 수 있다. 주택의 임대, 차량의 임대, 집에서 사용하는 정수기, 비대, 청소기, 사무실에서 사용하는 프린터기, 복사기, 컴퓨터, 책상, 프로젝터, 입고 다니는 옷 중에 자주 입지 않는 파티복, 명품 옷, 한복 등 많은 부분들을 이제는 필요할 때만 임차할 수 있는 것이다.

고객의 입장에서는 단기적으로 사용을 할 경우나, 유지보수에 대한 번거로움이 있을 때 그리고 구매하기 비쌀 경우에 구매보다는 렌트를 선호할 수 있다. 부담이 큰 제품일 경우 가격에 대한 부담을 낮추어주고, 사용상 불편하거나 고가의 제품을 보관해야 하는 어려움도 해결할 수 있기 때문이다. 기업의 입장에서는 렌탈 형태의 판매를 하면 어떤 부분에 이득이 있을까? 먼저, 목돈을 지불하기 어려운 고객들에게 판매를 많이 할 수 있다는 장점이 있다. 초기에 목돈을 내고 구매하라고 하는 것보다는 나누어서 임대를 하게 하는 방식으로 고객이 제품을 우선 소유하게 하는 것이다. 고객이 한번 사용하게 되면 고객이 반납하는 비율이 낮아진다. 이는 조망이론에서 알 수 있다.

조망이론Prospect theory은 사람들이 이득보다 손해에 더 민감하고, 이득과 손해는 참조점을 기준으로 평가되며, 이득과 손해 모두 효용이 체감적인 관계를 갖는 것으로 가정한 이론이다. 이 중에 손실회피 심리가 유발하는 효과로 소유효과endowment effect, 현상유지status quo bias, 필연적 수익에 대한 무감각insensitivity to forgone gain, 구조화 효과framing effect가 있는데 이 중에서 소유효과와 현상유지의 효과를 가지고 설명을 할 수 있다.

이를 응용한 방법 중에, 제품을 판매하고 나서 7일 이내 아무 조건 없이 100% 환불 해준다고 하고 제품을 판매하는 경우가 있다. 의외로 구매한 사람들 중에서 제품을 다시 반품한 사람은 거의 없었다. 아무 조건이 없었으므로 제품을 반품하고 다시 새로운 제품을 사용해 볼 수도 있는데 말이다. 이렇게 제품에 대해서 한번 소유하게 되면 소유한 것을 지속적으로 소유하고 현상을 유지하고 싶어지는 심리가 발생된다. 이것을 핸디캡이 있는 소상공인들도 소유효과와 현상유지status quo bias 효과를 제품판매에 적용해볼 수 있다.

■ 정기구독 가격제

건강한 먹거리를 구독합니다

나는 한 아이만을 키우다 보니 때로는 지나친 정성을 쏟게 된다. 그 중에서도 필자 부부가 가장 신경 쓰는 것은 먹거리다. 건강하고 안전한 먹거리가 귀한 요즘, 아이한테만은 유기농식품을 먹이고 싶어 선택한 것이 먹거리 구독이었다.

내가 택한 먹거리 구독은 '포프리four free계란'이다. 포프리는 무(無)항생제, 무(無)비린내, 무(無)바이러스, 무(無)동물성지방 이 네 가지가 없다고 해서 붙여진 이름이다. 포프리는 매일 낳는 달걀을 그 다음날 집으로 배달해준다. 그래야 계란의 신선함이 유지된다. 그래서 나는 계란을 주간지 구독하는 것처럼 주기적으로 받는 것이다.

이처럼 소비자가 매일 또는 주기적으로 소비하는 제품은 구독 가격 모델을 적용할 수 있다. 구독은 정기적으로 소식을 전해주는 신문, 잡지 등 미디어의 고전적인 가격모델이다. 또 다른 고전적인 구독시장은 우유다. 우유는 매일 신선한 상태로 소비되기 때문에 구독 서비스에 적합하다. 우리나라에서는 우유 외에도 녹즙, 반찬, 아침식사 등의 판매에 구독가격 모델을 이용하고 있다.

계란은 일반 시장판매 품목이다. 그런데 포프리는 신선함을 배달해주는 구독 가격전략을 통해 상품의 가치를 혁신한 것이다. 구독가격전

그림 5. 배달되는 포프리 계란

략은 공급자와 소비자 모두에게 이익을 가져다주는 모델이다. 공급자는 정해진 소비에 따른 생산으로 재고 부담을 줄일 수 있고, 마케팅 비용도 줄일 수 있다. 이런 비용 절감은 소비자에게 가격 할인으로 돌아간다. 또한 소비자는 정기적인 배달을 통해 구매 편리의 혜택을 얻을 수 있다.

포프리계란과 같이 전통적인 구독가격 제품이 아니던 품목이 구독모델을 택하면 가격혁신이 가능하다. 이와 같은 구독모델로 성공을 이룬 기업으로는 '장수꾸러미밥상'이 있다. 장수꾸러미 밥상은 해발 500m이상의 고랭지인 전북 장수에서 50여 친환경 농가가 생산하는 제철농산물과 두부, 빵, 떡, 장류 등 친환경 가공품을 도시 회원에게 공급하는 농산물회원제 서비스다. 회원들은 매주 1회, 또는 격주 1회로 선택해 농산물을 받아보게 되며 회원과 생산자가 함께 할 수 있는 다양한 프로그램에 참여할 수 있다.

전북 장수는 깨끗한 환경으로 100세 이상의 노인 비율이 가장 많은 지역이며 해발 500m이상의 고랭지로 유명하다. 이곳 유기농산물은 맛과 향이 뛰어나고 신선도가 오래간다. 장수 제철농산물과 과일을 먹어본 사람들

그림 6. 장수 제철농산물 장수꾸러미밥상

은 절대 그 맛을 잊지 못해 계속 찾게 된다고 한다. 그런데 장수마을의 농산물은 도시의 슈퍼나 마트에서 구매하는 것이 쉽지 않다. 그래서 원하는 사람들에게 구독이라는 서비스를 제공하게 된 것이다.

'장수꾸러미밥상'에는 우리 콩으로 만든 두부와 무 항생제 유정란, 우리 쌀로 만든 빵, 유기농으로 재배한 친환경 제철농산물 3~5가지, 맛 좋은 장수과일, 전통방식의 장류 등 총 7~9가지 구성되며 1년 동안 100여 가지 이상의 다양한 메뉴가 배달된다. 구독을 통해 소비자는 장수의 친환경 먹거리를 일 년 내내 즐길 수 있게 된 것이다.

포프리와 장수꾸러미 밥상의 구독모델에서는 고객의 니즈에 맞는 친환경, 신선함을 배달해 주는 것으로 일상생활이 바쁘고 건강을 생각하는 고객의 필요충분조건에 부합했다. 직접 생산을 하는 핸디캡 소상공인들은 고객의 필요를 살펴보고 자신들만의 장점을 살릴 수 있는 적합한 방식으로써 구독 서비스를 선택해 볼 수도 있겠다.

선물을 구독합니다

'글로시박스'는 혁신적인 구독제 가격모델로 성공했다. 글로시박스는 재미와 즐거움을 배달해준다. 매달 화장품을 배달해주는 이 구독서비스는 사는 사람도 다음 달에 어떤 제품이 배달될지 모른다. 그래서 사람들은 글로시박스에 열광한다.

글로시박스는 '화장품 샘플'에서 사업 아이디어를 가져왔지만 지금은 화장품 회사들과의 콜라보레이션(협업)을 통해 저렴한 가격에 높은 가치를 전달하고 있다. 매달 새로운 뷰티 아이템들이 쏟아지고 있지만 어떤 제품이 내 피부에 맞는 제품인지 모르고 어떤 제품이 트랜디한 제품인지 모르고 고민해서 구매하는 것도 스트레스다. 글로시박스는 뷰티 전문 MD가 선별한 새로운 뷰티 아이템을 월별로 한차례 집으로 배송을 해주는 구독 서비스다. 월 16,500원을 결제하면 약 5만원 상당의 뷰티 상품이 집에 도착한다.

어떤 제품이 올지 모른다는 궁금증의 재미 또한 쏠쏠한 시스템이다. 내가 돈을 내고 구매했지만, 택배를 받는 날은 선물을 받는다는 즐거움을 얻는다.

그림 7. 글로시박스

글로시박스는 다양한 구성으로 제공되는데, 럭셔리한 명품 뷰티 상품으로 구성된 블랙 에디션은 20~30대에 초점을 맞추었으며, 민트 라벨은 '곰 같은 가격에 여우가 되는 메이크업 박스'라는 컨셉으로 20대 여대생의 감성을 담았다.

글로시박스는 회원이 10만 명이며 유료회원도 1만 명 이상인 성공한 섭스크립션 커머스subscription commerce다. 섭스크립션커머스는 매월 잡지나 신문을 구독하듯 일정 비용을 내면 서비스 제공업체가 다양한 제품을 모아서 정기적으로 배달해주는 상거래 방식으로 중소 소상공인들도 관심을 가지고 볼 내용이다.

이것은 전통적 가격모델에 새로운 컨셉트의 상품들이 참여하면서 가격혁신을 이루어낸 것이다. 이와 같은 가격제에선 가격할인을 고려할 필요가 없다. 대기업과의 경쟁을 고민하지 않아도 된다. 구독모델을 통해 가격혜택이 반영되었기 때문이다. 또한, 마이크로 타게팅을 통해 공급자가 제공하는 특별한 가치가 그 가치를 인정하는 고객들에게 공유되기 때문에 고객과의 관계가 오랫동안 지속될 수 있다. 결국은 기업과 소비자 모두가 윈윈하는 혁신적인 가격모델이 만들어지는 것이다.

◦◦◦ 가변 가격제

■ 단순 가변 가격제

가격의 결정의 주도권은 누가 가지고 있을까?

정답은 "그때그때 달라요"다. 가격 결정의 주도권은 상황에 따라 달라진다. 공급자와 구매자는 자신에게 이익이 되는 선에서 가격이 정해지기를 원한다. 이러한 과정을 통해 가격을 혁신하는 것을 가격가변제라 한다. 재미난 예를 통해 좀 더 쉽게 가격가변제를 설명 하겠다.

알뜰한 그녀가 호텔에?

알뜰한 직장인 김수정 씨는 가끔 특급호텔 라운지에서 동료들과 회식을 한다. 알뜰녀와 특급호텔 라운지, 이건 좀 안 맞는 조합이다. 그런데 비밀이 있었다. 바로 A호텔에서 직장인을 위한 해피아워 happy hour를 실시하기 때문이다. 해피아워를 실시하는 동안에는 새우, 치즈, 샐러드, 과일, 마른안주, 베이컨말이 등의 세련된 메뉴와 생맥주를 무제한으로 마실 수 있다. 와인은 한 병이 무료다. 이렇게 해서 요금은 1인당 25,000원이다. 해피아워는 오후 6시부터 9시까지 이용이 가능하다. 알뜰녀 입장에서 계산해 보면 회식으로 삼겹살집이나 곱창집을 가도 이와 같은 금액으로 식사와 술을 마음껏 하는 것은 무리다. 그런데 특급호텔 로비에서 우아하게 앉아 고급 요리를 무제한 먹으면서 그동안 쌓인 스트레스를 시원하게 날릴 수 있다. 아무리 알뜰해도 이건 좋은 조건이다.

그림 8. 해피아워 때의 호텔 식사 사진

A호텔처럼 해피아워를 제공하는 호텔들이 많다. 손님이 많지 않은 시간에도 호텔의 식음료 매장은 높은 운영비가 든다. 한가한 시간은 호텔로서는 손해다. 해피아워에 많은 손님을 받으면 그 손해를 줄일 수 있고 새로운 고객들을 유치하거나 기존 고객들과의 관계를 강화할 수 있는 기회까지 얻는 일석이조(一石二鳥)의 효과가 있다. 손님 입장에서는 평소 가격보다 저렴한 가격에 고급 식·음료를 저렴하게 이용을 할 수 있다. 그야말로 누이 좋고 매부 좋은 가격전략이다. 이와 같이 시간이나 장소에 따라 가격을 달리하는 가격 혁신 모델이 단순가변제이다.

그림 9. 코엑스 인터컨티넨탈의 '원더아워' 서비스

그런데 해피아워 마케팅도 경쟁이 치열하다. 원래 대부분의 호텔들은 매장 내 고객이 뚝 떨어지는 오후 4시부터 7시 사이를 해피아워로 정하는 경우가 많았다. 그런데 요즘에는 직장인들을 잡기 위해 시간을 9시까지로 늘린 곳들이 생겨나고 있다. 고객의 구매시간을 혁신하여 경쟁의 강도를 높인 것이다.

점심시간 해피아워, 들어는 봤니?

알뜰 주부 이혜미 씨는 가끔 평일 점심에 친구들을 만난다. 그런데 그녀가 친구들과의 만남을 위해 자주 이용하는 곳은 패밀리레스토랑이다. 알뜰 주부와 패밀리레스토랑, 이 조합 역시 안 어울린다. 여기에도 비밀이 있다. 바로 해피아워다.

애슐리라는 패밀리레스토랑은 평일 점심에 해피아워를 두고 있다. 애슐리의 평일 해피아워 점심뷔페 가격은 클래식이 9,900원이다. 음식의 수는 60여 가지다. 일반 식당들도 웬만한 식당의 점심이 7,000원 정도 한다. 그런데 이곳에선 9,900원으로 친구들과 우아하게 식사를 즐길 수 있다. 뷔페식으로 되어 있어서 평소에 못 먹어보던 음식도 즐길 수 있다. 후식과 커피도 무제한이다. 애슐리는 정말 기발하게 해피아워를 역설계한 것이다. 손님들이 없는 시간이 아니라 손님들이 가장 많이 몰릴 수 있는 시간에 해피아워를 두었다. 그 대신에 혁신적인 비용선도 전략을 갖고 있다. 그래서 장소도 상가의 1층에 잡지 않는다. 신촌 지점은 지하 1층에 있고 가든파이브 지점에는 7층에 위치해 있다.

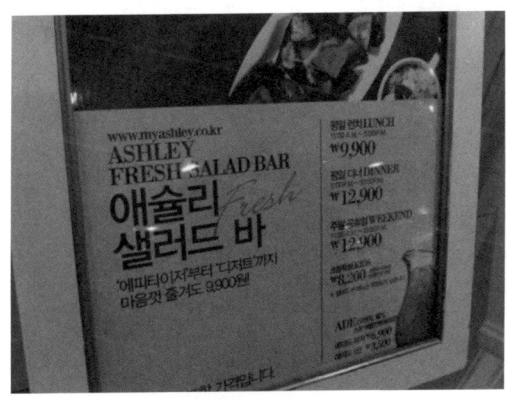

그림 10. 애슐리 샐러드 바 광고

해피아워 전략은 많은 곳에서 사용되고 있다. 극장에선 조조할인이 해피아워다. 해피아워가 업종을 가리지 않고 확산되고 있다. 슈퍼형 할인점에서는 오후 1~3시에 채소·과일·수산물 등 계절상품을 다른 시간대보다 할인해 주거나, 개점 직후부터 정오 사이에 육류·채소·과일 등을 최고 50%까지 할인해주는 서비스를 실시하기도 한다. 미용업계에서는 이미 90년대 초부터 모닝파마라는 이름으로 해피아워를 시행해 왔다. 아침에는 미용실을 찾는 사람이 적어 오전 9시부터 낮 12시 사이에 파마하러 오는 고객에게는 30~50% 할인가격을 적용하기도 한다. 찜질방들도 평일 낮보다 밤에 비용을 더 받고 특히 주말에는 사람들이 몰리기 때문에 요금을 더 받는다.

그림 11. 남산1, 3호 터널에서 혼잡통행료를 납부하기 위해 서있는 사진

이러한 단순가변 가격제의 대표적 모델은 도심 혼잡통행료다. 남산 1호, 3호 터널은 3인 미만이 탑승한 차량에는 월요일부터 금요일 오전 7시~오후 9시까지 2,000원의 혼잡통행료를 받는다. 세수 확보보다는 러시아워 시간에 교통량 감소와 자동차공해 감소 등이 주 목적이다.

그림 12. 산정상에서 마시는 막걸리 사진

가격 가변제는 산에도 있다. 나는 등산을 자주 간다. 등산의 백미를 꼽으라면 산 정상에서 마시는 막걸리 한잔이다. 정상에 올라와 마시는 막걸리 한잔은 평소의 막걸리 한잔과 차원이 다르다. 몸이 노곤해지면

서 온몸에 전율이 느껴진다. 그런데 막걸리가 한잔에 2,000원이다. 마트에서는 900ml~1000ml들이 한 병이 1,000원이다. 한 병이면 다섯 잔이 족히 나오므로 산에서 마시는 막걸리를 마트에서 구매하는 가격으로 계산해 보면 한 병에 10,000원이나 된다. 산 정상에서의 막걸리 한 잔은 10배나 비싼 것이다. 그래도 이 막걸리가 비싸다고 타박하는 사람은 드물다.

왜 그럴까? 가격혁신모델과 항상 함께 붙어 다니는 것은 상황과 수량이다. 상황은 시간과 장소를 포함한다. 산 정상의 막걸리는 10배 이상의 가격이라도 적당하다고 생각한다. 장소가 산 정상이고 그곳에서 시원한 막걸리를 제공한다는 것은 엄청난 노력이 수반되기 때문이다. 막걸리 그 자체가 상품이 아니라 '막걸리 서비스'가 본원적 상품이다. 호텔의 해피아워 때에는 가격혜택이 엄청나지만 사람들이 줄을 서지 않는 이유는 소비하는 시간 자체가 효용성이 높은 시간이 아니기 때문에 차별화된 효용이익이 크지 않기 때문이다. 극장, 미용실도 마찬가지다.

이런 면에서 보면 도심 혼잡통행료는 실패한 가격 가변전략이다. 통행료 징수시간에도 엄청난 차량들이 몰리고 있다. 오히려 통행료 징수 때문에 교통체증이 더 심하다. 그 이유는 2천원이란 통행료에 있다. 이 금액은 벌써 10년이 넘었다. 다른 물가와 해당 시간의 도심 진입으로 인한 효익을 고려했을 때, 2천원이란 금액은 너무 작은 패널티로 여겨지기 때문에 사람들은 부담 없이 그 시간에도 자가용을 몰고 나가는 것이다. 만일 금액을 확 올려서 2만원 정도를 받는다면 처음에 의도했던 도심 혼잡 감소와 승용차 함께 타기, 환경오염 줄이기 등의 본래 목적 달성이 가능하지 않을까 생각한다.

••• 역동적 가변 가격제

■ 역동적 가변 가격제

알뜰녀의 여행 방정식

알뜰녀 씨는 휴가를 내서 해외여행을 가기로 했다. 해외여행을 가기 위해서는 우선적으로 항공권 구매가 가장 먼저이다. '항공권 땡처리' 사이트에서 항공권을 알아보았다.

도시	항공사	항공료	요금조회	유효기간	출발일	예약
홍콩	이스타항공	126,600	성인	28일	03/01-03/29	예약하기
마닐라	제주항공	128,500	성인	1년	04/01-06/30	예약하기
방콕	제주항공	128,500	성인	1년	04/01-06/30	예약하기
세부	제주항공	128,500	성인	1년	04/01-06/30	예약하기
마카오	에어마카오	147,500	성인	15일	03/01-05/01	예약하기
쿨락/앙헬레스	진에어	154,000	성인	15일	03/30-03/29	예약하기
코타 키나바루	이스타항공	154,600	성인	1년	10/27-03/29	예약하기
치앙마이	진에어	174,000	성인	15일	03/30-03/28	예약하기
까오슝	에바항공	175,000	성인	7일	02/22-05/31	예약하기
타이페이	에바항공	175,000	성인	7일	02/22-05/31	예약하기

그림 13. 항공권 땡처리 트래포트 Site 사진

4월~6월에 출발하는 필리핀 세부행 편도 제주항공권이 128,500원이다. 호텔은 에어텔로, Tax와 유류할증을 계산해도 해외여행이 이렇게 쌀 수는 없다. 국내여행에 드는 비용과 큰 차이가 없다. 이렇게 알뜰녀는 해외여행도 땡처리 항공권과 숙박권을 구매해서 알뜰하게도 다녀온다.

비행기는 정해진 날짜에, 정해진 횟수로 이륙해야 하는데 좌석이 남는 경우, 항공사는 빈 좌석에 발생했을 매출을 하늘로 날려보낸다. 공석으로 출발하느니 차라리 저렴하게라도 고객을 태우고 출발하는 것이 유리하다는 계산에 원가에도 미치지 못하는 금액으로 항공권을 판매한다. 이러한 이유로, 항공권의 가격은 예약시기, 항공권의 유효기간, 출발 일시 등 여러 가지 조건에 따라서 수십, 수백 가지의 역동적인 가격을 형성한다.

이와 비슷한 형태를 띠는 제품군들이 있다. 예를 들어, 호텔의 비수기 기간의 숙박비, 유통기한이 얼마 남지 않은 청과류, 조조 상영관, 즉석 반찬 등이 이런 제품군의 상품이다. 고객이 이익을 낼 수 있을 만큼 있거나 없거나 상관없이 제품을 만들거나 서비스를 제공하여야 할 경우가 바로 이런 경우다.

또한 새로운 상품의 출시가 급박해지면 재고 떨이를 위해 가격이 변한다. 이렇게 급변하는 제품으로는 휴대폰, 스마트폰, 컴퓨터 등의 제품을 들 수 있으며 생명주기가 3개월 정도로 매우 짧다.

이와 같이 특정한 시간, 또는 상황에 따라서 가격이 달라지는 역동적 가격가변 가격제는 예측이 가능한 경우와 예측이 불가능한 두 가지 경우로 나눠볼 수 있다. 예측이 가능하다는 것은 공급자 입장에서 소비자의 수요가 집중되는 시간과 장소를 예측하여 가변적인 가격을 적용하는 것으로써, 항공기와 같이 제공할 있는 좌석수가 분명하고, 탑승을 위한 최소 시간까지 판매할 수 있는 물량을 정확히 파악하여 가변적인 가격을 제공할 수 있는 것이다.

반면에 예측불가 가변가격이란 사전에 예측할 수 없었던 상황이 발생하여 가변가격을 적용하는 경우이다. 예를 들어, 1997년의 외환위기와 2008년 금융위기시에는 경기가 갑자기 위축되어 수입한 물품을 판매하는 소규모 회사는 손해를 감수하면서까지 재수출을 하여야만 하였다. 조류독감과 광우병과 같은 경우에 관련 업종들의 매출이 급락해서 할인판매를 했었다.

예로 들은 천재지변에 준하는 상황이 아니라 하더라도, 제과점에서 빵을 생산해 놓았는데 예상과 맞지 않아 제품을 원가보다 낮게 판매를 하는 경우도 이에 해당한다. 이와 같은 일이 발생되지 않으려면, 평소 고객관리와 매출관리를 꾸준히 하며 수요에 대한 효과적인 예측을 해야 한다. 그렇지 않으면 야구선수가 눈을 가린 채 방망이를 휘두르는 식의 가변 가격제를 적용할 위험이 있기 때문이다. 따라서 핸디캡 기업들은 꾸준히 고객 데이터를 정리하고 분석하는 노력을 하여야 필요할 때 적절한 가변 가격제를 적용할 수 있을 것이다.

■ 사용자 차별적 가격제

알뜰녀 씨는 종종 이마트에 간다. 이마트에서 물건을 사고 결제를 하니 5,000원을 할인해준다. 옷을 사러 신세계 백화점에서 옷을 사고 쇼핑하고 계산을 했더니 다른 사람보다 5% 추가로 더 할인을 해준다. 그리고 추가로 2%를 적립을 해준다. 친구들과 만나 간식을 먹으려고 베스킨라빈스에 가서 아이스크림을 먹고 계산을 하니 다른 사람보다

10%를 더 할인해준다. 남친과 같이 에버랜드에 가서 결제를 했는데 1인 무료 추가에 한 사람은 50% 할인을 해준다. 그리고 정기적으로 공연티켓을 보내준다. 어떻게 이렇게 많은 혜택을 누리면서 생활할 수 있는 것일까?

이는 삼성카드를 사용했기 때문이다. 같은 계열사와 협력사의 서비스를 이용할 경우 추가적인 할인 혜택을 제공해 준다. 이렇게 고객별로 또는 고객의 사용 금액별로 차별적 가격제를 적용하는 것이다. 이는 고객들에게 추가적인 할인 또는 포인트 적립을 해주면서 맴버십을 강조하고 동시에 재방문 유도를 하는 것이 목적이다. 이렇게 함으로써 이탈고객을 방지하고 더 나아가서 충성도를 높이는 좋은 제도가 된다. 삼성카드를 가지고 있는 고객들에게 많은 포인트를 적립을 해주는 것은 고객들이 포인트를 다 사용할 때까지 지속적인 카드사용을 유도할 수 있기 때문이다.

롯데백화점과 롯데마트에서는 롯데카드 사용에 더 많은 혜택을 주고, 현대백화점은 현대백화점 카드를 사용하는 회원들에게 추가할인과 포인트적립을 해준다. 뿐만 아니라 백화점의 경우, 사용 실적에 따라 VIP, VVIP 등의 프리미엄 등급을 적용해 차별적 할인뿐 아니라 차별적 혜택을 제공해준다. 예를 들어, 백화점에서는 정기 세일을 하는데 정기 세일 외에도 VVIP들만을 미리 초청해 할인된 가격에 제품을 편하게 구매할 수 있는 서비스를 제공하는 것이다.

높은 비용을 치르고 아낌없이 구매하는 VIP고객을 위한 문화 행사도 있다. VIP들을 위해 유명인사를 초빙한 공연을 여는가 하면, 골프 투어나 고품격 해외여행 등을 기획한다. 이렇게 함으로써 고객감성을 자극하는 감성마케팅을 펼치는 것이다.

   신세계백화점에서 '신세계 문화홀'을 개관한 것도 백화점을 자주 찾는 회원들에게 보다 고품질의 문화공연을 접할 수 있는 기회를 마련해 주자는 취지에서이다. 신세계 문화홀에서는 연간 약 1,000회 이상의 다양한 공연이 펼쳐지고 있다.
   신세계 백화점에서는 2012년 3월, 한국을 찾은 바이올리니스트 로랑 코르샤Laurent Karcia 공연티켓을 신세계백화점카드를 소지하고 있는 사람들에게 무료로 배부했다. 코르샤는 바흐부터 현대음악까지 장르와 스타일을 넘나드는 다양한 레퍼토리를 가진 세계적인 바이올리니스트이다. 비회원이 이 공연을 보기 위해서는 R석을 9만원이나 주고 구매해야 한다. 사측은 신세계 백화점카드를 소지하지 않더라도 백화점에서 15만원 이상 구매한 선착순 300명에게도 이 공연 티켓을 제공함으로써 비회원의 충성도를 높이는 전략을 구사했다.

   이와 같이, 사용자에 따라 차별적인 혜택을 제공하는 이유는 "상위 20%의 고객이 전체 매출의 80%를 차지한다"는 파레토의 법칙Pareto's Law을 적용하여 수익성 있는 고객과 장기적인 관계를 유지하기 위한 것이다.

   신세계 백화점에서는 VVIP라 부르는 초우량 고객들만을 초청해서 늘씬한 모델들이 신상품을 차려입고 음악에 맞추어 경쾌한 워킹 하는 것을 구경한 뒤, 모델들이 입은 옷을 직접 만져보고 신상품을 주문할 수 있게 하는 '트렁크 쇼trunk show'를 한다. 트렁크라는 단어는 상류층 고객에게 값비싼 고급 보석을 판매할 때 트렁크에 담아서 보여 주었다는 데서 유래가 되었다. 이뿐만 아니라 뷰티클래스, 재테크 강좌, 유명

가수의 미니콘서트 등 다양한 부가적인 혜택을 제공하고 있다.

이렇게 특별한 대접을 받는 고객 입장에서도 남들보다 먼저 신상품을 접하고 소비할 수 있는 설렘과 함께 남들과 차별화된 쇼핑에 대한 만족감, '그들만의 리그'에 초대되었다는 동류의식, 그리고 '선택된 소수'에 속한다는 희소성의 가치와 만족감을 느끼게된다.

핸디캡이 기업이 차별적 서비스를 제공하는 사례 또한 쉽게 찾아볼 수 있다. 단골이라는 전통적인 방식인데 단골 식당의 경우에는 추가 공기밥에 대해서는 추가비용을 받지 않는 것과 외상장부를 제공해 주어서 월별 결제도 할 수 있게 하고, 다른 사람에게는 배달을 해주지 않아도 단골에게는 배달서비스까지 제공해주는 것이다.

차별적인 서비스로 매출도 올리고 고정 고객도 확보할 수 있는 방법으로 차별적 특별 이벤트도 있다. 예를 들어 수능을 본 학생들을 대상으로 수능 할인 이벤트를 진행함으로써 새로운 고객으로 끌어들이는 것이다. 그 외에 생일할인, 커플할인, 여성할인, 국립유공자 할인, 경차할인, 학생할인, 매운 짬뽕을 다 드시면 공짜 등 다양한 차별적 서비스들이 있다.

이처럼 단골을 만들기 위해서는 차별적 서비스를 제공해 주어야 고정고객이 증가하고 매출도 증가하게 된다.

■ 실시간 가변 가격제

같은 침대, 다른 가격

인터파크 서비스 중에 '다이나믹 프라이스'라는 가격 결정방식이 있다. 이것은 매일 아침 7시에 시작되어 24에 종료되는데 일정 시간(1분

~10분 사이)에 입찰이 없으면 가격이 떨어지고, 다시 입찰을 하면 오르면서 가격이 실시간으로 책정되는 온라인 경매방식이다.

제품마다 구간별 가격 하락율과 구매수량이 다른 곳과 동일한 제품을 시간대별로 다른 가격에 판매하는 것으로 실시간 제품 가격의 변동으로 새로운 재미를 제공해주는 것이다. 소비자의 입장에는 당연히 구매자가 없을 경우에는 기다리다가 가장 늦게 구매를 하는 것이 유리하고, 구매자가 많을 경우에는 바로 구매하는 것이 유리하다. 또한 한정된 수량으로 경매를 진행하기 때문에 조기에 매진될 수도 있다.

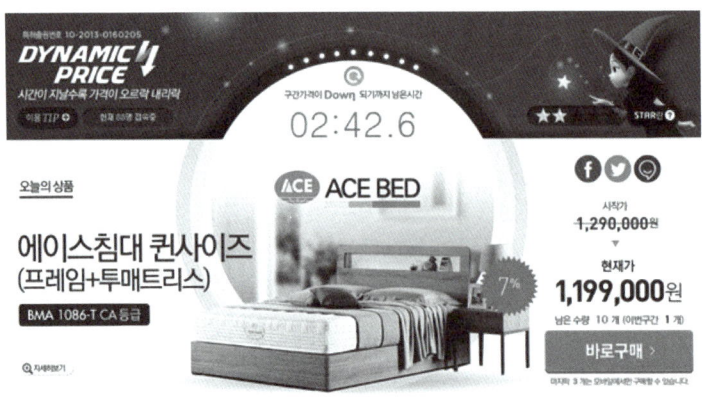

그림 14. 다이나믹 프라이스 진행 방식의 사진

눈여겨 볼 점은 모바일에서만 입찰할 수 있는 상품의 수량을 책정했다는 것과 회원에게 제공되는 '스타 포인트'로 입찰이 진행된다는 것이다. 그 의도는 앞으로 스마트폰이 개인 미디어로서 지속 성장할 것이라는 판단하에 스마트폰 온라인접속으로 구매를 유도하여 모바일 접근을 선점하겠다는 취지이다. 이와 같은 실시간 가격 가변 가격제는 주로 온라인상에서 많이 볼 수 있는데 그러면 오프라인에서는 불가능할까?

얼마 전 롯데백화점에 들렀는데 달라진 점을 발견하였다. 진열상품 밑에 붙어있던 가격표가 전자잉크태그, 즉 '이페이퍼 태그E-paper Tag' 디스플레이로 바뀌어 있었다.

그림 15. 전자잉크 ESL(Electonin Shelf Label) 전자가격표시기의 사진

전자가격표시기 ESL Electronic Shelf Label은 저 전력 무선통신 기술인 '지그비 Zigbee'를 이용해, 상품정보를 전달하는 게이트웨이와 수신 기역할을 하는 태그로 구성된 제품으로 원격으로 가격 수정이 가능한 단말기이다.

이 기기를 이용하여 오프라인에서도 실시간으로 가격을 변동할 수 있는 시스템을 구축하였다. 기존에는 매장직원이 일일이 라벨을 출력하여 붙였던 것을 할인 시간대별로, 제품의 수량별로, 별도의 가격을 실시간으로 변경하는 것이 가능해졌다. 좀 더 응용을 한다면 근거리 무선 통신인 NFC Near Field Communication 기술을 접목하여 고객이 직접 가지고 있는 휴대용 단말기로 그 자리에서 결제할 수 있는 시스템으로 발전할 수도 있을 것이다.

실시간 가변 가격제의 특징은 가격의 예측이 불가능하다는데 있다. 가격 예측이 불가능함으로 고객의 입장에서는 새로운 기대를 하게 되고 매력적인 가격에 구매를 할 수 있다는 희망을 갖게 된다. 여기에 여러 사람이 경쟁에 참여함으로써 경쟁을 통한 재미를 제공하기 때문에 사람들로 하여금 열광하게 한다.

••• 역 가격제

■ 경매 가격제

알뜰녀는 내년 여름을 대비해 에어컨을 싸게 살수 있는 방법을 여러 가지 모색해보다가 경매를 하기로 결정했다. 경매라고 하면 어려울 것이라고 생각을 하는데 그렇게 어렵지 않았다. 알뜰녀는 우선 옥션에서 진행 중인 여러 가지 상품들을 둘러보다가 에어컨이 경매 상품에 올라온 것을 보고 쾌재를 불렀다. 경매로 낙찰을 받으면 시중의 가격보다 훨씬 저렴하게 에어컨을 구매할 수 있는 데다가 특히 지금은 겨울이기 때문에 보다 더 싸게 살 수 있는 쇼핑찬스라고 생각했다.

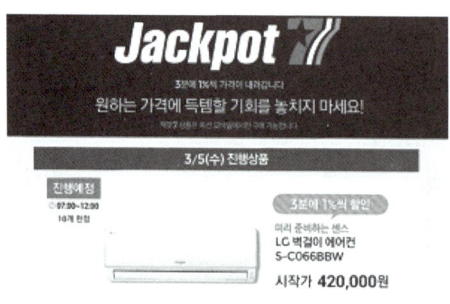

그림 16. 옥션 Jackpot 7 경매 사진

옥션에서 진행하는 '잭팟7' 경매 방법은 오전 7시부터~12시까지 5시간 동안만 진행하는데 진행 중 3분마다 가격이 1%씩 내려간다.

경매 가격제는 오래된 방식이다. 물고기를 어부들이 잡아 항구로 돌아오면 식당 주인이나 활어 유통업자들은 경매사를 중심으로 모여 가격흥정을 해왔다. 원리는 그대로다. 그러나 그 범위는 무한하다. 골동품, 명품의 부동산의 경매는 고전이고, 회사경영권, 중고차, 워런버핏과의 식사권, 심지어는 소속팀을 떠나겠다는 선수의 말에 격분한 구단팬들이 선수를 경매에 올리는 해프닝까지도 일어난다.

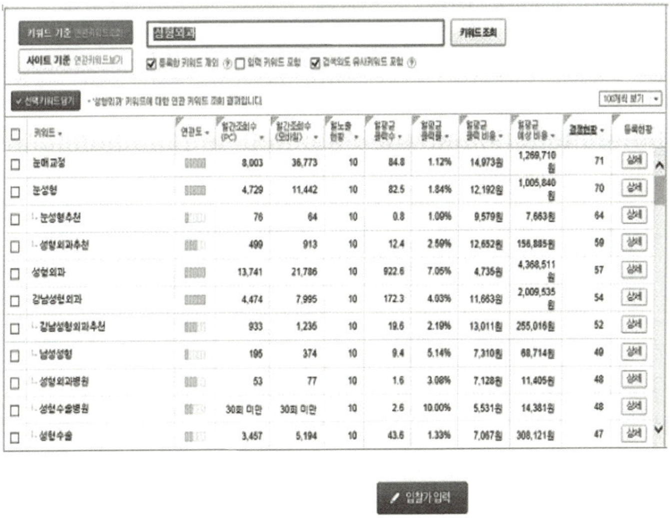

키워드	연관도	월간조회수 (PC)	월간조회수 (모바일)	월노출 현황	월평균 클릭수	월평균 클릭률	월평균 클릭 비용	월평균 예상 비용	경쟁현황	등록현황
눈매교정		8,003	36,773	10	84.8	1.12%	14,973원	1,269,710원	71	상세
눈성형		4,729	11,442	10	82.5	1.84%	12,192원	1,005,840원	70	상세
ㄴ눈성형추천		76	64	10	0.8	1.09%	9,579원	7,663원	64	상세
ㄴ성형외과추천		499	913	10	12.4	2.59%	12,652원	156,885원	59	상세
성형외과		13,741	21,786	10	922.6	7.05%	4,735원	4,368,511원	57	상세
강남성형외과		4,474	7,995	10	172.3	4.03%	11,663원	2,009,535원	54	상세
ㄴ강남성형외과추천		933	1,236	10	19.6	2.19%	13,011원	255,016원	52	상세
ㄴ남성성형		195	374	10	9.4	5.14%	7,310원	68,714원	49	상세
ㄴ성형외과병원		53	77	10	1.6	3.08%	7,128원	11,405원	48	상세
ㄴ성형수술병원		30회 미만	30회 미만	10	2.6	10.00%	5,531원	14,381원	48	상세
ㄴ성형수술		3,457	5,194	10	43.6	1.33%	7,067원	308,121원	47	상세

그림 17. 네이버 키워드 광고 입찰가 화면

그렇다면 핸디캡 기업들이 자사의 제품과 서비스를 판매하기 위해 경매 가격제를 시행하거나 또는 이용할 수 있는 예는 있을까? 저렴하게 홍보나 광고의 목적으로 주로 이용하는 것 중의 하나가 '네이버'나 '다음'과 같은 포털 사이트의 검색광고이다. 검색광고란 검색 사이트에서 특정 키워드를 검색한 사람들을 대상으로 광고주의 사이트가 노출되게 하는 광고기법으로, 의도적으로 선택하여 찾아오는 고객에게 광고를 노출한다는 점에서 적중률이 높은 광고이다.

네이버키워드 광고는 소상공인들이 가입해서 직접 선택한 키워드에 입찰하고 낙찰받는 형태로 진행된다. 원하는 키워드로 검색을 하면 연관되어 있는 키워드들도 볼 수 있다. 사람들이 월간 몇 건을 조회하는지, 얼마나 노출이 되는지, 클릭 수는 얼마나 되는지, 평균 클릭 당 비용은 얼마가 되는지, 얼마의 비용이 지출될 것인지에 대해서 한눈에 볼 수 있다. 그리고 키워드별로 얼마나 많은 사람들이 경쟁을 하고 있는지도 보여준다. 예를 들어, 글을 쓰는 이시간 눈매교정이라는 키워드를 검색해 보면 71개 업체가 경쟁하는 키워드임을 알 수 있다. 그리고 지난번의 클릭당 비용은 15,000원 가까운 금액으로 되어 있다. 다시 말해서 네티즌들이 눈매교정이라고 검색하고나서 스폰서링크에 노출이 된 링크를 클릭하는 순간 예치금에서 15,000원이 빠져나가는 것이다. 이 키워드의 가격은 매번 입찰할 때마다 달라진다.

디지털 기술의 발달로 오프라인의 경매는 점차 온라인으로 옮겨가고 있다. 자산관리공사가 운영하는 '온비드Onbid'가 대표적인 경우이다. 상품의 종류에 따라서 온라인 경매로 가능한 것도 있고 그렇지 않은 것도 있다. 예를 들어 온라인을 통해서는 진위 여부가 가리기 어려운 고가의 미술품, 부동산 등이 이들이다.

유통업을 하는 핸디캡 기업의 경우, 취급하는 상품에 따라 이 경매방식을 고려해 볼 수 있을 것이다. 제품을 구매하는 쪽에서는 시장에서 형성되어 있는 가격보다 매력적인 가격으로 제품을 구매할 수 있는 장점이 있고, 판매자 입장에서는 최소의 가격을 보장을 받고 많은 사람들의 관심을 받을 수 있어서 제품에 대한 홍보의 효과도 얻을 수 있는 장점이 있기 때문이다. 다만, 판매자의 구매자 입장에서 주의해야 할 점은 시장에서 형성이 되어있는 제품의 가격과 개인이 원하는 적정한 판매 가격을 가지고 있어야 한다.

■ 자유 가격제

'자유 가격제pay what you want'란 원하는 물건을 소비자가 구매하고 자유스럽게 가격을 지불하는 것으로, 땡전 한 푼 못 받을 것까지도 감수하는 가격전략이다. 그러나 필요에 따라서는 최저가를 정해놓고 고객이 인지하는 가치에 따라 가격을 지불하는 경우도 있다. 구매자는 공정가격보다 낮게 지불할 수도 있지만 반대로 높은 가격을 지불할 수도 있다.

"모든 것에는 정해진 가격이 있다"고 믿어온 소비자들에게 마음대로 지불해도 되는 자유를 제공해, 고객들은 마음에 흡족하든 아니든 정해진 가격을 지불해야만 한다는 의무감에서 해방되는 느낌을 갖게 된다. 그리고 "이 가격을 주고 샀는데, 왜 이 모양이지? 잘못 샀네"라는 '구매 후 인지 부조화post-purchase cognitive dissonance'를 걱정하지 않아도 된다. 공급자의 입장에서는 자연스럽게 새로운 시장에 침투할 수 있을 뿐만 아니라, 가격 차별화 정책으로 주목을 받을 수 있다. 이제 몇 가지 사례를 보도록 하자.

알아서 내세유~

충청도는 양반의 도시라고 한다. 몸가짐과 언행이 신중하다는 말일 것이다. 뒤집어 말하면 양반 체면을 지킨다는 말이기도 하다. 그렇다고 땀 흘려 일구고 만든 제품이나 농산품을 내놓고 "물건값은 내키는 대로 내라"고 하기에는 우리가 사는 세상이 너무나 각박해졌다. 그러나 홍성에는 아직도 '확실히 믿어주는' 작은 가게가 있다. '남을 너무 순진하게 믿어줘서' 신기하기조차 한 가게다. 그곳은 바로 58년 전통의 '풀무학교'의 생활협동 조합이 운영하는 가게다.

 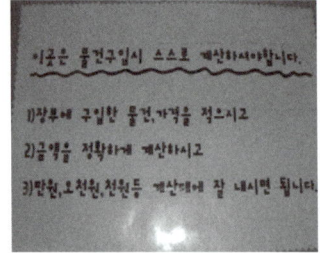

그림 18. 무인 판매로 양심에 맡기어 판매하는 풀무학교의 돈 통과 안내문

이곳에는 카운터도 없고, 돈을 받는 점원도 없다. 미소 짓게 하는 '외상 절대로 안 돼요'라고 써 붙인 쪽지가 붙은 사각형의 빈 소쿠리 위에 몇 개의 작은 소쿠리가 놓여있을 뿐이다. 신기하게도 그 앞에는 누가 잘 정리해 놓은 듯, 지폐들이 가지런히 꽂혀있다. 현금이 없다고? 그렇다면 구매를 포기하든지, 아니면 은근슬쩍한다고 한들 누가 지키는 사람도 없으니 알게 뭔가. 하지만 믿는다는데 그 믿음을 배신할 수는 없다. 많은 지폐와 동전이 그것을 증명한다.

서양에는 발달된 팁 문화가 있다. 지금이야 서비스의 질을 떠나서 일종의 추가요금으로 변질되었지만, 팁은 손님으로 초대받아 하룻밤을 신세지게 된 게스트가 침대맡에 놓아둔 작은 정성으로부터 시작되었다고 한다. 지금도 거리의 악사들은 행인들에게 즐거움을 선사하고 그것에 감사하는 사람들의 자발적인 성의를 받는다. 크리스마스를 앞둔 거리 곳곳에서 만나는 구세군의 자선냄비나 불우한 환경단체에 대한 기부금 또한, 알아서 내는 '자유 가격제'의 또 다른 형태이다.

자유 가격제가 오프라인에만 있는 건 아니다. 디지털 컨텐츠인 경우 온라인에서도 자유 가격제를 실시한 사례를 찾을 수 있다.

공짜 음원, 유료 앨범

영국의 얼터너티브 록 밴드인 라디오헤드Radio Head는 2007년 10월 10일, 그들의 7번째 앨범인 '인 레인보우스in rainbows' 앨범 발매를 앞두고 구매자가 원하는 가격으로 음원을 다운로드 받을 수 있도록 하는 파격적인 제안을 했다.

아무도 보는 사람이 없는 온라인 시장의 특성인 익명성과 다른 사람에게 노출되지 않는다는 안도감으로 비용을 지불하지 않을 것이라는 예상을 깨고 시장조사 기업인 컴스코어Comscore에 따르면, 라디오헤드가 앨범을 공개한 첫 달에만 약180만회 음악이 다운로드되었으며 그중 38%가 자발적으로 비용을 지불했다.

컴스코어는 라디오헤드가 다운로드 1회당 평균 2.26달러의 수입을 올렸다고 추정한다. 다운로드 전용 파일의 음질이 좋은 수준이 아니었다는 것을 감안하면 나쁘지 않은 수준이었다. 제작비용, 재고비용, 운임, 유통대행사 등이 없이도 라디오 헤드는 자유 가격제를 통해 이전의 그 어떤 앨범보다 더 많은 돈을 벌어들였던 것이다.

몇 달 뒤 공식앨범이 출시되자 수많은 팬들이 고음질 음악을 듣기 위해 음반가게로 달려갔고, '인 레인보우스'는 미국과 영국의 음악 차트에서 동시에 1위를 기록했다. 미국에서는 52주 동안이나 차트에 머물렀는데, 이는 라디오헤드의 앨범 가운데 최장기록이다.

그림 19. 인 레인보우스 앨범

명동에 가면 화장품가게 점원들이 바구니에 샘플이나 선물을 넣어놓은 다음 "매장에 들르시기만 해도 사은품을 드립니다"라고 큰소리로 외친다. 여기에는 누구라도 선물을 받게 되면 받는 사람의 미안함과 의무감을 자극해 작은 물건이라도 구매하도록 사람의 심리를 이용한 장치가 숨어있다. 프랑스의 사회학자 마르셀 모스Marcel Mauss는 그러한 가시적인 베풂 행위가 호혜 집단에게 부담감을 지우고 그 보답으로 최소한 동등한 가치의 선물을 달라는 사회적 압력을 조장하기 위한 것이라고 주장했다.

자유가격정책이 실효를 거두기 위해서는 실사용자가 제공하는 제품이나 서비스를 생산하는 원가가 전혀 또는 거의 없어야 한다. 이 말은 유형의 상품에 대해 자유 가격제를 실시하는 것이 쉽지 않다는 얘기이다. 왜냐하면, 제품을 생산하고 재고를 보유해야 할 뿐만 아니라 무상으로 구매한 사람은 상품을 다른 사람에게 판매할 수도 있기 때문이다. 이런 측면에서 디지털 상품은 생산과 공급에 있어서 별다른 비용이 발생하지 않으므로 자유 가격제를 시행하기에 보다 적합한 상품이라 할 수 있다.

핸디캡 기업에게 있어서 자유 가격제는 부담스러운 모험일 수 있다. 그러나 한계 생산비용이 큰 제품이나 사람이 직접 서비스를 하는 상품에 적용하기엔 핸디캡 기업뿐 아니라 대기업에서도 어려운 모델이다. 그러나 한번 생산해놓으면 추가생산 유지비용이 거의 들지 않는 디지털 상품이라면 고려해 볼 수 있는 가격전략이다. 다만, 지속적으로 할 수는 없기 때문에 한시적인 프로모션으로 활용하는 것이 바람직하다.

■ 성과 가격제

연공서열을 중시하던 국내 기업도 이제는 업무실적과 기여도에 따라 부서별 또는 개인별 보너스 금액에 차이가 나는 연봉제를 채택하는 회사가 늘어나고 있다. 회사 입장에서는 동일한 금액을 지불하지만, 목표를 달성하거나 초과한 조직은 그렇지 못한 조직의 성과급까지 차지하면서, 잘하는 조직에게는 동기부여를 하고 기대에 미치지 못한 조직에게는 분발의 기회를 제공한다.

어떤 제품이나 서비스에 대해서도 기대한 것만큼의 편익을 얻은 정도에 따라 가격을 지불하게 한 가격 정책이 성과 가격제(pay for performance)이다. 이와 같은 성과에 따른 가격제는 클릭 수에 따라 비용이 결제되는 인터넷 광고 등에서 대표적으로 사용되고 있는데 오프라인에서 사용되는 사례를 살펴보고자 한다.

암 치료제, 약효 없으면 공짜

골수의 형질세포가 암으로 변한 것이 다발골수종으로 불리는 암이다. 암세포나 정상세포 구분 없이 세포 안에는 필요 없는 단백질을 분해하는 '프로테아좀proteasome'이라고 하는 효소 집합체가 있다. 벨케이드velcade는 이 프로테아좀의 활성을 가역적으로 억제함으로써 항암효과를 발휘하는 새로운 항암제이다.

신약이란 다른 치료제로 효과를 보지 못한 환자들이 지푸라기를 잡는 심정으로 손을 내미는 한 가닥 희망이 되고는 한다. 그러나 언제나 그렇듯이 치명적인 암을 치료하는 신약의 가격은 천정부지로 비싼데 벨케이드로 암을 치료하는데 드는 비용은 환자 1인당 무려 5,000만원에 이른다고 한다. 그래도 치료해서 낫기만 한다면 어떻게든 해 볼텐데, 돈만 날리는 것은 아닐까 걱정이 앞서기 때문에 환자는 선택을 망설인다.

그런데 이런 제안이 있다면 어떨까? "종양세포의 크기가 줄지 않으면 돈을 받지 않겠습니다"라고 한다면 말이다.

그림 20. VELCADE 3.5 MG

벨케이드를 만든 제약회사 얀센은 항암효과가 있는 경우에만 환자에게 치료비를 받는 새로운 가격 책정법을 시도했다. 결과는 대성공이었다. 환자들이 벨케이드Velcade투약을 수용하는 경우가 높아졌고, 제약회사는 이윤을 창출할 수 있었다.

위 사례를 통해 효과가 있는 경우에만 지불하는 성과 가격제가 어떻게 유용한지를 알 수 있다. 벨케이드의 경우, 약 한 단위를 생산하는데

드는 비용이 높지 않다. 그럼에도 불구하고 이 약의 1회분 가격이 약 300만원으로 매우 비쌌던 이유는 개발하는데 드는 비용이 매우 높았기 때문이다. 신약 개발은 10년 정도의 개발기간이 소요되고 여러 임상실험들을 거쳐 치료효과가 입증되어야만 하기 때문이다.

성과 가격제 전략에서 성과의 평가는 객관적으로 입증 가능해야 한다. 혈액암 치료제인 밸케이드의 약효는 정상 적혈구수의 측정, 암세포의 크기 등으로 치료효과를 판정할 수 있었다.

성과 가격제는 또한, 실패 하더라도 판매자에게 지나친 위험이 되지 말아야 한다. 얀센의 경우, 실험군에서 약효가 기대한 만큼 나오지 않았다 하더라도 약을 생산하는 비용이 미미하므로 리스크는 충분히 감수할 정도였다. 소비자, 생산자 모두에게 이득이어야 한다는 조건들을 충족할 경우에 '효과가 있을 때만 돈을 지불하는 방법'인 성과 가격제가 사용되어야 한다.

변호사의 경우에도 사건의 수임에 있어서 착수금과 성공보수금의 금액의 구성으로 되어 있다. 이는 일을 잘해서 성공하면 돈을 더 받는 구조로 되어 있다. 성과 가격제는 그만큼 일의 성공을 중요하게 생각하는 서비스에서 사용하는 가격책정 방법이다.

2014년 국내에서는 카드 3사에서 1억 건 이상의 개인정보가 유출되는 초유의 사태가 발생되었다. 이 부분에 대해서 카드사에 집단소송을 진행하는 법무법인이 있다.

이곳에서는 소송에서 이길 경우 1인당 300,000원의 피해보상금이 주어질 예정이라고 안내하며 고객에게 성공보수비는 20%(60,000원)로 책정해놓고 홍보를 하고 있다. 이와 같이 소송을 위한 착수금으로 일부의 실비만 받고, 성공을 하게 되면 성공금액의 일정 비율을 성공보수비로 받게 되는데, 이 시내법무법인에서는 착수금보다 많은 금액을 성공보수비로 책정해 놓았다 이는 성공을 위해서 최선을 다한다는 의미이다.

그림 21. 카드사 정보유출 집단 소송 카페

두 사례를 보면 성과 가격제pay for performance의 경우는 처음에 돈을 받느냐 받지 않느냐 하는 차이가 있지만, 결과적으로 판매자의 입장이나 고객의 입장에서 서로 리스크를 나누면서 원하는 것을 이룰 때 비용을 지불하는 방법이다. 판매자의 입장에서는 제품에 대한 확실한 자신감이 있어야 되고 소비자의 입장에서는 판매자의 제품이나 서비스에 믿음이 가야 성립될 수 있다는 것이다. 소비자의 입장에서는 성과가 나왔을 때 비용을 지불할 수 있으므로 안심하고 구매를 할 수 있다. 성과를 내었을 때 비용을 청구하는 방식을 취할 경우, 판매자의 입장에서는 자신감을 판매하는 것이 되고, 이것이 성과보수제의 특징이라 할 수 있다.

이와 유사한 사례를 보면 변리사의 특허성공보수, 경매 낙찰에서의 성공보수, 중개업자들의 알선 수수료 등을 들 수 있다. 상품 및 서비스에는 자신이 있는데 유통이 잘되지 않을 경우, 성과 가격제는 핸디캡 기업이 선택할 수 있는 가격혁신 방법이다.

종속 가격제

■ 부록 가격제

프라푸치노 마시고 플레인스콘 먹고

그림 22. 스타벅스
프라푸치노 커피와 스콘

매년 연말이 되면 여성지에 딸려 나오는 것이 가계부다. 물론, 스마트폰을 이용한 디지털 가계부가 있기는 하지만 한 눈에 볼 수 있는 전통적인 가계부는 여전히 주부들에게 인기다. 수입 지출의 정리 외에도 요리 레시피나 생활의 지혜가 담겨있어 두고두고 볼 만할 가치가 있다. 그러다 보니, 여성지라면 병원이나, 은행에 가서 대기하는 시간에 보는 것이 전부인 아내도 부록 때문에 여성지를 사고는 한다.

스타벅스에서는 푸라푸치노 커피 6,800원짜리를 마시면 플레인스콘

2,800원짜리를 한정 수량으로 500원에 판매하는 이벤트가 있다. 이렇게 주메뉴를 시키면 사이드메뉴를 할인해서 판매하는 형태를 부록가격제라고 한다.

이러한 예는 우리 주변에서 쉽게 찾아볼 수 있는데 고기를 판매하는 삼겹살집, 불고깃집 등에서 고기를 주문해서 먹는 사람에게 6,000원짜리 된장찌개를 1,000원에 제공, 6,000원짜리 냉면을 2,000원에 제공, 5,000원짜리 계란찜을 2,000원에 제공하는 형태가 대표적인 예로 메인요리를 판매하기 위해서 딸린 상품은 저렴하게 판매한다.

부록가격제는 부록이 되는 상품을 판매하면서 부록의 금액으로 수익을 창출하려는 목적이 아닌 메인 상품을 효과적으로 판매하기 위한 전략이다. 메인 상품을 판매함으로써 매출도 올리고 부록상품을 제공하여 고객 만족도 향상으로 재방문을 유도할 수 있는 것이다. 고객에게 만족을 넘어 감동을 주는 부록가격제가 될 수 있다면 이는 매우 효과적인 가격책정 방법이 될 수 있다.

■ 종물 가격제

종물 가격제란 고객들을 유인하기 위하여 본 제품이나 서비스를 매우 낮게 책정하고, 추가되는 상품이나 서비스는 상대적으로 높은 마진을 붙여 초기에 판매한 상품의 이윤을 회수하는 가격전략이다. 전제조건은 고객이 처음 구매한 주 상품으로부터 편익을 얻기 위해서는 지속적으로 부가되는 상품의 구매가 이루어져야 한다는 것이다. 이에 따라 지속적인 수익이 발생하고 새로운 버전이 나오게 되면 쉽게 구매를 유도할 수 있다는 장점이 있다.

이러한 종물 가격제는 지속적으로 종물을 판매할 수 있다는 장점이 있는 반면에 소비자가 상품에 대해 만족을 하지 못하는 경우, "속았다"

라는 느낌의 구매 후 부조화를 경험하면서 소비자의 태도는 부정적으로 바뀔 수 있는 단점도 있다. 판매자의 입장에서는 오랫동안 소모품을 생산하고 재고를 유지하여야 한다는 부담이 발생한다.

배보다 배꼽이 더 커요~

나는 오래전부터 질레트면도기를 사용해왔다. 언젠가 면도기를 구매하러 마트에 갔는데 면도기와 면도날을 같이 묶음 판매하는 가격과 면도날만 판매하는 가격차가 별로 나지 않아 의아한 생각을 했었다.

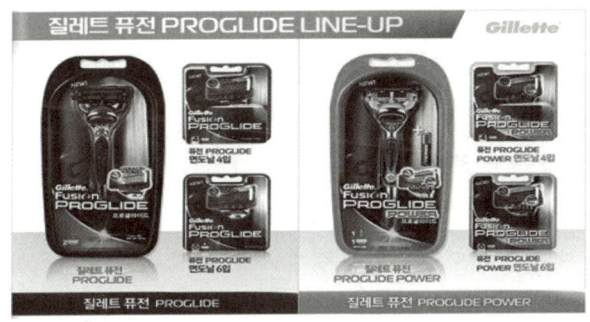

그림 23. 질레트 퓨전 면도기와 면도날

살펴보니 면도기+면도날 8개의 구매금액이 25,900원이고, 면도날 8개의 금액이 23,000으로 차이는 불과 10% 정도, 2,900원밖에 차이가 나지 않았다. 심지어 어떤 경우에는 개별상품과 세트상품의 상품이 가격이 같은 경우도 있었다. 이렇게 질레트에서 면도날을 팔기 위해 면도기는 거의 공짜로 제공해주는 사례에 이름이 붙여진 것이 면도기-면도날 모델'Razor-Blade Model'이라는 판매 가격전략이다. 즉, 제품이나 서비스는 저렴하게 또는 무료로 제공을 해주고 자주 사용하는 소모품의 가격을 비싸게 책정을 해서 판매하는 가격정책이다.

이 외에도 면도날 모델의 가격정책을 사용하는 서비스로는 셋톱박스, 통신서비스, 휴대폰의 데이터 요금제, 정수기와 필터, 프린터와 잉크/토너 등이 있다.

■ 음陰 가격제

무료로 체중 줄여 줍니다

필자의 주위에서는 다이어트에 관심이 많은 사람들이 많이 있다. 다이어트 하면 운동을 생각을 하는데 많은 사람들은 힘든 운동 말고 쉽게 다이어트할 수 있는 방법을 궁금해한다. 필자의 아내도 원푸드다이어트, 탄수화물 무섭취 다이어트, 고기다이어트, 한약 다이어트, 독도 다이어트(음식물을 오래 씹어서 결국에는 식사량을 줄이는 다이어트)니 하는 다양한 다이어트 방법을 시도해본다. 이렇게 해도 쉽게 다이어트에 성공하기는 쉽지 않다.

여성들이 많이 애용하는 허벌라이프 다이어트제품이 있다. 필자 동네의 허벌라이프 판매점에서는 이색 마케팅을 실시했다. 무료 다이어트 프로그램을 만들어서 회원들을 모집했다. 우선, 회원들에게 50,000원씩을 먼저 받고 다이어트 프로그램대로 시행을 잘해서 목표로 한 몸무게 감량을 하면 50,000원을 되돌려 주어 무료가 되는 다이어트프로그램이다. 그러나 몸무게 감량을 하지 못하면 50,000원을 돌려받지 못한다.

이와 유사한 형태로 소프트웨어를 개발하는 (주)웹플래너에서는 '체지방 감량 다이어트'를 실시했다. 업무특성상 컴퓨터로 책상에 앉아서 일을 하므로 활동량이 적어 체지방이 증가하고 결국에는 업무에 활력이 떨어지는 것을 방지하고 활력을 찾고자 직원들 대상으로 한 프로그램의 내용은 이렇다. 열심히 운동을 하고 다음날 몸무게를 측정하고 어제보다 오늘 체지방이 줄었으면 통과이지만 만약 그렇지 못하면 벌금 10,000원을 납부하는 것이다. 이렇게 2개월간 프로젝트를 진행을 하여 모아진 다이어트 실패비용에 대표이사의 지원금이 더해져 가장 다이어트에 성공한 사람에게 몰아준다.

이런 것이 공짜에 대한 심리이다. 이는 정말 공짜가 아님에도 불구하고 말이다. 이는 내가 아니더라도 누군가는 나 대신 그 대가를 치르고 있는데도 말이다.

마크 트웨인의 대표작 '톰 소여의 모험The adventure Tom Sawyer' 중 한 일화이다. 어느 날 톰 소여는 정말 지긋지긋할 정도로 하기 싫은 나무 울타리 페인트칠을 해야만 했다. 그 시간 친구들은 놀기 바쁜데 자신의 처지가 한탄스럽기까지 하다. 이때 놀러 온 친구에게 이 지긋지긋한 페인트칠을 아주 재미있는 놀이처럼 꾸며 떠넘기게 되고, 급기야 친구들 간의 경쟁으로 인해 페인트칠한 대가를 거꾸로 받기까지 이른다. 응당 페인트칠을 해주면 노동의 대가로 이에 상응하는 뭔가를 지불해야 함에도 불구하고, 톰 소여는 오히려 그들로부터 대가를 받았다.

이를 두고 댄 애리얼리Dan Ariely는 '음의 가격negative price'이라고 칭하였다. 이러한 사례를 덴마크의 한 체육관에서 운영하고 있는 멤버십 프로그램에서도 볼 수 있다. 이 체육관에서는 일주일에 적어도 한 번 체육관에 나오면 그 달은 무료로 이용할 수 있도록 한 프로그램이다. 만약 단 한 주라도 빼먹으면, 즉 단 하루라도 나오지 않으면 그 달은 체육관 이용료를 지불해야 한다. 이때 대부분은 바빠서 한 주를 빼먹게 될 때 체육관 이용료를 지불해야 되고, 체육관에 불만을 갖기보다 부지런하지 못한 자신을 탓하게 된다고 한다. 그래서 월 이용료를 내고 이용하지 못할 경우, 체육 회원권을 취소하기보단 더욱 열심히 나가야 겠다는 마음을 갖게 된다(범상규, 2013).

음 가격제의 특징은 무료로 이용할 수 있게 하는 것을 뛰어 넘어서 작은 금액이라도 부과를 시키거나 약속된 부분을 지키지 못했을 때 패널티로 일정금액을 약속을 해놓으면, 소비자의 의지가 반영이 되어서 꾸준히 할 수 밖에 없게 된다는 것이다. 이러한 심리는 이득보다 손실을 극도로 꺼리는 손실회피심리가 작용함으로써 실제보다 더 가치 있게 여기도록 만들기 때문이다. 음 가격제는 핸디캡 소상공인들도 적절하게 이용할 수 있는 가격혁신 전략의 하나가 될 수 있다.

구성 가격제 •••

■ 패키지 가격제

요것들, 묶어주세요

마트에 가면 눈에 띄는 것이 묶음으로 되어있는 제품들이 많이 있다는 것이다. 제품별로 다르지만 동일제품을 두 개, 세 개씩 묶어놓은 제품도 있고, 다른 형태의 제품을 조합하여 묶어놓은 제품도 있다. 이렇게 제품별로 묶어서 판매하면, 고객들은 묶여있는 제품이 할인율이 더 높기 때문에 한 개의 제품이 필요한 경우에도 여러 개를 사야 싸다는 생각에 필요없는 지출을 하기도 한다.

그림 24. 묶음 음료수 "롯데 델몬트"

한 개를 판매하는 것보다는 여러 개를 판매하는 것이 좋기 때문에 기업에서는 묶음으로 판매하는 가격전략을 사용하게 된다. 특히 잘 나가는 제품과 잘 나가지 않는 제품을 묶어서 판매하여 재고 소진을 위한 목적으로도 이용하기도 한다. 1개에 2,500원에 판매하는 제품을 2개를 묶어서 3,400원에 판매를 하면 할인이 많이 되어 소비자 입장에서 좋게 느껴지지만 불필요한 900원의 지출을 더하게 된 결과는 간과한다. 그래도 소비자는 물건을 싸게 구매했다고 느낀다.

그림 25. 묶음 갤럭시 노트3+기어

최근 출시 한 '갤럭시노트3'와 '갤럭시기어'가 묶음으로 판매되고 있다. 삼성전자는 미국 최대 통신사인 버라이즌과 함께 갤럭시노트3와 기어를 묶어서 2년 약정에 599.98달러, 우리 돈으로 약 65만원에 판매했다. 원래 가격은 갤럭시노트3가 100만원, 갤럭시기어가 32만원인 것을 보면 매우 저렴하게 판매하는 것이다. 이렇게 묶음으로 판매하는 것은 갤럭시기어의 판매를 높이려는 전략으로 볼 수 있다(씨넷코리아, 2013).

프랜차이즈 햄버거회사들이 햄버거를 묶음으로 세트판매를 하는 것을 볼 수 있다. 단품으로 구매할 때보다 세트로 구매할 경우, 낱개로 구매하는 것보다 할인된 것으로 느끼기 때문에 따로 햄버거와 음료만 먹으면 되는데도 불구하고 포테이토까지 들어있는 세트제품을 구매한다.

묶음 판매와 같이 제품의 양을 늘리는 방식을 사용하면, 기업의 입장에서 제품의 용량 및 제품을 추가시킴으로써 소비자가 느끼는 가격인상을 피해갈 수 있다. 예를 들어 100ml에 100원 하던 제품을 130ml로 키우고 130원을 받으면 소비자들은 가격이 오르지 않았다고 인식할 가능성이 높다. 단순 비교하기 때문이다. 하지만 용량과 가격은 '수확체증의 법칙'이 적용될 수 있어, 판매가보다 더 저렴한 수준의 생산단가를 실현할 수 있기 때문에 결국에는 기업에게 유리하다. 이렇게 지속이 되면 바로 크기에 대한 '앵커링 효과' 혹은 '기준점효과'가 작용된다. 늘어난 용량을 구매한 직후 소비자들은 과거 작은 용량 및 단품을 비교 기준에서 제거해버린다. 그로 인해 늘어난 것에 대한 인식을 하지 못해서 결과적으로는 더 사용하게 되는 것이다(범상규, 2013).

■ 단독 가격제

너는 묶어서, 나는 콕! 집어서 본다

나는 음악을 좋아한다. 매번 새로운 곡을 다운로드 받아서 듣는 것도 불편하고 저작권이라는 것이 있어서 마음대로 불법 무료 다운로드를 받지도 못한다. 이런 마음을 잘 알아준 서비스가 있었으니 바로 아이튠즈나 멜론 같은 서비스다.

멜론을 보면 MP3음악 30곡 다운로드와 스트리밍으로 모든 노래를 무제한으로 들을 수 있는 서비스를 월 9,000원에 제공을 해준다. 편리하기도 하거니와 무제한으로 들을 수 있으니 멜론 무제한서비스에 등록하여 음악을 편하게 듣고 다닌다.

개별가격은 어떨까? MP3 한 곡을 다운로드 받는데 들어가는 비용이 600원이다. 30곡을 들으면 18,000원이다. 이렇기 때문에 곡을 많이 들을 경우 개별가격이 묶음 가격보다 비싸게 된다. 고객의 입장에서 MP3 한 곡을 600원에 다운로드 받아서 들으면 비싸게 느낀다는 것이다. 실질적으로 한달 동안에 한 곡만 계속 듣는 고객들도 말이다. 결국 한 달에 열 곡 정도만 듣는 고객이라면 개별 다운로드 받아서 듣는 것이 유리한데도 말이다.

```
📥 1곡 다운로드
상품이 없다면 1곡 다운로드로 즐기세요!
· MP3  600원

🎬 뮤직비디오 다운로드
일반화질부터 Full HD 화질까지 다양하게 즐기세요!
· Full HD  2,000원    · HD  1,500원    · 일반  1,000원
```

그림 26. 멜론 site 에서 음원 MP3의 묶음판매와 개별판매 가격

회사의 입장에서도 매월 9,000원씩 고정적으로 납부해주는 고객이 좋다. 그렇기 때문에 고객에게 묶음가격제의 상품에 매력적인 혜택을 주는 것이다.

이렇게 서비스하는 컨텐츠는 스마트폰/PC에서만 그런 것이 아니다. 케이블 TV에서도 이런 서비스를 제공한다. 월정액으로 프리미엄이나 선호채널을 가입하면 아무리 많은 컨텐츠를 시청해도 고정된 비용만 지불하면 되기 때문에 많이 볼수록 이득이지만, 월정액 서비스를 이용하지 않고 개별적으로 한 프로만 볼 경우에는 한 프로당 비용이 비싸게 책정이 된다.

이렇게 전통적으로 묶어서 판매하던 상품을 개별가격으로 전환하여 가격을 혁신한 경우와 개별적으로 판매를 하던 것을 묶음으로써 혁신을 하는 경우가 있다. 이런 상품으로는 케이블의 영화채널을 유료시청제PPVpay per view로 전환한 케이스와 여행사의 자유여행 상품, 그리고 자동차의 프리미엄 오디오와 시트를 들 수 있다.

시기와 상황을 고려하여 전체적으로 묶어서 싸게 팔거나 반대로 나누어서 비싸게 팔 수 있는 방법이 있다. 핸디캡 기업의 가격정책 중의 하나이다.

■ 후리미엄 가격제 Freemium Pricing

공짜, 일단 한번 써보라니까요

지하철을 타고 가거나 버스를 타고 가다 보면 많은 사람들이 스마트폰을 가지고 무엇인가 하고 있다. 스마트폰이 보편화 되면서 나타나는 현상이다. 이들 중 많은 사람들이 메신저, 인터넷, 게임들을 하고 있다.

스마트폰 중에서 가장 많이 사용하는 것 중에 하나가 카카오톡 메신저이다. 카카오톡 메신저는 무료메신저이므로 많은 사람들이 사용한다. 카카오톡을 개발한 주식회사 카카오는 카카오톡 메신저 개발에 수많은 개발비가 들었다. 투자되어 개발된 금액만 100억이 넘는 금액이 들었다고 한다. 그러면 주식회사 카카오의 입장에서 무료로 서비스하면서 어떻게 수익을 내면서 수익을 창출할 수 있을까?

2009년부터 서비스를 시작하여 지속적으로 적자를 내서 2010년 10월에는 적자가 153억 원의 적자를 기록했다. 그러다가 3년 만인 2012년 10월에 흑자로 전환되었다(세계일보, 2012).

지속적으로 적자를 내며 무료로 카카오톡 메신저 서비스를 하던 회사가 3년 만에 흑자기업으로 전환을 하게 된 이유는 무엇이 있을까?

카카오톡의 비즈니스모델이 기존 페이스북, 트위터, 구글 들과 다르게 검색광고, 대화형 플러스친구, 플러스친구, 모바일광고, 모바일 커머스, 사이버머니 '초코', 아이템, 컨텐츠유통, 게임센터, 카카오슬라이드 등을 가지고 수익을 창출할 수 있었기 때문이다 Digieco, 2012.

다시 말해서 무료로 메신저와 게임, 카카오스토리 등을 서비스하고 부가적인 다른 서비스에서는 부분적으로 유료화를 해서 수익을 창출하는 가격혁신 모델을 후리미엄 가격제freemium pricing라고 한다. freemium은 "프리free"와 "프리미엄premium"의 조합으로 구성된 단어이다. 다시 말해서 핵심 서비스를 무료로 제공해주고 사용자기반의 작은 부분에 프리미엄 제품 및 서비스를 판매하는 비즈니스 모델을 말한다. WSJ에서는 micro-payment, micro-transaction이란 용어를 사용했다. 요즘 잡지나 신문의 아티클을 볼 때에 부분적으로 비용을 지불하는 부분유료화인 페이웰paywall과 같은 형태도 있다. 이렇게 사용되던 용어가 현재에는 Freemium Pricing이라는 단어로 흔히 쓰여지고 있다(beSuccess, 2012).

그림 27. 애니팡 게임시작화면

카카오톡에 연동이 되어있는 국민게임인 애니팡 역시도 같은 후리미엄가격 정책을 사용하고 있다. 애니팡은 선데이토즈에서 출시하여 카카오와 연동하여 서비스를 제공하는 게임으로, 이 게임은 무료로 누구나 할 수 있는 게임이다. 게임 안에 여러 가지 장치를 해놓아서 사람들로 하여금 유료아이템을 구매할 수 있게끔 한다. 애니팡을 실행한다면 하트라는 게임 실행 기회를 주는 아이템이 있는데, 처음에는 하트를 5개만 준다. 한번 게임을 할 때마다 하트를 하나씩 쓰게 된다. 그렇게 5개의 하트를 소비하게 되면 게임 오버다.

이제 좀 알것 같은데, 게임을 그만둘 수는 없다. 그렇다면 다섯 가지의 미션 중 최소한 하나는 클리어해야 한다.

첫째, 8분에 하나씩 모이는 하트를 기다리는 것으로 게임 하지 말라는 말이다.
둘째, 레벨업해서 하트 5개를 채우란다. 게임을 해야 레벨 업 할 것 아닌가?
셋째, 토파즈를 이용해 하트를 구입한다. 소액결제를 하란 말이군.
넷째, 친구가 보내는 하트를 받는다. 그 친구는 그럼 하트를 어떻게 구하지?
마지막, 친구를 초대해서 하트를 받는다. 어디서 많이 듣던 방법이다.

이렇게 다섯 가지 방법으로 하트를 모을 수 있다. 이 중에서 애니팡에서 수익을 창출할 수 있는 것이 토파즈이다. 토파즈는 아이템으로 게임을 하는 동안에 획득되지만 그 밖에는 현금으로 구매를 해야되는 것이다. 현금으로 구매를 하면 게임을 계속할 수 있으니 다른 방법으로 하트를 구매하는 것이 귀찮거나 시간이 없을 경우에 이용을 한다.

또 다른 기능 중에는 애니팡을 하는 사용자를 증가시키기 위한 친구초대하기 기능이 있다. 친구초대하기 기능에서는 친구를 초대해서 하트를 채우게 되는데 하트를 줌으로 인해서 애니팡의 사용자를 기하급수적으로 증가시킬 수 있는 회원확보 방안이 된다.

또 하나, 애니팡이라는 게임에 몰입할 수 있게 되는 것은 바로 카카오톡의 내 친구들과의 경쟁심리가 자극되도록 만들어졌기 때문이다. 게임할 때마다 내 친구들과의 순위를 만들어 개인의 승부욕을 자극하여 경쟁을 유도하는 전략이 있다. 그럼으로 인해서 게임에 몰입하게 되고 몰입이 중첩되어 과몰입으로 되고 이 상태에서 현금으로 아이템을 구매하게 된다.

후리미엄 가격제는 주로 온라인상에서 제공하는 가격제다. 온라인에서 제공하는 서비스의 특징상 원가 개념이 0에 가깝기 때문이다. 이는 실질적으로 0원은 아니나 느끼기에는 원가가 거의 들지 않는다고 인식을 하게 되는 이유이다.

그림 28. 나이트클럽의 모습

온라인뿐만 아니라 오프라인에서도 후리미엄 가격제를 운영하는 곳이 있다. 바로 나이트클럽이다. 나이트클럽에는 사람들이 많이 있어야 더 많은 사람들이 모이기 때문에 여기저기서 호객행위를 한다. 여자는 무료입장!! 밤 11시까지 무료입장!! 무료로 입장해서 나이트클럽에서 춤을 추고 부킹하는 것도 무료이지만 추가적으로 술과 안주를 시켜서 먹는 것은 유료이다. 오프라인의 후리미엄 가격제의 예로, 나이트클럽에 사람이 많이 붐벼야 유료로 돈을 내고 입장하는 사람들 또한 많아지게 되기 때문이다.

길을 걷다 보면 가장 많이 눈에 띄는 매장 중의 하나가 이동통신 매장이다. 그리고 빠지지 않고 등장하는 POP가 "최신형 스마트폰 공짜"라는 문구이다. 왜 비싼 스마트폰을 무료로 개통해준다는 것일까? 당신도 알고 있듯이 통신사는 스마트폰 단말기 가격보다 스마트폰을 사용하는 통신요금에 더 관심이 많다.

그럼 정말 스마트폰을 사용하는 통신요금만 얻으려고 무료로 개통을 해주는 것일까? 아니다. 통신사 입장에서는 가입자 수가 절대적으로 중요하다. 자기 통신사의 고객이 자기 통신사의 고객에게 통화를 하는 것은 자원이 거의 들지 않는다. 이는 통신환경의 시스템의 특징 때문이다. 그러나 다른 통신사에 전화를 할 경우에는 다른 통신사에 통신요금을 납부해야 되기 때문에 통신회사 자체의 회원이 많으면 많을수록 다른 통신사에서 내 통신사의 회선을 사용하기 때문에 통신요금을 받을 수 있어서 손해가 나는 것 같아도 다른 부분에서 수익이 발생 된다. 그 밖에도 회원수가 많을 경우에 다른 수익이 발생된다.

그림 29. KTF 스마트폰 공짜 광고

이렇게 후리미엄 가격제를 사용하는 것은 기본적으로 기본 인프라 고객 & 사용자들을 어느 정도 규모로 만들어 놓아야 추가적으로 다른 고객 & 사용자를 흡수할 수 있다. 식당이나 술집에 사람이 없으면 들어가기 싫은 것과 같은 원리이다.

만약에 기름값 걱정 없는 전기자동차를 무료로 준다면?

자동차를 무료로 주고 나중에 본격적인 이익을 취하는 후리미엄 가격책정의 비즈니스 모델이 성립할 수 있을까? 일반적으로 전기자동차는 일반자동차에 비해서 비싸다는 것을 알고 있는데 말이다.

그림 30. Better place 매장모습

이를 실천에 옮긴 기업이 있었다. 이스라엘 기업 '베터플레이스better place'라는 회사다. 이 회사 CEO 샤이 애거시Shai Agassi는 석유자동차가 아닌 전기자동차의 보급을 혁신할 수 있을까 고민을 하다가 자동차 가격에 맞먹는 배터리와 자동차를 분리해서, 자동차는 고객에게 소유권을 주고 배터리는 회사가 소유하는 방식을 고려했다. 그리고 전기자동차를 6년간 타면 차를 무료로 주는 것이다. 당연히 전기충전에 대한 부분은 비용을 낸다. 전기차의 문제점이었던 충전시간의 문제도 해결해서 전기충전을 하는데 걸리는 시간은 배터리를 탈착하고 교환하는 방식으로 2분으로 해결했다.

그러나 그의 시도는 5년 만인 2013년 실패로 끝났다. 막대한 인프라 확충 비용과 기대에 미치지 못한 시장 점유율이 그 이유였다.

통신 서비스에 있어서도 후리미엄가격제를 적용하는 회사가 있는데 바로 Skype이다. 이 회사는 같은 회원끼리의 통신요금은 무료이지만 타 통신사와의 일반전화, 이동통신 전화로 전화를 걸 때는 유료이다. 벌써 Skype회원의 수는 5억명을 넘어선 글로벌 관계망 서비스 회사가 되었다.

반면, 후리미엄 가격제의 문제점도 있는데 이는 가격을 지불하지 않는 무임승차자의 문제이다. 최근 경제학계에서 새로이 밝혀낸 사실이 한가지 있는데, 아무리 서비스가 자신에게 효용이 좋아도 '절대로 돈을 내지 않을' 유저들이 존재한다는 것과, 이 유저들이 제품의 네트워크 효과에 일정부분 기여를 한다는 것이다. 이 유저들을 '무임승차자Free Rider'라고 부른다. 기존 경제학에서는 제품의 효용이 100이고, 가격이 80이면 20의 차이를 취하기 위해서 제품을 구매한다고 보았다. 그렇지만 무임승차자 유저들은 제품의 효용이 100, 그리고 가격이 10이어도 제품을 사지 않는 사용층이다. 그저 '무료가 아니면 안돼!'라고 말하는 입장이다. 인터넷 월드에서 이 무임승차자의 비율이 상당히 높다. 나의 경험상 무임승차자 비율은 95%이상으로 추정된다. 실제 제품을 사용할 의향이 있는 유저 층 중, 100원이라도 낼 사용자는 백 명 중 다섯 명이 채 안 되는 것이다. 이 부분이 부분유료화를 탄생시키게 된다(Atip Asvanung, Karen Clay, et. al., 2004).

하지만 이렇게 해서라도 무임 승차자들에게 서비스를 제공한다. 이는 그들이 사용자층을 만들고 사회적 증거의 법칙을 만들어내기 때문이다. 러트거스Rutgers대 심리학과 조지켈링George Kelling 교수의 말에 의하면 2명이 행동할 때에는 별다른 반응이 없다가 3명이 되면 전환점이 생긴다고 했으며, 스탠포드대 심리학과 필립 조지 짐바르도Philip George

Zimbardo 교수의 말에 의하면 3명이 모이면 그때부터 집단이라는 개념이 생긴다고 했다. 그것이 사회적 규범 또는 법칙이 되고 특정한 목적을 갖고 있는 것으로 보인다. 이렇게 3명보다 더 많은 인원이 모이게 되면 사람들은 그렇게 많이 모인 이유가 있을 것이라고 생각한다. 그렇기 때문에 무임승차자들을 태우는 것이다.

투쟁 가격제

■ 로스리더 가격제

치명적인 가격으로 유인하라

포스트의 법칙에서 소개한 바 있는 대치동의 "그랜드백화점" 이야기에서 입소문나게 되어 성공을 하게 된 요인은 무엇일까? 바로 가격에 있다. 80년대 후반에 배추 한 포기의 가격이 2,000원이었으니 사람들은 김치를 금(金)치로 불렀다. 이때 "그랜드 백화점"에서는 "배추 한 포기에 500원" 그리고 그 옆에 조그맣게 "한 사람당 두 통까지만 사실 수 있습니다"라고 적어 놓았다. 백화점에서는 배추의 원가보다 더 낮은 500원에 판매를 했다. 한 사람당 2,000~3,000원가량 손해를 봐가면서 배추 판매를 했던 것이다. 왜 그렇게 했을까? 이는 '로스리더loss leader' 가격으로 유인상품, 미끼상품을 말한다. 유통업체들이 더 많은 고객을 끌어모으려는 목적에서 원가보다도 싸게 팔거나 일반 판매가격보다 훨씬 싼 가격에 판매하는 상품을 말한다. 백화점과 같은 유통업체들이 세일 등 특별한 판매 행사를 할 때 흔히 쓰는 판매방법으로, 일정한 기간을 정해놓고 판매하는 것이 보통이다.

내가 살고 있는 집 근처에는 조그마한 마트인 '두배로마트'가 있다. 이곳에서는 순두부 500원 정도 하는 것을 100원에 판매를 한다. 그리고 다른 요일에는 콩나물을 한 봉지에 100원에 판매도 한다. 이렇게 판매하는 것을 언뜻 보면 두배로마트가 손해를 보는 것 같지만 실제로는 그렇지 않다. 오히려 순두부 하나 콩나물 하나를 보고 다른 모든 물건들 값이 싸다는 인식이 확산되어 소비자들이 몰려들고, 전체 매출은 늘어나게 된다. 다시 말해서 순두부 하나, 콩나물 하나의 판매에서는 손해를 보지만, 이것들이 고객들을 불러들이는 미끼 상품으로 작용해 소비자들은 순두부, 콩나물뿐만 아니라 다른 상품들까지 사게 됨으로써 마트의 전체적인 매출액은 늘어나는 것이다.

일반적으로 소비자의 신뢰를 받는 공식 브랜드를 대상으로 하며, 가격 민감도가 높고 경쟁력이 강한 상품일수록 효과가 있다. 한국의 경우 유통업체들 사이의 경쟁이 심화되면서 이러한 로스리더를 이용한 판매방법이 많아졌다. 하지만 여러 업체들에서 하다 보니 고객들도 분산이 되고 효과도 많이 줄어들었다.

이런 예로 아이스크림을 들 수 있다. 초기에는 아이스크림 50% 할인하면 할인해주는 마트로 고객들이 몰려들었으나 현재에는 모든 마트에서 50% 정도의 할인은 해주고 있으므로 고객들이 느끼는 체감 할인율에는 미치지 못하는 것이다.

또한 로스리더 상품을 너무 적은 수량으로 준비를 하여 로스리더 상품이 일찍 소진이 되면 소비자에게 신뢰를 잃을 수 있기 때문에 수요예측을 잘못하면 안 된다.

핸디캡 소상공인들이 로스리더 가격전략을 구사할 경우에는 그랜드백화점의 배추가격처럼, 또는 두배로마트의 순두부나 콩나물 가격처럼, 꼭 필요한 제품으로 하면서 가격적으로 배타적 차별성을 느낄 수 있게 가격전략을 구사해야 된다.

■ **교란 가격제**

최저가 아니면 보상해 준다고?

운전하고 다니다 보면 '신발보다 싼 타이어!' '전국 최저가 판매' 등 자극적인 표현으로 물건 가격이 저렴하다는 것을 알리는 현수막을 자주 볼 수 있다. 그중에서도 '각종 타이어 최저가 보상판매' 로케트 정품배터리 최저가 보상판매, 최저가 제품이 아닐 경우 차액만큼 보상"을 해 준다는 문구를 보면 "이곳은 정말 싸게 파는 곳이구나"라는 생각을 하게 한다.

그림 31. 배터리, 각종 타이어 최저가 보상판매

여주에 있는 명성골드자동차는 자동차 정비도 하고 타이어와 배터리 그리고 오일을 판매하는 곳이다. 이곳은 트럭버스 전문 정비업소다. 이곳에서 내세우는 마케팅 전략은 '최저가 보상판매'다. 전국에서 제일 싸게 판매한다는 자신감의 표현으로 소비자로 하여금 구매를 유도한다.

최저가격 보상제는 고객이 구입한 상품과 브랜드 품목 규격모델이 똑같은 상품을 다른 점포에서 더 싼 값에 팔고 있다는 사실이 입증되면 차액을 즉시 현금으로 돌려주는 제도이다.

　국내 유통점으로는 신세계 이마트에서 가장 먼저 1997년 5월에 최저가격 보상제 판매를 했다.
　후발주자인 홈플러스에서도 이마트에 맞불을 놓는 전략으로 "이마트보다 비싸면 계산대에서 바로 차액을 쿠폰으로 드립니다."라는 홍보문구로 고객이 홈플러스에서 물건을 구매하면서 이마트가 더 싸다는 라는 의구심을 버리고 구매를 유도할 수 있게 최저가격 보상제를 도입해서 판매를 하고 있다.

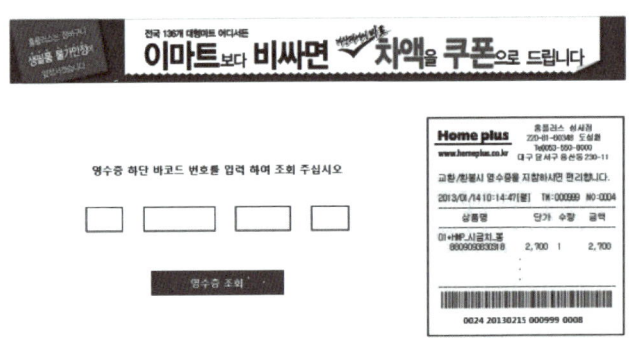

그림 32. 홈플러스에서 최저가격 보상제 홍보 문구

　2013년 9월 중소기업에서 최저가격 보상제라는 가격정책으로 성공을 한 사례가 있다. 유모차를 생산하는 업체 '에이원'이라는 회사다. 이 회사에서는 360도 회전이 가능한 유모차를 다른 나라에서 수입하는 유모차보다 가격을 60% 저렴한 가격에 생산을 해냈다. 기능과 성능에서는 외국 유명 제품보다 뒤지지 않았지만 홍보전략을 통한 판매가 부진한 가운데 모색을 한 것이 전국에 일시적으로 최저가격 보상제라는 카드를 꺼내어 들었다. 현대홈쇼핑에서 9월 리안스핀LX 유모차를 판매했으며 방송마다 완판을 하는 기록을 세웠다.

그림 33. 리안스틱LX 유모차

에이원의 리안스핀LX 유모차는 2013년 고가의 해외유모차를 제치고 "소비자 시민모임 만족등급"을 획득하였으며, "소비자선정 최고의 브랜드대상" 유모차 부문을 수상하며 유모차를 구매하는 까다로운 엄마들의 마음과 기억에 자리를 잡는 계기가 되었다. 이렇게 최저가격 보상제를 통해 사람들에게 차별적 가치를 만들어내는 긍정적인 효과를 만들 수 있다.

오프라인 유통점에서만 국한되는 것이 아니다. 온라인 오픈마켓인 11번가는 '최저가격 보상제'를 처음으로 실시했다. 11번가는 옥션, G마켓에 이어 후발주자이다. 후발주자이면서 다른 업체들과의 차별적 우위를 만들기 위해서 내세운 것이 "최저가 110% 가격보상제"이다.

다른 온라인 쇼핑몰보다 가격이 비싸면 차액의 110%를 보상해준다

그림 34. 11번가의 최저가 110% 보상제

는 의미이다. 다시 말해서 다른 11번가에서 50,000원에 구매를 했는데 다른 온라인쇼핑몰에서 48,000원에 판매를 하고 있을 경우 11번가에서 차액인 2,000원의 110%인 2,200원을 돌려준다는 이야기이다. 다른 최저가격 보상제와 다른 점은 차액을 현금으로 돌려주는 것이 아니라 포인트로 돌려준다. 그렇다 하더라도 오픈마켓에서 다른 온라인 쇼핑몰보다 싸게 판매를 하고 있다는 자신감을 보여주는 것이어서 후발 주자로서 최대한의 효과를 나타낸다고 볼 수 있다.

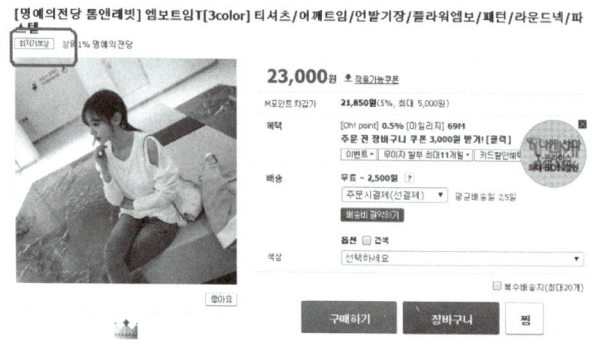

그림 35. 위메프, TMON의 최저가 보상제

11번가의 오픈마켓에는 많은 상품들이 입점해있다. 이런 상품들 중에 많은 상품들이 최저가보상제도를 이용하고 있다. 상품에 '최저가보상'이라는 아이콘 왼쪽 상단의 파란 글씨가 있으면 이 제품의 가격이 다른 온라인 쇼핑몰에서 판매되는 가격보다 비쌀 경우, 그 차액만큼 보상을 해준다는 의미의 상품이다.

그림 35. 위메프, TMON의 최저가 보상제

'최저가격 보상제' 가격전략의 열풍은 오픈마켓을 뛰어넘어 소셜커머스 부분까지 영향을 주어 위메프, 티몬에서도 최저가격 보상제를 실시하고 있다. 투어2000이라는 여행사에서는 다른 여행사에서의 항공권 구매금액의 차이를 가지고 최저가격 보상제를 하는데, 만약 투어2000에서 판매하는 것보다 더 저렴한 타사 항공권이 있을 경우 그 차액의 300%를 현금으로 보상해준다고 한다.

그림 37. 항공권 300% 최저가 보상제

이렇게 최저가격 보상제를 처음 시작을 한곳은 미국에서 가격할인 경쟁이 벌어지면서 월마트가 도입한 것이다. 특정지역에서 판매한 상품의 가격이 경쟁업체보다 비싸면 그 차액만큼 보상해주는 방식으로 적극적인 가격파괴 마케팅의 방법이다.

최저가격보상제가 실시되면 소비자 입장에서는 가장 저렴한 가격에 상품을 살 수 있지만, 경쟁력이 취약한 영세유통업체나 공급가격 인하 압력을 받는 제조업체는 경영 압박을 받아 도산하거나 대량 해고로 활로를 모색할 수밖에 없어 경제 전체에 큰 문제를 야기할 수도 있다(미래와 경영연구소, 2006).

현재는 보완된 최저가격보상제로 무조건 차액의 모두를 현금으로 보상을 해주는 것이 아닌 포인트로 보상을 해주고 차액보상의 한도도 정해 최대 2만원까지 보상한다는 형태로 제한을 두는 보완된 최저가격보상제가 운영 되고 있다.

이렇게 업체별로 경쟁하듯이 최저가격 보상제를 실시하는 이유는 관련 업체들 간에 가격에 대해 교란을 하는 목적이 크다. 고객의 입장에서는 이마트도 최저가격 보장제, 홈플러스도 최저가격보장제이면 어느 곳을 가더라도 최저가격으로 물건을 구매할 수 있다고 생각을 할 수 있기 때문에 가격교란정책이라고 볼 수 있다.

■ 보상가격제

"중고, 최고가 매입, 최저가 판매합니다"

그림 38. 삼보 체인지업 컴퓨터

1997년 외환위기를 맞아 암울했던 상황에서 국민에게 희망을 주는 사람들이 있었는데 메이저리거 박찬호가 그 중 한 명이었다. 박찬호가 메이저리그에서 보여준 활약으로 국민 영웅으로 부상을 했었다. IMF때 많은 기업들이 부도가 나고 실업자가 발생을 할 때 박찬호가 모델로 나온 것이 삼보컴퓨터가 있었다. 이때의 마케팅 전략이 보상판매 전략이었다.

'체인지업Change Up'이라는 마케팅 홍보전략으로 메이저리그에서 박찬호 선수가 던지는 공이 갑자기 속도가 뚝 떨어지는 투구방법에 붙여진 이름이다. 이를 삼보컴퓨터에서 상품명으로 정하고 PC를 판매했다. 삼보컴퓨터에서의 체인지업이라는 판매방식은 PC를 구매하면 2년 후에 CPU와 Memory를 두 배로 무상 업그레이드 시켜준다는 보상판매 전략이었다.

CPU와 Memory가 매년 2배 이상 성장을 하고 가격은 절반으로 떨어지는 것을 감안한 마케팅 전략이었다. IMF 때였지만 많은 사람들이 국민영웅 박찬호가 광고모델인 PC를 구매했다. 이때 판매된 PC의 수는 10만대 이상의 판매를 이루었다. 빅히트를 친 상품이 된 것이다. 그 후 2009년에 "체인지업 시즌2 무상업그레이드 캠페인"을 펼쳤고 2011년에는 노트북으로 스마트한 체인지업 페스티벌을 벌여 2년 뒤에 구매한 금액을 50%의 금액으로 다시 재구매해주고 재구매한 노트북은 소외계층에게 다시 기부하는 방식으로 마케팅을 펼쳤으나 1998년의 효과만큼은 발생하지 않았다. 그만큼 보상판매 마케팅 전략이 보편화되고 IT제품의 판매 경로도 다양해졌기 때문이다.

애플의 한국공식판매점인 프리스비에서의 보상판매전략은 아이패드 이전모델을 가지고 오면 신규출시모델인 아이패드에어를 구매할 때 최대 34만 원까지 할인받을 수 있는 보상판매 전략이 있다. 애플의 고정고객의 충성도를 높이기 위한 전략으로 자사제품을 가지고 오면 저렴하게 판매를 할 수 있게 해줌으로써 고객에게 신뢰를 주고 자사제품을 판매할 수 있는 가격

그림 39. 애플 아이패드 보상판매

마케팅 전략이다.

그림 40. 삼성전자 TV 보상판매

삼성전자는 "세계최초의 커브드 UHD TV 예약보상판매" 행사를 열었다. 보상판매의 전략은 기존에 삼성전자 TV를 사용하는 고객들을 대상으로 기존 TV를 반납을 하면 50만원을 할인해주는 보상판매전략으로 2014년 3월 말까지 신청 접수를 받으며 특정 일정에 대해서만 하는 한시적인 이벤트라고 홍보를 하고 있다.

보상판매란 어떤 제품의 제조업자 또는 판매업자 등이 제품을 판매하면서 자사의 구제품을 가져오는 고객에 한하여 구제품에 대해 일정한 자산가격을 인정해주고 신제품 구입시 일정률 또는 일정액을 할인해주는 판매방법을 말한다. 보상판매는 원칙적으로 공정거래법상의 할인특매 행위와 구별되나 변칙적인 할인행위로 이용되는 경우도 종종 있다. 공정거래법은 보상판매에 대하여 원래의 취지인 자기제품 이용고객에 대한 서비스 제공 차원을 넘어 할인특매로 오인하게 할 우려가 있는 용어 또는 할인율과 비교가격을 표시 광고하는 것은 금지하고 있다. 이동통신업체들이 사용하던 휴대폰을 가져올 경우 신형과 일정액의 할인율을 정해 교환해주는 것이 대표적인 보상판매이다.

주로 TV, 냉장고, 비디오 등 가전제품이나 컴퓨터, 핸드폰처럼 보급률도 높으며 신제품 개발도 활발한 경우에 이용된다. 이렇듯이 기존의 구매 고객에게 재구매를 유도할 수 있는 가격책정 방법으로 고정 고객에게 혜택을 줌으로써 지속적인 구매를 유도 할 수 있게 하는 전략이다. 이를 핸디캡 기업에서 적절히 이용을 한다면 신규 홍보전략에 있어서 도움이 될 수 있다.

■ 게릴라 가격제

<u>시간, 장소, 범위…, 당신의 예측을 불허한다</u>

게릴라 가격제라고 하는 것은 전쟁에서 사용하던 게릴라 전술을 닮은 형태의 가격전략을 말한다. 게릴라가 적을 기습공격 하듯이, 판매하는 상품의 가격을 갑자기 변화를 주는 것을 말한다. 게릴라 가격제는 판매 촉진을 위해 적은 비용으로 고객에게 기습적으로 가까이 다가가기 위한 방법으로 이용된다. 시간과 장소를 구분하지 않고 기습적으로 펼쳐진다는 특징이 있다.

이와 유사한 형태로는 게릴라 마케팅이 있다. 게릴라 마케팅guerilla marketing은 잠재적 고객이 많이 모여있는 장소에 마치 게릴라가 적을 기습공격 하듯이 갑자기 나타나 상품을 선전하거나 판매를 촉진하기 위한 행위를 펼치는 것이다. 대개 후발 기업이 시장 경쟁력을 확보하기 위하여 선발 기업들이 진입하지 않은 틈새시장을 공략하거나 적은 비용으로 고객에게 밀착한 마케팅을 펼치기 위한 방법으로 이용된다. 세부적으로는 스텔스 마케팅stealth marketing이나 래디컬 마케팅radical marketing, 앰부시 마케팅ambush marketing 등도 모두 게릴라마케팅 전략의 일환이다. 게릴라 가격제의 순서는 기습 → 타격 → 확산의 프로세스를 갖추어야 한다.

이는 전통적인 가격책정과는 차별성을 두며 혁신적인 아이디어로, 때로는 극단적인 방법을 통해 대기업의 가격정책에 대응하기 위해 소규모, 창업기업에 적합한 가격정책 기법으로 보인다.

휴대폰 판매를 하는 곳에 가보면 주말에 갑자기 게릴라 세일을 한다. 방송통신위원회에서 감시 중인 보조금 지급 규제에 따라 공무원이 쉬는 날에 휴대폰 매장에서는 제품을 게릴라 가격제로 판매한다. 평소에 구매하려고 할 때에는 80만원 하는 것을 30만원 또는 무료로 구매를 할 수 있게 해주는 것이다. 게릴라 세일을 한다는 공지를 갑자기 하면 고객들이 휴대폰 매장에 긴급히 와서 저렴한 조건으로 휴대폰을 구매한다.

마트에서 갑자기 10분간 90% 세일입니다라고 이야기하는 것도 게릴라 가격제이다. 갑자기 이러한 게릴라 가격제의 내용을 들은 사람들은 같이 온 가족이나 지인들에게 서둘러 가자고 재촉하면서 소개를 해주게 된다. 이렇게 자연스럽게 홍보가 되고 판매가 된다.

이제는 통신시장의 발달과 스마트폰을 사용하는 이용자가 대다수를 차지하므로 게릴라 가격정책을 이용한 매출증대 방식을 꾀해볼 수 있다. 기존 매체를 뛰어넘어 스마트폰을 이용한 게릴라 가격제도를 펼칠 수 있는 것이다. 이는 기습적으로 가격 할인되는 것을 바로 알려주어서 판매를 유동하고 충성고객을 확보하는데 좋은 방법이다.

게릴라 가격제를 통한 상품의 판매전략 방법 중 기존 회원들을 대상으로 게릴라 가격제를 실시하는 것과 새로운 고객의 확보하기 위한 차원에서 이를 실시하는 두 가지 방법이 있다. 전자의 경우에는 매장내의 방송을 이용을 하거나 휴대폰의 문자메시지 또는 홈페이지를 통해서 홍보를 해서 몇 시부터 몇 시까지 아주 짧은 시간에 초긴급세일을 한다고 알리는 방법이다. 이는 기존고객의 충성도를 높이고 재방문을 유도하는 효과가 있다. 후자의 방법으로는 신규고객을 확보하기 위해서 사람들의 유동인구가 많은 곳이나 박람회, 전시회, 공연 등과 같은 곳에서 기습적으로 제품의 홍보와 초긴급세일을 하는 것이다. 이는 새로운 고객의 확보와 제품에 대한 홍보를 할 수 있는 기회를 가질 수 있는 것이다.

그림 41. 반값 세일 중인 대형마트 모습

조선일보(2014. 03. 13일) 뉴스에 보면 채소가격의 약세가 나타나고 있고 12일 서울 가락시장 평균도매가격을 기준으로 1년 전보다 배추는 70%, 시금치는 23% 가격이 할인되어 농협의 전국 하나로 마트에서 채소류 소비촉진을 위해 긴급세일에 들어간다고 한다. 무, 배추, 마늘, 양파, 대파 등 30여 개의 품목을 대상으로 할인판매를 하고 롯데마트 등 다른 대형마트도 1,000원 균일가 행사도 한다(조선일보, 2014/ 국민일보, 2014).

핸디캡 소상공인에게 고객을 유인과 홍보하기 위한 방법으로 게릴라 가격제를 이용하게 될 경우, 효과적인 가격 책정방법으로 고객에게 깜짝 이벤트라는 새로운 가치를 제공해 줄 수 있다. 이러한 깜짝 세일 이벤트에 당첨이된 고객들은 기쁘고 즐겁게 생각을 하기 때문에 다른 사람에게 이야기를 하게 되고 재방문을 유도할 수 있다.

■ 팽창가격제

<u>40%~25% 할인 [일부 품목 제외], 대략 난감</u>

파주에 있는 롯데 명품아울렛에 옷을 사러 갔다. 명품아울렛이니 많이 할인을 해준다는 이야기를 들었다. 얼마나 많이 할인을 해줄까 하고 기대감에 차서 파주 롯데 명품아울렛에 들어가 보니 정말 할인을 많이 해주는 것 같다. 모든 팻말에 할인 할인~~ 이라고 적혀있다.

그림42. 파주 롯데 명품아울렛의 매장 할인 판매 홍보문구

30% 할인에다가 추가 30% 할인이니 얼마나 많은 할인을 해준단 말인가? 놀라운 일이다. 도합 60%를 할인한다.

들어가서 물건을 이리저리 보고 입어보고 만져보고 따져보고 최종적으로 금액을 확인해 보니 60%할인이 아니었다. 10% 할인을 해준다고 한다.

할인을 해준다는 홍보 팻말에 "일부 품목은 제외"라는 글씨가 있단다. 이런 글씨를 보지 못하고 들어간 나를 원망할 수는 없다. 관행적으로 되어오는 상술이니 어쩔 수 없지만 싸다고 맘에 안 드는 옷을 사느니 돈을 조금 더 주더라도 맘에 드는 것을 사야지 하고 불편한 마음으로 10%를 할인하는 물건을 골라 카드를 내밀었다

그림 43. 25%~40% 할인 범위를 명시하고 세일을 하고 있는 Montura

이렇게 할인범위를 제시하는 방법을 하게 되면 혹시나 내가 원하는 제품이 있을 거야라는 생각을 고객에게 불러일으켜 방문을 유도하는 효과가 있어서 모객 활동에 많은 도움이 된다.

예전부터 30%~70% 할인이라는 방식은 많이 사용해왔다. 구석에 조그마한 글씨로 일부 품목은 제외라고 표기도 하면서 말이다. 조금 응용한 혁신적인 가격정책은 1개사면 20% 할인 3개 사면 30% 할인,

5개 사면 50% 할인 이런 식으로 구간별 할인혜택을 주게 되면 구매하는 수량이 늘게 되어 매출 증대에 효과를 가져오게 된다.

이런 방식을 '팽창가격제tensile pricing'이라고 하며, 핸디캡이 있는 소상공인들이 손쉽게 할 수 있다. 다만 너무 과장되게 할인율을 적어놓아 고객의 마음의 기대 효과와 괴리감이 크게 만드는 것은 바람직하지 않다.

■ 단수효과

<u>3,000원? No! 2,990원? Yes!</u>

동네의 재래시장 번듯한 큰 백화점이나 가격에 관한 한 한가지 공통되는 특징이 있다.

990원, 9,900원, 19,900원, 등. 동전 받는 것도 일인데 무엇 때문에 이런 식으로 가격을 책정하는 것일까? 사실 판매하는 사람의 입장에서는 어떻게 해서라도 비싸지 않게 보이기 위해 노력을 한다.

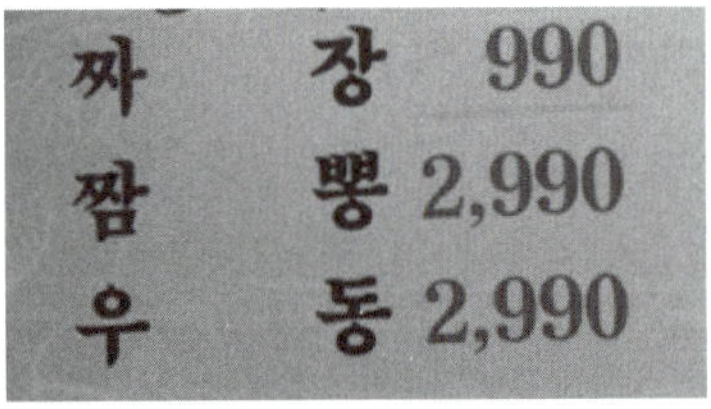

990원과 1,000원은 불과 10원밖에 차이가 나지 않는데 왜 이러는 것일까? 이 글을 읽는 당신은 990원과 1,000원 중 어떤 것이 싸게 느껴지는가?

그림 44. 990원 짜장 가격표시

그렇다. 990원은 10원보다 훨씬 더 싼 가격으로 인식한다. 실질적인 차이는 10원에 불과하지만 말이다. 기껏해야 10원 또는 100원이지만 이 차이에 마음이 흔들려서 구매에 이르는 경우가 종종 발생한다. 그렇기 때문에 가격을 책정할 때에는 많은 주의가 필요하다.

내가 자주 가는 대형 할인마트에는 990원 코너가 있다. 주로 깻잎, 상추, 치커리, 무, 등의 신선식품을 판매하는 코너는 아침에 진열하고 저녁이 되면 매진이 될 정도로 판매가 잘되는 코너이다. 금번에는 수산물에 대해서도 990원 코너를 만들어 화제가 됐다. 오징어를 1마리에 990원에 판매한 것이다.

대형 할인마트 관계자는 "1,000원과 990원의 차이는 별것 아닌 것 같지만 엄청나다. 없어서 못 파는 990원짜리를 1,000원에 판다고 하면 매출이 절반으로 뚝 떨어질 것이다." 라고 말했다. 이는 실제 소비자가 느끼기에는 앞자리가 다르기 때문에 990원은 900원으로 인식을 하고 1,000원짜리는 1000원으로 인식을 해서 100원은 인식의 차이를 만들어 내는 것이다.

미국 콜로라도 주립대학의 매닝Manning 박사와 워싱턴주립대학의 스프로트Sprott 박사가 소비자들의 이런 심리를 연구한 결과를 '소비자연구저널'이란 잡지에 발표했다. 내용인즉슨 소비자들은 가격표의 첫째 자릿수 변화에 민감하게 반응한다는 소위 '왼쪽자리효과left digit effect' 이론을 발표한 것이다. 2달러짜리 A볼펜과 4달러짜리 B볼펜을 학생들에게 우선 제시한다. 그런 후 4달러짜리 B볼펜을 3달러 99센트에 팔겠다고 하니 구매하겠다고 하는 사람은 44%였다. 그 후 2달러짜리 A볼펜을 1달러 99센트로 판매하겠다고 하니 B볼펜을 구매하겠다고 했던 학생들의 비율이 18%로 뚝 떨어졌다.

교수는 '왼쪽 자리 효과'와 관련된 또 다른 실험으로 A그룹에는

'1x2x3x4x5x6x7x8=?'을 B그룹에는 '8x7x6x5x4x3x2x1=?'의 문제를 제시했다. 놀랍게도 A그룹이 내놓은 평균값은 512, B그룹의 평균값은 2,250이었다. 곱셈의 시작이 8이냐 1이냐에 따라 예상의 답이 4배 가까운 차이를 보인 것이다.

이는 왼쪽 자리 효과의 원리로 인해 10원의 차이도 1,000원의 차이로 인식을 한다는 소비심리를 알게 해준 것이라 할 수 있다. 핸디캡 기업인 소상공인들은 이런 가벼운 10원의 숫자이지만 잘 적용하면 큰 매출을 올리는 데 도움이 되는 가격책정 방식이라고 할 수 있다.

핸디캡 기업의 가격혁신전략에서는 기본적으로 제품 및 서비스를 쪼개고 나누고 합치고 묶고 결합을 해서 가격을 세분화하고 묶어서 고정고객화하는 것이 필요하다. 뿐만 아니라 가격을 표기하는 시점에서도 "왼쪽 자리의 법칙"을 이용하여 적용해 보는 것도 좋은 방법이다. 이런 방법들은 일반 소상공인들뿐만 아니라 중견기업 대기업도 종종 이용하고 있다.

이상으로 알아본 바와 같이 핸디캡 소상공인들은 이 가격전략 외에는 다른 돌파구가 없는 것일까?
아니다, 가격 이외에 다른 가치를 제공할 수도 있다. 상기 사례에서 보았듯이 가격만을 가지고 경쟁을 하지 않았다는 것이다. 가격을 어떻게 표현하느냐에 따라 많은 차이가 있었으며, 상품에 가격 이외의 다른 가치들도 담아내야 경쟁력이 있는 상품이 될 수 있다.

물질이 아닌 무형의 것으로 고객에게 감동을 줄 수 있는 무엇인가가 필요하다. 포프리의 계란에서도 보았듯이 건강을 생각하는 마음을 가치로 담았더니 새로운 시장이 창출이 되고 멤버십이 만들어지게 되어 고정고객을 확보할 수 있었고, 파주의 춘천정통닭갈비 집처럼 고객을 생각해서 화학조미료를 쓰지 않고 정성을 다해 음식을 만들었으며, 농촌의 농민들을 생각하여 채소 판매 활성화를 돕는 마음으로 가격을 책정하니 사람들의 마음에 다른 가치를 주게 되는 것이다.

핸디캡 기업의 소상공인들이 가지고 있는 자신만의 소중하고 차별화된 가치를 고객에게 잘 전달할 수 있다면 진정한 가격혁신과 더불어 성공으로 한 걸음 더 나아갈 수 있는 기회를 만들 수 있을 것이다.

요약

자본이 부족한 핸디캡 기업이 매출을 증대시키기 위해 쉽게 취할 수 있는 전략 중 하나가 가격조정이며, 빠지기 쉬운 유혹이 가격할인이다. 그러나 가격할인 정책은 대기업의 전략이지 핸디캡 기업의 전략이 아니라고 했다. 핸디캡 기업에게는 대량 생산과 판매에 따른 비용 절감 효과인 '규모의 경제economy of scale'를 달성하기 어렵기 때문이다.

그 대신, 핸디캡 기업들은 혁신적인 가격 전략을 통해 소비자들에게 어떤 가치를 줄 수 있는지 고민해야 한다. 소비자는 이미 당신의 가격 결정 과정에 깊숙이 개입하고 있고, 더 이상 당신의 일방적인 가격정책을 수긍하지 않는다. 그렇다고 소비자들이 무조건 싼 매장이나 무조건 서비스가 좋은 곳만을 찾는 것도 아니다. 그 이유의 상당 부분을 가격정책이 설명해 주고 있다.

가격정책은 실행하기 쉽지만 그 영향은 막대하다. 이번 장에서 살펴본 내용을 다시 한 번 간략히 정리하면서 각 가격전략의 시사점을 살펴보고자 한다.

아침에 눈을 뜨면 문밖에 놓인 신문이나 우유를 식탁으로 가져와, 신선한 우유와 빵으로 식사를 하며 잉크 냄새가 채 가시지 않은 신문을 펼쳐본 경험이 있을 것이다. 디지털 시대에 살고 있는 젊은 소비자들은 개성이 강하고 보다 편리한 삶을 추구한다. 이러한 라이프 스타일은 새로운 형태의 구독가격제를 탄생시켰다. 구독 가격제에는 비교적 고가의 상품을 장기간 또는 단기로 빌려주는 '임대가격제'와, 원하는 상품을 사전에 정한 기간 동안 배달해주는 '정기배달 가격제'가 있다. 여기에 임의로 상품을 구성하는 재미의 요소를 더하면 '장수 꾸러미 밥상'이나 '글로시 박스'와 같이 기다려지는 깜짝 선물로 변하기도 한다.

어떤 유형의 섭스크립션 가격제를 채택할 것인지는 핸디캡 기업의 상황과, 소비자들의 취향 등을 포함한 개인의 라이프 스타일이 고려되어야 한다. 또한 고객에게 제공하는 가치가 무엇이고 소비자가 가치를 인지할 수 있는 방법이 무엇인지 찾아야 한다. 더불어 표적 시장 접근 가능해야 하고 일정 규모의 매출을 기대할 수 있어야 다른 세그먼트와 차별성이 있어야 한다.

고가의 소비재 시장은 전통적으로 2월과 10월이 비수기이다. 2월에는 등록금을 납부해야 하고 설이 있으며 짧은 달이기 때문이고, 10월에는 추석 명절이 있기 때문이다. 그러나 재래시장과 대형마트 등의 유통업자들에게 2월과 10월은 놓칠 수 없는 대목이다.

사무실이 밀집되어 있는 도심의 상가는 공휴일이면 텅 비고, 점심시간이면 기다려야 하는 식당도 점심시간 전후로는 한가하다. 비교적 적은 예산을 들여 개업한 게스트 하우스나 대형 호텔도 주말 공실을 줄이기 위한 고민은 다를 바 없다. 이와 같이 소비자들의 구매 빈도와 매출은 계절적 요인이나 또는 상황적 요인에 따라 다르다. 그러나 고정비는 정해져 있으므로 이를 줄이기 위한 노력은 게을리할 수 없다.

가변 가격정책은 매출의 상향평준화를 위한 정책이다. 호텔 바의 '해피아워 가격제', 애슐리의 '런치타임 가격제' 등은 잘 알려진 가변 가격제의 예이다. 업종의 특성상 매출에 기복이 심하다면 가변 가격정책은 좋은 대안이 될 수 있다. 그러나 실행 전에 매출 추이를 분석하고 우선순위를 정해 실행하는 것이 바람직하다.

미술품과 같이 공정가격이 정해져있지 않아 소비자의 가격경합을 통해 가격이 결정되는 경매, 고객이 원하는 상품의 가격에 제공업자가 응찰하는 역경매, 제품이나 서비스를 구매하거나 경험하고 대가를 지불하는 자유 가격제, 그리고 성과에 따라 가격을 지불하는 성과 가격제 등은 상품판매 방식의 새로운 모델을 제시해 주고 있다.

앞에서 언급한 벨케이드의 성과 가격제, 부동산 경매 가격제, 네이버 키워드 역경매 가격제, 원하는 만큼 지불하는 자유 가격제, 주로 디지털 제품에 적용되는 후리미엄 가격제 등은 무형의 서비스나 또는 한계비용marginal Cost이 적은 업종에 적합하다.

"어떻게 하면 고객들이 지속적으로 제품을 구매하게 할 수 있을까?"는 모든 기업가들이 고민하는 영원한 화두이다. 지속적인 판매를 통한 안정적인 매출을 올릴 수 있는 가격책정 방법이 부록가격제, 종속 가격제이며 고객의 구매 후 인지부조화를 방지하는 가격제로써 음 가격제는 소비자들의 참여가 필수인 서비스업에 적절하다.

잘 안 팔리는 상품의 판매를 촉진하거나 또는 새로운 상품에 대한 시장 침투하는 방법으로 사용되는 가격제의 하나가 구성가격제이다. 패키징 프라이싱package pricing 또는 번들 프라이싱bundle pricing이라고도 하는데 유효기간이 짧은 상품의 경우, 자칫 판매의 기회를 놓쳐 손실이 발생할 수 있으므로 이를 예방하기 위한 방법으로도 사용된다. 핸디캡 기업에서 악성재고 처리를 효율적으로 할 수 있는 방안과 새로운 고객층을 어떻게 만들 것인가에 대해서 고민이 될 경우에 고려해 볼 만한 가격정책이다.

"한 번 붙어볼까?" 가격에 믿는 구석이 있다면 할 수 있는 강력한 가격정책이 "투쟁가격정책"이다. 당신의 제품이나 서비스가 비싸다고 또는 비쌀것 같다고 소비자들에게 인식되어 있는가? 그렇다면 그들을 쉽게 매장 안으로 끌어들일 수 있는 '미끼상품' 또는 판매하는 상품 중 미끼상품을 제시하여 고객들이 당신 매장의 제품이 비싸지 않다는 인식을 심어줄 수 있는 로스리더 가격책정 방식이 있었다.

이보다 더 급진적인 방법으로는 타 매장보다 비싸면 차액보다 많이 환불해준다고 하는 '교란가격제'도 있다. 이와 같은 판매전략은 가격에 대해서 다른 경쟁업체와의 차별성을 느끼지 못하게 교란시키는 것이 목적이다. 현재 고객의 일탈을 방지하며 경쟁업체에게 위기감을 제공하고자 하는 것이다.

동종 업계의 경쟁이 과열되면 수익성이 악화되면서 시장의 매력도가 저하한다. 따라서 핸디캡 기업들은 가격비교가 어려운 초니치시장을 선택하거나 이미 경쟁업체가 많은 시장에 진입하여 있다면 개인화 personalization를 통해 1:1 가격 비교를 피하는 방법을 찾아야 한다. 또한 단일 상품의 기업을 운영한다면 제휴를 통한 제품구성으로 매출 향상을 꾀할 수 있을 것이다.

이제 기술이 만능이 시대는 지났다. 보다 인간의 감성에 호소할 수 있는 디자인, 컨텐츠, 경험, 편의성을 제공할 수 있는 제품이나 서비스는 값으로 평가할 수 없는 핸디캡 기업의 자산이 되어야 한다. 핸디캡 기업은 자신의 사업의 특징에 맞는 가격혁신 전략을 구상하고, 고객에게 어떤 가치를 심어줄 수 있는지에 대해 차별적 관점을 모색해야 할 것이다.

자료출처

사진1. http://google.com

사진2. http://google.com

사진3. http://www.gmarket.co.kr/

사진4. http://www.etoday.co.kr/news/section/newsview.php?idxno=871624

사진5. http://www.fourfree.com/

사진6. http://naturefarm.tistory.com/

사진7. http://www.glossybox.co.kr/

사진8. http://google.com

사진9. http://google.com

사진10. http://google.com

사진11. http://google.com

사진12. http://google.com

사진13. http://www.traport.com

사진14. http://www.interpark.com

사진15. http://google.com

사진16. http://www.auction.co.kr

사진17. http://searchad.naver.com/

사진18. http://blog.cyworld.com/f_torres9/4803313

사진19. http://google.com

사진20. http://google.com

사진21. http://cafe.naver.com/c2cc.cafe

사진22. http://www.istarbucks.co.kr

사진23. http://google.com

사진24. http://google.com

사진25. http://www.cnet.co.kr/view/22984

사진26. http://www.melon.com

사진27. http://google.com

사진28. http://google.com

사진29. http://google.com

사진30. http://google.com

사진31. http://blog.naver.com/latinas2/130180699100

사진32. http://homeplus.co.kr/

사진33. http://www.ryanbaby.com/

사진34. http://www.11st.co.kr

사진35. http://www.11st.co.kr

사진36. http://www.wemakeprice.com/, http://www.ticketmonster.co.kr/

사진37. http://www.tour2000.co.kr/

사진38. http://google.com

사진39. http://google.com

사진40. http://google.com

사진41. http://google.com

사진42. http://google.com

사진43. http://google.com

사진44. http://google.com

게릴라마케팅 :네이버 지식백과, 두산백과사전

글로시박스 http://www.glossybox.co.kr/

법무법인 시내 집단소송 http://cafe.naver.com/c2cc.cafe

보상판매: 네이버 지식백과, 두산백과사전

실험심리학: 용어사전 시그마프레스㈜ 2008

애슐리평일런치 9900원 http://www.myashley.co.kr/

음악다운로드 www.melon.com

최저가격 보상제 홈플러스 : www.homeplus.co.kr

칼라프린터 판매상품 http://www.gmarket.co.kr/

풀무학교 생활협동조합 http://blog.cyworld.com/f_torres9/4803313

포프리 계란 http://www.fourfree.com/

항공권 땡처리 트래포트 www.traport.com

참고문헌

김정유 (2014), "바디프렌드 "올 1월 매출 88억 원 전년보다 49% ", 이투데이, 2014년 2월 19일, http://www.etoday.co.kr/news/section/newsview.php?idxno=871624

김태정 (2013), "미국서 갤노트3+갤럭시기어 65만원 묶음", 씨넷코리아, 2013년 9월 7일, http://www.cnet.co.kr/view/22984

미래와경영(2006), "최저가격보상제(最低價格報償制, unbeatable price)", New 경제용어사전, 2006년 4월 7일, http://terms.naver.com/entry.nhn?docId=782861&cid=510&categoryId=510

박유연 (2014), "농협 "무 등 채소 최고30% 싸게 팝니다"", 조선일보, 2014년 03월 13일, http://biz.chosun.com/site/data/html_dir/2014/03/12/2014031204569.html

배재련 (2013), "프리스비 보상판매 이용하면 아이패드에어 가격 뚝 '얼마길래?'", 뉴스앤미디어, 2013년 12월 16일, http://www.newsen.com/news_view.php?uid=201312161232044720

범상규 (2013), "왜 애플은 공짜로 OS를 나눠주는가?", 네이버캐스트, 2013년 11월 29일, http://navercast.naver.com/contents.nhn?rid=199&contents_id=42543

범상규 (2013), "과잉소비족과 심리적 다이어트", 네이버캐스트, 2013년 9월 27일, http://navercast.naver.com/contents.nhn?rid=199&contents_id=37278

보통개발자 (2012), "인터넷 가격 정책들 : Freemium 모델의 특징", beSuccess, 2012년 12월 4일, http://besuccess.com/2012/12/features-of-freemium-model/

서윤경 (2014), "배추한통에 1000원 반값할인",국민일보, 2014년 03월 13일, http://news.kukinews.com/article/view.asp?page=1&gCode=all&arcid=0008128752&code=11151400

신익수 (2012), "특급호텔에도 무한리필 서비스 해피아워", 매일경제, 2012년 02월 07일, http://news.mk.co.kr/newsRead.php?year=2012&no=83082

엄형준 (2012), "지금 모바일 시장은 카톡스타일~", 세계일보, 2012년 10월 11

일, http://www.segye.com/content/html/2012/10/10/20121010025288.html

이미나 (2013), "완판유모차리안스핀LX, 30일 2013년 현대홈쇼핑 마지막 방송", 한국경제, 2013년09월 27일, http://www.hankyung.com/news/app/newsview.php?aid=2013092752190

이서연 (2014), "호텔로 떠나는 색다른 힐링 여행", 레이디경향, 2014년 3월호, http://lady.khan.co.kr/khlady.html?mode=view&code=12&artid=201403111528171&pt=nv

이필완 (2006), "50년 고집으로 아이들 뽑는 풀무학교 이야기", 당당뉴스, 2006년 10월 25일, http://www.dangdangnews.com/news/articleView.html?idxno=3378

조용호 (2012), "전기차가 활주하는 세상을 만들기 위한 대담한 도전, 베터플레이스 이야기", 2012년 3월 21일, http://bradcho.wordpress.com/2012/03/21/

Atip, Asvanund, Karen Clay, Ramayya Krishnan, Michael D. Smith. 2004. "An Empirical Analysis of Network Externalities in Peer-To-Peer Music Sharing Networks". Information Systems Research, 15(2),pp. 155-174.

Digieco (2012), "카카오톡의 비즈니스모델2주차 동향보고", 디지에코, 2012년 7월, http://www.slideshare.net/seohyungang/kakao-talk-business-model-15092375

LatinaS (2013), "여주 대형트럭버스-보상판매전문점" 명성골드자동차공업사, 2013년 11월 28일, http://blog.naver.com/latinas2/130180699100

Rodger, J. A., Pendharkar, P. C., & Bhatt, G. D. (1996), "Diffusion theory and the adoption of software innovation: Common errors and future issues." Journal of High Technology Management Research, 7(1), pp. 1~13

에필로그

■ 핸디캡 마케팅의 씨를 뿌리다

KB금융경영연구소보고서 (2012-12호)에 따르면 전체 취업자 중 자영업자가 차지하는 비중은 1998년 말 38.3%에서 2009년 말 30.0%, 2013년 3월 말 27.2% 로 줄었다. 창업에서 폐업까지의 시간 또한 점점 짧아져 창업 후 18.5%가 1년 내, 절반에 가까운 48.6%의 창업자가 3년 내에 문을 닫는다. 그 이유로 '경기침체', '늘어나는 빚'과 함께 '변변치 않은 수입'을 꼽지만 왜 수입이 늘지 않아 빚을 늘려야만 하고 결국, 고정비용의 부담으로 폐업해야 하는지에 대한 답은 알려주지 않는다. 핸디캡 기업이 처한 상황이 위태롭다. 이들을 도울 수 있는 방법은 없을까?

남아프리카의 오지, 어린이와 부녀자들은 매일 3시간에서 9시간씩 맨발로 황톳길을 걷는다. 머리에 물을 채운 양동이를 이고 수차례 왕복하는 것이다. 식수이다 보니 하루도 거를 수가 없다. 하루 종일 힘겹게 물을 나르는 이들을 도울 수 있는 방법은 없을까? 단, 전기도, 석유는 물론 변변한 자원이 없는 이들이 매일 물을 구하기 위해 먼 길을 왕복하는 수고를 하지 않아도 되는 방법 말이다.

물을 긷는 남아프리카 사람들의 안타까운 상황을 멋지게 해결한 것은 '히포워터롤러Hippo Water Roller'다. 5년의 내구성을 갖춘 오크통 모양의 가벼운 플라스틱 통으로, 통의 양쪽 중앙에 'ㄷ'자 모양의 손잡이를 달았다. 다섯 번 왕복해야 얻을 수 있는 물을 한 번에 운반할 수 있을 뿐만 아니라 힘들이지 않고 슬슬 굴리기만 하면 된다. 충분해진 물로 채소를 기를 수도 있고, 통에 거치 대를 설치하여 다른 용도의 운반 도구도 만들 수 있다. 주어진 환경에서 가용한 '적정한 기술 Appropriate Technology'을 활용하여 삶의 질을 획기적으로 변화 시킨 것이다.

핸디캡 기업의 마케터가 처한 상황 또한 히포워터롤러가 있기 전 아프리카 부녀자와 별반 차이가 없다. 당신에게 익숙한 또는 알고 있는 전통적인 마케팅은 자본이 많이 들고 전문인력이 필요하다. 전통적인 마케팅 절차와 방법에 따라 소비자의 관심을 끌고 구매 행동을 유발하기까지 핸디캡 기업의 목을 죄는 시간이 많이 소요된다. '히포워터롤러'을 창조한 적정 기술과 같이 이들에게 필요한 마케팅은 없을까?

핸디캡 마케팅Handicap Marketing은 이와 같은 문제 제기에서 탄생했다. 핸디캡 마케팅의 씨가 드디어 뿌려진 것이다.

■ 단기, 그리고 장기적인 성과를 모두 기대하며

핸디캡 마케팅은 여러 전략들을 한 권에 담고 있다. 여러 상황에서 기업이 처한 상황에 따라 취사선택할 수 있는 기회를 제공하고자 하는 것이다. 기업이 존재하고 지속적인 성장을 하기 위한 필수적인 요소가 고객이다. '끈' 전략은 단기적인 경영성과 뿐만 아니라 장기적인 경영성과를 목표로 한다. 고객과 관계를 형성하고 전환적 관계로 발전시켜 동반자의 관계로 발전시켜 나가야 한다.

제한된 자원으로 단기, 장기의 목표를 달성하기 위해서는 소비자의 단순 욕구의 충족으로는 부족하다. 소비자는 나의 문제, 우리의 문제를 해결해 주기를 기대하며 더 나아가 소비자인 내가 가치 있는 브랜드의 참여자임을 보여주기 원한다.

가치 마케팅은 기존의 대중마케팅과 같이 무례한 것이 아니라 소비자가 스스로 찾는 마케팅, 유용한 정보의 제공 또는 독특한 재미의 제공, 의미 있는 관계의 형성과 같이 그 자체로서 가치가 있는 마케팅이다.

디지털 시대의 특징 중 하나는 쌍방향 커뮤니케이션이다. 네트워크 참가자들은 무엇인가 지속적으로 네트워크를 통해주고 받을 컨텐츠를 필요로 한다. 당신이 리마커블Remarkable한 상품, 아이디어, 행위로 소비자들을 만들었다면 효과적으로 입소문 Word of Mouth 을 내는 것은 중요하다. 입소문은 그 어떤 광고보다 강력한 효과를 발휘하곤 하기 때문이다.

어느 날 찾아오는 견디기 힘든 좌절과 고통의 시간인 '딥The dip'에서 탈출하기 위해서는 트렌드에 편승하고 특수한 환경을 이용하여야 한다. 공공정보는 새로운 기회이며 즉각적으로 딥에서 탈출할 수 있는 기회를 제공한다. 너무 완벽한 제품이나 서비스를 만들기 위해서 시간과 비용을 허비해서는 안 된다. 시장을 선점하고 배우며 개선해 나가는 전략을 취하는 것이 좋다.

 핸디캡 기업은 전략적이어야 한다. 단일 가격제란 이제 더 이상 유효하지 않다. 상황에 따른 탄력적인 가격의 운용은 경쟁기업을 혼란에 빠뜨릴 수 있으며 경영성과를 향상시킬 것이다. 잘못된 가격정책은 즉각적으로 당신의 재무성과에 영향을 미칠 수 있음을 인지하여야 한다. 인터넷 발달과 소비자의 라이프 스타일의 변화로 인하여 새롭게 등장하여 진화하고 있는 가격정책을 관찰하여야 한다.

■ 본 연구의 한계와 향후 제언

 핸디캡 마케팅은 세상에 존재하지 않았거나 있었어도 효용성이 빛을 보지 못했던 마케팅 방법론들에 대한 연구이다. 이 말은, 아직 학문적 체계가 미흡할 수 있다는 것이다. 그러한 이유로, 나는 오랜 시간 동안 가용한 자료를 최대한 수집하고 분류하여, 핸디캡 기업의 마케팅 의사결정에 유용한 정보를 제공하고자 노력하여 왔다. 이러한 노력에도 불구하고 마케팅 책자로써 한계와 향후 보완하여야 할 과제가 있음을 안다.

첫째, 이론의 체계화 및 정교화 필요

 본 연구가 오랜 기간 동안 연구, 발전되어온 전통적인 마케팅에 포함되어 있지 않은 최신 마케팅 전략이 포함되어 있어, 핸디캡 기업에게 많은 도움이 될 것임은 믿어 의심치 않으나, 모든 내용을 상호배타적으로 포괄했다고 할 수는 없다. 저자가 제시한 마케팅 방법론들이 너무 핸디캡 기업들의 한계상황에 초점을 맞춰져 마케팅의 기본 원리에 배치될 수도 있다. STP와 4P를 근간으로 한 마케팅 공화국의 몰락을 거론했으나, 마케팅이 "시장에서 시업과 소비자간의 교환이 지속적으로 이루어질 수 있도록 만드는 방법론"이라는 것은 핸디캡 마케팅에서도 불변의 진리다.

따라서 핸디캡 마케팅에서도 타게팅과 차별화라는 두 가지 핵심 전략은 이론적으로 보다 체계적인 이론 정립이 필요하다. 또한 본 연구에 나온 이론들이 최신 트렌드를 반영하고 있는 것처럼 말을 하고 있지만 마케팅의 빠른 변화에 적절하게 대응을 하고 있는 지는 아직 의문이 많다. 특히 타게팅은 사물인터넷 시대를 맞아 마이크로 타게팅을 넘어 맥락적 타게팅contextual hyper-targeting이 대두되고 있다. 다음 연구에서는 지금의 트렌드나 패드 fad뿐만이 아니라 미래의 변화까지도 체계적으로 제시할 수 있는 보다 면밀한 연구가 필요하다.

둘째, 실험을 통한 실증적 자료 수집 및 분석 필요

사례 분석을 통해, 핸디캡 기업이 당면하고 있는 문제들을 효과적으로 극복할 수 있는 마케팅 방법들을 선별하여 사례로 실었다. 그러나 실험을 통해 인과관계를 확인한 경우는 아니므로 향후, 내가 주장하는 내용들을 컨설팅 과정에서 적용하고 그 결과를 수집, 분석하여 실증하는 작업이 필요하다 하겠다. 이를 통해 각 전략의 신뢰성을 향상시킬 수 있을 것이다.

셋째, 유통혁신 전략에 대한 연구 필요

마케팅의 중요한 요소로 인식되어온 유통전략은 아직도 충분한 연구가 이루어지지 않아 이번 저술에 포함되지 못한 아쉬움이 있다. 상품의 선택뿐만 아니라, 가격의 결정, 유통형태의 선택까지 주도권이 소비자에게 넘어갔다. 해외직접구매, 병행수입, 오픈마켓, 구매대행 등은 한 예이다. 새롭게 등장하는 유통업의 형태와 특징, 핸디캡 기업의 성공사례, 채널간의 갈등channel conflict의 발생 요인 및 해소방안들을 연구하여 핸디캡 마케팅 이론의 완성도를 향상시켜야 할 필요성이 있다.

본 연구가 전통적인 마케팅이론에 대해 도전하는 인상을 보이고 있지만 어떻게 보면 여러 가지 마케팅 이론 중 소기업을 위한 새로운 연구 정도이지 마케팅 이론의 근간을 흔들 정도의 획기적인 연구는 아니라 본다. 다만, 나는 본 연구를 통해 핸디캡을 안고 싸워야 하는 소기업들이 도구화할 수 있는 마케팅 방법론들을 좀 더 상세히 전달하고자 노력한 것이다. 본 연구를 시작으로 핸디캡 마케팅도 세월을 거듭할수록 보다 정교한 이론적 체계를 만들어 나갈 것이다. 따라서 해마다 좀 더 보강된 핸디캡 마케팅 이론서를 저술했으면 한다.

부족하지만 본 연구를 지원해 주신 여러분들에게 감사드린다. 그리고 본 책자가 핸디캡 기업들에게 잃었던 용기를 주고 어두운 길을 밝히는 등불의 역할을 하였으면 하는 바람이다.

참고문헌

연선옥 (2014), "고 비용사회 돈만 쓰고 남는 건 없는 자영업자", 조선비즈, 2014년 1월 2일, http://biz.chosun.com/site/data/html_dir/2014/01/02/2014010201966.html

KB경영정보 리포트 2012-12호, "개인사업자 창. 폐업특성 및 현황분석", KB금융연구소, file:///C:/Documents%20and%20Settings/Administrator/My%20Documents/Downloads/2012-12_%EA%B0%9C%EC%9D%B8%EC%82%AC%EC%97%85%EC%9E%90+%EC%B0%BD%ED%8F%90%EC%97%85+%ED%8A%B9%EC%84%B1+%EB%B0%8F+%ED%98%84%ED%99%A9+%EB%B6%84%EC%84%9D.pdf

Hippo Water Roller Project (2013), "General Presentation", http://www.hipporoller.org/media/docs/HippoWaterRoller-General-Presentation-2013.pdf

찾아보기

F

FLY to 깨달음 · 440, 441, 442, 455

N

NFC · 485
N서울타워 · 305, 306, 310, 329, 390, 391, 428, 429

P

pay per view · 506
POST 전략 · 38
PPL · 345, 346, 416, 417

V

VVIP · 321, 367, 358, 385, 481, 482

ㄱ

가격가변제 · 472
가격교란정책 · 522
가격의 실용적 가치 · 317
가격혁신전략 · 465, 532
가망고객 · 71, 72, 73, 74, 75, 76, 96, 121, 126, 127, 130, 247, 258, 268
가치 마케팅의 기대효과 · 119
가치 마케팅의 기준 · 115, 116
가치 참조처 · 418, 419, 420, 426, 427
각성상태 · 449, 453
감동 · 432
감동마케팅 · 437, 438, 440, 442, 445, 452
감정 · 432
감정적 가치 · 444
강남 성형외과 · 353, 354, 385
갤럭시노트3 · 504
검색광고 · 21, 488, 507
게릴라 가격제 · 525, 526
게릴라 마케팅 · 525

겨울비 · 335, 381
경매 가격제 · 486, 487, 536
계급도 · 356, 357, 361, 362, 363, 364, 365, 382, 386
계급욕구 · 365, 380
계급일체화 · 365
고객 이탈 · 84, 85, 86, 88
고객 재탈환 · 89
고라파덕 · 392, 393, 394, 395, 396, 428, 429
공유욕구 · 447, 448, 449
공짜선물 · 124, 125
관여도 · 112
교란가격제 · 537
교류 · 67, 68, 96, 259
교차형 패치워크 · 239, 241, 254, 257, 264, 265, 266, 267
교환적 관계 · 53, 54, 56, 57, 70, 71, 72, 81, 95, 119
구독요금 · 464
규모의 경제 · 197, 460, 534
글로시박스 · 469, 470, 471, 540
기준점효과 · 505
김연아 · 275, 404, 405, 428, 429

김영갑 갤러리 · 227, 228
끈 전략 · 5, 37, 47, 48, 49, 52, 55, 56, 71, 77, 78, 79, 94, 95, 119
끈 전략 프로세스 · 71

ㄴ

나눔로또 · 300, 301, 302, 327, 329
내면적 가치 · 433, 435, 436, 438, 440, 441, 442, 443, 444, 447, 452, 453
내적 비범성 · 15, 333, 337, 338, 346, 348, 350, 354, 379
넉가래 · 338, 339, 341
네모수박 · 229
네이버키워드 · 488, 536
네트워크 DNA · 296, 298
노출가능성 · 416
닉 르그랜드 · 424

ㄷ

다이나믹 프라이스 · 483, 484
다이슨 · 170, 171, 176, 233
단수효과 · 530

색인 551

단순가변제 · 473
대왕 돈까스 · 376, 377
대중마케팅의 위기 · 106
댄 애리얼리 · 501
댄 히스 · 444
더 브릴리언트 사운드 프로젝트
 · 455
더 블랙 · 367, 368, 369, 374
더 퍼플 · 369, 370, 382
데이비드 오길비 · 298
데페이스망 · 335, 337, 338, 341, 342, 343, 344, 345, 346, 350, 354, 379
도발적 의문제기 · 168
동반 · 68
동원 캔 연어 · 292, 327, 329
동인광학 · 260, 261
두배로마트 · 516
딜란로렌 · 167
딥 · 46, 545
떠리몰 · 203, 207

라디오헤드 · 491, 492
래디컬 마케팅 · 525
랭키닷컴 · 414, 417, 427
레인보우스 · 491, 492
로랑코르샤 · 482
로버트 치알디니 · 389
로스리더 가격제 · 515
롯데카드 · 481
르네 마그리트 · 335, 337, 341
리마커블 · 8, 15, 36, 37, 64, 154, 157, 163, 172, 173, 175, 180, 181, 182, 185, 186, 188, 191, 197, 201, 204, 211, 213, 214, 215, 216, 217, 218, 220, 221, 223, 224, 226, 229, 231, 233, 241, 243, 244, 245, 246, 253, 263, 264, 266, 340, 342, 350, 545
리부팅 · 209, 213, 214, 215
리빙아이콘 · 220
리스트 작성법 · 169, 176
리안스핀LX · 519

ㄹ   ㅁ

마르셀 모스 · 492
마이크로니즈 · 193, 197, 206, 208
마일리지 프로그램 · 127, 254
마케팅 3.0 · 109
마케팅공화국 · 30, 32, 34, 37, 284
마크 주커버그 · 336
만남 · 63, 64, 65, 67, 96, 243, 250, 446, 474
만땅 · 303, 304, 329
매드캣츠 · 201
매운 돈까스 · 374, 375, 376, 378, 382
매트릭스 · 335, 381
멜론 · 505, 506
멜리사 앤 더그 · 185, 186, 191
명성골드자동차 · 517, 512
모방심리 · 400, 404, 405, 408, 423, 425
모험기업가 마케팅 · 9, 15, 16, 169
몰스킨 · 221, 222, 223
무료샘플 · 125, 126, 130

무임승차자 · 513, 514
무정형성 고객 · 198
무형적 보상 · 83, 84
묶음판매 · 506
문배동 육칼 · 400, 428
문제상황 · 292, 294, 296, 299, 300, 301, 302, 308, 311, 325
물 프로젝트 · 407, 408
미끼상품 · 515, 537
미세접점 · 199, 207
밀리어네어페어 · 195

ㅂ

발라라이카 · 180, 181, 182, 185, 191
배달의 민족 · 338, 339, 340, 341, 342, 343, 346, 347, 348, 381, 383, 384
배타적 차별성 · 517
벤처기업 마케팅 · 9, 16, 17, 18, 23, 27
벨케이드 · 494, 536
보상가격제 · 522
보상판매 · 517, 522, 523, 540,

541, 542
보상판매전략 · 523, 524
봄베이사파이어 · 398, 399
봉구스 밥버거 · 122, 153
부록가격제 · 498, 536
부분유료화 · 508, 513
붐 스타일 · 202
블렌드텍 · 348, 350
비타 500 · 340

ㅅ

사고의 재해석 · 218, 233
사랑의 자물쇠 · 390, 429
사이클론 진공청소기 · 170
사회적 계급 · 356
사회적 증거의 법칙 · 114, 282, 284, 387, 389, 390, 392, 394, 396, 399, 402, 407, 408, 411, 412, 415, 416, 421, 423, 425, 513
삼성카드 · 367, 368, 481
상황의 긴급성 강조 · 298, 302, 325
상황의 불확실성 · 405, 425
상황의 유사성 · 405, 407, 425

생리적 각성 · 449, 453
생애주기가치 · 76, 126
서브웨이 샌드위치 · 345, 346
선데이토즈 · 508
섭스크립션가격제 · 462
성공보수금 · 495
성과 가격제 · 493, 494, 495, 496, 536
소녀시대 마케팅 · 340
소셜커머스 · 319, 521
소프트 스킬 · 163, 164
손실회피심리 · 502
스위칭 · 86, 87
스타마케팅 · 293, 302, 344, 346
스타쉐프 · 397, 398, 428, 429
스타트업 · 168, 303, 329, 338, 340, 363, 372, 374, 418, 423, 424, 427
스텔스 마케팅 · 525
스티브 잡스 · 410, 431
스틱 · 444
시간부족 · 10
시간의 재해석 · 216, 223
신규고객 · 72, 76, 77, 78, 79, 96,

527
신세계백화점 · 482
실시간 가변 가격제 · 483, 485
실시간 검색 · 166
실용적 가치 · 229, 233, 278, 281, 284, 285, 290, 291, 292, 293, 294, 295, 296, 298, 299, 300, 301, 302, 303, 304, 305, 309, 316, 317, 318, 319, 325, 326
실용적 가치화 · 298, 299, 300, 305, 306, 307, 308, 310, 311, 325
심리적 잔여 · 424, 427
써니세일캠페인 · 133

ㅇ

아들연구소 · 313
아스텔앤컨 · 200, 201
앙뜨레쁘레너 마케팅 · 6, 12
애니팡 · 415, 508, 509
애드블록 · 108, 109
애슐리 · 474, 475, 535, 540
앰부시 마케팅 · 525
앵커링 효과 · 505
얀센 · 494, 495

에이원 · 518, 519
엘 도노반 · 207
역동적 가변 가격제 · 478
역마케팅 · 197
역발상의 효과 · 164
역발상 전략 · 66, 158, 163, 164, 165, 175
엿보기 · 355
영철버거 · 14, 15
옆동네 르네상스 · 354
예약보상판매 · 524
오만방자 전략 · 173, 174
온누리에 돈까스 · 374, 376, 377, 378, 384, 385, 386
온비드 · 488
와인스크류 · 225
외적 비범성 · 333, 334, 335, 337, 338, 341, 342, 344, 345, 346, 348, 350, 354, 369, 370
왼쪽자리효과 · 531
용도의 재해석 · 129, 217, 218, 226, 232
우루사 · 292, 293, 302, 327, 330
울트라니치 · 194, 195, 196, 197,

198, 206
웅진코웨이 · 407, 408
원가우위 · 65
유비쿼터스 벽난로 · 261
유인상품 · 515
유형적 보상 · 83, 84
융합형 패치워크 · 247, 258, 259, 260, 264, 265, 266
음 가격제 · 502, 536
응웬하동 · 449, 450
이벤브라이트 · 193, 194, 199, 207
이탈율 제로전략 · 90
이페이퍼 태그 · 485
인력부족 · 11
인정투쟁 · 332
인지도 · 51, 348, 369, 378, 426
일시적 이탈 · 86, 87
임대가격제 · 462, 465, 534
입소문 · 34, 120, 126, 165, 201, 207, 218, 224, 277, 278, 280, 281, 282, 283, 284, 286, 287, 290, 295, 296, 298, 302, 303, 304, 305, 306, 307, 308, 309, 310

ㅈ

자금부족 · 10
자유 가격제 · 489, 491, 492, 493, 536
자포스 · 112
잠재적 충성고객 · 82, 83
장수꾸러미밥상 · 468, 469
잭팟7 · 487
적정기술 · 12, 25, 26, 27
적정마케팅 · 11, 12, 15, 23, 24, 25, 27, 28, 39, 52, 98, 169
전략적 상상력 · 165, 166, 175
전자가격표시기 · 485
전환적 관계 · 53, 54, 56, 62, 70, 71, 73, 77, 95, 119, 545
절대적 가치 · 113
점착력 · 374
정기구독 가격제 · 462, 467
정다연 · 287, 288, 289, 290, 315, 327, 330
정보의 실용성 강조 · 298, 305, 306, 325, 326
제닉 · 14, 187, 188

제록스 PARC연구소 · 243
제이미 올리버 · 285, 327
제휴형 패치워크 · 247, 249, 250, 251
조망이론 · 320, 326, 466
조지오웰 · 437
조지켈링 · 513
존 스컬리 · 432
종물 가격제 · 498
주목유인기재 · 346
지그비 · 485
진성고객 · 79, 80, 81, 97
질레트면도기 · 499
짐바르도 · 513
짜파구리 · 245, 262, 263, 265

ㅊ

창의적 문제 해결 · 170, 171
체인지업 · 523
초세분시장 · 37, 194, 195, 196
초 연결사회 · 62
초우량고객 · 92, 93, 97
총리와 나 · 345, 346
최저가격보상제 · 521, 522, 541

치킨리스크 · 13, 297
칩 히스 · 444

ㅋ

카카오톡 · 507, 508, 509, 542
카테고리 일탈 전략 · 15, 66, 179, 181, 182, 191
칼라마케팅 커뮤니케이션 · 368
캐즘 · 46, 66, 85, 424
커브드 UHD TV · 524
컴스코어 · 491
코호트 분석 · 88, 90, 97
클라라 · 165, 166, 175
킨코스 · 462
킬 더 컴퍼니 · 159, 160, 169, 178

ㅌ

타임세일 · 322
터처블 뮤직시트 · 438, 439
턱뼈탑 · 353, 385
토파즈 · 509
투구로봇 · 435
투어2000 · 521

색인 557

트래포트 · 478, 540
트렁크 쇼 · 482

ㅍ

파레토의 법칙 · 482
파블로 피카소 · 221, 243
파트너 고객 · 75, 76, 92, 97
패키지 가격제 · 503
팽창가격제 · 528, 530
페브리즈 · 294, 295, 327, 330, 331
페이스북 · 28, 30, 31, 33, 37, 38, 61, 73, 74, 75, 193, 223, 275, 310, 335, 336, 337, 381, 415, 507
포스퀘어 · 371, 372, 373, 374, 382, 384, 386
포프리 · 467, 468, 469, 532, 540
풀무학교 · 490, 540, 542
퓨처싱크 · 159, 178
프라푸치노 · 497
프로보노 마케팅 · 112
프로테아좀 · 494
플레이스콘 · 497
플레피버드 · 449
피레네의 성 · 335, 381, 385
피아트 500 구찌 · 241

ㅎ

하늘 바라보기 · 387, 388, 423
하울의 움직이는 성 · 335, 336, 391, 386
하유미팩 · 14, 15, 189, 192
한정거래 전략 · 321
할인율 · 319, 323, 324, 326
합격사과 · 443, 455
항공권 땡처리 · 478, 540
해결방안 · 23, 27, 298, 309, 310, 311, 312
해피아워 · 472, 473, 474, 475, 477, 535, 541
핸디캡 극복 전략 · 334
핸디캡 기업 · 4, 13, 14, 15, 21, 23, 27, 31, 32, 33, 35, 36, 37, 46, 47, 49, 51, 52, 60, 63, 64, 65, 67, 69, 70, 71, 72, 73, 75, 76, 83, 84, 85, 93, 94, 95, 96, 111, 112, 115,

116, 117, 118, 120, 121, 128, 130, 137, 140, 141, 145, 148, 159, 164, 165, 166, 167, 168, 175, 184, 188, 192, 195, 198, 199, 203, 207, 213, 214, 215, 224, 230, 232, 233, 239, 244, 245, 251, 253, 259, 263, 264, 266, 267, 280, 281, 282, 283, 284, 291, 294, 303, 306, 333, 334, 337, 339, 340, 341, 345, 346, 348, 354, 363, 365, 366, 369, 370, 380, 392, 408, 409, 411, 412, 413, 416, 417, 418, 420, 424, 426, 427, 433, 434, 444, 445, 448, 452, 453, 458, 460, 461, 464, 480, 487, 488, 493, 496, 506, 525, 532, 533, 534, 535, 536, 537, 543, 544, 546, 547, 548

핸디캡 기업들 · 168

핸디캡 마케팅 · 5, 6, 7, 8, 14, 15, 16, 19, 22, 23, 71, 75, 83, 88, 95, 168, 169, 197, 215, 274, 280, 283, 284, 316, 325, 343, 349, 365, 543, 544, 546, 547, 548

핸디캡 사고 · 334, 342, 380

행동적 잔여 · 408, 409, 410, 411, 416, 426

헤겔 · 332

현대카드 · 367, 368, 369, 374, 386

호감 · 65, 67, 82, 96, 258

호모포스티쿠스 · 38, 275, 276, 277, 279, 280, 283, 284, 451

홍초불닭 · 183, 184, 189, 191

화살표 청년 · 307, 328

효용이익 · 477

후리미엄 가격제 · 507, 508, 510, 511, 513, 536

휴면고객 재활성화 · 89

희소성의 가치 · 483

핸디캡 마케팅 소상공인의 마케팅 핸디캡 메치기

초판 1쇄	2014년 08월 01일
지은이	강시철, 김대규, 김승현, 이용규
발행인	김재홍
책임편집	김태수, 박보라
마케팅	이연실
발행처	도서출판 지식공감
등록번호	제396-2012-000018호
주소	경기도 고양시 일산동구 견달산로225번길 112
전화	031-901-9300
팩스	031-902-0089
홈페이지	www.bookdaum.com
가격	28,000원
ISBN	979-11-5622-034-3 13320
CIP제어번호	CIP2014018760

이 도서의 국립중앙도서관 출판시 도서목록(CIP)은 e-CIP 홈페이지(http://www.nl.go.kr/ecip)에서 이용하실 수 있습니다.

ⓒ 강시철, 김대규, 김승현, 이용규, 2014, Printed in Korea.

- 이 책은 저작권법에 따라 보호받는 저작물이므로 무단전재와 무단복제를 금지하며, 이 책 내용의 전부 또는 일부를 이용하려면 반드시 저작권자와 도서출판 지식공감의 서면 동의를 받아야 합니다.
- 파본이나 잘못된 책은 구입처에서 교환해 드립니다.
- '지식공감 지식기부실천' 도서출판 지식공감은 창립일로부터 모든 발행 도서의 2%를 '지식기부실천'으로 조성하여 전국 중·고등학교 도서관에 기부를 실천합니다. 도서출판 지식공감의 모든 발행 도서는 2%의 기부실천을 계속할 것입니다.